奄美の歌掛け集成

三上絢子

南方新社

奄美の歌掛け集成

序文

元国立国会図書館長　指宿清秀

「地方創生」の時代到来とともに、「地方が変わる、日本が変わる」と、行政のみならず、「地方の時代」として、人の参加と課題の共有が必要とされている。即ち、人口急減および超高齢化が国の大きな課題で、政府が一体となって取り組むことを目指しているということである。そんな中にあって、疲弊した奄美の産業や人々の心を鼓舞するかのように、『奄美の歌掛け集成』が華やかに登場する。

著者は、かねて奄美文化の研究に勤しんでいる、気鋭の三上絢子氏である。本書の出版は、まさに新時代の夜明けを告げる、一大エポックメーキングな快挙と言って決して過言ではない。

ひとたび本書の頁をめくると、そこには奄美ならではのシマ唄の数々がきらめく星のようにぎっしりと詰まっており、けだし圧巻である。これらのシマ唄には奄美地方の言葉の粋が凝縮され、先達の才覚が忍ばれる。また、これを支持し続けた民衆の息吹までが私たちの胸を打つ。先祖を敬う心、長年にわたって虐げられてきた人々の魂の叫びが、ストレートに、あるいは悲哀的に、私たちに語りかけてくるようである。

話は追憶にそれるが、私は、このたびの『奄美の歌掛け集成』を一見して、ふと私が、参議院事務総長に就任の頃に、奄美徳之島出身の在京ジャーナリスト、松田清とそのブレーン・グループが、就任お祝いとして、参議院事務総長公邸の一角において、島の伝統文化である「八月踊り」を、集団の歌声と踊りに太鼓を打ちならして、祝ってくれたことを思い出す。今では、懐かしくもあり、走馬灯の如く、目に浮かぶ。

「八月踊り」は、歌、踊り、太鼓による三位一体の年一度の祭りで、特徴として、集団による男女の「歌掛け」があり、歌は八八八六音による律音階で、どの地域においても元歌と共通歌詞がある。

各地域の方言の訛りが、歌の醍醐味ともいえる感動的な響きを醸し、自分の「歌袋」にしっかり歌詞が収められていて、上の句にすかさず下の句で対応できる見事さである。この文化は、長い歴史を経て継承されており、国指定無形民俗文化財、県指定無形民俗文化財の指定がされている。

少数による「歌掛け」は、対話であり、最初から文句を準備するのではない。つまり即興である。「歌掛け」の醍醐味は、島口（方言）で掛け合う点にあり、イントネーションが味わい深さを醸し出すスパイスの役割を発揮している。

島口は、相手に敬意を表現しているという豊かさがあり、それは発声する人の雰囲気にもにじみ出る。例えば、行きずりの人にも「うがみんしょら」と挨拶を交わす。「拝みます」と最高の敬いを意味する方言である。この挨拶を受けて不機嫌になる人は皆無である。

さらに、「みしょれ」は「召し上がれ」の意味で、日常生活の中において、これほどの、敬語が用いられているということは、奄美の宝であり、方言を継承した先人達に深謝である。その少数による「歌掛け」に、一抹の危機感を覚える。生活環境の変容と、次期世代を担う若者たちが方言が使えないという現象が生じているのである。この「歌掛け」は、世界に誇れる文化であり、無形文化遺産に成りうる貴重な奄美の宝である。

本著は、奄美地方に古から伝わる、貴重な文化遺産である「奄美の歌掛け」の集大成であると同時に、日本文学の『古事記』や『万葉集』、『風土記』などと対比しつつ、細やかな解説が施されている。実態調査に重点をおいて年月を重ねた労作である。

必読必掲の書として敢えて推薦するしだいである。

二〇一五年三月

まえがき

花なれば　においい枝ぶり　なりふりはいらぬ　人は心（註1）

島国である日本列島は、海に囲まれ、みどり茂る山々、清らかな水が流れる川がめぐる。そのような自然環境によって、四季の変化は多彩で山紫水明な国土である。

奄美諸島では古来より、自然には稲作文化を中心とした神が宿るとして、人々は万物に畏敬の念をいだいて崇拝してきた。伝統の祭りでは、豊穣を祈願し感謝する、神秘的な「八月踊り」がある。祭りには神と人と自然環境の共生に関わる歌が多く歌われている。

「八月踊り歌」のように集団で掛け合う「歌掛け」の歌い継ぎや、即興による少数の集まりで掛け合う「歌掛け」など、その場においてのシステムがあり、相対歌唱を可能にする一つの形式が存在している。

相対歌唱は、シルクロードに沿って照葉樹林文化圏に存在していたことが知られる。

奄美は日本、琉球、中国、朝鮮、東南アジアの世界などの影響を受け、複合的な文化が内在し、日常生活の中の基層文化として伝承されている。こうした中で生成された歌唱システムを研究し、明らかにすることは、かねてより重要な課題となっていた。

古代の『古事記』や『万葉集』、『風土記』など文字文献には断片的に歌垣が読みとれるが、それは編纂によるものであり、その原点をたどることは不可能である。

だが、奄美諸島には、秋名地域で神々と深く関わりのある「平瀬マンカイ」の祭祀が存在しており、神と共生している歓びを表現した「節田マンカイ」や徳之島井之川の「八月踊り歌」の歌曲「でんだらご」など、各地域には豊穣感謝と祈願を込めた歌や、生活の中で人々の集う場などで馴染まれている歌に生成過程が内包されている。特に奄美諸島の少数による即興の「歌掛け」に関する研究は、一部地域のおおまかな部分を捉えた研究はあるが、歌謡の軸となる「歌掛け」の原点を、掘り下げた研究はなされていなかったといえるだろう。

本著は、長年にわたる関係者への調査と文献渉猟によって、その実態に光をあて、「歌掛け」が奄美諸島にもたらした文化的意義と、歴史的にみても極めて重要な、社会生活の中で人々の自発的で、自立的な活動であったことについて論考する。

本著は七部構成で、内容は次のとおりである。

第一部「研究目的および奄美諸島の概要と伝統文化「歌掛け」の探究」において、奄美諸島の地理的な位置づけと概要、時空を超えて口承されたシマ歌文化の生成などについて述べる。

第一章は、本著を理解しやすくするために、本研究の目的とそのための研究対象地域及び研究方法などについて述べる。

第二章は、奄美諸島の概要と伝統文化、地域的特質と歴史的背景に見る、歌謡文化の原点を扱う。

第三章は、シマ歌の大別、シマ歌の民俗性、「歌掛け」の生成などについて述べる

第二部は、地域にみる歌の豊かさを区別して記述する。

第四章は、奄美の各地域にみる挨拶歌、主に「朝花節」の特徴について述べる。

第五章は、歌に表現された自然と恋情の展開されている事例を掲げる。

第六章は、奄美の「歌掛け」・「流れ歌」で、あそび歌、恋の歌掛け、感謝の歌掛けなどの事例を掲げる。

第三部は、『古事記』、『万葉集』、『風土記』などの歌を取り上げる。

第七章は、古代歌謡にみる初期和歌の形成過程について、『古事記』下ッ巻「軽太子と衣通王」を取り上げる。

第八章は、『常陸国風土記』の香島郡の歌垣、『肥前国風土記』、『万葉集』の歌垣、旋頭歌について事例をあげる。

第四部「儀礼歌の意義」では、奄美諸島の徳之島地域における農耕の田植歌と新年の慶び歌を取り上げる。

第九章は、稲作儀礼と田植歌の生成過程と民俗性など稲作文化について述べる。

第十章は、徳之島の伊仙・阿権地域、うえばる、佐弁、井之川などの正月歌の特徴と奄美歌謡との関係を述べる。

第五部「八月踊り歌にみる意義」においては、主に実態調査で検証した地域を取り扱い、各地域の八月踊りの特質を述べる。

第十一章は、伝統文化の歴史的背景、祖霊信仰と稲作文化、儀礼的八月踊り歌の特質など詳細を述べる（註二）。

第十二章は、踊りの組織による地区割と踊りのシステムについて述べる。

第十三章は、井之川の「七月歌」の特色と浜下り行事を取り上げる。

第十四章は、秋名地域の「八月踊り歌」の概要、「八月踊り歌」の歌唱システム、踊り曲と歌詞などをまとめる。

第十五章は、大熊集落の概況と年中行事の組織、夜に行われるヤー（家）まわりなどについてまとめる。

第十六章は、湯湾集落の伝統文化の継承についてまとめる。

第十七章は、奄美諸島の歌の中でも数が多いイトウ（労働歌）の歌の事例を上げている。年中行事は川嶺地域を中心として扱う。

第六部は、奄美における歴史的背景が継承されている歌謡を中心に取り上げ、悲恋のカンツメや黒糖生産の苦難が歌われている歌、神観念などを取り上げる。

第十八章は、「かんつめ節」には複数の歌詞があり歌われている、その事例を掲げる。

第十九章は、「砂糖つくりの歌」の形成過程を述べる。

第二十章は、「うなり神がなし」の「いきまぶり（生霊）」、琉歌と奄美の「ユイスラ節」の共通点を取り上げる。

第二十一章は、「ノロ」と「ユタ」の相違、神迎えと神送り歌、神を祭る歌、神歌について扱う。

第七部は、即興による少数の「歌掛け」が、衰退の一途をたどっていることに危機感を抱き、伝統文化の再興を目指した活動の詳細についてまとめる。

第二十二章は、「奄美は歌掛けの島」「奄美の活力を「歌掛け」に求めて」「奄美歌掛けの再興を」「文化遺産としての民間歌謡の位置づけ」「ぐぃうん（うたの心）を伝承する使命」、以上は「歌掛け」再興について連載した地元新聞の掲載時のタイトルで、原稿は、唄者の一人者でありシマ唄に造詣の深い坪山豊と著者が記述している。

さらに、「奄美歌掛け文化保存会」の設立及び歩み、第一回の開催の詳細を述べる。「奄美歌掛け文化保存会」第一回の開催は、奄美の貴重な文化遺産が内外から注目され、國學院大學研究グループと少数民族トン族の研究者も参加して盛会に行われた（註三）。

第二十三章は、NHKラジオ国際放送局が、『奄美の歌掛けを守れ』のタイトルで世界二十カ国へ放送した中の中国語版の訳を掲げている（註四）。また、國學院大學での「東アジア歌垣サミット」、秋田・トン族・奄美の「歌掛け」を掲げている。また、毎年慣例の奄美市で行わる「奄美祭り」の詳細も記述する。

第二十四章は、奄美のシマ唄について、國學院大學大学院・奄美文化研究会において、奄美大島、喜界島、徳之島、沖永良部島、与論島の祝いの席で最初に歌われる歌曲について、各地域の特質を探究した。その結果を報告形式で述べている。なお、東京在住の唄者が協力して、実演形式で行う。

第二十五章は、即興による「歌掛け」の生成として、特に歌に造詣の深い「奄美歌掛け文化保存会」の役員一同による、即興の「歌掛け」事例を掲げる。

第二十六章は、即興による「歌掛け」は、うた遊びとも言われる生活の中での楽しみであり、また、懇親の役割も果たしていた。この即興による「歌掛け」の再興を目指す活動を述べる。

あとがきでは、本研究にあたり、唄者の多大な協力、調査地域である徳之島三町、喜界島・川嶺、与論島、奄美大島・大笠利、秋名、大熊、奄美市、大和村、宇検村、瀬戸内全域、住用、さらには那覇などで、高齢化した地域の束ね役の方々の現地調査の手配と案内、聞き取り、資料提供などの協力のもとに歳月を経て、研究結果をまとめあげることができたことについて、深謝を込めて述べている。

二〇一五年

三上　絢子

註

一　歌意は、花は香りや枝ぶりで評価されるが、人は外観ではなく、美しい真心が大切だ。これは古からの諺で教訓とされていたが、シマ唄にも歌われている。他にも多くの諺が歌詞に組み込まれ歌われている。

二　年中行事の八月踊りは、奄美大島と離島、共に隣接した集落でも同時期に開催されるケースもあり、どちらか一方を選択せざるをえないために、実態調査は数年にわたって行われた。物理的に全ての地域の実態調査は不可能で、今後の課題としている。

三　「奄美歌掛け文化保存会」第一回の開催に参加したトン族の研究者は、大笠利の総勢三十名による「八月踊り」の「歌掛け」と踊りに感動し、自由参加の六調にも加わって踊り、賑やかな場の雰囲気に、さらに驚いた様子だった。

四　ＮＨＫラジオ国際放送局『奄美の歌掛けを守れ』のタイトルで世界、二十カ国語で放送されている。どの国からもアンコールがあり、再放送がされ、また、一定の期間はインターネットでも「歌掛け」を聞くことができていた。

参考文献

三上絢子『奄美諸島の諺集成』南方新社　二〇一二年
三上絢子「研究ノート」

凡例

一、本著、『奄美の歌掛け集成』の編集にあたって、以下の方針を定めている。

1 本著『奄美の歌掛け集成』は、わが国における歌の発生について、数十年に及ぶ実態調査・採集作業を通じて得られた知見と、並行して進められた「歌掛け」に関する『古事記』、『万葉集』、『風土記』の各種文献、奄美諸島のシマ唄に関する各種文献資料による知見を併せることで成立した、総合的な奄美諸島の「歌掛け」の集大成である。

2 実態調査にあたっては、現存する「唄者」を中心に、各地域の主に歌を知る高齢世代を対象として、広範囲に聞き取りを行った。

3 使用した一部の資料に関しては、広く公刊されたものから各地域内の小部数発行のものまで含め、可能な限り渉猟・網羅・参照することにした。各章末に参考資料・文献として掲げている。

4 基本的に、調査・採集から得られた直接的な知見を尊重する方針をとる。形式と意味の両面にわたり、過度な統合は避け、各地域固有の微細な違いを重視した。

5 本著に掲載した写真は、調査の際の著者撮影のものを採用した場合は、その旨明記してある。

6 読みの難解なもので、歴史的に重要語および特殊な読みの歌詞などには、現代かなづかいでルビをふってある。

7 何編かの章にわたる重複箇所があるが、複数の学会誌や発表を収録したことなどによるものであり、ご容赦頂きたい。

8 実態調査の聞き取りにあたり対応者本人の承諾を得たものは、実名による表記とした。

9 シマ唄の歌詞解釈は、当該地域の聞き取りによるものと、一部は著者による歌意を示している。

10 内容的には、歌に造詣の深い「唄者」からの聞き取りと実態調査によって、分析して叙述上の構成にしている。

11 歌詞は、当該集落の方言（しまぐち）を採用した。

二、表記について

1　資料、参考文献によって表記が異なる。

2　実態調査の各地域によって異なる。

3　歌謡が衰退の一途をたどっている地域は、古老たちの記憶に基づくために表記が様々である。

4　奄美の方言による当て字はこれに従う。

5　歌詞の格助詞「・・・の」は、方言は「・・・ぬ」の発音であるが、理解し易く「・・・の」を選択している場合がある。

6　歌の囃子は大部分を省いている。

7　方言の音韻は、標準語の五十音と一対一で対応するものではなく（母音だけで見ても、標準語の五母音に対して奄美方言は七母音または六母音とされる）、厳密に表記するとすれば音声記号を用いる他ないものである。しかし、各資料の採集者はそれぞれ工夫して五十音を使って表記しているため、おなじ音と思われるものでも、資料によって複数の表記が存在する。

8　奄美方言であっても島ごと、集落ごとにかなり異なる。同じ意味をさす同じ語源の言葉であっても音韻上の違いがあり、それは表記の違いとして反映せざるを得ない。

9　そのような状況を考察するのが、研究として求められようが、高齢化や住環境の変化、人口減少などで、本著においては、伝統文化を遺すためにも、また利用者の便宜を図るための最小限度の記述に留めている。

三、表記の事例について

1　文献による表記

例、『万葉集』、『古事記』、『風土記』

2　歌、唄の表記が異なる場合

例、「奄美シマ唄」、「シマ唄」、「唄者」、「歌を歌う」、「琉球の歌」、「沖縄の歌」、「那覇の歌」

3　地域によって、呼称の異なる場合

例、「シマ」、「島」、「村」、「集落」、「部落」

4　奄美諸島の離島の場合、地域名で表記

例、「徳之島」、「喜界島」、「沖永良部」、「与論島」

5　奄美大島の場合の表記

例、「北大島」、「南大島」、「名瀬」、あるいは主に各地域名の表記

6　実体験者の聞き取りによる呼称を尊重している

例、「かさん歌」、「ひぎゃ歌」、「徳之島節」

7　地域や資料によって、読みが異なる場合の表記

例、「がなし」、「加那志」、「かんつめ」、「カンツメ」

8　愛称、敬称などの接尾語

例、「ぐゎ」「くゎ」「ぐぁ」「くぁ」「が」は、適宜に反映させている

9　「どぅ」「ど」「でぃ」「で」などの発音表記は簡潔な表記で扱っている

10　地域や資料によって、呼称が異なる場合の表記

例、「イトウ」、「イェト」、「仕事歌」、「労働歌」

11　本著において著者が、一部を補訂して表記を統一している

例、「あさばな節」、「朝花節」

先行文献や資料による場合は、これに含まない。

奄美の歌掛け集成——目次

まえがき

第一部　研究目的および奄美諸島の概要と伝統文化「歌掛け」の探究

第一章　研究目的とその視点

一節　はじめに

奄美諸島の歴史は、先史時代（約六千年前頃）、大和朝廷時代（六一六〜八九四）、グスク時代、琉球王朝時代（一二六六〜一六〇九）、薩摩藩政時代（一六一一〜一八六七）と移り変わり、敗戦後は米国軍政下（一九四六〜一九五三年）となった。施政権が日本政府から米軍政府に移管されたことで、住民の生活環境は大きく変化。戦前までは夕暮れ時になると方々から聞こえた三味線の音色やシマ唄も少なくなった。混然とした社会の状況から、住民の心に明るさが戻ったのは、一九五三年に奄美諸島が祖国日本に返還されてからである。

奄美の歌謡は、日本、琉球、中国、朝鮮、東南アジアなどの影響を受けてきた。

時空を超えて伝承された貴重な伝統だが、地域によっては衰退の一途をたどっている。いったん消滅した文化を元へ戻すことは不可能に近い。伝承を再興し、未来へつなげる一助にしたい、というのが本著を編む理由である。

二節　研究目的

研究の視点は次の四点である。

一、戦後日本本土から分離された特異な歴史の中で、地域社会における伝統的な奄美歌掛け文化が、どのような位置を占めていたか。

二、各地域における集団による「歌掛け」は戦後に再興したが、生活の中で仲間うちが集って行われていた即興の「歌掛け」は、衰退した状態になった。その要因を探究する。

三、少数の即興による「歌掛け」再興のための一環として立ち上げた「奄美歌掛け文化保存会」の取り組み。

四、「集団による歌掛け」及び「少数による即興の歌掛け」の展開が、生活の中にどのような影響をおよぼしているか、その相対歌唱のシステムを明らかにする。

三節　先行文献

奄美諸島のシマ唄に関わる従来の研究としては、主として歌の形式的な側面からマクロに分析されてきている。

名越（一八五五）は、薩摩藩から奄美大島に遠島され、五年におよんで滞在。自然や文化などの様々な分野にわたって、イラスト入りの民俗誌を遺している。その中に民俗伝承の「歌掛け」や「八月踊り」の記述がある（註一）。

茂野（一九六〇）は、奄美の歌は、万葉集十一、十二、十三、十六の各巻の民謡と同じく作者も年代も未詳だが、歌の形式は八八八六、三十文字の琉歌と同形もあるが、日常生活の中から歌いだされ、永い年月歌われ、三千首余あるとする。奄美の歌には日本本土で死語となっている奈良平安時代の古語が、日常語として使われ数多く古歌に歌い込まれているので、古語の用例や意義が簡単に解明できると記述している（註二）。

昇（一九四九）は、琉球服属時代の女人政治と祭事や琉球治下におけるノロクメ文化の新穂祭りのオモリ・きくまオモリ・進水式のオモリ・田神祭りのオモリについて記述があり、奄美歌謡の発達と特質や八月踊りと歌について詳細が纏められている（註三）。

坂井（一九九二・復刻版）は、徳之島を中心に歴史的に纏めているが、特に琉球と関わりのあるノロに関わる貴重な記述がある。奄美の年中行事の「八月踊り」は、古のノロと深い関係があり、その神観念の根底が解明できる記述である（註四）。

文（一九六六）は、奄美大島各地のシマ唄を収集して解説を加えている。奄美民謡の古形を形式と内容の面から解明することに力を注いだ。形式の面からは、歌詞の用語に日本上代の古語が使用されていること、三音句の多いこと、対句畳句とその延長である対立的対句が多い、贈答歌が多い、感動詞が多い、繰り返しが多いことなどを掲げている（註五）。

渡辺（一九六七）は、男女の性の交渉は、神迎えの斎場で行われた場合、穀物の稔りをもたらす。神迎えの祭りは、穀物の結実を祈る一年の折目にあり、歌垣の信仰であると記述している（註六）。

『南西諸島の神観念』（一九七七）は、神観念は、古いものなのか、新しいものなのか、長い歴史的発展のはじまりなのか、最終的段階なのか、について解明の手がかりは何もない。潜在神信仰と来訪神信仰の関係、また南西諸島においては神観念と他界観念は村ごとに違う、と神観念と他界観念の考察をしている（註七）。

『国文学　解釈と鑑賞』（一九七九）では、小野重朗が「神歌と叙事歌」の項で、南西諸島の古歌謡は島々や村々の神事から発生し展開してきたとし、古歌謡は神歌と叙事歌の歴史展開を豊かな作品群によって明らかに示していて、稀有のことと言ってよいだろう、と述べている（註八）。

前田（一九八四）は、薩摩藩下の砂糖惣買い入れ制は一八三〇年から一八七二年まで四十二年間続き、搾取によって島民生活は生き地獄と化した。島民たちは悲しみの情念を歌に託していた、と記述している（註九）。

榎（一九七九）は、「本文はすべて天理図書館所蔵（竹柏園文庫及び綾小路家旧蔵）の写本を底本とし、既刊の諸活字本を参考にしながら作成した。」と述べている。歌集五六六首を掲げている（註十）。

桜井（一九八四）は、花と生活文化について、花と関わる多様な側面から探究。田の神を迎える行事が「花見」であり、近畿以西には三月上巳の節供またはその翌日に「花見」を行うところが多く、東国では、卯月八日を「花見」の日とするところが多い。期日の開きは風土の違いによるが、花見の日が定められているということは、これが重要な年中行事であったことを物語ると記述している（註十一）。

小川（一九八一）は、三味線伴奏のあそび歌を、奄美大島・喜界島の歌、徳之島の歌、沖永良部島・与論島の歌、奄美全域にまたがる歌と分類して纏めている（註十二）。

さらに小川（一九八八）は、奄美大島の伝統的な歌謡について、民謡の分類、奄美の歌掛けの構造などを探究して、歌の解釈の詳細を記述している（註十三）。

『日本民謡大観』（一九九三）は、序文で伝統的な民謡は、古くから生活の中に根ざしてうまれてきた「うた」であり、先人たちの思考や感情や音感などを知るための手がかりである。特に奄美地方は沖縄と本土の文化が複合し、共存しているという特徴を見せており、失われていく文化遺産を正確に記録し、後世に伝えるものと確信していると、記述している（註十四）。

外間（一九九五）は、琉歌について論じているが、序文によれば、古い昔に、ウタあるいは琉歌がどのようにして生まれ、どのように歌われたか、不明な点が多いが、『大島筆記』（一七六三）の古文献に記された文章は、琉歌の姿を適切に描写していると記す。

琉球の歌

うたい物也　これに琴三線鞁弓などをも入るよし也この歌をうたひ舞ふは扇を持又は四竹を打ても舞也この歌ふしばかり往古よりかはらず　此ふしにうたはるる様に新歌を作るなり　時々のはやり歌にて古風を失ふ事なく　古への風俗かはらざる殊勝の事也　其上時として哀楽の情をのべ作り歌ひ舞事古の詩歌の体も見へ国風の遺事有職の人尚びざらんや

これは、琉歌に関して最初に解説された文章というべきもので、貴重であると外間は述べる（註十五）。

名護市史叢書（一九九七）の『やんばるの祭りと神歌』は、やんばる全体を網羅する神歌が纏められている。船づくりの神歌の「国頭村奥の進水式のウムイと船送り歌」は、奄美の形式に類似している（註十六）。

辰巳（二〇〇〇）は、『詩の起源』第三章で奄美の歌遊びについて述べている。「恋歌の生成について奄美各地区で行われる「八月踊り」や「歌遊び」の場が恋の歌掛けの雰囲気を多少伝えていると思われるところに、仮説を立てる根拠が存在する。しかし今日「八月踊り」「歌遊び」には恋歌の道筋は見られず、そのような雰囲気が、かつて存在した即興による男女の恋歌の歌掛けの記憶をたどることを可能にするものとして残っているのではないかと期待されるのである。」と述べ、恋歌の道筋について探究している（註十七）。

また、辰巳（二〇〇一）は、「現在の万葉集は、編纂という手続きを経て成立しているから、歌の関係性を示す事例は少なく、作者未詳の歌の関係性はほとんど知られない。歌は、一定の枠組みの中に歌われていたことが推測され、集団詠（対歌・対唱・交合唱）の歌唱システムを想定しなければならない。そのような集団詠の歌唱の系統を、奄美の歌では『流れ歌』というのである。一つの流れには、一つのテーマや曲調が存在する。その流れに基づいて歌は展開する。中国の少数民族の歌唱法に相当するものがあることが知られる。歌の始まりから終わりまでの道筋が存在するものであり、さまざまな物語を紡ぎ出し展開する」と述べている（註十八）。

『奄美民謡総覧』（二〇一一）は、奄美諸島の伝承民謡曲目事典となりうる内容で奄美民謡のバイブルといえる。貴重な歌詞と歌意、詞形や歌い方・囃子などについても、詳細が記述されておりシマ唄を理解しやすく纏められている（註一九）。

『歌垣』（二〇一一）は、古代歌垣で歌がどのように掛け合わせられていたのかを探究している。「奄美、沖縄では、現在でも歌の掛け合いが行われており、歌掛けの生態を明らかにしている」との部分について、本著者としては、歌掛けを一括りでなく、もう少し詳細な検討が欲しいところである。奄美の一地域についての歌掛けでは、生態が明らかだろうけれども奄美の歌掛けの特徴は、各地域によって独自の特質があり、それぞれの地域における方言の訛りや歌い方、踊り方の形式が異なり一地域のみで奄美全地域の生態が明らかになるとするのは、無理があるのではないだろうか（註二十）。

『新編　沖縄の文学』（二〇〇三）は、「おもろさうし」の第一巻の編纂は一五三一年、歴史的には、北の奄美の島々を含んで「琉球」と呼ばれる一つの独立した国家であったとしている。「琉球文化圏」と呼ぶことについて、違和感を抱くかもしれないが、奄美の文化は沖縄と共通点がある、と冒頭に記述がある（註二十一）。

指宿（二〇一四）は、「島唄は小規模の集落で生まれ、言葉、経験、感性を共有する人々の間で楽しむ、ごく内輪の唄」と述べる。また、シマ唄が文語体のため口語体を使っている現代ではリズムが異なり歌詞の生成が困難である。歌で会話する「歌掛け」は、古より存在しながら逆に新鮮な唄の原点があるとする。

二〇〇四年十二月一日「奄美歌掛け文化保存会」の発足にも触れて、年一回の実演の「歌掛け」を事例に掲げている（註二十二）。

『歌い継ぐ　奄美の島唄』（二〇一四）は、平成二十五年度文化庁文化芸術振興費補助金による文化遺産を活かした地域活性化事業として、収集歌曲四八二曲を冊子にしている（註二十三）。

四節　研究対象地域

奄美諸島は、地理的には鹿児島から台湾まで広大な東シナ海と太平洋に挟まれるように連なる、およそ一二〇〇キロに及ぶ南西諸島の中央に位置している。範囲は北緯二七度～二九度、東経一二八度一八分～一三〇度。奄美大島と加計呂麻島、請島、与路島、喜界島、徳之島、沖永良部島、与論島の有人八つの島からなる。

諸島の首都的機能を持つ奄美市名瀬は、鹿児島市の南南西約三八〇キロ、沖縄那覇市から北北東約二八〇キロに位置する。

研究対象地域は、奄美のシマ唄に関わる地域として、奄美大島（旧笠利町、龍郷町、奄美市名瀬、旧住用村、大和村、宇検村、瀬戸内町）、及び加計呂麻島、請島、与路島、喜界島、徳之島（徳之島町・天城町・伊仙町）、沖永良部島（和泊町・知名町）、与論島、沖縄の地域である。

五節　研究方法

実態調査に重点をおき、聞き取り調査及び資料収集。年中行事「八月踊り」が行われる地域には、実際に参加して、検証した。さらに、その地域の集団による八月踊り歌について、組織の在り方や歌の解釈など、綿密に聞き取り調査を行った。

「八月踊り歌」は、集団の「歌掛け」であり、基本的には共通歌詞が存在している。数多い歌が各自それぞれの歌袋に納められていることで生成されていることの検証を行った。

少数の「歌掛け」の調査では、地域に埋もれている「歌掛け」を収集するために集落の唄者の聞き取り調査を行った。

少数の即興による「歌掛け」は、資料としては存在しないため、年配者に歌っていただくことにした。

なお、著者自身も「奄美歌掛け文化保存会」を立ち上げ、即興による「歌掛け」の保存・敬称に取り組んでいる。

註

一　国分直一・恵良宏校注『南島雑話』平凡社・東洋文庫　一九八四年
二　茂野幽孝『奄美万葉恋歌秘抄』昭森社　一九六〇年
三　昇曙夢『大奄美史』奄美社　一九四九年
四　坂井友直『奄美郷土史選集・全巻』国書刊行会　一九九二年
五　文英吉『奄美民謡大観』自家　一九六六年
六　渡辺昭五『歌垣の民俗学的研究』白帝社　一九六七年
七　住谷一彦・クライナー・ヨーゼフ編『南西諸島の神観念』未来社　一九七七年
八　『国文学　解釈と鑑賞』七月号　至文堂　一九七九年
九　前田長英『黒糖悲歌の奄美』著作社　一九八四年
十　榎克郎校注『梁塵秘抄』新潮日本古典集成　新潮社　一九七九年
十一　桜井満『万葉の花』雄山閣出版　一九八四年
十二　小川学夫『奄美の島唄―その世界と系譜』根元書房　一九八一年

十三　小川学夫『歌謡（うた）の民俗・奄美の歌掛け』雄山閣出版　一九八八年
十四　『日本民謡大観』（沖縄・奄美）奄美諸島編　日本放送出版協会　一九九三年
十五　外間守善『南島の抒情　琉歌』中央公論社　一九九五年
十六　『やんばるの祭りと神歌』名護市史叢書　名護市教育委員会　一九九七年
十七　辰巳正明『詩の起源』笠間書院　二〇〇〇年
十八　辰巳正明『万葉に会いたい』笠間書院　二〇〇一年
十九　指宿良彦監修、指宿正樹・指宿邦彦・小川学夫編『奄美民謡総覧』南方新社　二〇一一年
二十　岡部隆志・手塚恵子・真下厚編『歌垣』三弥井書店　二〇一一年
二十一　『新編　沖縄の文学』沖縄県教育文化資料センター　二〇〇三年
二十二　指宿邦彦『奄美島唄学校』二〇一四年
二十三　『歌い継ぐ　奄美の島唄』奄美島唄保存伝承事業実行委員会　二〇一四年

第二章　奄美諸島の歴史的概要

一節　はじめに

奄美諸島は東経一二八度～一三〇度、北緯二七度～二九度に位置し、鹿児島から台湾までおよそ一二〇〇キロに及ぶ広大な東シナ海と太平洋に挟まれる様に点在する。南西諸島のほぼ中央に位置し、鹿児島の南南西約三八〇キロ、沖縄から二八キロの範囲にある奄美大島、喜界島、徳之島、沖永良部島、与論島、加計呂麻島、請島、与路島の八つの島々を称して奄美諸島と呼ぶ。

群島の総人口は一一万一五八〇人（二〇一五年六月一日現在、鹿児島県推計）諸島の主要都市は奄美市名瀬で政治、経済、行政の中心をなしている。奄美大島は七一二平方キロの面積をもち、平均気温が二一度と、四季を通じて温暖な海洋性亜熱帯気候で、ガジュマル・ソテツ・ハブのほか、ルリカケスやアマミノクロウサギなど十一種類の天然記念物を含む希少な固有種が多く生息し、基幹産業としての大島紬とサトウキビ生産は古い歴史をもっている。

文化的には、南方文化と北方文化の二つの重層した複合文化が形成され、習慣、言語、歌謡等に特質がある。特に奄美のシマ唄には情緒と知的感覚の高さがみられ、日本では失われた基層文化の面影が色濃く残る文化として評価されている。

このような奄美の文化は古代の日本列島及び琉球、広くは中国、朝鮮、東南アジアの世界とも共通するものである。ここでは奄美諸島が、それぞれの時代における、特徴的な諸相について取り上げる。

二節　大和朝廷時代

奄美諸島は、季節風を利用した遣隋使が九州沿岸から南西諸島を島伝いに中国長安に至る航路の中にあった。当時の交流や人の移動を示す史料を上げる。

聖徳太子が隋の皇帝（煬帝）に送った書簡の書き出し文、

日出ずるところの天子
書を日没するところの天子にいたす（註一）

安倍仲麻呂の望郷の歌、

天の原　ふりさけみれば　春日なる
三笠の山に　出でし月かも（註二）

菅原道真が大宰権師として配流された時の伝承された名歌、

流され侍《はべり》ける時、家の梅の花を見侍て
東風《こちふ》吹かばにほひをこ《お》せよ梅花《うめのはな》
主《あるじ》なしとて春を忘《わす》るな（註三）

大宰府史跡より出土の木簡には、「掩美」とあった。「掩美」は「あまみ」と読み、大きく奄美諸島を指すとも考えられるが、やはりその中でも、奄美大島を指すとみなした方が妥当であろう。この木簡は大宰府と奄美大島などのいわゆる南島との関係を考える上において注目されるが、他の部分を欠失しているので、具体的なことは明らかでない」（註四）とあり、大和朝廷時代に奄美は、海上では遣隋使船の航路上にあり、また、大和朝廷との交流があったことが伺える。

奄美は、文献によれば『日本書記』斉明天白至二年六五七条に「海見島」同じく天武天皇十一年六八二条には「阿麻弥人」とあり、『続日本書紀』文武天皇三年六九九条にも、和銅七年七一四条で初めて「奄美」の名称が記録されている。

三節　揺れ動く歴史の狭間

奄美の歴史は、八世紀から九世紀頃までの共同体（階級社会以前）の時代を経て、十五世紀頃まで階級社会に入り、按司と呼ばれる長が支配する。

四節　按司割拠時代
（グスク時代とも呼称している）

『更生の伊仙村史』によれば、「当時の酋長なるものは、按司と称し、按司の居所を「グスク」と称せられていた。本村に所所集落の後方の高い丘陵に按司屋敷とか何々「グスク」とかの地名があるのを以てしてもこれを知ることが出来る。斯んな所は酋長の城塞としては余りに規模が小さいが、三方断崖で前方は、海岸に臨み如何にも形勝の地を占めてはいる（註五）」と記述されている。確かに、伊仙村阿権地域には、この事例を伺い知ることができる屋敷跡と屋敷が存在している。

『徳之島小史』には、按司に関して、「按司とは琉球の貴族という意味なり、城《ぐすく》とは御宿《ごしゅく》の意味より越し独自の文字なり。琉球人は鎮西八郎源為朝の居所を尊敬して御宿と伝え。琉球に城を築きしは、為朝にして其の当時は城即ち御宿なりき、これよりも城のことは御宿となしたり（琉球人の発音上転訛して）。然るに、その後琉球が明国の貢せし以来排日主義盛んになりし結果御宿の字を憚《はばか》り、城《ぐすく》の字を以ってこれに代えたり、これより琉球人は凡て城の字を「グスク」と訓むに至れり。これ等の事より推究すれば、当島の按司が士人に非ずして琉球より渡来せしものなることを知るべし」（註六）と記述している。

五節　琉球王朝時代

一二六六～一六〇九年までは琉球王朝に属し、大親役と呼ばれる全島のたばね役が島政に携わった。奄美では、この琉球王朝時代を那覇世とも呼称している。

『徳之島小史』は、琉球王朝時代のノロ神信仰について、以下のように記す。

「往昔の神事は婦人これを掌り当時の人心を支配して大いに勢力を有せり。神職に階級有り上級の神職は「ノロクモイ」とて本琉球官僚より辞令を受く。其の辞令は余程神聖なるものとして大事に秘蔵されたり。

而して享保以前は、「ノロクモイ」は一代に一度は必ず本琉球に渡船して国王に謁し辞令を頂く例なりしと云う。「ノロクモイ」は「ノロクメ」とも云い、農路宮明或いは野呂久米と称される。更に「オツカム」と称するものあり、太繁務と書す。野呂久米は一の巫女にして俗にこれを「カンギャナシ」とも云う。往時野呂久米を信仰しこれを崇拝すること甚だし。出産にも新築にも其の他何事をなすにも必ず先ず米穀肴類を巫女に献ず。巫女は常に卜筮を以て吉凶を占い呪厭を以て病を医す。当時の農路宮明左の如し」
このノロ信仰は、安政二年卯十二月五日に薩摩藩代官の速水郷右衛門・間切り与人名によって、巫女禁止令が通達されるに至る。
「古来巫女あり、干支家あり、易者ありて民衆の信用を繫ぐ、社会人心を導いて着たが、安政の頃、時の当局は迷信を除去し神社を中心として村民の道徳思想を養せんと務めた」(註七)
しかし、隠れノロが存在する地域もあり、また、禁止されたといえ、その後、集落のノロ屋敷(トネヤ)跡を中心として年中行事が行われ、絆を維持する重要な場所として活用されてきた。

六節　歴史にみる特異な苦難時代

一六〇九年(慶長十四年)の島津氏琉球征伐後は薩摩藩に属した。藩は一六一六年(元和二年)に大親役を廃止し、代官を派遣、行政区分を間切り(さらに方、あつかいに区分けした)ごとに与人以下の役人を配置して島を治めた。この二百六十年に渉る島津藩政時代を、奄美では代官時代と呼称している。

人々は集落のことをシマと呼称し、自分達のシマをわきゃシマと呼んで、隣接したシマであっても他所のシマとはっきりと区別した。シマ唄の歌曲と歌詞、その踊り方に及ぶまでシマによって差異が知られる。

これは、それぞれのシマが海に隔てられ山で遮られていたために、小宇宙的な空間で独自の文化が形成され、そのことにより隣のシマとは習慣や言語、歌謡などにも差異がみられるようになったと考えられる。このことは、奄美の各地域の共通歌詞で親しまれている次の歌の歌詞からも伺い知れる。

けさぬ　うやほじぬ　しまたてぬ　わるさ
かながしま　わしま　まぎりわかち

この歌は、島造りの神の間切が悪いために、愛しい人と隔たりができ、恋が成就できないのだと歌っている。

かつては、わきゃシマ(自分達のシマ)と、隣接したシマであっても他所のシマと、はっきりと区別がなされ、そのことが一つのまとまりを築き、独自の文化を展開させてきた。それぞれのシマにはしきたりがあり、隣のシマに行くということは、容易なことではなかったであろう。もちろん、隣と隔てる自然条件もあった。

山越えは、昼間でも薄暗い亜熱帯樹林が生い茂る中を、獣道といわれるような細い道をたどらねばならなかった。精霊がやどるといわれる山や谷を幾つも超え、その上に危険なことには、毒をもつハブと遭遇すると噛まれて死にいたることもあった。山の申し子といわれるケンムンに引き回されて深山に迷い変死した、という伝説が多々語り継がれている。

また、小船で海を渡って訪れることもあった。この場合は山越えが厳しい地域でも可能で、限りはあったが荷の運搬もできた。シマに着けば無事に到着した労いと海の彼方から神を招くという神観念も重なり、神を迎える心で歓待される。

シマから他所のシマへ訪れて、人と人が出会うことは、かつては命がけの行動であった。隣のシマの人と容易に会うことは出来ない環境下にあり、このような完結された一つのシマに訪れる人は、まれびと、となる。歌に歓待と崇拝の意が次のように歌われている。

稀れ稀れ汝きゃば拝でぃ
神の引き合わせに
稀れ稀れ　汝きゃば拝でぃ
うもちゃん人《ちゅ》ど真実やらんな
石原踏《く》み切り　うもちゃん人どぅ
真実やらんな

この歌詞には、古代のまれびとは来訪する神であるという観念が知れる。また、困難を乗り越えて訪れたまれびとを迎える心が、愛しい人への歓迎の気持ちとして歌われている。

また、まれびとを迎えてのおもてなしの様子が伺える。このような歌詞のシマ唄は多々あるが、心からの思いが込められた歌詞を歌曲にして歌い継いだ先人達の詩的感性の高さには、改めて驚きと敬意を表さざるを得ない。シマ唄の背景にある歴史を知るところである。

島の人々の伝統的とされる「きもぎょらさ（心が美しい）」の原点は、シマ唄の中に時空を超えて受け継がれている。同時に奄美においては古から歌半学（数々の歌の歌詞によって、人生の喜怒哀楽を学ぶことができるのだとの意味）といわれ、教育的な重要性がシマ唄にはあり、バイブル的に歌い継がれてきた側面をもっている。

七節　米国軍政下時代

一九四五年八月十五日、第二次世界大戦終戦のポツダム宣言受諾から半年後の一九四六年一月二十九日、日本政府は連合国軍総司令部から日本の施政権が及ぶ範囲に関する指令六七七号「若干の外郭地域を政治上、行政上、日本から分離する事に関する覚書」を受け取った。この覚書によって、北緯三十度線以南の南西諸島などは日本から行政分離される事が明らかにされた。「国境線」によって「分離」され、日本本土との自由渡航も交易も停止された。

奄美諸島では、黒糖や大島紬が日本本土の消費を目的に生産され、日本本土から生活用品を移入するシステムによって経済が構築されていただけに、米軍統治下の八年間は困難な環境下おかれた。島民の心に明るさが戻ったのは、一九五三年に奄美諸島が祖国日本に返還されてからである(註八)。

註

一　聖徳太子が隋の皇帝(煬帝)に送った書簡の書き出し文で、解釈は、太陽の昇る東の天皇が、太陽がしずむ西の隋の国の皇帝に書を送る、となる。
当時、高句麗や百済から、仏教、暦、天文、地理、音楽、薬学などの文化が伝えられ、また日本から派遣された遣隋使が、中央集権制度や律令制を学び、大化の改新の原動力となっている。遣隋使は、六〇七年に小野妹子(おののいもこ)、六〇八年に小野妹子、六一四年に犬上御田鍬(いぬかみのみたすき)の三回派遣している。この後六一八年に隋は滅び唐に替わる。

二　安倍仲麻呂は、第九次の隋唐使(七一七)に加わり入唐している、七五三年に仲麻呂の望郷の歌として知られる。『国史』では、七五三年、前年にやってきた藤原清河が大使の遣唐使一行の帰国便で帰国を果たそうとした。仲麻呂は、二十歳で入唐以来三十六年ぶりで玄宗皇帝より帰国許可が出て、五十六歳になっていた。この歌は、百人一首にも選ばれている。七五三年(天平勝宝五年)帰国する仲麻呂を送別する宴席において詠んだとするのが通説だが、他方、唐に向かう船上で御笠山(宝満山)から昇る月を偲んで詠んだとする説もある。

三　歌意は、「東風が吹いたならば、風に託して匂いを送って寄こせ梅の花よ、主人がいなくとも、花の咲く春を忘れるな」となる。九〇一年(昌泰四年)に菅原道真が大宰権師として配流された時に詠まれている。道真は梅を愛好し邸宅は紅梅邸と呼ばれた。梅が道真を慕って飛んで行ったという飛梅伝説がある。現在では、太宰府天満宮は、学問の神様として受験時期になると参拝する受験生や親で賑わっている。天満宮境内に飛梅の古木があり、また、「梅ヶ枝餅」が天満宮周辺の売店で名物として販売されている。その「梅ヶ枝餅」由来は、菅原道真が太宰府へ権師として左遷直後の軟禁状態の折に、老婆が餅を差し入れしようとしたが、軟禁部屋の格子に手が届かず、梅の枝の先に刺して贈ったたという説による。

四　大宰府史跡出土木簡概報（二）九州歴史資料館（一九八五）五二頁より参考にする。

五　『奄美郷土史選集・第1巻』坂井友直著の「更生の伊仙村史」より参考。

六　『奄美郷土史選集・第1巻』坂井友直著の『徳之島小史』の項に記述されている。

七　前掲の『更生の伊仙村史』一七九頁より参考にする。

八　『米国軍政下の奄美・沖縄経済』より。一九四五年八月十五日、第二次世界大戦終戦のポッダム宣言受託、一九四六年一月二十九日、日本政府は連合国軍総司令部から日本の施政権が及ぶ範囲に関する指令第六七七号「若干の外郭地域を政治上、行政上、日本から行政分離される事に関する覚書」を受け取り、この覚書によって、北緯三〇度線以南の南西諸島は日本から分離される事が明らかになった。一九五三年に祖国日本に返還される。

参考文献

大宰府史跡出土木簡概報（二）九州歴史資料館　一九八五年

坂井友直『奄美郷土史選集・全巻』復刻版　国書刊行会　一九九二年

三上絢子『米国軍政下の奄美・沖縄経済』南方新社　二〇一三年

三上絢子「研究ノート」

第三章　奄美の民俗と伝承歌謡

一節　シマ唄と民俗

奄美においてシマとは集落を意味し、シマ唄は各集落で歌われている歌のことである。

古典的な「シマ唄」は、文字を用いて書き残されることなく、先人達から口頭で伝承されてきた。歌には、各時代背景を反映した歴史書となりうる歌、人々の暮らし向きに不可欠な冠婚葬祭の歌、自然と共生し感謝の意を表す歌、喜怒哀楽や社会性を内包した規範的な歌などがある。村落共同体の時代から多様な分野の詠み人知らずの歌が、「ぬんごしゃ（歌詞を知っている人）」と「くぃしゃ（うたしゃ）」によって、ぐぃうん（うたの心）が歌い継がれている。

シマ唄は奄美大島内の南部と北部で異なるほか、島内各シマでも微妙に違う。これは各集落が険しい山々に囲まれ、陸上交通が制約されていることによる（地理的条件）。また、藩政時代は、集落間も厳しく通行の制限を受けていたために、同じ言葉や「唄」が集落ごとに異なる事態が生じたと伝承されている。こうした歴史の変遷の中でシマ唄は、各集落の中で暮らしに深いつながりをもって伝承されてきた。

わが国の古典文献に詠まれているように「歌掛け」の行われていた、いにしえに思いを馳せることは可能だが、歌掛け、嬥歌、歌垣と呼称された貴重な文化は、時代とともに現実には衰退の一途をたどり、わずかに奄美や秋田県の一部などに存在しているに過ぎない。

奄美の「歌掛け」は、即興の見事さの中に情緒と知的感覚の高さがみられ、日本の失われた基層文化の面影を色濃く残すものとして、学術的にも注目されている。

二節　歌は文化の原点

シマ唄の代表的な「朝花節」は、祝い歌、挨拶歌、歓迎の歌、座を清める歌、声ならし（声の調子を整える）歌などといわれる。

祝い歌は、歳の祝い歌、新年の祝い歌、誕生の祝い歌、入卒の祝い歌、婚礼の祝い歌、新築の祝い歌、進水の祝い歌、快気祝い歌、送別の歌と人生儀礼に歌われる。

祝い歌の事例

歳の祝い歌

一　三宝《さんぼう》　塩盛《しゅもり》りに　三重《みかさね》ね　そえてぃ
寿《とうし》ぬ　御祝《おゆわえ》　祝《ゆわ》てぃ　おしょろ

二　歳ぬ　祝《ゆわ》すぃれば　亀が　命　願お
亀や万年　歳や寄らぬ

三　命《にゅち》　果報　願えば　石ぬ身ぬ　如《ぐう》とに
千歳《しんさい》なるまで　子孫《くわぁまぁが》　揃うて

四　月《つぃき》に　願《がん》　立てて　太陽《てぃだん》に　物《むん》　しらせ
吾《な》ぬ生しゃる親《うや》がなし　百歳《ひゃくさ》　願お

五　千歳《しんさい》　古松《ふるまつぃ》ぬ　緑葉ぬ　下《しゃあ》なんて
亀《かむぃ》に　歌しむぃてぃ　鶴《つぃる》ぬ　舞ゆり

新築の祝い歌

一　新《あ》ら屋敷　好《くう》のでぃ　黄金《くうがね》　柱《はりゃ》　植えてぃ
これからぬ先や　御祝《うゆわえ》　ばかり

二　山が　山数《かずぃ》ぎ　木筋《きすぃず》　柱とうむぃてぃ
御大工《うでぃく》　しょしられぬ　造《つぃく》り美《きょら》さ

三　四角立柱《しかくたちばりや》　上《うー》や綾天井
衣裳ぴりぬ　畳《たたむぅ》　敷《し》ちゃる美さ

米寿の祝い歌

一　改《あら》まる年《とうし》に　八十八　会わし
斗《とぅ》かき枡　会わし　祝てぃ　おしょろ

二　改まる年に　八十八　会わし
ゆりもどし　もどり　百歳《ひゃくさ》　願お

婚礼の祝い歌

一　今日《きゅう》ぬ良かろ日に　御盃《うちゆく》　配《へー》えてぃ
千石《しんぐく》ぬ　宝　貰《もろ》し　賜《たぼ》れ

二　今日ぬ良かろ日に　思子《おむぇくわ》　貰れ　受けてぃ
これからぬ先や　御祝《うゆわぇ》　ばかり

三　今ま　おすぃる　思子　竹《でぇ》ぬ　子《くわ》ぬ　蕾
枝《ゆだ》むちゅることぅや　しょしら　頼《たん》も

四　押《う》し出《じゃ》しゅる　思子　筍《でぇんくわ》　ぬ　蕾
枝《ゆだ》むちゅることぅや　やなきゃに　頼も

五　今日ぬ良かろ日に　夫婦　まぐあいて
素籠りぬ　栄　鶴《ついる》ぬ　如とに

誕生の祝い歌

一　大木《うふぎ》　生《むぇ》てぃ　跡や　若木　生てぃ　継《つい》ぎゅり
親主後継《うやしゅあとつい》ぎゅり　初《はつぃ》ぬ思子《おむぇくわ》

二　松《まつぃ》ぬ若松《わかまつぃ》や　枝《ずら》からどぅ　うさを
殿地　しょしられや　根枝《ねぃずら》うさを（註一）

以上の祝い歌は、大笠利地域の方言を用いて、ルビを振ってある。

次の挨拶歌は、親しい仲間の集い、様々な寄り合いの席、歌遊びの場、シマ唄入門の手本などに歌われる。

歓迎の歌は、客迎え歌ともいわれ、まれびととの出会いを心から歓迎する様子が、次の歌詞からもうかがい知れる。

まれまれ　なきゃ拝でぃ
神ぬひき合わせで
なきゃば拝でぃ
（歌意）久久ぶりに、あなたを拝顔できました、神様のひき合わせで、あなたを拝顔できたのです。

各地域によって、その席に相応しい朝花節が数曲あり、これらの歌は席の雰囲気に合わせて次第に恋の掛け歌へと展開される大きな特徴をもっている。

それらの席では基本的に朝花節によって始められ、はな（最初）に歌われる「朝花節」は、「うたぬはじまりや　あさばなはやりぶし」と打ち出しに歌われている。即ち、はなとは物事のはじまりで、あらゆる物事には先端や突端があり、最初の意を表している。

「朝花節」は、少数の集いの場などで即興の「歌掛け」に用いられるなど親しまれている。集団の「歌掛け」は、年中行事の「八月踊り歌」があり、農耕の豊穣感謝と祈願の祭祀として行われている。

奄美諸島の沖永良部島と与論島は、地理的に沖縄により近い距離に位置し、歌謡文化も琉球の影響を受容している。また、徳之島伊仙町阿権地域では、歴史的に琉球との関わりが深く、沖永良部島と与論島同様に、琉球王朝時代の那覇世と呼称した時代の歌謡文化が色濃く、現在も伝承されている。

「かぎやで風（御前風）」が琉球では代表的な祝い歌で、めでたい席の最初に歌われ、格調高く荘厳な雰囲気の中で舞われる。歌詞には、花がつぼみから開花する情景が、めでたさを見事に表現している。

かぎやで風（御前風）

きょうのほこらしゃ
なをにぎやなたる
つぼでをる花の
露きやたごと
（歌意）今日の喜ばしさは　何にたとえようか　花のつぼみが　朝露にあったようである。

祝い歌は、琉球弧の同じ文化圏にありながら、沖縄の場合は、伝統芸能文化を外へ向ける態様で現在も発展している。奄美の場合は、伝統文化は内に向かって継承されている態様で、対照的である。

奄美のシマ唄は、琉球民謡や日本本土の民謡とも異なる独自性をもつ。日本本土の民謡は七七七五調の二十六音であるが、琉球、奄美の詞型は八八八六調（上句が八八の十六音、下句は八六の十四音の三十音で構成されている）で、伴奏に三味線と太鼓を用い、ハト（指笛）も加わる場合がある。

三味線は、十四世紀〜十五世紀頃に中国から琉球に伝わったといわれている。

奄美と沖縄とは、三味線に大きな違いがある。奄美の場合、竹を細く削って板状にしたバチを中指と親指で挟み込んで用いる。

弦は高音をだすために沖縄より細い弦を使用し、また、「返しバチ」と呼ばれる下から上への弾き上げを併用する奏法である。

沖縄の三味線の場合は、牛の角から作った「爪」をバチとして使用し、弦は奄美より太く上から下に弾き下ろす奏法である。「爪」を指に差し込んで使用するために、やや大きめで安定するようにしている。

三味線のツガ（又は、チガ）は、双方とも蛇皮を使用している。

奄美と沖縄の違いは、沖縄が琉球王朝時代に中国と冊封関係にあったことに起因すると考えられる。宮廷を中心とした琉球古典音楽や「組踊り」にみられるように、荘厳で優雅な琉球芸術の世界が舞台化し、観劇にふさわしいように変遷した歴史があると考えられる。

奄美の場合は、内に向かって仲間内を中心に歌われてきた。旋律は徳之島以北では日本民謡音階と律音階が主であり、琉球音階とは異なる。また、発声法は、琉球や日本民謡では使わない裏声を多く使う独自性をもっている。

三節　「歌掛け」の生成

シマ唄は、神歌など祭祀、儀礼的な歌から教訓歌、仕事歌、恋の歌、童歌など暮しの中の全てが歌に託されていて、地域のコミュニケーションが歌によって保たれてきたことが伺える。

少数の歌掛けの場合は、最初から鳴り物入りの歌曲ではなく、人と人の触れ合い、つまり自らの膝や手でリズムを取り、相手の手と手を合わす仕種から発生する。それは子供のセーセーセの遊びの所作であり、意思の疎通のような自由な形式のものであったであろう。スキンシップが和を保つ点は、大人も子供も同様で、その所作には類似点がある。その素朴なシステムが歌掛けの原点であることは、現存する古典的な「歌掛け」を代表する「節田マンカイ」（奄美市笠利町）によって知ることができる。

同行事は集団の場合も、それぞれの顔が見えるよう大きな輪になって掛け合う形式が和を保っていることを示す。

奄美のシマ唄を大別すると次のようになる。

① 神歌、「ノロ」や「ユタ」などの神人、神役が祭祀の儀礼時に唱える歌。

② 行事歌、八月踊り歌・餅貰い歌・正月歌。集落など共同体全体の場合や正月歌など、地域によっては一族での場合がある。

③ 冠婚葬祭の歌。家単位の場合がほとんどで、歳の祝、誕生、結婚、建築儀礼、旅の送迎、舟の進水、入卒、葬儀など。それぞれの祝には、その祝に関する歌詞が幾とおりもある。例えば、歳の祝の場合、祝う年齢によって歌詞が異なる。婚礼の場合、歌掛け形式によって、お仲人、嫁方、婿方、来客と歌詞が異なる。葬儀の歌の場合、亡くなった人が大人か子供によって歌詞が異なり、泣き歌ともいわれ、地域によっては専門的な泣き人がいる。

④ 労働歌、田植え歌、航海、耕作（焼畑）など。仕事歌はイトゥ、イェトと呼称され、活力を生み連帯する掛け合いである。例えば、航海の場合などは、歌詞はなく掛け声のみでリズムをとっている。田植え歌の場合は、畦で叩く太鼓のリズムで楽しく掛け合い、仕事の能率を上げる。

⑤ 娯楽歌（遊び歌）、慰め歌、三味線歌。トゥギ歌とも呼称され、本著では遊び歌として分類する。基本的には短詞形の歌詞が中心であるが、「口説き」の場合もある。歌掛けで男女や客人を交えて、問答形式による儀礼的な歌詞から恋の歌へと展開し、しかも即興の場合が多く、歌掛けの醍醐味である。

⑥ 教訓歌、諺が多く用いられている。先人たちが社会的に欠くことの出来ない行いや、秩序を維持するための知恵が歌われるようになったと考えている（註二）。

⑦ わらべ歌、呼びかけ歌、遊戯歌。

四節　伝統文化の「歌掛け」

奄美のシマ唄には情緒と知的感覚の高さがみられ、現代では失われた日本の基層文化の面影が色濃く残っている。このような文化は古代においては日本列島及び琉球、中国、朝鮮、東南アジアの世界とも共通していたと思われる。

人から人へと時空を越えて伝えられたシマ唄は、言霊にリズム（音）が加わって固有のかたちをもつようになった。これはシマの人達の労働や生活に力を与え、人々の活力の源になっている。

節田マンカイ（正月まんかい）

男女　正月ティバ正月ハーレーヘイー今日
　今日迄ーヌ　正月ヤーハレ
　今日迄ーヌ　今日がれ又正月

女　今日迄ーヌ正月（手拍子6回）

男　明日がれもねらヌ　ハレヘイ
　来年《ヤーネー》ぬ
　来年ぬ期間《コエー》だ
　ヤーハレ来年ぬ　来年ぬ期間だ

女　元日ぬ　朝《スイカンマ》（手拍子3回）ハレヘイ
　床間《トック》むか
　床間むかティ見れば　ヤーハレ
　床間むか　床間むかティ見れば

男　床間むかて見れば（手拍子6回）

女　裏白《ウヤズイール》　とぅゆずぃる

　ハレーヘイ　祝《ユーワ》い
　祝い美らさ　ヤーハレ　祝い　祝い美らさ

節田マンカイ（正月まんかい）奄美歌掛け文化保存会における「歌掛け」。奄美市において。2004／撮影・著者

新年の清々しい慶びが継続するようにと祈願を込めて歌い、床の間にお供えされた餅に添えられている植物のウラジロ（シダ種）と、ユズル（植物の葉）が、なんと美しいことだろう。床の間の祝っている雰囲気が美しいと、新年の慶びを掛け合っている。

集落の人々が晴れ着で集い新しい年を祝う儀礼は、男女が向き合って掛け合う、和を維持する重要な行事でもある。

五節　「歌掛け」をもとめて

奄美の歌掛けは、生活の中にコミュニケーションの場として機能してきた。一対一の対歌は男女の掛け合いが多いが、他所から歌の上手な人が訪れた場合などは、男女に限らず複数で歌掛けを行う場合もある。自由で広がりのあるシステムである。

先人達は、日常生活の中で、即興の歌の掛け合いによって「おもい」を独自の感性で表現して、その場の雰囲気を盛り上げた。いわば即興詩人でもあったといえる。

「歌掛け」は、シマ唄の原点であり、また、シマ唄は掛け合いが基本であるともいえる。上の句に掛けて下の句で対応する。この問答は自然体で行われ、即興の歌詞をリズムに合わせて歌う。

「うたしゃ（唄者）」の条件としては、歌の掛け合いができ、雰囲気を醸し出す資質をもち、歌心を把握していること、などが挙げられる。

うつくしい声で歌う人を「くいしゃ」と呼ぶ。

集団の「歌掛け」には、年中行事の「八月踊り歌」があり、農耕の豊穣感謝と祈願の祭祀として行われている。

註

一　「大笠利　わらべ島唄クラブ・唄詞集」参考

二　『奄美諸島の諺集成』を参考

参考文献

坂井友直『奄美郷土史選集・第一巻』復刻版　国書刊行会　一九九二年

三上絢子編『奄美諸島の諺集成』南方新社　二〇一二年

「大笠利　わらべ島唄クラブ・唄詞集」一九八三年

三上絢子「研究ノート」

第二部　歌は自然との共生

第四章　奄美の挨拶歌
―「朝花節」を中心に―

一節　はじめに

集落間の移動は、一九六〇年代まで小型の木造船が主流で、海の荒波を乗り越え　シマを訪れた来客に対して人々は、神を迎える心で歓待した。

このように、他所のシマから訪れる人は、険阻な山道や危険な海を乗り越えなければならないことから、まさに、稀に来る人なのであり珍客であった。

客をもてなす席で最初に披露される歌は朝花節である。

ここでは、この客人を迎える歌がどのような内容であるのか、そこにどのようなシマの人たちの気持ちが表れているのかを考えてみたい。

朝花節にみる客迎え歌、例えば、次のような客迎えの歌がある。

まれ稀れ汝きゃばおがむディ

神の引き合わせに稀れ稀れ汝きゃば拝でぃ

（歌意）「このように稀にあなたにお会いできたのは、神様の引き合わせでしょう」と、客人との出会いを喜び歌う。

まさに、客人との出会いが「稀」なのだと歌われているのである。道中の困難を乗り越えて訪れて来た客人を迎える心は、次の歌詞にも窺える。

うもちゃん　人どぅ　真実やらんな　石原踏み切り
うもちゃん　人どぅ　真実やらんな

（歌意）おみえになられた方こそ　真心があるからです。山谷を越えて、おみえになられた人こそ、本当の真心を持った人ではありませんか。

ここには、遠来の客を労う歌であるが、愛しい人が訪れてくれたことへの恋情の意があふれているともとれる。

奄美のシマ歌で、先ず最初に歌われるのが「朝花節」である。その歌詞の一節に「朝花はやり節、歌ぬはじまりや朝花はやり節」と、朝花節は歌の始まりとあり、この歌には人生の諸々の礼節と慶びが込められて、座を清める歌、祝い歌、挨拶歌、歓迎の歌、声ならし（声の調子を整える）歌などといわれる。

祝い歌を例にとると、歳の祝、結婚の祝、誕生祝、入学・卒業・合格祝、諸祝賀祝など、その祝の席に相応しい歌詞が即興で歌われる。

歌は席の雰囲気に合わせて、次第に恋の掛け歌へと展開するという特徴を内包している。

二節　朝花節にみる客迎え歌

南大島は奄美の南半分に位置する瀬戸内地域を指し、そこで歌われる歌を「ひぎゃ歌」、北大島を「かさん歌」、徳之島を「とぅくぬ島節」と呼び、大きく三区分している。

南大島《ひぎゃ》には、「長朝花節」、「朝花節」、「一切《ちゅきやり》朝花」と三曲の朝花節がある。南大島が「朝花節」の原点であると言われる点に着目して、歌曲と歌詞の内容の分析をすると次のような事が見られる。

祝歌 としての「長朝花節」は、結婚式やめでたい席に固定歌詞で荘厳な雰囲気を醸し出す歌い方がされる、「今日のよろこばしい日に私が祝っておけば、これからの先はめでたい事ばかり」と歌われる。

歓迎歌 としての「朝花節」は、客人を迎えた折に、最初に代表的な朝花節の基本的なリズムで歌われる。固定歌詞の挨拶歌から始まり、歌い継ぎは共通歌詞の四十四首の中から歌われたり、即興で歌の掛け合いをしたりする。

あそび歌（ゆらい歌） としての「一切（ちゅきゃり）朝花」は、楽しくリズム感をもたせ、「歌掛け」の席が盛り上がった時に明るく歌われる。テンポが速く五首の固定歌詞と歌い継ぎは、主に即興の掛け合いで歌われる。

南大島（瀬戸内）ひぎゃ歌の朝花節三曲を紹介する。

長朝花節

ハレイー今日ぬよかろ日にハレ吾祝《わがいわ》て
（はやし）イチヌカランヨ　ナマヌカランヨ
吾祝《わがいわ》てぃ　ハレうかば　ウセイヤレー
（はやし）ヨイサ　ヨイサ
イヤハレ　祝が
（はやし）島一番よ村一番よ
吾祝《わがいわ》てぃ　ハレうかば
（はやし）吾祝てぃ　ハレうかば
ハレ　くれぃからぬ先やハレお祝《ゆ》わい
（はやし）ヨイサ　ヨイサ　ヨハレ　ヨイ　ヨイ
お祝《ゆ》わいまたハレばかり　ウセイヤレー
（はやし）ヨイサ　ヨイサ
ヨハレ　お祝《ゆ》わい
（はやし）西から参《も》ちな東《ひぎゃ》から参《も》ちな
お祝《ゆ》わいまたハレ　ばかり

（歌意）今日のよろこばしい日に私が祝って、私が祝っておけば、私が祝っておけば、これからの先はめでたい事ばかり、めでたい事ばかり、めでたい事ばかり。

朝花節

朝花はやり節　唄ぬ始まりや朝花はやり節
突然《ちょっとん》出て　はばかりながら　ご免下さりませ
此《く》の家《や》の御《う》主《ち》人《す》様《さま》
うもちゃん人《ちゅう》ど真実やらんな　石原踏《く》み切り
うもちゃん人どぅ真実やらんな

愛《かな》しゃん人《ちゅ》や　鶏卵《にわとうり》　吾や親鶏なて
朝《しかま》な夕な抱《う》さとぅりぶしゃんじ

唄声なんにゃ惚《ふ》れぃらたんど　加那がきむ心に
千惚《せんぶれ》しゃんど満惚《まぶ》れぃしゃんど

朝花節は、基本的な歌曲のリズムで歌われ、歌詞は挨拶から入り、次第に恋情のこもった恋歌へと展開している。歌い手の好みで固定した共通歌詞四十四首の中から、掛け合いに相応しい歌詞をつないでいる。

一切朝花節

ハレーイ油断すんな羽黒魚《はねぐろいゆ》（カジキマグロ）
いきやぬ生餌《なまゆどぅ》（えさ）見ちハレ
油断すんな羽黒魚。

（歌意）のんびりしなさんな若者（青年）よ。若いピチピチした娘さんをみて、のんびりしなさんな若者（青年）よ。のんびりしたら他所にとられるよ。

（語訳）羽黒魚・若い青年のこと。

一切《ちゅきやり》朝花節は、楽しく明るくリズム感をもたせ、歌あしびの場が盛り上がった時に特に歌われ、正統派の朝花のテンポを早めたものである。

三節　南大島の客迎え歌の形成

森チエ氏は、シマ唄に造詣の深い奄美における女性唄者の第一人者である。ブレンの三味線と歌・茂木幸生氏、郷土文化研究者・松島信子氏の協力を得て、共同作業で、南大島の共通歌詞四十四首の中から即興の「挨拶歌」と「歓迎歌」を作成した（註一）。

挨拶歌

一　ハレイ　突然出てぃ　はばかりながら
（囃子）シマ一番よ村一番よ
御免下されませ此ぬ家ぬ御亭主様

二　ハレイ　参もちゃん　人どぅ　真実あらんな
（囃子）イチャヌカラン　ナマヌカランヨ
ハレイ　石原踏み切ち　参もちゃん人どぅ
真実あらんな

三　ハレイ　稀れ稀れ汝きゃば拝でぃ
（囃子）シマ一番よ村一番よ
ハレイ　今汝きゃ拝むぃば
にゃ何時頃拝むぃかい

四　ハレイ　稀れ稀れ汝きゃば拝でぃ
（囃子）イチャヌカラン　ナマヌカランヨ
神ぬ引き合わせに稀れ稀れ　汝きゃば拝でぃ

五　ハレイ　拝まん人む拝でぃ知りゅり
（囃子）ヨイサヨイサ　ヨイサヨイサ
命長むていうりば　拝まん人む
拝でい知りちゅり

六　汝きゃとぅ稀れ稀れど
（囃子）カナシャムチロン　タヨリヤネンド

ハレイ　互に稀れ稀れ　じゃんが夜さり
夜や遊びんしょろや

七　遊でいもうれ　語ていうもれ
今夜や夜通じゃんが
遊でいもうれ　語ていうもれ
ハレイ　稀れやらんな
（囃子）イチャヌカラン　ナマヌカランヨ
ハレイ　かよな取り合わせや
稀れやらんな　今日やらんな

この歌には、古典の儀礼的な共通歌詞によって、まれびとを迎える心からの労いと、おもてなしの宴の様子、そして惜別を予期して離れたくない心情が歌われている。

歓迎歌

一　まれいまれ汝《な》きゃ拝《うが》でぃ
今《なま》拝むぃば　にゃ何時《いち》ごろ拝みゅかい
（歌意）本当にお久しぶりにお会いしたしました。今日お会いしましたら、この次は何時頃お会いできるでしょうか。

二　突然出《ちょっといじ》て　憚りながら　此《く》ぬやぬ御亭《うち》主様《すさま》
御免下さいませ
（歌意）突然お伺いして失礼いたしますがお許し下さいませ。このお宅のご主人様。

三　参《いも》ちゃん人《ちゅ》ど　真実やあらんな
石原、谷踏《さくく》み来《き》ち
参ちゃん人ど　真実やあらんあ
（歌意）おみえになられた貴方こそ真心があるからです。石だらけの道や　谷を踏み越えて、遠方からはるばるおいで下さった。貴方こそ本当の真心を持った人ではありませんか。

四　拝《うが》まん人ど　拝でぃ知りゅり
命長むて居りば　拝まん人ど知りゅり
（歌意）会ったことのない人でも、お目にかかれば親しい知人になれます。長生きしていれば、そのような出会いもあるのです。

五　汝《な》きゃとや稀れ稀れど
互《たげ》に稀れ稀れじゃんが
ゆさり宵や遊びんしょろ

（歌意）貴方達とは久しぶりですね。お互いに久しぶりにお会いしたのですから、今夜は夜通し歌って遊びましょうよ。

六　いもらん加那　待とうよりむ
昇る二十二、三夜ぬ
お月様を待ちがまさり
（歌意）来ないあの人を待つよりも、昇って来る二十二、三夜のお月様を待つほうが気が楽です。

七　あん雲ぐゎぬ下どろど
吾きゃが思とる人や
あん雲ぐゎぬ下どろど
（歌意）あの雲の下ですよ、私の愛おしく思う人は。あの雲の下ですよ。

八　今がてい来んばにゃ来んだろど
月やあま下がりゆり
今がてい来んばにゃ来んだろど
（歌意）今まで待っても来てくれないのは、月明かりが暗くなったからか、今まで待っても来てくれないのは、来てくれないのだろうか。

九　待ちゅたん夜ぬが参らんたる
枕取り並ぶいてい待ちゅたん
夜ぬが参らんたる
（歌意）待っている夜に、なぜお見えにならなかったのか。枕を二つ並べて、待っていた夜に、なぜお見えにならなかったのか。

歓迎歌としての朝花節は、代表的な曲調で歌われ、歌い出しは固定歌詞により相手を歓待する喜びに満ちた挨拶を内容とするものから始まる。同席している全員が、相手が一節を歌うと返歌で、掛け合う事が儀礼とされている。

席の雰囲気に応じて即興で共通歌詞の中から歌を継ぎ、掛け合いを行うという特色があり、歌掛けの典型的な形が見られる。この朝花節は、一から四十四までの共通歌詞から、組み合わせて一般的には歌われている。

ここでの「歓迎歌」では、共通歌詞の八番までは、儀礼的な歌詞で歌われ、主人は客人の訪れを喜び、久しぶりであると迎え、客人は突然の訪れに許しを乞い、主人はこのようにお見えになる人は真心があるからだと歓迎し、周りからは、会った人でなくとも会うと親しい知人になれること、久しぶりに会ったので、朝まで歌遊びをしましょうと誘いかけるのである。九番から恋の歌掛けへと展開している。

次に掲げる共通歌詞の四十四首の中から歌われる。

南大島の共通歌詞

一　突然出てぃはばかりながら　御免下されませ　此ぬ家ぬ御亭主様

二　参もちゃん人どぅ　真実あらんな　石原踏み切ち参もちゃん人どぅ真実あらんな

三　稀れ稀れ汝きゃば　今汝きゃ拝むぃば　にゃ何時頃拝むぃかい

四　稀れ稀れ汝きゃば拝でぃ　神ぬ引き合わせに　稀れ稀れ　汝きゃば拝でぃ

五　拝まん人む　拝でぃ知りゅり

六　汝きゃとぅ稀れ稀れど　互に稀れ稀れじゃんが夜さり夜や　遊びんしょろや

七　朝花はやり節　唄ぬ始まりや　朝花はやり節

八　いじやさんなや　りーじやさんな　声や待ちなりじゃんが　いじやさんなやりーじやさんな

九　いもらん加那　待とうよりむ　昇る二十二、三夜ぬ　御月様待ちがまさり

十　あん雲ぐゎぬ下だろど　吾きゃが思とる人や　あん雲ぐゎぬ下だろど

十一　今がでい来んばにゃ来んだろど　月やあま下がりゆり　今がでい来んばにゃ来んだろど

十二　待ちゅたん夜ぬが参らんたる　枕取り並ぶいてい　待ちゅたん夜ぬが参らんたる

十三　稀れやらんな　かよな取り合わせや　稀れやらんな今日やらんな

十四　吹き流せよ南ぬ御風　大和山川がでぃ　吹き流せよ南ぬ御風

十五　此ん物思やすらんたろど

十六　面影ぬ立たんちあんにゃ　太陽ぬ落てい下りんにゃ　面影ぬ立たんちあんにゃ

十七　別れてぃ行きやならんど　かしがでい愛しゃるむんな　別れてい行きやならんど

十八　年寄たん沙汰やあらんな　声ぬだらきゅすいや年寄りたん沙汰やあらんな

十九　島残りや落すなよ　明日や船出しじやんが島残りや落すなよ

二十　行きゃんば加那居りなりゅむい　此処や汝きゃ島じゃんが　行きゃんば加那居りなりゅむぃ

二十一　明日が夜なしんしょろや　今夜やてぃるだむ

しゅうてぃ　明日が夜なしんしょろや

二十二　煙草ちゅんまみしょちうもれ　吾家や道端じゃんが煙草ちゅんまみしょちうもれ

二十三　三味線なんてぃ抱からだなよ　吾が愛しゃる人に　三味線なんてぃ抱からだなよ

二十四　三味線ぐわば弾きばくらちど　加那がくとぅ思てぃ三味線ぐわば弾きばくらちど

二十五　愛しゃん人や鶏卵　吾や親鶏なてぃ　朝な夕な抱くさとぅりぶしゃんど

二十六　吾二人どぅや玉黄金　子供産ち孫見りがでぃ吾二人どぅや玉黄金

二十七　女線なんど小使銭ぬ入ゆり　女ぬ娘や向け顔なんど煩悩ぬ付きゅり

二十八　弾きふらすぃよ小女線　声ぬ上げ下げ　弾きふらすぃよ小女線

二十九　出さんなやり出さんな　あったら三味線ぐわば汝一人一人物言ち

三十　唄声なんにゃ惚れりらんたんど　加那が肝心に　千惚りしゃんど万惚りしゃんど

三十一　唄すぃりすぃり寄たん青年きや　唄やしどぅ習ゆる　唄すぃりすぃり寄たん青年きや

三十二　他人加那ちゃ思なしきりやんど　かしがでぃ愛しゃる人や　他人加那ちゃ思なしきりやんど

三十三　出しゅん人どぅ上手上手　声や待ちなりじゃんが　出しゅん人どぅ上手上手

三十四　愛ししゃん人や一人一人　島中七間切りに愛しゃん人や一人一人

三十五　通たる家裏通道ぐわ　今や通だなしゅうてぃ苔ぬ生てぃ草ぬ生てぃ

三十六　いもらん加那待ちゅんゆりも、上がらん二十二、三夜ぬ、御月様待つちが勝り

三十七　通わん者ぬ吾取りきゅんむぃ　下駄ぬサべなりがでぃ　通わん者ぬ吾取りゅきゆんむぃ

三十八　昼夢がでぃ見ちゃんど吾なあんまり思むぇ詰むぇてぃ昼夢がでぃ見ちゃんど吾な

三十九　昔や如何あたんち　今や離きゃしゅんが昔や如何あたんち

四十　岬や凧どぅりとぅ　明日や舟出しじゃんが岬や凧どぅりとう

四十一　油凧りなち給れ　明日や舟出しじゃんが　油凧りなち給れ

四十二　明日が夜なしきりゃど　かしがでぃ面白さむんな　明日が夜なしきりやんど

四十三　遊でいもうれ語ていうもれ　今夜や夜通じゃんが　遊でいもうれ語ていうもれ
四十四　元気しうもれ達者しうもれ　今夜拝だる人々
元気しうもれ達者しうもれ

共通歌詞をその場の雰囲気に合わせて幾通りも即興の「歌掛け」に組み込むことが可能である。それには自分の歌袋に共通歌詞が収められていることが不可欠である。

四節　北大島のあさばな節

「あさがお節」は琉球系統で御前風に属した格調高いお祝い歌。「朝花節」は、男女の「歌掛け」で歌う。

あさがお節

若松ぬ　ハレ下に亀ぬ魚《いゆ》ね遊び
亀ぬ魚《いゆ》ね遊び　鶴や羽たれて
舞ひハレ美《きょら》さ　舞ひハレ美《きょら》さ
新たなる　ハレ年に炭と
ハレくぅぶ祝てぃ　炭とハレくぅぶ祝てぃ
親ぬ契り　子供《くわ》ぬ契り
果報なハレ年祝を　果報なハレ年祝を

朝花節

あさばなはやりぶし
うたぬはじまりや
あさばなはやりぶし

うらぎりてはまうれて
かてでしやしなむたで
かたでしやなだばむだで
(歌意) 寂しさに浜におりて片手で砂を弄び、片手では涙を拭いて。
(語訳) 「うらぎりて」さびしさに、「はまうれて」浜におりて、「かてで」片手で、「しな」砂、「なだ」涙、「ば」を、「むだで」拭いて。

にしぬかぜはいぬかぜ
かぜぬむんいゅんなれば
かんしにいやりたのも
(歌意) 北の風、南の風　、風が言葉を話せるなら恋人に伝言を頼もう。
（語訳）「にし」北、「はい」南、「むんいゅんなれば」言葉が話せるならば「かんし」恋人、「いやり」伝言。

五節　徳之島の朝花節

「島朝花」と「亀津《かめいち》朝花」「昔朝花」及び伊仙町阿権地域の「御前風」。

島朝花

一　吾《わん》かなしゃしゅん人《ちゅ》ど
親《うや》ちはれ拝《うが》もう
親が産《な》しお蔭
吾《わ》かふんげがで育て
親ぬゆしぃぐと　そそんなはれうめんな
（歌意）私はこの島に親や親戚はおりません。私を可愛がってくれる人こそ親として敬おう。親が自分を産んだお陰で、ここまで丈夫に育った、親の教えを粗末にしてはいけないよ。

二　遠方《あがてんげ》ぬ島なん
吾きゃ親や置《う》ちゆて
宵《よね》下《さがい》なれば　吾きゃ親
見《み》り欲《ぶ》さんで
（歌意）遠い島に　自分の親をおいて、夜になると自分の親に会いたいです。

三　屋敷　護《まもる》神や
皆《みな》護てたぼれ
物識《むぬし》らぬ私達《わきゃ》や手摺《ていしい》はれ拝《うが》もぅ
（歌意）屋敷を護る神様、皆んなを護って下さい。何もしらない私達は、手をすり合わせて、敬い拝みます。

この歌は、他の地域に嫁いだ女性のおもいを歌ったという説があり、また、遠方の旅先から故郷におもいを馳せた歌ともいわれている。

亀津《かめいち》朝花

エーヘーィ　朝花に惚《ふ》れぃて
吾《わ》きゃや振《ふ》い捨ててぃ
花ぬ萎《さお》れれや　吾きゃ事思《くとうめ》ぶしゃれ

（歌意）朝花に心をうばわれて、自分の家もみんな置きざりにして、朝花が年をとれば　私達の事を思い出して下さい。朝花は女性の名前である。若く美しい朝花に魅かれて、自分たちをおきざりにした夫がいつの日か自分のもとへ帰るのを心待ちする妻の心情が歌われている。

エーへーィ　島や何処《だー》ぬ島んま
変わるんどうや無《ね》しいが
水《めず》に分《わ》かされて　言葉《ことうば》ぐぁぬ違《ち》ごて
（歌意）島は何処の島も　変わらないけれど　川を境に言葉が違う。

エーへーィ　旅や浜宿《はまやどい》
草や葉《ふぁ》どぅ枕　寝てん忘ららぬ
吾家《わや》ぬ御側《うすは》
（歌意）旅の野宿で寝ても忘れられない。自分の家のようす。

エーへーィ　遠方《あがてんげ》ぬ島なん。
吾きゃ親や置《う》ちゅて
宵下《よねさが》いなれば　吾きゃ親見《み》り欲《ぶ》さんで
（歌意）遠い島に自分の親をおいて、夜になると自分の親に会いたいです。この歌での朝花は、女性の名前である。

昔朝花

一　いーじゃしべぇやねんどねんど
ハレー　うりたがめぇぎゃなんや
いーじゃしべぇやねんどねんど
（イージャシベェヤネンドネンド）
（歌意）歌い出したくないよ、ないよ、みんなの前では、歌い出したくないよ、ないよ

二　ひっぱてぃくんにゃ　やりじゃしゅんど
わきゃがばしゃぎんぐゎ　ひっぱてぃくんにゃ
やりじゃしゅんど
（歌意）ひっぱってくれれば、歌いだします。私の芭蕉着をひっぱってくれれば歌い出します。

三　さんしるひぃち　うとてぃうぇっしぇら
みっせぬぇれそろとぅてぃ　さんしるひぃち

うとてぃうぇっしぇら
（歌意）三味線を弾いて、歌って差し上げましょう。青年と娘がそろって、三味線を弾いて、歌ってあげましょう。

四　じゅうしちはち、ねんどねんど
わぁきゃがじゅうしちはちや　むかしなんてぃ
ねんどねんど
（歌意）一七、八では、ないよないよ。私達の一七、八というのは、昔のことではないよ、ないよ。

五　やまとぅからはやてぃけたんど
どんどんぶし　やまとぅからはやてぃけたんど
（歌意）大和（本土）からはやって来たよ。ドンドン節が、大和から流行って来たよ。

かつて、日本中にはやったといわれるドンドン節は、明るくリズムカルなテンポの曲で、徳之島では「餅貰い歌」として、年中行事のヤー（家）まわりの道行に歌われている。
徳之島伊仙町阿権地域においては、格式のある祝いの場では、始めに歌われる歌は、琉球の祝歌と舞「御前風（かぎやで節）」が用いられ、琉球の「のぼり口説」で宴を締める一連のシステムがある。

御前風
きょうのほこらしゃ　なをにぎやなたる
つぼでをる花の　露きやたごと
（歌意）今日の喜ばしさは、何にたとえようか。花のつぼみが、朝露にあったようである。

歴史的にこの地域は、徳之島島主として弘長三年、琉球より首里の高官が統治するために来島した際、島の女性と結婚し首里之主の子孫が繁栄している。
歴史にみられるように琉球との関わりが深く、その影響によって現在も琉球の祝歌と舞が用いられている。「御前風」は琉球では国王の御前で演奏され、舞われたとされる（註二）。

六節　喜界島の朝花節

喜界島の独自のシマ唄として、「朝花」、「喜界朝花節」がある。

「御前風」結婚式にて　写真提供・平悟氏

朝花節はお祝の時や宴席の最初に歌われる歌。新年のめでたい席で歌われる祝歌、歳の祝、婚礼祝、誕生祝、新築祝、出会い等の場などで、いずれも最初にご祝儀として歌われ、それぞれの祝にふさわしい歌詞で歌われる。

朝花（志戸桶地域）

一　ハーレーイ　まれまれなきゃばうがでぃー
（シマイチバン　ムライチバンヨー）
ハレーイ　かみぬひきあわせに
ハレー　まれまれなきゃばうがでぃー
（歌意）久しぶりに貴方方に、お会いできました。神様の引き合わせによって、久しぶりに貴方方にお会いできました。

二　うがまんちゅむ　うがでぃしりゅり
いぬちながみとぅりば　うがまんちゅも　うがでぃしりゅりー
（歌意）会ったことのない人も、会うことで知り合える。長生きすれば会ったことのない人も会えて知り合える。

三　げんきしうもれ　またうがも
ようねうがだるちゅんきゃ　げんきしうもれ
またうがも
（歌意）元気でいて下さい、また会いましょう。
今夜お会いした方々お元気でいて下さい。また会
いましょう。
＊この歌の場合は、奄美大島の歌詞とほぼ同類
である。

朝花

すゅうぬ　ほこらしゃや　いつもよりまさり
（囃子）島よ一番　村一番ヨイ
いつも　きょうのごとに　あらちたぼれ

ハーレかな　十七　八　二十《にじゅう》のころ
（囃子）花よ　花よ　みかんの花よ
あすび　うもしらさや　ハレ　十七　八　二十のころ
（歌意）今日の嬉しさは、いつの喜びより勝っている。
いつも今日のようにあらして下さい。遊んで面白いの
は十七、八、二十ころ。

（語訳）すゅうぬ（今日の）、ほこらしゃや（うれしさ）、
あすび（あそび）、あらちたぼれ（あらしてください
ませ）、うもしらさや（おもしろさや）

喜界朝花

ゆうばん　かでぃよ　かまちよ
やんめば　いじてぃ　ていきや　さんずきさがたんど
おもいむしゃんど　まちむしゃんど

離れぬよ　離れぬ　雲みりば
わぬが　かなさるちゅぅ
にちゃりょうな　雲の姿
（語訳）ゆうばん（夕ご飯）、かでぃよ（食べて）、か
まちよ（食べさして）、やんめば（外え）、いじてぃ（出
て）、ていきや（月は）、さんずきさがたんど（三月下
がっていた）、おもいむしゃんど（思いもした）、まち
むしゃんど（待ちもした）、わぬが（私の）、かなさる
ちゅぅ（恋しい人）

朝花

一　ハレーカナー　いじゃそうにしりばやよ
（ヨイサー　ヨーイサ　ヨイヨイ）
わんなぁとぅびがらくぅいや
いじゃさらんどいじゃさらんどいじゃしがならぬ
（歌意）（声を）出そうとはするが、私のまずい声は、出すことができない。
（語訳）「とぅびがらくぅい」とは、聞き苦しい声とかまずい声といった意味で、「ばんばらくぅい」などとも言い換えることもあり、意味は同様である。

二　あきてぃはつどぅしや　とぅくぬまえみりば
かむぃやうたすみてぃ　つるやまゆり
（歌意）明けての初年に床の前を見れば、亀に歌をさせて鶴は舞っています。

三　うとぅじゃわーちゃゆらてぃ　ゆらとてぃみゆり
ゆらうとぅきやゆらてぃ　ときどきあすば
（歌意）兄弟達（青年達）私達寄り合って、みましょう。寄り合った夜は、時々遊びましょう。

四　ふきょりよふぁえぬみかぜ
やまとぅやまがわまでぃは
ふきょりよふぁえぬみかぜ
（歌意）吹いてください南風よ、大和（本土）の山川まで、吹いてください南風よ。

五　なきゃやむわきゃやむ　かどまつたてぃてぃ
くとぅしとぅらどぅし　わかくわかくねがおう
（歌意）あなたの家も私の家も門松立てて、今年の寅年を若く若く願おう。

六　まいくのまにえ　たらちみりば
むねのどきどきすんのに　くいいじゃちぶさい
（歌意）マイクの前に立ってみると、胸がドキドキするが、声を出したい。

七　でんごんさが　でんごんさが　とぅどぅちな
ふきゅるふぁいかじ　なんにでんごんさが　とぅどぅちな
（歌意）伝言したのが、届いただろうか、吹いている南風は、あなたに伝言したのが、届いただろうか。

八　とうびがらすや　わんよりましゃり
かながうぃむとぅびょり　わんながうぃむみゆり。
（歌意）飛んでいるカラスは、私より勝っている、愛しい人の上を飛んでいる。私を上から見ている。

朝花

一　あきてぃふぁとぅどぅちーによ
とぅくぬまいみりーば
つるやいたしびぃてぃー
かむぃやヨーまゆーてぃー
きゅうぬふくらさやヨー
いとぅよーりむーまさーり
いとぅむきゅうぬぐとぅにぃ
あらちーヨーたぼーり
（歌意）明けての初年に、床の間見れば、鶴は歌を歌い、亀は舞っている。今日の嬉しさは、いつより勝る。いつも今日のように、あらせてくださ い。
※最初は「ハレー」「ハレーカナ」で始まるが、ここではない。
※普通の歌詞の二首分で一首（一節）とみなされている。以下も同じ。

二　ふちゅうりよふぁいぬかでぃ
やまとやまがわまでぃ
ふちゅうりよふぁいぬかでぃ
でぃんぐんさがとぅどぅちない
ふちゅるふぁいかでぃなんにぇ
でぃんぐんさがとぅどぅちなゆ
（歌意）吹いてください南風。大和山川まで、吹いてください、南風。（あなたへの思いを）伝言したけど届いたでしょうか。吹いている南風に、伝言したけど届いたでしょうか。

三　かゆたんしんや　たてぃてぃたぼり
わんなやいしわら・・・てぃ
かゆたんしんやたてぃてぃたぼり
むかしやかゆうたやまぬみち

にゃまやかゆわずすぅてぃ
　くさぬみーてぃぬうりーぬばでぃ
（歌意）通った新家を、建ててください。私が石原を・・・、通った新家を建ててください。昔通った山の道、今は通うこともなく、草が伸び苔が生えている。「・・・」は特に不明瞭な部分。

四　にゃまうがみば
にゃまうがみば
いつうがみりょりよ
なきゃわきゃや
にゃまうがみば
いつうがみりょりよ
（歌意）今お会いしたら、今お会いしたら、またいつお会いできるでしょうか。あなたと私、今お会いしたら、またいつお会いできるでしょうか。

朝花

一　ハレーイーハレー　あさばなぶしはやりぶし
（ヨイサ　ヨイサ　ヨイサヨイヨイ）
うたぬはじまり
ハレ　あさばなぶしはやりぶし
（歌意）朝花節はやり節。歌の始まりは、朝花節はやり節。

二　うがまんちゅむ　うがでぃどぅしりゅり
いぬちながむぃとりば　うがまんちゅむうがでぃどぅしりゅり
（歌意）知らない人も、お会いして初めて知り合いになれる。長命しておれば、知らない人もお会いして初めて知り合いになれる。

三　まれまれなきゃうがでぃ
なまなきゃうがむぃば　にゃいちごろうがむぃかい
（歌意）久しぶりにあなた方にお目にかかって、今お目にかかれば次はいつ頃お目にかかれるでしょうか。

四　うむかぎぬ　たたんちあんにゃ
てぃだぬうてぃまぐりにゃ　うむかぎぬ　たたんちあんにゃ

（歌意）面影の立たないことがあるものですか。太陽が沈む頃に、愛しい人の面影の立たないことがあるものですか。

五　いもちゃんちゅうど　しんじつあらんみ
たしまいしはらふみきち　いもちゃんちゅど　しんじつあらんみ

（歌意）いらっしゃった方こそ、本当に真心がある証拠。他所村の石ころ道や谷を越えて、いらっしゃったお方こそ真心がある証拠。

六　わったりどや　かなしゃんやくめ
わきゃかなしゃんちゅどぅ　わったりどや・・・

（歌意）二人いつまでも、愛しいあなた。私の愛しい人は、私ら・・・。「・・・」の箇所は特に不明瞭な部分。

朝花（幼子の祝い歌）

一　きゅうぬーゆかるひにヨ
たまこがねたぼち
（イチヤヌカランヤー　ニャマヌカランヨイー）
これからぬさきや
（ハレ）
うゆうぇ　うゆうぇばかーり

（歌意）今日の佳き日に、玉黄金（最愛のわが子）を下さって、これから先は、お祝いごとばかりが続きます。「たまこがね」は「玉黄金」のことで大切な人を意味する。

朝花（結婚の祝い歌）

一　きょうのよかるひに
うやとぅめーてきゃびて
（ヨイサヨイサー　ヨイーサヨイヨイ）
せんごくのたから
（ハレ）
くりてぃ　くりてぃーたぼうりー

（歌意）今日の佳き日に、親を探してきました。千石の宝（親のこと）を、頂けますように。

二　うやふたりのなかに　つぶるだるつぼみ

きゅうぬゆかるひに　さちゅりきゅらさ
(歌意) 親二人の中で、つぼんでいる蕾が、今日の佳き日に、咲いているのがきれいです。

三　たむらえんくぬでぃ　むらたるゆみかい
つみぬあかひだむ　すそやしらん
(歌意) よその村から縁あって、もらった嫁です。爪のあかほども、粗相(いじわる)はしません。

四　うふききりあとや　わかぎみぬつぎゅり
このやぬあとつぎゅそぅ　はつのうみがぃ
(歌意) 大きな木の切り跡は、若木の芽が継ぎます。この家の跡継ぐ人は、初めての愛しいあなたです。

朝花(祝い歌)

一　すーぬふくらしゃや
ハレ　いとぅゆりむまさり
(イチヤヌカラン　ニャマヌカランヨ)
いとぅむすーぬぐとぅなんに
うゆえぇーベーり　あらちたぼーれ
(歌意)今日の嬉しさは、いつもより勝って嬉しい。いつも今日のように、お祝いばかりあらせてください。

二　きゅぬゆかるひに　よかよめばもらた
くりからぬさきや　うかふベーりうゆえぇベーり
(歌意) 今日の佳き日に、良い嫁をもらった。これからの先は、幸せなことばかり、お祝いばかり(続くことでしょう)。「うかふ」は「御果報」の意。

三　たかさごのふねに　はなよめばぬしてぃ
ななとぅがみとぅむすみてぃ　たからぶーまともにむけろ
(歌意)高砂の船に、花嫁を乗せて、七つ神(七福神)に伴をしていただき、幸福の風を真正面から帆に受け(これからの人生を歩んでほしいものだ)。

四　こんどぅぬちやいーどいーど
かまんてぃむぬまんてぃむ　こんどぅぬちやいーどいーど
(歌意) この殿内(家)は良いぞ、良いぞ。食べなくても飲まなくても、この殿内は良いぞ、良いぞ。

五　いもちゃんちゅどぅ　しんじつあらんな
きゅうぬゆかるひなんに　いもちゃんちゅどぅ
しんじつあらんな
（歌意）いらっしゃった皆さんこそ、真心のある方々です。今日の佳き日に、いらっしゃった皆さんこそ、真心のある方々です。

六　なきゃとぅやまりまりど
たがにまりまりじゃんが　ゆさりゆやあすびたぼーり
（歌意）皆さんとは本当に久しぶりですね。お互い久しぶりにお会いしましたので、今晩は遊んでくださいね。「まりまり」は（稀々）で「久しぶり」の意。

朝花（食に関わる歌）

一　ひぎゃのうみむありて（ヨー）
にしのうみもありてー
（ヨイサヨイサ　ヨイサヨイサヨイヨイ）
いゆさかなねーらじ
わーうた　わーうたさかな
（歌意）東の海も荒れて、西の海も荒れて、魚の肴（おかず）がありません。私の歌を肴にしてください。

朝花（新築祝い歌）

一　すーぬふくらしゃや
ハレ　いとぅゆりむまさり
（シマヨイチバン　ムライチバンヨ）
いとぅむすーぬぐとぅなんに
うゆえぇーべーりあらちたぼーれ
（歌意）今日の嬉しさは、いつよりも勝り嬉しい。いつも今日のように、お祝いばかりあらせてください。

二　あらやしきくぬでぃ　さらやふきたてぃてぃ
くりからぬさちや　うかふべーりうゆえぇべーり

（歌意）新たに屋敷を普請し、更家（新屋敷）を葺き立てて、これからの先は、果報ばかり、お祝いばかり（続くことでしょう）。岩倉市郎『喜界島方言集』によると、「くぬでぃ」とは家屋、墓などを建設すること。「ふきたてぃてぃ」は、旧時の家屋は萱葺き家屋であったため、葺き立てると表現している。

三　かふやゆぬなかに　ねぃがてぃさいうりば
くりからぬさきや　うゆえぇベーりかふばかり
（歌意）この世の果報（幸せ）は、いつも願ってさえいれば叶うもの。そうすれば、これからの先は、きっとお祝いばかり、果報なことばかり（続くでしょう）。

四　こんどぅぬちやぃーどぃーど
かまんてぃむぬまんてぃむ　こんどぅぬちやぃー
どぃーど
（歌意）この殿内（家）は、良いぞ、良いぞ。食べなくても、飲まなくても、この殿内は良いぞ、良いぞ。

五　いもちゃんちゅどぅ　しんじつあらんな
しゅーぬゆかるひなんに　いもちゃんちゅどぅ
しんじつあらんな
（歌意）（今日、ここに）いらっしゃった皆さんこそ、真心のある方々です。今日の佳き日に、いらっしゃった皆さんこそ、真心のある方々です。

六　なきゃとぅやまりまりど
たがにまりまりじゃんが　ゆさりゆやあすびた
ぼり
（歌意）皆さんとは本当に久しぶりですね。お互い久しぶりにお会いしましたので、今晩は遊んでくださいね。

朝花（新築の祝い）

一　うふくとのちそえて
あらやしきこぬで
（ウマヨウマヨー　マコトヤウマヨーイ）
これからぬさきや

（ハレ）
うーゆうぇ　うーゆうぇばかり
（歌意）大きな門をそなえて、新しい屋敷を望んで、これから先は、祝いごとばかり。

二　きゅうぬゆかるひに　こがねばやたてぃてぃ
ももとかやあぎてぃ　ふちゃるきゅらさ
（歌意）今日の佳き日に、黄金の柱を立てて、百束の萱を上げて、きれいに葺いた。

朝花（歳祝い歌）

一　いのちーかふうーねがーえば
いしのみのごとにー
（イーシャムンヤー　タトエタムンヤイー）
ちとしなるまでーもアレ
こーまご　こまごそろうてぃー
（歌意）長生きすることを願い、石のような頑丈な身体で千年なるまでも、子や孫がそろって（祝う）。

二　しらがとしかたやよ　とこのめにいわてぃ
わぬやしもさがて　うがでぃうえしぇろ
（歌意）白髪が生えるまで、長寿の方を床の前に祝って、私は下の方に下がって、拝んで差し上げましょう。

朝花（歳祝い歌）

一　すーねふくらしゃや
ハレ　いとぅゆりむまさり
（シマヨイチバン　ムライチバン）
いとぅむすーぬぐとぅなんに
うゆえぇーベーりあらちたぼーれ
（歌意）今日の嬉しさは、いつよりも勝り嬉しい。いつも今日のように、お祝いばかりあらせてください。

二　ななじゅうとぅしなりば　ひゃくしじゅうぬうとぅし
さちふさにみんしょち　しまぬあるなげし
（歌意）七十の歳なれば、百四十の歳（を目指して長生きしてください)。先々までおいしいご馳走を召し上がってください。島のある限り(ずっとずっと)。「さちふさに」は「先々まで」、「しまぬあるなげし」は「永久に」。

三　ななじゅうぬとぅしなりば　とぅくぬめにすわてぃ
わがこうたあびらちゅてい　まごぬまゆり
(歌意)七十の歳になったら床の間に座って、我が子には歌を歌わせて孫には踊らせて(祝ってもらう)。「すわてぃ」は「座らせて」

四　こんどぅぬちゃ　いーどいーど
かまんてぃむぬまんてぃむ　こんどぅぬちゃいーどいーど
(歌意)この殿内(家)は良いぞ、良いぞ、食べなくても飲まなくても、この殿内は良いぞ、良いぞ。

五　いもちゃんちゅどぅ　しんじつあらんな
しゅーぬゆかるひなんに　いもちゃんちゅどぅしんじつあらんな

(歌意)(今日、ここに)いらっしゃった皆さんこそ、真心のある方々です。今日の佳き日に、いらっしゃった皆さんこそ、真心のある方々です。

六　なきゃとぅやまりまりど
たがにまりまりじゃんが　ゆさりゆやあすびたぼり
(歌意)皆さんとは本当に久しぶりです。お互い久しぶりにお会いしましたので、今晩は遊んで下さい。

朝花(船に関わる祝い)

一　きょうぬーよかるひにーヨ
たからぶねつくてぃー
これからさきやー
うーかふべーり　たいりょうばかりー
いのちばこー
このでぃーつくてぃー
これからぬさきや
まっちゅらん　さばあわんがねしー。

（歌意）今日の佳き日に、宝船造って、これから先は良いことばかり、大漁ばかり。安全な舟を作って、これから先に鮫に会うことがないように。「さば」は「サメ」のこと。

朝花節

一　ハーレイ　まりまりなきゃばうがでぃ
（ナチャムデンナ　ワンナクサデンヨイ）
ゆさりとぅるだしてぃ
まりまりとぅなきゃばうがでぃ。
（歌意）久しぶりにあなたと会うことができました。今夜は三味線の音合わせをしましょう。久しぶりにあなたと会うことができたから。「とぅる」は「三味線の弦」。

二　くまゆらゆんち　いみちょむみらんてぃ
きゅうぬゆかるひに　くまゆらよんてぃ
いみちょむみらんてぃ。
（歌意）この場に寄り合うなんて、夢にも思いませんでした。今日のいい日にこの場に寄り合うとは、夢にも思いませんでした。「くま」は「ここ」、「ゆらゆんち」は「寄り合うなんて」。

三　まりやあらんな　よねやあらんな
たがにまりまりじゃんが
ゆさりゆやあすびしょろや。
（歌意）久しぶりですね。今夜は本当に久しぶりですね。お互い久しぶりなので、今夜は遊びましょう。「あすびしょろや」は「遊びましょう」。

四　にーさんたに　うたりてぃみぶしゃ
わんなさむしんがなとぅてぃ
にーさんたちに　うたりてぃみぶしゃ。
（歌意）兄さん達に、弾かれてみたいものだ。私が三味線になって兄さん達に弾かれてみたいものだ。思いを寄せる方が弾く、両手で抱える三味線になってみたいという恋心を歌った歌詞。

五　しょちゅぬみんにゃ　かなだちゅんにゃ
しょちゅむだいすきでんが
かなさんちゅむだかちたぼり。
（歌意）焼酎飲みますか、愛しい人を抱きたいですか。焼酎も大好きですが、愛しい人も抱かせてください。「ぬみんにゃ」は「飲みますか」。

六　わったりどや　にゃうみぬかな
さきやいきゃならばむ
わったりどや　にゃうみぬかな
（歌意）私達二人（ずっと一緒）ですよね、もう愛しいお方、この先はどうなろうとも私達二人は、一緒ですよね、愛しいお方。「わったり」は「私達二人」、「にゃ」は「もう」、「いきゃならばむ」は「どうなろうとも」。

七　わったりちどぅ　うみてぃやうたんむん
たるがなかやぶたかい　わったりちや　うみきりならんよ
（歌意）私達二人、一緒になれると思っていたのに、誰が仲を破ったのか、私達二人は思い通りにならなかった。「わったりちどぅ」は「私二人と」、「たる」は「誰」、「うみきりならん」は「思い通りにならない」。

七節　沖永良部島の客迎え歌

ふくらしゃ（御前風・かぎやで風）

きゅぬ　ふくらしや　なを　にじゃなたてる
ちぶで　をるはなの　ちゅ　ちゃたぐど　ヨンナ
ハリ　ちぶでおるはなの　ちぶでおるはなの
ちゅ　ちゃたごと　ヨンナ
ちぶでおるはなの　ちぶでおるはなの
ちゅ　ちゃたごと　ヨンナ
（歌意）今日の喜ばしさは　何にたとえようか　花のつぼみが　朝露にあったようである。蕾んでいる花の露が散ったように、蕾んでいる花の露が散ったように。
（語訳）「ふくらしゃ」は「お目出度い」、「にじゃな」は「賑やか」、「ちぶでをる」は「蕾んでいる」、「ちゅ」は「露」、「ちゃたごと」は「散ったごとく」。

サイサイ節

一　がにうまさぬ　うさきわちゅい

ぬまりゆみ　かなしゃぬ
どぅしと　ゆよてよゆてぃのもや
サイサイサイ
サイムチィク　ヌディアシバ

（歌意）こんなに美味しいお酒を、私一人で飲まれようか、愛している仲間達と寄り集っまって飲もうよ、酒、酒、酒、酒もってこい。飲んで遊ぼう。

（語訳）「サイ」は「酒」、「がに」は「このように」、「うまさぬ」は「おいしい」、「うさき」は「お酒」、「わちゅい」は「私一人」、「ぬまりゆみ」は「飲まれようか」、「ゆよて」は「寄って」、「ムチィク」は「もってこい」、「ヌディ」は「飲んで」、「アシバ」は「遊ぼう」。

二　きゅぬほこらしゃや　むぬにたてららむ
サイサイサイ　サイムチィク　ヌディアシバ
いちむ　きゅぬぐとに　あらちたぼれ
サイサイサイ　サイムチィク　ヌディアシバ

（歌意）今日の誇らしい喜びは、たとえようがない、酒、酒、酒もってこい、飲んで遊ぼう。何時も今日のようにあらして下さい。酒、酒、酒、酒、酒もってこい、飲んで遊ぼう。

三　うどぅじゃぶら　ゆよて　くぬあしびたてて
ゆぬあきて　ていだぬ　あがるまでも
サイサイサイ　サイムチィク　ヌディアシバ

（歌意）友達が集まって、この遊びをはじめたら、夜が明けて太陽が上がるまで飲んで歌おう。

（語訳）うどぅじゃぶら（兄弟《とも》達）、ゆよて（集まって）、くぬあしび（この遊び）、たてて（はじめて）、ゆぬあきて（夜が明けて）、ていだ（太陽）。

八節　与論島の客迎え歌

与論島は、沖縄島にごく近い位置にあり、歌や三味線は一五〇〇年頃に琉球から伝承されたといわれ、島の言語で歌われている。

歌掛けが男女で毎夜の唯一の楽しみとして、八八八六調の四句三十音が自然体で歌われて、かつては出会いの場として正式な結婚へつながるケースが多々あったといわれる。

代表的な歌に「イキントウ」や「五尺へんよう」がある。イキントウの歌は十五～十六世紀頃から歌われ、原型の歌が「上げイキントウ」、「下げイキントウ」と曲の調子を上下に編曲された歌や「道イキントウ」のように来世を歌ったもの等、その時世によって変容してきた。

イキントウとは、「生きる」の意味をもち、藩政時代に凶作で上納に苦しんだ島民がどうやって生きていくか、その苦難を歌に託したと伝承されている。

他方、池の周りの草原を意味するという説もある。

かじゃ風節《ふうぶし》

きゆぬふくらしゃや
なうにじゃなたてぃる
つぃぶでぃをるはなぬ
つぃゆちゃたぐとぅ
(囃子・ヨーン　ナー)
ハリ　つぃぶでぃをるはなぬ
つぃぶでぃをるはなぬ
つぃゆちゃたぐとぅ
(ヨーン　ナー)
(歌意)今日のうれしさは、何にたとえることがえきましょうか、例えるとすると、花のふっくらとした蕾が露を受けて、花が開いたような心持ちである。

九節　むすび

奄美群島を北大島、南大島、徳之島、喜界島、沖永良部島、与論島の六区分にして、シマ唄の地域性を軸に儀礼的な朝花節または、それに順ずる歌を扱った。南下するに従って、祝いの席や歌あしびの席、酒宴の席などで、最初に歌われる歌に地域性の異なりが色濃く見られる。

北大島の島朝花節は、他の地域に嫁いだ女性のおもいを歌った恋の歌という説、他方、遠方の旅先から故郷におもいを馳せた郷愁歌ともいわれている。

徳之島の亀津朝花節《かめいちあさはな》は、朝花は女性の名前で若く美しい朝花に魅かれて、自分たちを置き去りにした夫が、いつの日か自分のもとへ帰るのを、心待ちする妻の心情を歌っている。

徳之島一切節《ちゅっきゃいぶし》は、「歌掛け」の代表的な歌で固定した歌詞はあるが、即興による自由に大胆な男女の恋の掛け合いが、行われる場合もある。

祝歌としての御前風(かぎやで風)は歌詞も歌い方、舞も琉球の形式を用い、琉球王朝時代の側面が、しっかりと遺されている代表的な歌で、正月や祝の席では、格調高く優雅な御前風の祝歌と舞が行われている。

沖永良部島や与論島は、地理的にも琉球に近い距離にあり、言語的にも琉球の方言に近く、文化的にその影響を大きく受けた中で独自の歌謡文化を展開させている。

「朝花はやり節　歌ぬはじまりや朝花はやり節」と歌われる朝花節は、儀礼的な場を構成する重要な挨拶歌である。そこには、遠来の客人（まれびと）を迎える、心を込めたもてなしの歌詞が形成されている。

歌い出しから数節の歌詞は、儀礼的な内容が歌われるが、場の雰囲気が整った頃合から恋の歌掛けへと展開する歌掛けを可能にする歌曲である。

「朝花節」は、即興で歌い継ぎが容易な歌曲でもあり、シマの人々の客人を迎える折の儀礼性が、古典的な歌詞に知見できる。

註

一　奄美における、女性唄者の第一人者である森チエと仲間達による。

二　写真は、伊仙町阿権の結婚式におけるお祝いの舞。この舞の出来る人は、現在では唯一人で後継者はいないという。

参考文献

『島歌集』瀬戸内町公民館編集（平成十四年）より「朝花節」の歌詞のみ抜粋した。ただし囃子詞を除いた。

三上絢子「研究ノート」

第五章　地域にみる歌の豊かさ

道ばたぬサシやそでふればつきゅり
吾ぬもサシなとてつちゅりぶしゃや

古典歴史書の『古事記』や日本古典文学である大和歌集の『万葉集』、時空を超えて現存する奄美諸島の口頭伝承された「シマ唄文化」、日本の各地域に、詠み人が切々とおもいを表現した歌がある。シマ唄は、ストーリーの中で「歌掛け」によって、互いのおもいを応答する形式がとられているものがある。こうみると、シマ唄には古の伝統文化が遺されていることがわかる。

最古の大和歌集の『万葉集』は、古墳時代～奈良時代後期（七世紀前半～八世紀後半、六二九～七五九年頃）のおよそ百年間の作品四百五十首以上の和歌を集め、全二十巻に編まれている。その中には奄美の歌と同様な、詠み人のおもいが伝わる歌が多々みられる。

奄美諸島の文化は、南方文化と北方文化の二つの文化が複合して形成され、言語、習慣に特質をもち、特に歌謡は詠み人知らずの口承文化として、各地域（集落）に受け継がれてきた。

奄美シマ唄には、情緒と知的感覚の高さがみられ、日本では失われた基層文化の面影が色濃く残っている。

次に掲げられている奄美の歌は、時空を超えて口承で歌い継がれてきた、一人での慰め歌、また複数のあそび歌や集団の「歌掛け」に組み込まれているものの極く一部である。

年中行事の八月踊り歌は、儀礼的な歌詞ではじまり、次第に恋情が色濃くうたわれる歌詞に展開する特質がある。

一節　忍び逢いと恋の歌

奄美のシマ唄には、男女の忍ぶ恋が歌われている歌曲は多々ある。歌曲の始めは儀礼的な歌詞がうたわれ、次第に恋の歌へと展開する。

集落の狭い空間での恋は、絶えず周囲の人々を気にしながらの忍び逢いであり、雨や嵐、明るく輝く月にさえ切なく祈る恋情がうたわれている。

特に、シマ唄の「しゅんかね」には、多く恋情の歌詞が歌われている。

ここに掲げた歌は、年中行事である集団による八月踊り歌の「歌掛け」や、少数の「歌掛け」に、儀礼的な歌詞から次第に恋の歌へと展開して行く段階で用いられている。

奄美の歌

縁ひとついえばぬきはじやねらぬ
ぐじぬきちかたみおそしいもれ

奄美の歌

まゆぬ木ばうるし水おけてみれば
うらきれてみぶしゃかくれ玉こが
見ればおなつかしゃものややらぬ

奄美の歌

雨やどいどいとかきならし降りゅり
きもちゃげぬかなやぬれていもれ

奄美の歌

きしり皿口にタバコつめならて
かなが手にとたりわ手にとたり

奄美の歌

夜はらす舟やかくれ洲がかたき
かな待しゅる夜やどしどかたき

奄美の歌

ひるてだんによしょまてらさらぬなきゃば
きゅしがあらし声ききゃしたぼれ

奄美の歌

こいしげぬ縁やいらぬものやしが
いしやらしゅことや道にちらそ

奄美の歌

くばぬ若くばやうしゃげしゃげしりば
わぬかなと思て立ちやよどみ

奄美の歌

むちゃかしゃだきゅりかしゃやむちだきゅり
むちかしゃぬごとにだちゅりぶしゃや

奄美の歌
杉山にうても奥山にうても
なきゃがあき先や匂いでしれろ

奄美の歌
しらかねぬ花や水かけてぃけろ
なさけかけみしょしいけてたぼれ

奄美の歌
なさけかけぶしゃや吾ぬやありゃしが
よそぬたまくがねいけてぬしゅり

奄美の歌
みさき潮ぬあらさ汗はらしふぎゅり
かながこと思て一やほ二やほ

奄美の歌
かなとわがえぬやきせる竿心
うちこがれとてんよそやしらぬ

奄美の歌
おもかげぬたたばいさたしゅんち思え
胸ぬつばくまば泣しゅんち思え

奄美の歌
いこいこにすればあとめささやしが
うろうろにすれば吾どやきやしゅり

奄美の歌
島ぬしり口にとめきらばとめれ
なきゃにとめられるわきゃやあらぬ

奄美の歌
夜中三味線や医者よりもまさり
ねなしもるかながうずできゅり

奄美の歌
六月ぬひでりやまかげにたよろ
わきゃやなきゃたよて暮らしにゃだな

奄美の歌
二十日夜ぬくれて足ぬひかりらん
かなに思なしばあかぬまひる

奄美の歌
山ぬさくざくぬサネンバシャかばしゃ
わしま里うれてめらべかばしゃ

奄美の歌
うてばうちぶしゃやよなりしゅるつずみ
寄りばゆりぶしゃやかながおそば

奄美の歌
夜中三星やみしゃる人やうらぬ
わぬやかなしのでいきんどみちゃる

奄美の歌
　ひるま水ぶしゃやこねてこねられり
　わかなみりぶしゃやこねやならぬ
奄美の歌
　うりくゎぬおまつきしりくゎとだんご
　なぬとわぬとやうれがごとに
奄美の歌
　三味線もちいれ歌つけてうかば
　歌つかぬ時や情けつける
奄美の歌
　わがしゅるうたやよそぬ人や知らぬ
　三味線むちいもれつけておしゃろ
奄美の歌
　こもり浅さてどぬぐれ水汲みゅる
　心浅いさてどぞれ名たちゅる
奄美の歌
　三味線音ぬいじて歌まちどしゅたが
　わぬやぬし待ちゅりかな待ちゅり
奄美の歌
　遊ぶ夜ぬ浅さよねと思ば夜中
　鳥うたうとめばなゆぬあけろ
奄美の歌
　み山うぐいすや春くりばふきゅり
　節くりばうがもなのとわのこと
奄美の歌
　思てさえうりば後先どなりゅる
　節は水車めぐりあゆり
奄美の歌
　くさん竹ぬ間近《あうえ》さやしが
　うれよりも近さ思てたぼれ
奄美の歌
　わが思とんことや誰に話さりんにゃ
　わが胸ぬうちなんなおしうしゅこ
奄美の歌
　花やもとあれば二度かえて咲きゅり
　二度かえて咲かぬ汝花吾花
奄美の歌
　花ぬあわれさやにぎ上ぬ小花
　えんぬあわれさや汝いぬ吾いの
奄美の歌
　歌ぬ自由なれば吾身なりゅり
　夜ぬ片時に咲かしかたろ
奄美の歌
　まがりょ高ちぢじに提灯ぐゎばとぼし

うれがあかがりし忍でぃもれ

奄美の歌
あんまり心きれて　浜下りて見りば
浜波や高さ加那や参らぬ

奄美の歌
一七、八がでや夜ぬ暮れど待ちゅる
いつが夜ぬ暮れて吾自由なりゅり

奄美の歌
すば屋戸あけて加那待つ夜や
夜嵐繁く加那や見ら、む
(歌意)あま戸をあけて、愛しい人を待っている夜、ひどい嵐で愛しい人はみえない。

奄美の歌
暁や成りゅり戻らんば成りゅんにゃ
戻る暁ぬ　露ぬ恨めしゃや

奄美の歌
加那拝で吾や戻り道行きば
降らぬ夏雨に　御袖しぼり

奄美の歌
花ぞめにふれてわらべとじかめて
花ぬさおれらばわこと思へ

『万葉集』の巻四の七四四　大伴家持坂上嬢贈歌
夕されば屋戸あけまけて吾待たむ
夢に逢ひ見に来むといふ人を
(口語訳)夕暮れになったら家の戸を開けておきましょう。愛しいあのひとを待つのです。あのひとはおっしゃいましたから。あなたの夢の中に逢いに来ますからね。

奄美・沖永良部島の恋歌

恋の花

一　にわにはゆきふゆい
うめやはなさちゅい
にぞがふちゅくるや
まえどぅふちゅる
(歌意)　庭には雪が降り、梅の花が咲いている。
愛しい人の懐には、暖かい南風が吹いている。

二　さとぅやじょうにたてぃてぃ
きむやいすがゆい
うやぬういなげき

ミーどぅいうとてぃ

（歌意）愛しい男性を門に立てていては、心が騒ぎ気が気でないが、親が長らく起きていて、とうとう、雄鶏が鳴いてしまった。

三　ふゆぬゆきしむに
たてぃすくでぃまちゃむ
にぞしきどあきてぃ
いりてぃくりり

（歌意）冬の雪霜に、立ちすくんで待っている。愛しい人が木戸を開けて、入れて下さい。

奄美・徳之島の恋歌

道節

一　ゆなかめぬさめて
ねぶららぬときや
うめちどぃゆして
ふきゅるまたたばく　たばく

（歌意）夜中目が覚めて、寝られないときは、火を引き寄せて、すうタバコよ。

二　たばくちなんくさや
にぎゃくさどやしが
うりふきゅるむじょや
まさてかなしゃ

（歌意）タバコという草は、苦い草だが、それをくゆらせる愛しい人は、いっそう可愛いものだ。

三　ちんごみじまめて
やどばしりぬらち
かながもゆるゆるや
やどぬやしく

（歌意）ぬるぬした水を溜めて、敷居を濡らしておきます。愛しい人が忍んでくる夜は、たやすく戸が開くように。

四　ふかだくぬがらや
ふぃしならでたちゅり
ごろくにんぬきょうでぐぁ
いんたちさるた

（歌意）深い谷間に生える竹は、節が並んで立っている。五、六人の兄弟たちが、同時に一人前になるのは難しいことだ。

この歌は諸説あり、地域によって、花嫁が嫁ぎ先にいく道行に歌う、旅人の別れに歌う、病人の慰めに歌うなどと多様に親しまれている。

『万葉集』巻十三の三二八二

衣手にあらしの吹きて寒き夜を
君来まさずば独かも寝む

(口語訳) 衣の袖に嵐の風が吹きこむ寒い夜を貴方がおいでにならないので、わたし一人で寝ることになるのですね。

この歌の相手の男性は、本当に嵐が理由で来てくれないのかどうなのか、定かではない。でも、このような非日常の天候はいろいろと男女の恋愛にちょっかいを出す。長雨を理由に何日も逢いに来ない男がいるかと思えば、雨の中、蓑も笠も着けず逢いに来る男、雷にことよせて男を返したくない女心。『万葉集』の中には、私たちと何ら変わらない人の心模様がたくさん凝縮されている。

この歌は、忍んで逢いに来る恋人を待つ女のやるせない心を歌った恋歌である。

『万葉集』巻十二の二九〇六

ひと国によばひに行きて太刀の緒も
いまだとかねば夜ぞ明けにける

(口語訳) よその国に夜ばいに行って、太刀の緒も解かないうちに、夜が明けてしまった。

『古事記』上巻　八千矛神と沼河比売の妻覓ぎの歌

八千矛の、神の命は、八嶋国、妻覓ぎかねて、遠遠し、高志の国にさひに、あり立たし、婚ひに、あり通はせ。

(口語訳) 八千矛の神の命は、大州国の隅々まで、妻を求めて歩いたが、その人を求めることができなかった。遠い遠い越の国に世にも稀な美しい姫がいると聞いて、妻にしようと思い、夜ばいにおでかけになった。太刀の緒も解かないで、羽織っている夜ばい衣をも解かないで、姫の寝屋の坂戸を押し開けようと、私は立っている。

このような意味であるが、結局八千矛の神は姫の寝床に入って、共寝即ち妻まぎすることになる。これが神様の夜ばい始めである。八千矛の神とは、武勇を天地にとどろかせた大国主命のことである。

『伊勢物語』　六十八段

伊勢国に狩の使にゆきて、

むかし、男ありけり。その男、伊勢国に狩りの使にゆきけるに（中略）二日といふ夜、男、われて逢はむ、といふ。女もはた逢はじとも思へらず。されどいと人目繁ければえ逢はず。使実《つかひざね》とある人なれば、遠くへも宿さず、女の閨も近くにありければ、女、人を鎮めて、子一つばかりに男のもとに来りけり。男、はた、寝られざりければ、外の方を見出して臥せるに、月の朧なるに、人の影するを見れば、小さき童を先に立てて人立てり。男いと嬉しくて、わが寝る所に率《ゐ》て入りて、子一つより丑三つまであるに、まだ何事も語らひあへぬほどに帰りにけり。男いと悲しくて寝ずなりにけり。

（口語訳）男は二日目の夜、今夜は必ず逢おう、と女に言った。女も別に男を嫌いでもないので、断りもしなかった。女は自分の部屋が近くにあつたので、人の寝しずまるのを待って、子一つ（夜の十二時から半まで）に、胸をときめかして、男のところへやってきた。男の方では、女が今来るか来るかと、月明かりの庭の方を気にしていると、女が子供を先に立てて立っているので、男は、女を自分の部屋に引き入れた。午前二時半頃までいたが、男が、まだ思うことを何も語り合わないうちに、夜明けが近づいて、女は帰って行ってしまった。男は大変悲しくなって、とうとうその夜は寝ずに明かした。

いわゆる夜ばいの物語である。大正の末頃までは、男が夜ばいを仕損なって犬にかみつかれて怪我をしたとか、泥棒と間違えられて、交番に突き出されたとか、女が男のところへ夜ばったとか、時々新聞の三面記事に見られたが、近頃はそのような風習が見られなくなった。

薩摩半島のある地域では、一丁越という風習があって、男と女が一丁越にざこ寝をするという話を、社会教育委員会の人から聞いたことがあるが、これも単なる伝説か噂か、その場に行き当たって見なければわからない。

二節　月は恋人を招く

奄美の歌

月の夜もらばかげんしゃとていもれ

やみぬ夜もらばま道いもれ

奄美の歌
月のきよらさやとうかみか
女童のきよらさやとうあまり七つ
（歌意）月の美しいのは十三日、乙女の美しいのは十七歳。とうかみか（十三日）、とうあまり七つ（十七）

奄美の歌
かん美らさ照りゅるお十五夜ぬお月
加那が門に立てば曇てたぼれ

奄美の歌
月に髪照らし　露に袖ぬらし
忍で来る心想てたぼれ

奄美の歌
思て自由ならぬ水中のお月
手にや取ら、じ思いつぶす
（歌意）水の映る月は、目に見ることはできるが、触ることはできない。自分のおもいが伝わっただろうか。

奄美の歌
月の夜いもらばかげ下いもれ
暗の夜いもらばま道いもれ
（歌意）月の夜に来られるときは、人目につかない道を通り、暗い夜道の時は表通りからいらっしゃい。奄美や琉球には月や星を歌った歌が多い。南島の月夜は明るく輝いているので、忍ぶ恋は人目を避けるのに色々と気配りをしなければならない。

奄美の歌
月と眺めても星と眺めても
肌すだるかなや忘れならぬ
（歌意）輝く月を眺めても、美しい花を眺めても空しい。情愛を交わした愛しい人を、忘れることができず苦しい。

奄美の歌
お十五夜のお月かにきよらさ照ゆり
加那が門に立《じょ》たば雲てたぼれ
（歌意）十五夜のお月様が美しく輝いている。愛しい人が来たときは曇ってください。

奄美の歌
かみぎょらさ照りゅるお十五夜ぬお月
かながじょに立たばくもてたぼれ

沖永良部島の歌
秋ごとに見れば　庭のませうちの

菊の花に宿かする　露の玉みが
月かげのきよらさ
（語訳）ませうち（垣内・屋敷の内庭）

琉球、浜千鳥節
渡海《とけ》やへだめても照る月やひとつ
あれも眺めゆら今夜《けう》の夜や
（口語訳）海をへだてていても、照る月は一つ。
彼女も今夜の月を眺めているだろう。

『万葉集』巻十二の三〇〇四
ひさかたの天つみ空の照る月の
失せなむ日こそわが恋止まむ
（口語訳）空に照る月がなくなる日があるのなら、そのときこそ私の恋心が無くなるでしょう。

『万葉集』巻四の六三二　湯原王贈娘子歌
目には見て手には取らえぬ月の内の
桂の如き妹をいかにせむ
（口語訳）目には見ることが出来ても取ることが出来ない、月の中にある桂の木のような貴方にどのようにして恋の告白をしましょう。

三節　枕の歌

昔、遊仙枕《ゆうせんちん》という枕があつた。これを枕にして寝ると、仙鏡に美女と遊ぶ夢を見るという。遊仙窟の崔十娘と張文成の恋物語から出た枕であろう。

住環境がどのように変わっても、頭受けの枕の重要性だけは永久に変わらないだろう。枕は寝床の要具で、寝る時は素裸になっても枕だけは身から離せないものである。

特に男女の関わりに枕という表現が用いられると、ロマンがあり、悲哀もこめられ、また卑猥をも想定させる。枕は昔から生活の営みに密着している。

「俚言集覧」によれば、昔は木枕、石枕、梶枕《かじ》などと固い枕もあったので、柔らかいものばかりが、枕とは言えまい。

枕は寝る時の頭《あたま》承けとする具であるから、時と場所によっては、独り寝の腕まくらの腕もまくらとなるのである。世の中が如何に進歩し、生活様式がどのように変わっても、永久に変わらぬものは枕である。

ここで、口承伝承によって、詠み人知らずの歌が継がれている地域や、古典文献などの事例を見る。

『万葉集』巻十の二〇二一　柿本人麿
遠妻と手枕交へて寝《いぬ》る夜は
鶏《とり》が音な動《よど》み明けば明くとも
（口語訳）遠くに住む恋人と手枕を交えて寝た夜は、鶏よ、泣き騒ぐな。夜明けが明けても。

『万葉集』巻十一の二四五一
天雲の依り合ひ遠み逢はずとも
異手枕を吾まかめやも
（口語訳）天雲の寄り合う果てのようにはるかに遠く離れて逢えないでいるあの乙女よ。だからといって、他の女の手枕で寝ようなんて、どうしてできようか。はるかに離れているやるせない思いよ。天雲の寄り合いのように、遠く離れていて妻とは逢わなくとも、外の女と私は枕をしようか、いやいやことまくらは罪だ。このような意味である。

『万葉集』巻十七の三九三六　大伴家持
草枕旅にしばしば斯くのみや
君を遣りつゝ吾が恋をらむ
（口語訳）草を枕とするような苦しい旅に、しばしば、このように貴方を送り出して、私は貴方に恋焦がれています。
万葉集や奄美琉球の歌に草枕の歌があるが、昔の旅は野宿して草を枕にしたことから、草枕の名が旅の歌のまくら詞にもなったのである。

『古事記』中巻
みちのしりこはだをとめをかみのごと
きこえしかどもあひまくらまく
（口語訳）都から近江へ通ずる街道の端にある、宇治の木幡の少女（髪長姫）の艶名を、遠い雷のようにはるか遠くに聞いていたが、今は互いに手をさし交わし枕を共にして寝るようになった。

奄美の歌
　枕うち待ちゅれ　寝敷しら待ちゅれ
　夜半ぬ風連れて吾が忍で来ゆすが

奄美の歌
　さまと寝る夜はまくらはいらぬ
たがいちがいのうで枕
枕よ枕よもの言うなよ枕
枕の出てもの言う例《ためし》あらば
汝《な》と吾《わ》なか言わずにはおかぬ

奄美の歌
　いじゃる月がでやかなと腕枕
　あわれこの月やわうで枕
奄美の歌
　うで枕すればそでかぜぬいりゅり
　こんじあるわどにあさりさりうん
奄美の歌
　旅や浜やどり草ぬ根ど枕
　わぬもあの雲になとりぶしゃや
奄美の歌
　にじきとて待ちゅろ枕とてまちゅろ
　夜半風つれてしのできゃよろ
奄美の歌
　鳥うたてからや枕とてぬしゅり
　わややきどぐちにあわれ話ぞ

　奄美「枕の歌」

一　まくらくらまくら
　むんだんいゅなまくら　セレクリ
　かながなかわなか
　いゆなまくら
　ハリガヨーサト　ナーイキャユンガ
（歌意）枕よ枕、物をいってくれるな枕。昨夜の恋人と私の仲を、いってくれるなよ枕。

二　かながやとぅわやとぅ　ぬきひとつはなち
　かながかうみちゃり　わかうみちゃり
（歌意）恋人の家と私の家は、軒ひとつ離れているだけだ。恋人の顔を見たり、私の顔を見せたりしている。

三　うたまめぎまぬぎ　あらばいてぃかたら
　とぅしがとぅうむてぃ　わうたまめぎ
（歌意）歌が速くおいでと招く。ならば行って語り合いましょう。年も取らない気がして、私の歌も弾んでくる。

四　とぅしむたんげるな　よそもたんげるな
　むらぬちゅういとぅうむてぃ　あすでぃたぼれ
（歌意）年も頼りにするな、他人も頼りにするな。村の一人として、遊んでください（註一）。

この「枕の歌」は、歌掛けである。夜どうし歌を掛け合い、男女の恋の機会を楽しみに、盛んに行われていたといわれる。徳之島では特に手々地域と花徳地域に伝わっている。

四節　黒髪の歌

黒髪は、女性にとって命ともいわれる大切なものである。地域によっては長く艶やかな黒髪を頭の上の方で結い上げる髪型や、頭の下の方に束ねて結う髪型、また、長い黒髪を首のあたりを紐などで結ぶなどがされていた。いずれも女性ならではの美を表現できる髪型で、地域の特徴的な風俗である。

次の歌では、古から男性が女性の黒髪を愛しく美の対象と見ており、ふつふつとした感性が伺える。

奄美の歌

ま白しら浜踊りするめわらべ
色やしろじろとま黒かしら

(口語訳) 真っ白な砂浜で踊っている娘は、色白で真っ黒な髪をしている。

『万葉集』巻十一の二六三一

ぬばたまの黒髪しきて長き夜を
手まくらの上に妹まつらむか

(口語訳) 漆黒の黒髪を衣にかけて、夜おそくまで自分の腕を枕にして、愛しい貴女は私を待っているのでしょうか。

『徒然草』第九段

女は髪のめでたからんこそ
人のめたつべかめれ

(口語訳) 女は髪のみごとであるのが、まことに人目をひくものである。

五節　目と眉の歌

古から、女性の美を表現する言葉は多々あるが、特に目や眉に関わる歌は、女性の言い知れぬ妖艶を讃える歌として詠まれている。

目は口ほどに相手に意思を伝達する力がある。恋をしている女性の目は星のように輝き目の動きは同時に眉に連結する。そのような女性に見つめられると、相手の男性は情感がみなぎる輝く美しさに悩殺されるとさえいわれる。

奄美の歌
十五夜のお月　照りきよらさ
うりよりきよらさ　竜郷たみまつ
目眉のきよらさ
（歌意）十五夜の月も美しいけれど、それより竜郷のたみまつという娘の目眉が美しい。

奄美の歌
好いた好かんは　目もとでわかる
好いた目もとは　糸目もと
（歌意）好き嫌いは、目を見ればわかる。感をいだいている目は、艶っぽい流し目をする。

奄美の歌
あまだ魚ぬさがてまやぬ目ぬだるさ
美らとじかめてわ目ぬだるさ

奄美の歌
よそが目ばつぼしじょが口つめて
これほどぬ縁ぬあらまきやしゅり

奄美の歌
なさけかけぶしゃやいきゃふどがやゆる
よそが目ぬしげく口ぬうとるしゃ

奄美の歌
よそが目ぬしげくありょらばもはなれ
これ程ぬいぬうあんぬきゃしゅり

奄美の歌
夜ぬ片時にさかそにすれば
他人が目ぬしげくあらばきゃしゅり

『万葉集』、巻十一の二八〇八　柿本人麿歌集（この歌では、上の句に対して下の句で対応する歌垣の形式が取られている）
眉根かき鼻ひ紐とき待てりやも
いつかも見むと恋ひ来しわれを
（口語訳）眉をかき、くしゃみをして、下紐が解けて待ったであろうか、早く逢おうと恋い焦れて来た私を。

返し歌　同　巻十一の二八〇九、
けふなれば鼻ひ鼻ひし眉かゆみ
思ふしことは君にしありけり
（口語訳）今になってみれば、私の眉がかゆくなり、くしゃみをしているなと思っているのは、あなたのことだったのだ。

『万葉集』巻十二の二九〇三
いとのきて薄き眉ねをいたずらに
掻かしめにつゝ逢はぬ人かも
（口語訳）殊の外、うすい眉を、むだにかかながらも逢ってくれない。薄情な君であることよ。（眉を古語でまよ、奄美では、方言で現在も、まよと言う）

『万葉集』巻十一の二三八一　人麿歌集
君が目を見まく欲りして此二夜
千年のごとも吾が恋ふるかも
（口語訳）君のお顔（目）を見たくて、この二夜を千年ものように私は恋い焦れていた。

目と同様に表情を表す重要なポイントが眉であり、眉毛の動き方ひとつで、女性は聖母マリアの如く慈愛に満ちた表情になり、また、夜叉のような恐ろしい雰囲気を醸し出すのである。

さらに信憑性の薄いことを眉つばとも表現し、他人の能力を推定するという意味で眉毛を数えるともいう。恐怖心を回避するのに眉に唾を付けるところもある。

古から女性は、眉毛の薄い場合は眉墨で描き、また抜いて眉墨で好みの形に成形して、整った賑やかな顔にしてきた。眉のお化粧に並々ならぬ努力が積み重ねられてきた。

京都の昔の歌
京の五条の糸屋の娘　姉ははたちで妹は十九
諸国大名は弓矢で殺し　糸矢の娘は目で殺す
（口語訳）諸国大名は弓矢で殺すが、糸屋の娘にじっと見つめられたら、ふらふらになって生命も要らなくなる。京の糸屋の娘とならば奈落の底までもという気持ちになる。

安斎随筆　前編四　一七八四　伊勢貞丈著
天明四年

眉払に、婦人養《やし》なひ草《ぐさ》に云ふ。
ある老女の予に物がたりしけるに、大内にては眉はらふと申也。
地下にてはつくるといふ。
男の眉をば右よりつくるべし、女房は左より作るべしと（中略）
日本にても眉に種々名あり。
鶯眉と 朏《みかづきまゆ》眉、諼《わすれまゆ》眉、露眉、大形岸立眉、是はおさなき人につくる眉也と。

又唐眉、是はいたつて年たける人に作る眉也と。

あいかまへ右より作り始むべからざるよりいへり。


『貞丈雑記』一八四三伊勢貞丈著、天保十四年

横眉もゝ眉の事、光源院(足利義輝)御元服記言。御髪乱さるゝ御眉は、もゝまゆ也。

御烏帽子召されて横眉也云々。

横眉は俗に是を天井眉と言ふ。

頭(はじめ)こく、末うすく匂はせたり。

又あまり引入れて、髪の中へ入れたるも悪し。

もゝと言ふは、詳に知らざれ共考へて記す。

もゝ眉は茫々眉と言ふ事を、眉と唱へてそれをもゝ眉と言ひ違へたるにや、併し茫々眉は、自身の眉毛の中へ、細くすみにて、心をさし入る事なり。額に別に作るに非ず、又按ずるに、もゝ眉は桃の実の様に二つ額におく事。

『源氏物語』の若紫八

つらつきいとらうたげにて
眉のわたりうちけぶり
いはけなくかいやりたる額《ひたひ》つき髪ざし
いみじううつくし。

藤壺の宮の姪に当たる美しい姫の、顔つき目眉のさまを尼君が語っている。その頃、眉毛は年ごろになれば抜いて、眉墨で描くのが普通であったが、この眉はまだ子供で生えた毛のままの眉で、「うちけぶり」という名文句で生え際のうぶ毛を言い現わしている。

古の女性は、眉を描くのに柳を焼いた棒などを用いた。墨の中でも上等なものとして、胡麻油や菜種油などの油煙をはき集めたものに、ニカワを混ぜて墨にしたものや、うるし渋(植物の渋・漆器類にも用いる)などを混ぜたものを用いたという。

六節　旅の歌

奄美の歌

あとみれば風先見りばみ島

かよな旅たちやまれやあらめ

奄美の歌

かなが島わ島糸なわばかけて
うらきりる時や互につめろ

奄美の歌

昔うやふじぬ島たてぬわるさ
かなが島わ島まぎりわかし

奄美の歌

やまと旅すれば月日ゆで待ちゅり
後生が旅しりばぬゆで待ちゅり

奄美の歌

後生が旅ちばきゃしゃる旅か
行きゅる人ぬかしじもどらんふしぎ

奄美の歌

あの雲ぬ下にわかうなりと思ば
わぬもあの雲になとりぶしゃ

奄美の歌

あらこ浜うりてしゅなりごいききば
わかな冬旅ややらしぐるしゃ

奄美の歌

かる石ぬ舟にぬりよしばぬして
たびぬうりのぼりいとぬうから

奄美の歌

旅の下り上り十日と思うば二十日
いつが島もどて手足のばそ

奄美の歌

島やだぬ島も変わるぎゃねらぬ
水にひきゃさりてことばかわろ

奄美の歌

いきよ玉くがねよしでよしまれめ
やがてかふ節ぬあればうがも

奄美の歌

あがるてだうがで徳之島わたて
わしまもどておなり神うがも

奄美の歌

なくなちばなきゅんにゃ白浜ぬ千鳥《ちじゅり》
なけばおもかげぬまさりたちゅり

奄美の歌

おもかげぬ立てば泣きがれやするな
泣けばおもかげぬまさりたちゅり

奄美の歌

千鳥《ちじゅり》ちば千鳥《ちじゅり》なきゅる浜千鳥
なけばおもかげぬまさりたちゅり

奄美の歌

加那が面影や立つなつかしと思えば
　立ち勝りまさり塩屋の煙

奄美の歌
　雨やドイドイ岳鳴らし降りゆし
　肝ちゃげぬ加那が思い懐かしゃや

奄美の歌
　面影ぬ立つゆり過ぎららぬ時や
　童声立てて泣ちゅて過ぎる

奄美の歌
　昼や思い出しゆり夜や夢見りゅり
　肝ちゃげぬ加那や　忘れ苦るしや

奄美の歌
　夕闇暮れ伴れて立ちゅる面影や
　命はらはらと切れる如くに

奄美の歌
　夜晴らす舟や　隠れ磯と仇
　加那待ちゅる夜や友達ど適

奄美の歌
　ぬがや浜千鳥くいくいと鳴きゅり
　あれも吾が如にあれど鳴きゅる

奄美の歌
　夜ぬ暮れ来れば　坐ちん居らぬ
　肝ちゃげぬ加那が待ちゅる思えば

奄美の歌
　天ぬ群星や他人ぬ上ど照りゅり
　黄金三星や吾上ど照りゅり

奄美の歌
　虎ぬ絵ば掛けて柳花いきて
　旅の下れ上り絹ぬ上から

奄美の歌
　後見りば御風先見るりば御島
　か様な旅立ちゃ稀やらむ

奄美の歌
　北人ぬ舟や涙中乗り出さば
　吾な岳上に御風たのむ

奄美の歌
　押し出しゅる舟ぬ惜しで惜しまれめ
　いもしいもれしょしら朝夕拝む

奄美の歌
　送りちば送り浜じょかれ送れ
　涙中乗り出せば　潮風頼む

奄美の歌
　泣ちゃんてよ加那行きゃんば居られゆみ
　泣く泣くぬ別れすらんば行きゃしゅり

奄美の歌
いりきはちゃ米や五合持たちうがば
船ぬ夜走しにみしょしたぼれ

奄美の歌
旅ぬ長旅やいりきざい心
何時か島戻て手足のばそ

奄美の歌
旅や浜宿り草の根の枕
いつか島戻て吾加那見りゅり

七節　別れの歌

奄美の歌
送りちば送り浜じょがで送り
となかぬりじゃさば潮風たのむ

奄美の歌
別れてやいきゅりぬがかたみうきゅる
汗はだぬ手拭うりどかたみ

奄美の歌
虎の絵ばかけて柳花いけて
旅ぬ下り上がりお祝ばかり

奄美の歌
うちだしゅるみ舟ゆしでゆしまらぬ
いもしもりしょしらおもけしょよろ

奄美の歌
あきたなま瓜ややでど別れゆる
やまじ別れゆるないぬわいぬ

奄美の歌
うわかれと思てさしゅるさかずきや
なだにうさわりてとりやならぬ

奄美の歌
荒れりばもたちゅりとれりばもたちゅり
たちまさりまさりしゅやぬけぶし

奄美の歌
沖《うき》ぬと中にさゆ松たてて
のぼりくだりぬ舟はらそ
沖にはる舟どこにし走ろ
やゆのやゆなかににしはしろ

奄美の歌
天川ふざめて照りゅる星だもぞ
祈り七夕や行きゃてて拝《うが》も

奄美の歌
いびらく忘れた天川が宿に

さいくゎつきゅん時思出《おめじ》ゃしゃが

奄美の歌

うりゃげどれすれば七はなれみゆり
ぬがたきもちゃげやわめに見らぬ

これまでの「忍び逢いと恋の歌」、「月は恋人を招く」、「枕の歌」、「黒髪の歌」、「目と眉の歌」、「旅の歌」と、時空を超えて古典の恋情の豊かな情景に触れてきたが、人の心情は、幾年月を経ても変わりないことがうかがい知れる。

八節　シマ唄の別れの歌

「別れの歌」は、一八七二年十二月二十七日、イギリス軍艦カーリュー号は、遭難したベナルス号の生存者を探すため、奄美大島宇検村焼内湾の田検村の対岸に、位置する湾に停泊し、一月三日には名瀬へ出航し、さらに一月七日に、那覇港に向けて出航している。

カーリュー号が、焼内湾を出航する時に、雨風に合わないようにと、集落の人々は全員で、航海の無事を願って見送った。その時の祈る気持ちが、後に歌い継がれた歌である。

この歌は、後々に継承され、集落を訪れた人が帰るときには、集落の全員が、道路に並び帰路の無事を祈願して、歌いながら見送っている（註二）。

別れのうた

一　振立《ふりた》ちゅる　加那や
ゆしでぃ　ゆしまりうめ
いもちもれ　しよしら　朝夕拝む
船出《ふねぃい》じゃち　三日《みきゃ》に

二　雨風《あむぃかでぃ》ば　いきやてぃ
雨《あむぃ》や吾涙《わなだ》　風《かでぃ》や吾いき

三　大和長旅や　月《てぃも》ゆでぃ　待ちゅり
ぐしゅが長旅や　何《ぬ》よでぃ　待ちゅり

四　別《わか》りてぃや　行きゅり　何《ぬ》が形見　うきゅり
汗《あす》はだぬ　てぃさぢ　うりが形見

五　汗《あす》はだぬ　てぃさぢ　むれや　むらたすが
三年《みちゅ》が世《ゆ》ぬ　たてぃば　わゆどぅ　なりゅり

（註三）

次の行きゅんにゃ加那節は、奄美では代表的な別れの歌で、別れの時に最も愛唱されている歌である。

行きゅんにゃ加那節

一　いきゅんにゃかな
わきゃくとわすれて
いきゅんにゃかな
うたちゃうたちゃが
いくぐるしゃ
ソレ　いくぐるしゃ
（歌意）いってしまうのですか、愛しい人よ。私のことを忘れて、行ってしまうのですか、かなよ。発とう発とうとするけれど、行きつらい。行きつらい。

二　かなやむとな
あんまじゅうがむたさん
かなやむとな
いちじぬかなとや
なきわかれ
（歌意）恋人を待ちましょう。母や父がすすめる、恋人を待ちましょう。一時だけの恋人とは、泣き別れをしてしまいますから。

次の別れ節は、恋の展開が切々と歌詞に取り込まれ、朝花節のメロデーにのせて恋情が歌われている。

別れ節（朝花）

一　わかれぶししろーやーわぁちゃぃー
やがてとりまりーでんーがー
わかれぶししろやーわぁちゃぃー
（歌意）別れ節を歌いましょう。私達の遊びはやがて終わりですが、別れ節を歌いましょう。

二　いちばんどりにゃ　うらめしゃやい
あすびすきなわちゃ
いちばんどりにゃうらみしゃや
（歌意）一番鳥が鳴くのが、うらめしい。遊び好きな私達、一番鳥が鳴くのがうらめしい。

三　もどろにしりばや
あそびたらわんなて　むどうりぬならん
（歌意）家に戻りましょうか。ですが遊び足りずに、帰ろうにも帰れない。

四　あそびすきわぬ　とめぃてとめぇならぬ
　　しまぬしるくちに　とめてぃうえせろ
　　(歌意)遊び好きな私は、止めても止められないよ。
　　集落のはずれで止めて、差し上げましょう。

五　しまぬしろくちに　とめてばとめり
　　なぁきゃにとめられぬ　わぬやあらんど
　　(歌意)シマのはずれに、とまろうとすればとまるが、あなた方にとめられる、私ではありません。

六　いかんばかな　うりぬなりゆんにゃ
　　うまやなきゃじまでんど
　　いかんばかな　うりぬなりょんにゃ
　　(歌意)行かなければなりません。居るわけにはいかないのです。ここはあなた方の集落ですので、居るわけにはいかないのです。

七　あちゃぬよね　あすでぃたれろ
　　よねやそのままましゅてぃ
　　あちゃぬよね　あすびたれろ(註四)
　　(歌意)明日の晩に遊びしましょう。今晩はこのままにして、明日の晩遊びましょう。

送別の歌

一　別れてや行きゅり　ぬが形見置きゅる
　　汗肌ぬ手拭　うれが形見

二　汗肌ぬ手拭　取りや取てぃ見しゃが
　　うれぃ洗てぃみぃれぃば　元ぬ白地

三　送れぃば送れ　浜門がれぃ送れ
　　海中乗り出すぃば　潮風頼も

四　泊り口がれぃや　加那にお送らてぃ
　　海中乗り出すぃば　潮風頼も

五　押ち出しゃる御船　惜しでぃ惜しまらぬ
　　いもしもれぃしょしら　おもけぃしゃよろ

六　行こ行こすぃれば　後見しゃさすぃが
　　居ろ居ろにすぃば　後やきゃしやり

以上六節で見た「シマ唄の別れの歌」は、六節の「旅の歌」や七節の「別れの歌」から、歌い手自身のおもいが表現された歌詞を自由に組み込んで、独自の歌にすることも可能である。

特に一節から次の九節までは、シマ唄で恋の展開に用いられる歌詞であり、年中行事の集団の「歌掛け」や少数の「歌掛け」の即興には、儀礼的な歌詞から移行し、恋情を展開するのに用いられている

九節　教訓歌

奄美諸島の「諺」は、「シマ口」と呼ばれる各集落ごとに異なる方言群と一体となり、各地域の生活文化と密接な関係を持ちながら、先人達による人生の道しるべとして、古来から広く伝えられてきた。教訓、心理、風刺を交えた社会に関する人生の指針として、ものの見方や考え方を簡潔に表現したものである。

時代を超越して受け継がれた生活の知恵、躾の基本でもあった（註五）。他方、子供の育成や社会人としての心得を身につける教訓として用いられ、諺は全学ともいわれている（註六）。

「島口」、「諺」、「シマ唄」が、奄美の文化的な知的情報の役割を担い、シマ唄の歌詞にも諺が多く歌われている。

奄美の歌
　花なれば匂枝振りやいらぬ
　なりふり（容姿）やいらぬ　人は心

奄美の歌
　山ぬ木ぬ高さ風ににくまれて
　気分高さもてば友ぬにくむ

奄美の歌
　カマクラぬ花や手ぬさきにそめろ
　親ぬゆしごとや　胸にそめろ

奄美の歌
　人が嫁女や枯木ぬ花よ
　すがろすがろに　おとろしゃ

奄美の歌
　人がさまだけやなりゅん　かりどなりゅる
　なきゃがさまだけや　なりやしょらん

奄美の歌
　肝ぬむらなしや竹ぬごとなおく
　ぎりぬふしぶしも中にそめて

奄美の歌
　心もつなればバシャぬ葉ぬ広さ

松ぬ葉ぬませまさもとよさと
奄美の歌
皿の水だも　そふきばあわたちゅり
わが悪さあてどよそや語ろ
奄美の歌
天ぬ白雲がなのにとらりゅめ
ながなしゃん子どなてにとりゅる
奄美の歌
わが縁ややき山のかずら
すらや枯れるとももとや一つ
奄美の歌
人がさまだけやなりゅん　かりどなりゅる
なきゃがさまだけや　なりやしゃよらん
奄美の歌
あたりさまだけやガジュマルのやゆだ
人がさまたげやなるなよさと
奄美の歌
てんぬ　むれぶしや　よむば　ゆみなりゅり
おやぬゆしぐとぅや　ゆみやならむ
奄美の歌
意見ゆす事や　身の上ぬ宝
一目ぬ根あけて　肝にとめれ

奄美の歌
櫓葦定めでも舟や走らしゅる
寸法ははずらすな　肝の手綱
奄美の歌
恥よ思詰れ　朝夕物事に
吾肝治めゆる要と思れ
奄美の歌
恥かきゆる事や　片時ぬ間
もも名立つ事や一代万代
奄美の歌
与路離れ島や物知り所
な物知りよたん　戻したぼれ
奄美の歌
島ぬ西東　夜鳴きしゆる島や
里が上があよう　吾が上があよう
奄美の歌
里が上もあらむ　吾が上もあらむ
あれも思くとぬあてど鳴きゆる
奄美の歌
水の上ぬ花に寄りつくな蝶
落てて羽干しゅる手だてやぬらぬ
奄美の歌

下手からど習ふて優れりや行きゅり
　優れらぬ思ふて　思案するな
奄美の歌
　蛍火の陰に黒筆習ふて按司が世も
　立ちゅり　わが世も立ちゅり
奄美の歌
　蓮ぬ花咲きゃ　泥水じ咲きゅり
　うれ見ちむ　黄金魂入れよ
奄美の歌
　童とじかめて心許ちうくな
　よかり馬ぬ　手綱ゆるちおくな
奄美の歌
　玉黄金親や産ちど産されゆり
　心魂入れて　産しゃならむ
奄美の歌
　道にある石や下駄ぬ歯の敵
　心高さ　女友達ど適。
奄美の歌
　糸ぬ切りば結びやなりゆり
　縁ぬ切りてからや　結びやならぬ

次の「ゆしぐとぅ」は、教訓歌詞を組み合わせて、「歌掛け」を著者が作成した。

　ゆしぐとぅ

男　一　花なればにおい　枝ぶりや　いらぬ
　　　　なりふりや　いらぬ　人は心
女　二　心もつなれば　ばしゃぬ葉ぬ　広さ
　　　　松ぬ葉ぬ　せまさ　むとうなよ
男　三　山ぬ木ぬ高さ　風に　にくまれて
　　　　気分高さもてば　友ぬ　にくむ
女　四　きもぬむちなしや　真竹ぬ　ごとに
　　　　ぎりぬふし　ぶしば　中にこめて
男　五　皿ぬ水だもそ　吹けば　波立ちゅり
　　　　我が悪さ　あていど　他人やあらす
女　六　あたりさまらげや　ガジュマルぬ　やゆだ
　　　　人がさまたげや　なるなよ

男　七　庭ぬ朝顔はや　つゆたよて咲きゅり
　　　　吾きゃや　なきゃたよて　朝夕くらそ

女　八　庭ぬカマクラや　爪先に染むて
　　　　親ぬゆしぐとや　胸に染めろ

（解説）一は、人は外観ではない真心が大切である。二は、寛大な精神の薦め。三は、心は穏やかであれ。四は、問題を引き起こすことがないように。五は、人を妨害してはならない。六は、譲り合う心。七は、信頼。八は、親の教えの尊さ。このように教訓歌は社会性を歌で教えている。

（語訳）ばしゃ（芭蕉）、ガジュマル（樹木）、ゆしぐとぅ（教え）、吾きゃ（私達）、なきゃ（あなた達）、カマクラ（植物の花）。

教訓として、我々は幼い頃より、祖父母より古来の歌詞により、教育された事が数多く記憶に残っている（註七）。

註

一　『歌い継ぐ奄美の島唄　徳之島』より歌詞、一五三頁

二　イギリス船ベナレス号の遭難事件に見る、一八七二―七三年の琉球・奄美―英文資料の紹介、二九六頁を補訂して用いる。

三　唄者・徳田たつ子。二〇一二年、宇検村芦検において聞き取り調査による。焼内湾に停泊した大型船の大きさに集落中が驚いた様子や、出航の時は船が見えなくなるまで、航海の無事を祈って見送ったことは、後々に継承されている。カーリュー号の件以来、芦検集落では訪れた人が帰るときは、旅の無事を祈り、集落の人々は道路に並び、旅の無事を祈願して太鼓をたたき「別れの歌」を情感を込めて歌って見送っている。二〇一二年八月に著者一行が調査に訪れた際も、バスに乗り込みだすと、いいしれない懐かしい歌声が聞こえ、何故か熱いものがこみ上げ感動した記憶が鮮明に残る。

四　喜界島の別れを歌った朝花節

五　『奄美諸島の諺集成』のまえがきより参考

六　『奄美諸島の諺集成』参考

七　前掲

参考文献

『万葉集』西本願寺本　第一〜第二十　おうふう
中西進『万葉集』一〜四　一九七八年
解説・小島憲之『古事記』国宝　真福寺本
西宮一民編『古事記』改修版
西郷信綱『古事記注釈』第四巻
青木周平編著『古事記研究』―歌と神話の文学的表現―
土橋寛『古代歌謡全注釈』古事記編
土橋寛『古代歌謡全注釈』日本書紀編
次田潤『古事記新講』
青木周平編著『古事記がわかる辞典』
『古事記』日本古典文学全集1
『伊勢物語』六十八段
清少納言『枕草子』二百六段
紫式部『源氏物語』一〇〇八年（寛弘五年）
伊勢貞丈『貞丈雑記』一八四三年（天保十四年）
伊勢貞丈「安斎随筆」前編四　一七八四年（天明四年）
『きょらじま・かさん』名瀬在住大笠利郷友会創立四〇周年記念誌
田畑英勝・亀井勝信・外間守善編『南島歌謡大成Ⅴ奄美篇』角川書店
日本放送協会編『日本民謡大観（奄美・沖縄）』奄美諸島編　一九九三年
泊忠成『佐仁八月踊り歌詞集』一九九七年
松原武実編『奄美大島佐仁の八月踊り歌詞集』鹿児島短期大学付属南日本文化研究所　一九九一年
文英吉『奄美民謡大観』発行者・文紀雄　一九六五年
三上絢子『奄美諸島の諺集成』南方新社　二〇一二年
『歴史と民族』神奈川大学日本常民文化研究所論集三十　二〇一四年
『歌い継ぐ奄美の島唄　徳之島・喜界島・沖永良部島』奄美島唄保存伝承事業実行委員会　二〇一四年
『古志部落誌・古さとを語る』瀬戸内町教育委員会　一九八〇年
三上絢子「研究ノート」

第六章　奄美の歌掛け・流れ歌

一節　はじめに

奄美では、特に節句や正月などの節目に若い男女が集って、夜遅くまで歌掛けが行われていた。

集落の古老が座敷の中央に座して音頭を取り、両側に男女が別々に向き合うように座して、上の句に対して下の句で対応するといった形で、次々と歌掛けが行われ、反歌で対応できない者を負けとするシステムである。負けると相手に服従しなければならないとか、また、暗い夜道の家路の途中に妖怪に遭遇するといわれ、特に女性は必死で掛け合ったと伝えられている。

往時の歌掛けの用例として、文政十一年、大島に遠島さ

「歌掛け」『南島雑話』より

れた薩摩藩士、名越佐源太の報告書『南島雑話』に次のような記述がある。

掛歌といふものあり、男女席を分ち、マンカイとて三線はなしに、手拍子にて双方寄り、弐間程隔り歌につけて双方ひざにてすりより、ひざとひざ双方相分ちて、手の平と手の平と、拍子につれてうちあわせ、歌の調子につけ、又一すさりつつ引しざり、もとの坐に返り、又始の如く。歌は当座に作立、すらすらと口ごもぬように歌ひ出ものを上手とし、歌の趣向おそく出るを負けとす（註一）。

男女が約三メートル離れて向き合って座り、三味線は弾かずに、手でリズムをとりながら、互いににじり寄る。歌は即興で歌われ、すらすらと歌たえる者を勝者として、うたが遅く口ごもる者を負けとする。こういった内容である。

薩摩藩の名越左源太は、五年の歳月を奄美で過ごし、絵入りの奄美の民俗誌を遺している。

二節　奄美の連歌、歌流れ

歌掛けは、即興で行われるために記録はないのが当然であるが、人の心に響く優れた作品は、深くインプットされ伝承されている。その一部分を『奄美民謡註解』の著者、茂野幽考は「ここに収録する「うたながれ」は、かけ合いで歌ったもので、途中で切れているが、完全な記録がのこっていないのが残念である」と、奄美の連歌について記述している。次に収録した。

奄美の「歌掛け」―歌流れ―

歌掛け歌

一　わきゃ、ながまて
うた、しらぬ、わらべ
なきゃが、しゅる、うたば
なんて、しゃおろ
（歌意）私達は、今まで、歌を、知らぬわらべ、あなたたちが、つくる歌を、習って、いたします。わきゃ（わたしたち）、なきゃ（あなたたち）。

二　うたしらぬ、わらべ
ふし、しらぬ、わらべ
さけと、さかずき、もってこ

おしえて、おせろ
(歌意) 歌知らぬ、わらべ、節知らぬ、わらべ、酒と盃、持って来い。教えて、あげよう。

三 うた、しらぬ、わきゃと
うたかけ、いらぬ
いきゆる、しらくもと
かけて、たぼれ
(歌意)歌知らぬ、私たちと、掛け歌は、しなさんな。流れる、白雲と、掛け歌を、して給《たも》れ。

四 うたすれば、しても
ふしあらば、あても
なましたる、うたや
とがや、ねらぬ
(歌意) 歌うとても、しても、節があったら、あっても、今つくった、歌は、とがは、ありません。

五 うた、しろち、すれば
こえ、そろて、うたえ
おどり、すらば、
あし、あわち、おどれ
(歌意) 歌を、歌おうとするなら、声をそろえて、歌え。踊りを、踊ろうとするなら、足、そろえて、おどれ (註二)。

この歌掛けの形式は以下のようなものである。
一、初心者の歌掛け入門の様子が歌われ。
二、指導の承諾。
三、まだ子供で、気配りが充分でないので、宜しくご指導下さいと謙虚な姿勢。
四、題目を指定。
五、歌や節がぎこちなくても、いいですよと初心者への気配り。
六、上手に歌おうと無理しないで、自然に歌いなさいと激励。
七、ましおと、すと、かけて、歌に心がこもってないと指導。
八、歌は声、踊りは脚の使い方にあると要所の心得。この連歌は、うた流れに従って歌掛けのポイントが歌われ、歌掛け入門の　テキスト的な役割を果たしている歌といえる。
「シマ唄」は、人から人へと時空を超えて伝えられた島口 (方言) に独特のリズム (音) が加わって成立した。こ

正月マンカイ　2004年「奄美歌掛け文化保存会」　撮影・著者

うした奄美の歌は、「シマ唄」と呼ばれる。

歌掛けは、人と人が触れ合い、自らの膝や手でリズムを取って行われる。相手の手と手を合わす仕種は子供の遊び「セッセッセ」の所作であるが、この素朴な所作が奄美の歌掛けの原点であることは、現存する古典的な「節田マンカイ」によって、伺い知ることができる。

節田マンカイは、複数の男女による歌掛けで、正月マンカイとも呼ばれ、かつては新年の出会いの 場として、若い男女が楽しみにしていた。男女が二列に向き合って並んで座り、上の句に対して下の句で対応しながら、招くしぐさの手舞をする。古典的形式を残した代表的な歌掛けとされ、数十人による男女対面で屋内で座って行われる。

正月マンカイ

「ショウガツ」「ケーョーィーナ」「ケーョヵレ」

男　正月てぃば正月ハーレーヘイー今日
今日迄ーぬ　正月
「ケーョーカーレ」「ケーョー」
ヤーハレ　今日迄ーぬ　今日がれ又正月

（正月といえば正月、今日迄が正月明日迄はない、
来年が来なければ）

女　今日迄ーぬ正月　手拍子六回

「アシャ」「ヤーネー」

男　明日がれもねらぬ　ハレへイ　来年ぬ

「コエー」

来年ぬ期間だ　ヤーハレ来年ぬ期間だ

「ガンジツ」「スィカンマ」手拍子三回「トック」

女　元日の朝　ハレへイ床間むか

床間むかティ見れば

ヤーハレ　床間むか　床間むかティ見れば

（元旦の朝に床の間を向かって見れば）

男　床間むかて見れば　手拍子六回

「ウヤスイール」「ユーワ」

女　裏白　とぅゆすぃる　ハレーへイ　祝い

「キーヨ」

祝い美らさ　ヤーハレ　祝い　祝い美らさ

（裏白とゆずの葉の祝い飾りのきれいなこと）

新年の清々しい慶びが、これから先々も継続するようにと祈願を込めて歌い、床の間にお供えされた餅に添えられている植物の裏白（シダ種）と、ゆずる（ユズリハ、植物の葉）が、なんと美しいことだろうと、新年の慶びを掛け合っている。

集落の人々が晴れ着で集い、新しい年を祝う儀礼は、和を維持する重要な行事でもある。

大笠利のかんでく（ながれうた）

あぶしながれ（縁ぬながれ）

一　かんでくおべなべことつけのたばこ

又おことつげぬもつれたばこ

二　もつれくさとりゃにもつれるにしれぃば

えんぬねでたなしもつれぐるしゃ

三　えんと玉くがねぬかばひとさらめ

うちひらいひらいいぬかばきょらく

四　うちひらいひらい
ぬしだもそいいきゅり
こいぬやりやしゅましげくだぼれ

五　こいぬやりやしゅましげくすぃろすれば
吾家にてりでりとありこ人《ちゅ》や居らぬ

六　汝家《なや》にてりでりと歩こ人やうても
思わだなしちゅてことばなさけ

七　思わだなしちゅてこいぬしらりょろめ
思たる節《しち》ど声やおせろ

八　思わばも互にそらさばもたげに
ましりぐちたげに思てたぼれ

九　ましりぐちたげに思いぶしゃやしが
汝がすきじる人のうらばきゃしゅり

十　わきゃやなまわらべきじる人やうらぬ
にげ牛のごとにうしゃげはりゃ

（十一から三十四後略）（註三）

「ながれうた」は歌掛けであり、大笠利は、次の①「おもて文ながれ」、②「口のきょながれ」、③「あぶしながれ」、④「一の三ながれ」、⑤「ほこらしゃながれ」の五曲のながれうたなど、多く遺されている地域である。

　この五曲のながれうたは、下の句によって適宜ながれを変えることができる。

①おもて文ながれ（笠利町大笠利）

一　硯すりならてもも字かきならて
かながおいなかにとばしにゃだる

二　ただとばしとばしかなが上にとばし
思いで文なればわぅにとびゅろ

三　わが持たしゃん手紙ただ思ておくな
むなだかきそえて持たしゃん手紙

四　汝がむたしゃん手紙手ひるぎゃに詠めば
思た真実やかかってうらぬ

五　うれ読だる人やうそ事ど読だる
又も人たので読ましにゃだな

六　又も人たので手ひろげにょめば

なだにうさわれて読みゃならん
七　涙にうさわれてよまらぬ時や
わのといぬひとつならんばきゃしゅり
八　縁ひとついえばぬきはじゃねらぬ
ぐじぬきちかたみおそしいもれ
九　朝別れ今朝やよそが上どゆたる
なまじわきゃ上になりゅりやだ
十　まゆぬ木ばうるし水おけてみれば
夏木ぬごとに別れぐるしゃ
十一　すだてなつかしゃ夏まえの木の下《しゃ》
遊でなつかしゃわじきうなり

②口のきょながれ

一　石づしくこえて玉ぐしくきゃおて
玉ぐしくわきゃと遊でたぼれ
二　玉ぐしこえて石ぐしくもしな
石ぐしくわきゃと遊でたぼれ
三　縁ぬ片ばしゃおだびるさやもの
縁ぬ片ばしゃしからしたぼれ
四　縁ぬ片ばしに遊びしられよめ

五　この座まん中に遊でたぼれ
いきしりぬわのやぼしょほものやしが
ぼしょほする時やじきとたのむ
六　西からどもよんにゃ東からどもよんにゃ
なのがうまれ島語でたぼれ
七　西からもあらぬ東からもあらぬ
笠利まん中ぬつぎの門《じょ》から
八　笠利まん中の門《じょ》からどもんにゃ
ゆさりゆやまくま遊でたぼれ
九　朝別れ今朝やよそが上どゆたる
なまじわきゃ上になりゅりやだ
十　まゆぬ木ばうるし水おけてみれば
夏木ぬごとに別れぐるしゃ
十一　すだでなつかしゃ夏まえの木の下《しゃ》
遊でなつかしゃわじきうなり

③あぶしながれ（一から九・省略）

十　きじる身や居てもわみどきじられる
うたや自由さらめ遊でだぼれ
十一　歌ぬ自由なれば吾身も自由なりゅり

夜ぬ片時に咲かしかたろ
十二　夜ぬ片時にさかそにすれば
他人が目ぬしげくあらばきゃしゅり
十三　よそが目ぬしげくありょらばもはなれ
これ程ぬいぬぬあんぬきゃしゅり
十四　わぬやたとえればにぎぬ上ぬ小花
めつめてやうても自由やならぬ
十五　花ぬあわれさやにぎ上ぬ小花
えんぬあわれさや汝いぬ吾いの
十六　花やもとあれば二度かえて咲きゅり
二度かえて咲かぬ汝花吾花

④一の三ながれ

一　一度すむがでや雪水の心
二度とすむ時やわたまこがね
二　二、三度ぬ飯やかみやかだれども
かながこと思てししやつかぬ
三　三ぶあるくぶ道そろいぶしゃやしが
ぬがやぶくかなぬそろいぐるしゃ
四　しのぶ道つくて二度かえやならぬ
片親にやしゅましらせたぼれ
五　ごはんひきよせてとりゅる石だもぞ
一つたららだなとりやならぬ
六　六十一がでやすみはてのうきよ
なんま若さしゆゅてゆだんするな
七　しらほある浜に馬はらしみれば
きもちゃげのまむねすだるごとに
八　八ひらきするも生まれつきやしが
男《えんが》うまれとてもらてさりこ
九　九つの鳥の九こえうたわし
さみいれききば八十一声
十　九分十分うまれぶしゃやしが
一つたらだなやうまれならぬ
十一　凮よどみどころ雲よどみどころ
一の三あがれこれしとまろ

⑤ほこらしゃながれ

一　ちゃがしたうりゃに昨夜いしゃる夢ゃ
まさんじゃるがま首あしゅるごとに
二　汝お夢いしなわのも夢いしゃが

三　昨夜《ゆべ》にしゃる夢あまささあたん
夢にしゃるてりゃに夢あたりするな
四　夢やあるばるぬ草ううらは
夢にしゃるてりゃに夢おそやするな
五　夢からお縁や近くなりゅん
あけかふぬそろていきかふぬそろて
六　今日ぬほこらしゃぬにがたとえん
今日ぬほこらしゃや物いたとえれば
七　白兼ねぬ花あとたるごとに
しらかねぬ花あ水あけていけろ
八　情かけみしょしいけてたぼれ
情かけかけぶしゃいきゃふどがやゆる
九　よそが目うしげく口ううつるしゃ
よそが目ばつぼしじょが口うめて
十　これほどの縁ぬらまきやしゅり
縁ぬるてやにゆぬうてぬときや
いばやほそみちにいきやわとき（①から⑤註四）
（十一から三十四後略）

ながれうたの①から⑤までを組み替えて、ながれうたを著者が作成する。

①　硯すりならても字かきならて
かながおいなかにとばしにゃだる
③　歌ぬ自由なれば吾身も自由なりゅり
夜ぬ片時に咲かしかたろ
⑤　しらかねぬ花あ水あけていけろ
情かけみしょしいけてたぼれ
①　汝がむたしゃん手紙手ひるぎゃに詠めば
思た真実やかかってうらぬ
⑤　情かけかけぶしゃいきゃふどがやゆる
よそが目うしげく口ううつるしゃ（註五）

以上のように下の句によって、適宜ながれを変えて①の「おもてな文ながれ」、③の「あぶしながれ」、⑤の「ほこらしゃながれ」、①の「おもて文ながれ」、⑤の「ほこらしゃながれ」と、一曲のながれうたが構成される。下の句次第で数曲が組み替えられ、これが歌掛けの醍醐味である。

組み替えは、元うたの五曲が自分のうた袋に納まっていないとできないのである。

①縁ぬナガレ（龍郷町浦）

一　もちれこさくぅがね
もちれろにしれぃば
ゐぬぬみちさらむぇ
もちれならぬ

（歌意）睦みあえるだけいとしいあなた、睦みいたいと思うのに、これが縁の道なのか、なかなか睦みあうこともできない。

二　ゐぬとぅたまくぅがね
ぬかばひとさらむぃ
うちふらいふらい
ぬかばきゅらく

（歌意）縁にしてもいとしいあなたにしても、互いに別れてしまえばもう赤の他人ではありませんか。縁のあるうちにむつまじくつきあい、別れなければならい節には、きれいさっぱりと別れましょう。

三　うちふらいふらい
ぬちだもそいきゅり
くぅいぬいやりやしゅま
しぎくたぼれ

（歌意）こんなに親しくつきあってきた、あなたと別れていきますが、せめて伝言なりとひんぱんによこして下さい。

四　くぅいぬいやりやしゅま
しぎくしろしれぃば
よそがむぃやしぎく
くちぬとぅるしゃ

（歌意）せめて伝言なりとも、しげくしたいと思うのに、他人の眼がうるさく、世間の人の口がおそろしいことです。

五　よそがむぃやしぎく
ありょらばもはかれ
よそがむぃやちぶし
くちやむぃれぃ

（歌意）他人の眼が、たとえうるさくとも、他人の眼など無視して、世間の口など封じてしまいなさい。

②煙草ナガネ（大和村恩勝）

一　たばくくさだねや
てぃんさしじむち
うるされたる
たばくくさだね
（歌意）煙草草種は、天の神様のおさしずによって、ここの上界に下された、煙草草種。

二　たばくくさだねや
いなむぬややしが
たばくからどぅ
ゐんやちちゃる
（歌意）（この）煙草草種は、まことに異なるものではあるが、煙草からぞ、初めて縁はついたのだ。

三　わむねぃぬなかや
きしりさおごころ
うちくぅがれとぅてぃも
ゆすやしらん
（歌意）私の胸の内は、煙管の竿のようなもので、（胸の内では）うちこがれているのに、他所は（私のこの心中を誰も）知る人はない。

③煙草ナガネ（大和村恩勝）

一　まきちらしうとぅちゃる
たばくだねや
あおばさきじらに
とぅむぃてぃみちゃが
（歌意）撒き散らしておいた、煙草種は、青芽のさし出ずる頃に、探し求めたのだが。

二　あおばさきじらに
とぅむぃてぃみちゃるたばく
いしちばさきじらに
とぅむぃてぃみちゃが
（歌意）青芽さし出ずる頃に、求めた煙草。五葉の出る頃には、手に取って見たが。

三　いしちばさきじらに
とぅむぃてぃみちゃるたばく

いちゅぬめかじ
ぬちみちゃるきゅらさ
（歌意）五葉の出る頃には、手に取って見た煙草を、糸の針の穴ごとに、貫きとおしてみた美しさ。

四　いちゅぬめかじ
ぬちみちゃるたばく
やきんさおわたし
さぎてぃみちゃが
（歌意）針の穴ごとに、貫きとおして見た煙草を、干し竿をわたして、さげてながめて見たが。

五　やきんさおぎぃてぃ
みちゃる　たばく
いたがねぬままに
ぬぶてぃみちゃが
（歌意）干し竿に下げて、ながめて見た煙草を、板金のままに、延べて見たが。

六　いたがねぬままに
ぬぶてぃみちゃるたばく
ななきざみきざてぃ
てぃとぅてぃみちゃが
（歌意）板金のままに、延べて見た煙草を、七刻み刻んで、手に取って見たが。

七　ななきざみきざてぃ
てぃとぅてぃみちゃるたばく
きしりとぅりたててぃ
ふちゃるきゅらさ
（歌意）七刻み刻んで、手に取って見た煙草を、煙管を取りたてて、吸った姿の美しさ。

八　きしりとぅりならてぃ
たばくちぃむぃならてぃ
かながてぃにとぅたり
わがてぃにとぅたり
（歌意）煙管を取り習って、煙草をつめ習って、愛人の手に取ったり、吾が手に取ったり。
（①～③註四）

シマ唄は、仲間の集まりでは歌遊びとして歌われ、年中行事の八月踊り、あるいは七月踊りでは、集団で歌われる。また、信仰的な面や文化的な面で地域の独自性が現れてい

歌掛け　大笠利・わらべクラブ　撮影・著者

る。「わきゃシマ」（自分達の集落）に対しての意識が強く、隣接したシマであっても、他所のシマとはっきり区別し、思想や感情にも影響を及ぼしている。隣のシマには、そのシマの仕きたりがあり、その仕きたりの上に人間関係が成立している。

「歌掛け」はシマ唄の原点であり、シマ唄は掛け合いが基本で、上の句に掛けて下の句を歌う。人々の労働と生活の歌として、活力の源として生きる力を与えてきた。「歌掛け」は明るい即興の歌詞とリズムで歌われ、人々のコミュニケーションの場でもあった。

シマ唄の原点である奄美の「歌掛け」は、現在の日本では失われた、基層文化の面影が色濃く残す貴重な文化として伝えられている。

このような奄美の歌掛け文化は古代の日本列島及び琉球、アジア周辺の世界とも共通する文化であり、先人から伝承されてきた。

「歌掛け」は、互いに歌を即興で掛け合うというのみでなく、シマの人達の深いつながりをつくって来たことも事実である。「歌掛け」は、生活の中に自然体のコミュニケーションの場として機能してきた。集団（八月踊り歌）で歌われるような場合と一対一の対歌の場合がある。対歌は男女の掛け合いが多く、他所から歌の上手な人がきた場合などは男女に限らない。また、複数（三人以上）で歌掛けを行う場合など、自由で広がりをもつ歌唱システムである。

「歌掛け」の代表的なものに、集団で歌われる「八月踊り歌」がある。一つのテーマにもとづいて、歌の始まりから終わりまでの道筋が存在する、歌唱システムを見ると、「八月踊り歌」は「流れ歌」であるといえよう。

最初に歌った人に掛けてどんどん歌っていく。歌がうまいかどうかは関係なく、歌掛けによって生まれる暮らしの中の楽しみ、連帯感や活力、豊かな心がはぐくまれていくことが大事である。

文英吉は、集団による歌掛けについて、「徳之島目手久の「八月やなりゆり」に歌の掛け合いを知ることができる。八月踊り歌は男女の掛け合いによって歌われる。相手の歌を歌い継ぐには相手の歌の末節の語を引き取る形の歌詞とか、その歌詞の意を引き取る形で歌い、「歌掛け」あるいは、「あぶし並べ」と呼ばれ、男女がエネルギッシュに即興で歌い掛けて歌い返し対応する形式である（註六）」と記述している。

徳之島目手久の八月踊り歌「八月やなりゆり」は、男女による掛け合いの古典的な歌掛けである。

八月やなりゆり

一　はちぐわちゃ　なりゅり
ふりすでや　ねらぬ
あみしゃれが　みすで
からし　たぼれ
（歌意）八月になったけれど、たもとのある着物がない。奥様の袖衣を、貸して下さい。

二　あみしゃれが　みすで
からそこに　すれば
なきゃが　きじぬみぬ
をぅれば　きゃしゅり
（歌意）奥様の袖衣を、貸して上げようと思うが、あなたにおもう人が、居たらどうする。

三　わぬやまだ　わらべ
きじぬみや　わらぬ
さきまぬれ　なきゅど
きじゃ　みしゃる
（歌意）わたしはまだ子供です。おもう人などおりませんよ。先に生まれたあなたこそ、おもう人が居られるでしょう。

四
さきまれも　いらぬ
あとまれも　いらぬ
けさぬ　うやほじぬ
しちけ　さだめ

（歌意）先にうまれたことなど必要ない。後に生まれたことなども必要ない。昔の祖先達からの、しきたりである。

五
けさぬ　うやほじぬ
しまたてぬ　わるさ
かながしま　わしま
まぎり　わかち

（歌意）昔の祖先達の、島つくりの悪いこと。加那の郷と吾が郷を、間切を別にして。

六
かながしま　わしま
しまたほこ　やしが
あとや　きゃにやすま
よこし　たぼれ

（歌意）加那の郷と吾が郷は、しまたほこだから、後はどうなろうとも、お越し下さい。

このように相手の歌を歌い継ぐシステムが形成され、この場合の「八月踊り歌」は祭りで若い女性から年配の男性に誘いかける恋の道筋が歌いこまれていて、擬似的な恋愛の場として展開されている。

奄美の「歌掛け」の代表的なものに「八月踊り歌」があり、これは「流れ歌」で一定のきまりを踏みながらの歌の掛け合いである。一つのテーマにもとづいて集団で歌う。基本的に、歌の始まりから終わりまで、一つの道筋に従って歌うシステムを取り入れている。

八月歌はリーダーの先導（打ち出し）によって、ゆったりしたリズムで歌われ、全員のバランスが整うころからテンポが早くなり、クライマックスには激しいテンポに変わる。どんどん歌を掛けていくのがシマ唄の基本的なシステムである。

日本でも音曲をもつ歌謡と考えられる掛け歌が、奄美においては現在も音曲で知ることができ、シマ唄文化が継承されている。

辰巳正明氏は『詩の起原』で、「恋歌の歌い継ぎのシステムを歌掛けにおける男女対歌の基本となるものであり、現在でも歌掛け文化の色濃く残っている中国西南地区の壮族などの少数民族にみることができ、そのシステムを〈歌路〉と呼び、恋愛の進行に沿って歌われる様々なテーマが見られる（註七）」と記述している。

徳之島地域で「歌掛け」がどのような形式で行われていたのか、二〇〇五年二月に調査を行った時の聞き書きを要約し次に掲げる。

松山光秀氏（徳之島町徳和瀬）

七月踊り（奄美本島・喜界島は八月踊り）は、浜オリの時にトゥル墓の神様の前で行われ、新米のご飯・新米で造ったお酒を飲み、歳の若返りを願ったとも考えられる。

踊りは男性が中側で女性が外側の輪の形式で行う。それは墓場の前の夜は怖いこともあり、女性が男性を守るという意味合いがある。男性は女性に守られながら歌掛けが行われ、気の合った男女が結ばれる聖なる夜ともなった。古代的に発想すると男と女が結ばれ、生命が増えるのが、歌掛けの原点であったと考えられる。

稲魂様を呼び寄せ稲を結実させる。稲魂様を迎える「生れ稲がなし」の時期はアダネといい、集落では歌舞などは禁止されて、稲の受精の妨げをしないように静かに過ごすのである。

年中行事以外の歌掛けもあった。娘さん達が芭蕉の糸紡ぎするために、夜になると集落の浜に集って来た。タイマツを燈して仕事にかかるころ、若い男性達が歌遊びをして慰め助けてあげようとトギに集って来て、歌掛けが盛んに行われた。

歌を掛け合っているうちに情がうつり、お目当ての人と結婚まで発展した場合も多いのである。つまり若者たちの出会いの場でもあった。各集落には男女の遊び所としての集会場があり、精神面でも深く繋がり、孤立しないように機能していた。

四本アイ子氏（伊仙町馬根）

夜道から三味線を弾きながら、歌うシマ唄が聞こえてくる。その音色を合図に集落の小高い丘の大木の下に人々が集まってきて、歌掛けが行われた。また、毎晩のようにどちらかの家で行われる場合もあり、集落の楽しみであった。

町田進氏（徳之島町井之川）

かつては、メラベ達（娘）が浜で糸紡ぎをしていたので、ニセ（青年）達がトギに集まり、ニセ（青年）

とメラベが歌掛けを行った。夜の浜は、男女の出会いの場でもあった。昼間は農作業の労働で忙しく、夜を楽しみにしていたという。

幸山忠蔵氏（伊仙町目手久）

夜道から三味線と歌声が聞こえると、自然に娘さん達が集落の中心の小高い丘はなさきに集まり、最初は語らいで始まり次第に歌掛けになり、一対一で即興の掛け合いの競争になり、若い人の恋の掛け合いの場となった。

平哲治氏（伊仙町阿権）

歌掛けは、集落の中心にある小高い丘の三角森や広場、または集会所などに若い男女が集って行った。「徳之島一切節」などは即興での恋の歌掛けで、好んで歌われた。意気投合して、その後は家で忍んで逢うようになったケースがある。

三節　あそび歌

奄美の歌
これほどの遊び　組み立ててからや
夜の明けて　太陽《てだ》のあがるまで
琉球の歌
嘉例吉のあそび　うちはれてからや
夜の明けて　日《てだ》のぼるまでも

歌意は、奄美の歌と琉球の歌は共に同じである。これほどまでに楽しく素晴らしい歌遊びを始めたからには、夜が明けて太陽が昇るまで、明かして歌おう、と歌遊びの妙を讃えている。

奄美では一九五〇年初めごろまでは、客人があると、冬は家々の客間にしつらえてある暖のとれるジロ（いろり）を囲んで、夏は涼を求めて浜で輪になって歌遊びが盛んに行われていた（註八）。また、正月七日、九日、十五日の節句の日の夜には、若い男女が集って夜を明かして歌い、恋の場ともなっていた。

奄美の遊び歌

一　女　いもちや　いもちや
　えど　いもちやる
（歌意）いらっしゃい　いらっしゃい。ようこそこられました。

二　男　坐《い》りくばめて
　　三尺のま　あけてたぼれ
（歌意）お座り下さい。ゆったりと自由にどうぞ。

三　女　いもちやる　人ど
　　まことさらめ
（歌意）お出でになられた人は、まごころがある
のです。

四　男　石原踏みきち
　　いもちやる人　ど
　　まこと　さらめ
（歌意）山川を越えて、お見えになられた人は、
まごころがあるからこそです。

五　女　浦越えて　いもちな
　　山越えて　いもちな
（歌意）海をこえていらしたのですか、山を越え
ていらしたのですか。

六　男　うらし声まぜて
　　めづら　顔
（歌意）心のこもった声の歌は、久しぶりです。

七　女　いもちやる人　ど
　　まことさらめ
（歌意）お出でになられた人は、まごころがある
のです。

八　男　石原踏みきち
　　いもちやる人　ど
　　まこと　さらめ
（歌意）山川を越えて、お見えになられた人は、
まごころがあるのです。

九　女　汝《な》きや拝むことや
　　夢やち　ゆむ　見らぬ
（歌意）貴方にお会いできるとは、夢にもおもわ
なかった。

十　男　神の引き合せに
　　汝きやば　おがで

（歌意）神様のお引き合わせで、貴方にお会いできました。

十一　女　拝めばど　知り合ゆり
　　　　　拝まだな知りゆめ

（歌意）会えたからこそ親密なれるのです。会う機会がなければ縁もないのです。

十二　男　知ってから　ど
　　　　　声やかける

（歌意）親密になれたから、つながりも深まったのです。

十三　女　拝まん人も拝がて
　　　　　知り合ゆり

（歌意）お会いしたことのない人も会うと、縁ができます。

十四　男　いのち眺めてをれば
　　　　　拝まん人も
　　　　　拝がて　知りゆり

（歌意）人生を大事に過ごしていると、会ったことのない人に、会えて縁ができます。

十五　男女　あそべ、あそべ、
　　　　　　今《なま》ど　あそばゆり
　　　　　　吾家《わや》の世帯もてば
　　　　　　あそびやならぬ（註九）

（歌意）あそびなさい。あそびなさい。独身のうちは遊ぶことができる。自分が家族を持ったら、遊ぶことはできない（註十）。

（語意）○いもちや・おいでになられた　○えど・ようこそ　○うらし声・心のこもった声　○おがみ・人に会う敬語。

この歌掛けは、老若男女に歌われ、出会いを心から歓迎しているという挨拶歌でもある。

一～八は、来訪者をねぎらい歓待してる主人側の心情が歌われている。九、好感を抱く。十、恋心のめばえ。十一、感激。十二、親密感。十三、恋心を表現。十四、愛の確信。十五、結婚したら他に心を寄せることはないよと、お互いに誓っている。若者の一つの愛の流れが掛けられている恋の出会い歌といえる。

奄美では、かつて、旧正月の十一日あるいは十五日の夜には、集会所や広場、浜で若い男女が集い、恋の歌掛けで踊り歌い、楽しい時を過ごした。これは若い男女が野や山に集って、歌や踊りで一日を楽しく遊ぶ古典文学に見られる「歌垣」と同じような風習である。

四節　恋の歌掛け

一　男　うまんば　歌口ぬ
こまんば　歌口ぬ
たげに　歌口ぬ
でい、しようぶ
つけらつ　けら

（歌意）そちらの歌い手、こちらの歌い手、お互いに歌い手、さあ、歌で勝負つけよう。

二　女　うたは　たかだかと
波のはなの、ごとに
うふにしの、ごとに
あらち　たぼれ　あらちたぼれ

（歌意）歌声は高々と、白波のように、強い北風のように、歌ってください。

三　男　おめ　おなりがねぬ
歌三声聞けば
なかば、飛び　ゆる鳥も
よどで、聞きゆり

（歌意）おもう女性の、歌声をちょっと聞いただけで、ちゅうを飛んでいる鳥も、羽を休めて聞きほれる。

四　女　歌すらば　よう加那
中きらし、するな　なさんな
中きらす、歌や
聞きや、ならぬ

（歌意）歌を始めたら、愛しい人よ。途中で止めるようなことはしない。心を添えてない歌は、聞き苦しいですよ。

五　男　うち鳴らち　珍らしや
夜鳴りする　つづみ
遊《あそ》で　珍らしや
こがね　をなりや

（歌意）打ち鳴らして珍しいのは、夜に響く太鼓の音、遊んで楽しいのは、若く美しい女性たちです。

六　男女　むぞ　だろち　思て
み首《くび》抱きよせて
かんざれ恥かさぬ
よそど　あたる
（歌意）愛しい人だと思って、首を抱きよせたら、大恥をかいた。外の人だったので。

七　女　いめば見ち
餅かさねすかゆる
いめば見ち
五日《いつか》、六日《むゆか》、七日《なぬか》
八日《ようか》、九日《ここぬか》、十日《とおか》
待ちがれすかて来じ
（歌意）夢を見た。私を貰いに来る、夢を見た。五日、六日、七日、八日、九日、十日。十日待ったが嫁取りの口かための品は届かなかった。

八　男　雲よどみどころ
風よどみどころ
吾歌ながれ
ここでとまる
（歌意）雲もゆったりとなった。風も静かになった。自分の歌掛けは、ここで終わる。

九　女　汝《な》きやも　節かわし
吾《わ》きやも　節かわし
夜　さり夜かな
（歌意）あなたたちも調子をかえて、私たちも調子をかえて、夜が明けるまで遊ぼう。

十　男　歌かわせ　歌かわせ
節かわせ　節かわせ
歌ぬ　変れば　節もかわる
（歌意）歌をかえよ、歌をかえよ。調子もかえよ、調子もかえよ。歌がかわれば調子もかわるよ。

十一　女　坐《い》ちゆて　歌すれば
股だるさ　あすが
でい　吾《わ》きや　ほりたてて
踊《おど》て　ともよ
（歌意）坐っていて歌うのは、つまらないことだ。さあ、みんな誘い合って、踊ろうよ。

十二　男　手振れ、ふれ、手振れ
手振ればど、きよらさ
手振り、きよらさ
吾玉久金《わたまくがね》（註十二）

（歌意）手をふれ、ふれ、手をふれ。手を振ると、美しい。なんと美しいこと、私の恋人よ。（註十二）

（語意）○うまんば（そちら）、○こまんば（こちら）、○たげに（お互いに）、○うふにし（強い北風）、○中きらし（途中）、○むぞ（愛しい人）、○いめ（夢）○こがねをなりや（若く美しい女性）、○すかて（持参する）○よどみどころ（ゆったり）、○汝《な》きや（あなたたち）○吾《わ》きや（じぶんたち）、○股だるさ（ふとももがつらい）○坐《い》ちゆて（座っていて）、○きよらさ（美しい）○ほりたてて（誘い合って）、○吾玉久金《わたまくがね》（私の恋人）。

歌の構成。

一、みなさん歌い手ですから、これから歌掛けで勝負しましょう、と音頭をとる。
二、大きな声ではっきりと歌って下さい、と注意事項が告げられ、歌掛けに入る。
三、愛の表現が歌われる。
四、愛しい人への激励。
五、女への賛美。
六、愛の表現。
七、愛しい人のプロポーズを待っている心情が歌われている。
八、歌掛けの雰囲気を変えよう、と声がかかり。
九、みんなで調子を変えて、夜どおし楽しんで遊ぼう、と盛り上がりをみせる。
十、歌の趣向が変わる。
十一、全員で踊りを取り入れ、歌い賑やかになる。
十二、自分の恋人の手踊りの美しさを誉め讃えている様子が歌われている。

この歌掛けでは、ルールが最初に歌われ、次第に恋歌への発展段階へと組み込んで歌い継がれ、その場の男女のよろこびが踊るという雰囲気で恋情を展開している。

めらべ

真白浜に　踊りする女童《めらべ》
いろや白々とまくろかしら

返し歌

西からどいもゆんにゃ　東からど行もゆんにゃ
なきゃが　生れ教えてたぼれ

西からもあらん　東からもあらん
龍郷安脚屋場《たつごうあんきゃば》（地名）ぬ石ぬ穴から（註十三）

五節　感謝の歌掛け

歌掛けは男女の恋の歌が多いが、親への感謝を歌った教訓的な内容の歌もある。

中国貴州省の少数民族トン族の親を敬う歌と、奄美の親を敬う歌は、国境を隔てていても、歌に込められている思いは、内容的には同じであることが知れる。

トン族の「父母を敬う歌」

皆さんは親が産んで育ててくれました
誰一人として木から生まれた人はいません
一滴の牛乳も一粒のご飯も全て母が口で温かくしてくれました
父母の恩は語りきれません
父母を敬い孝行するのが子供の基本です

奄美の「父母を敬う歌」

アンマ（母）がおかげ、大島紬のオサ打ちならたっしゃ
じゅぅ（父）がおかげ、ソロバンてぃじみて読み書きならたっしゃ
てんぬ　むれぶしや　よむば　ゆみなりゅり
おやぬゆしぐとぅや　ゆみやならむ

（歌意）母親のお蔭で大島紬を織れるようになった、父親に読み書きを教えてもらった。天の沢山ある星は数えることもできるが、親に教えて頂いたことは、数えることができないほど多い。

徳之島井之川の「父母を敬う歌」

うやがなし　うかぎぃで　けんげがりふでてぃ
うやがなしくぅとぅだ　しゅしゅんだ　うめな

（歌意）親のお蔭で立派に成長しました。親のことを

決して、粗末にしてはいけないよ、しっかり親孝行を
　しなさいよ。

かつては、歌掛けは島の若い男女にとって最大の楽しみの一つで、昼間の仕事が終えるのを待ちわびて、夜になると集って即興で掛け合った。歌掛けの場での出会いで結ばれるケースが多かったといわれる。

また、集会場などで女性が夜なべ作業をしている所へ、男性がトゥギ（激励）に訪れて、歌遊びをするなどが男女の出会いの場でもあったのである。

中国貴州省・少数民族トン族の「行歌坐夜」も、女性が夜なべをしている所に男性が歌声で忍び寄り、恋に発展する過程が贈答・問答で歌われている。

『南島雑話』の記述にある歌掛け内容は、現在も継承されている節田マンカイに一部分を見る事ができるが、その形式は唱和であり、即興とまではいかない。

往時の徳之島の母間マンカイや伊仙町のキョウダラ、マンカイなどが、『南島雑話』の掛歌に最も似つかわしいといえる。

現在、歌掛けの代表的なものは八月踊りで、集団の歌掛けである。リーダーの打ち出しの歌に従って、対応するシステムがとられ、自分の「歌袋」の中に共通歌詞を納めておくことが重要とされる。

註

一　『南島雑話』参考

二　『奄美民謡註解』から参考

三　『南島歌謡大成Ⅴ奄美篇』より参考

四　『きょらじま・かさん』より参考

五　「ながれうた」を著者が作成

六　文英吉『奄美民謡大観』発行者・文紀雄　一九六五年

七　『詩の起原』より参考

八　坪山律子氏からの聞き取り。「戦後、今里集落ではお客さんが来られるとジロ（火を焚く）を囲んで歌を掛け合って楽しんだものです。ジロの中央には桁からクビ木がかけられ、それにチュカ（やかん）をかけているので何時でもお茶が飲めた。お茶を頂きながら自然に会話が歌掛けになる雰囲気であった」と語っている。

九　『奄美民謡註解』一八四頁　あそび歌

十　歌訳　筆者・三上絢子

十一　『奄美万葉恋歌秘抄』七九頁　かけ歌

十二　歌訳　筆者・三上絢子

十三　龍郷安脚屋場（地域名）出身の牧直が、隣接した笠利集

落に出かけた折に、娘たちが八月踊りを踊る姿に感激して歌ったといわれる。

参考文献

文英吉『奄美民謡大観』発行・文紀雄　一九六六年
辰巳正明『詩の起原』笠間書院　二〇〇〇年
茂野幽考『奄美万葉恋歌秘抄』昭森社　一九六〇年
茂野幽考『奄美民謡註解』奄美社　一九六六年
名越左源太、国分直一・恵良宏校注『南島雑話』一　平凡社　一九八四年
田畑英勝・亀井勝信・外間守善編『南島歌謡大成Ⅴ奄美篇』角川書店
『きょらじま・かさん』名瀬在住大笠利郷友会　一九八九年
日本放送協会編『日本民謡大観（奄美・沖縄）』奄美諸島編　一九九三年
三上絢子「研究ノート」

第三部　古代歌垣の起源

―古代歌謡にみる初期和歌の形成過程―

第七章　古事記に見る歌垣

一節　はじめに

『風土記』『万葉集』『古事記』『日本書紀』『続日本紀』によれば、わが国の古代に行われた行事で、男女が山や集落の丘、浜辺、川辺などに集まって、即興の歌詞で歌を掛け合ったことが見られる。

万葉集は、古墳時代〜奈良時代後期（七世紀前半〜八世紀後半、六二九〜七五九年頃）のおよそ百年間の和歌を集め、全二十巻から成る。その分類は相聞歌（男女が恋を掛け合う歌）、挽歌（死者を悼む歌）、雑歌（それ以外の歌）に分けられ、漢字を利用した万葉仮名による表記である。

リテラシー（読み書き能力）を持たない人々の間でも、口頭で歌が詠まれている。万葉集には恋歌が多いが、男女の互いの掛け合いで、歌を詠むことが伝統でもあった。この和歌より以前の村落共同体の頃（漢字のない頃）は歌謡と呼ばれている。

古代和歌の形成が『古事記』『日本書紀』『風土記』『万葉集』に散見するが、研究史的には文学や歴史学の分野などから論じられている。特に『古事記』の歌謡部分においては、独自の文脈で構築されている点が特質として論じられてきたといえる。

『古事記』は、最古の歴史書で七一二年（和銅五年）、口頭伝承から作成された。文字を用いて書き表されていて、歌謡が多いが民謡や俗謡が物語に取り込まれた可能性があるともいわれている。

須佐之男命の和歌の最初とされる歌

八雲たつ　出雲八重垣　妻ごみに
八重垣作る　その八重垣を

倭建命の歌

倭は国のまほろば　たたなづく青垣
山隠れる　倭し　うるわし。

最古の一大和歌集の『万葉集』は、古墳時代～奈良時代後期（七世紀前半～八世紀後半、六二九～七五九年頃）のおよそ百年間の作品四千五百首以上の和歌を集め、全二十巻から編まれる。

万葉集には、稲作文化を背景として、春に種をまき秋に収穫する季節区分が見られる。春耕秋収を表現して詠まれ、四季の春は、ハナ、即ち先端である。

石ばしる垂水のうえのさ蕨の
萌え出づる春になりにけるかも（志貴皇子　巻八の一四一八）

（歌意）春は水もぬるみ、サワラビが萌え出して厳しい冬から、明るい春の季節を迎えた。その喜びが表現されている。

今日の為と思いて標《し》めし
あしひきの峰《を》の上《へ》の桜
かく咲きにけり（巻一九の四一五一）

（歌意）今日三月三日のためにと思いしるしておいた、あの山の桜がこのように、みごとに咲いたことよ。

植物の花は、農耕民族の春に種をまき秋に収穫する稲作を軸に、自然と共生する神秘性を象徴している。祝い事や願望、教訓など人の思いを託して表現され、生活の中の慶ばしい始まりを意味している。

万葉集の植物は百五十種以上に及んでいる。万葉時代の人々は、春の花の中で第一に桜を愛しんで詠んでいる。桜のサは田の神、つまり稲の神を表現し、クラは神座を示す古語である。桜のハナの咲くようすによって、その年の稲穂の稔りを想定して、田の神を迎える行事が即ち花見で（註二、稲作を中心とした神観念である。

「軽太子と衣通王」について。

本書では、最古の写本である国宝　真福寺本『古事記』を底本として、および『古事記』修訂版・西宮一民編「軽太子と衣通王」と『古事記注釈』「軽太子と衣通王」を用いている。

　本稿では、『古事記』下ッ巻「軽太子と衣通王」の歌謡番号［八三］から［九〇］の道ならぬ男女の恋路の結末を中心に取り上げている歌謡物語が、挽歌としての特徴を古事記がどのように歌曲として展開しているか、歌謡伝承の側面から見ていく。反社会的行為とされた同母兄妹の婚姻という壮絶な恋愛と、皇位継承問題とを重ねて組み込んだ歴史的な素材の記述を、挽歌としての歌垣の断片を分析することによって、その形成と展開の段階過程が読み取れたらと考えている。

　また、南島奄美大島において、長い年月を経ても編纂されることなく、現在も人々に鎮魂歌として歌い継がれている「歌掛け」の代表的な挽歌「長菊女」との類似点や相違点などと対比しつつ、「歌掛け」の形成過程の一端を考察したい。

　文中において、［・・］文字囲は本稿が重点的に問題点としている部分であり、傍線を付けた個所は、その内容箇所としている。

二節　問題の所在

古事記には歌謡伝承の記述が百十二首がある。古事記が歌謡を歌曲とした記述として、歌曲名注記の六番歌「夷振」、三一番歌「思国歌」、三二番歌「片歌」、三九番歌・四〇番歌「酒楽歌」、六三番歌「志都歌の歌返」、七三番歌「本岐歌の片歌」、七四番歌「志都歌の歌返」、七八番歌「志良宣歌」、八〇番歌「夷振の上歌」、八二番歌「宮人振」八五番歌「天田振」、八六番歌「夷振之片下《ひなぶりのかたおろし》」、九〇番歌「読歌」、九五番歌「志都歌」一〇〇〜一〇二番歌「天語歌」、一〇三番歌「宇吉歌」、一〇四番歌「志都歌」、他に三四番歌〜三七番歌「其の歌は天皇の大御葬に歌ふなり」などに、古事記の歌謡物語の展開がみられる。また、日本書紀には、百二十八首の歌謡伝承記述があり、四種の歌曲名がある（註二）。

国宝・真福寺本『古事記』
「軽太子と衣通王」

阿麻陁牟加流乃袁登賣伊多那加婆比登斯理奴倍志波佐
能夜麻能波計能斯多那岐爾那久又歌曰阿麻陁牟加流袁

登賣志多多爾母余理泥弖登富礼加流袁登賣杼母故其軽太子者流於伊爾湯也亦奨流之時歌日阿麻登夫登理母都加比曽多豆賀泥能岐許延牟登岐波和賀那斗波佐泥此三歌者天田振也又歌日意富岐美袁斯麻爾波夫良婆布那阿麻理伊賀弊理許牟鋺和賀多多弥由米許登袁許曽多々美登伊波米和賀都麻波由米此歌者夷振之許下也其衣通王獻歌其歌日那都久佐能阿比泥能波麻能加岐加比爾阿斯布麻須那阿加斯弖杼富礼故後亦不堪恋慕而追往時歌日加牟麻岐美賀由岐気那賀久那理奴夜麻多豆能爾牟加閇袁由都爾波麻多士此云山多豆者是今造木者也故追到之時待壊而歌日許母理久能波都世能夜麻能意富袁爾波波多波理陁弖佐袁袁爾波波多波理陁弖意富袁余斯那加佐陁賣流淤母比豆麻阿波礼都久由美能許夜理母阿豆佐由美多弖理母能知母登理美流意母比豆麻阿波礼又歌日許母理久能波都勢能賀波能加美都勢爾伊久比袁宇知斯毛都勢爾麻久袁宇知伊久比爾波加賀美袁加気麻久比爾波麻多麻袁加気麻多麻那須阿賀母布伊毛加賀美那須賀母布都麻阿理登伊波婆許曽余伊弊須母由加米久爾袁母斯怒波米如此歌即共自死故此二歌者讀歌也。（註三）

『古事記』「軽太子と衣通王」の当該において、歌曲名注記の歌謡番号が記載されている。以下に歌曲名注記の歌謡伝承の箇所を摘記した。

［八五］番歌「天田振」

麻登夫登理母都加比曽多豆賀泥能岐許延牟登岐波和賀那斗波佐泥此三歌者天田振也

［八六］番歌「夷振之片下《ひなぶりのかたおろし》」

此歌者夷振之許下也其衣通王獻歌其歌日那都久佐能阿比泥能波麻能加岐加比爾阿斯布麻須那阿加斯弖杼富礼

［九〇］番歌「讀歌」

又歌日許母理久能波都勢能賀波能加美都勢爾伊久比袁宇知斯毛都勢爾麻久袁宇知伊久比爾波加賀美袁加気麻久比爾波麻多麻袁加気麻多麻那須阿賀母布伊毛加賀美那須賀母布都麻阿理登伊波婆許曽余伊弊須母由加米久爾袁母斯怒波米如此歌即共自死故此二歌者讀歌也。

『古事記』修訂版「軽太子と衣通王」（　）内は『古事記注釈』「軽太子の衣通王」

阿麻陀牟《あまだむ》　加流乃袁登賣《かるのおとめ》
（天飛む《あだむ》　軽《かる》の嬢子《おとめ》）

伊《い》多《た》那《な》加《か》婆《ば》　比《ひ》登《と》斯《し》理《り》奴《ぬ》倍《べ》志《し》
（いた泣かば　人知りぬべし）
波《は》佐《さ》能《の》夜《や》麻《ま》能《の》　波《は》斗《と》能《の》、斯《し》多《た》那《な》岐《き》爾《に》那《な》久《く》
（波佐の山の鳩の下泣きに泣く）［八三］

又歌曰、
阿《あ》麻《ま》陀《だ》牟《む》　加《か》流《る》乃《の》袁《お》登《と》賣《め》
（天飛《あだむ》む　軽《かる》の嬢子《おとめ》）
志《し》多《た》々《た》爾《に》母《も》　余《よ》理《り》泥《ね》弖《て》登《と》富《ほ》礼《れ》
（したたにも寄り寝てとほれ）
加《か》流《る》乃《の》袁《お》登《と》賣《め》杼《ど》母《も》
（加《か》流《る》乃《の》袁《お》登《と》賣《め》ども）［八四］

故《かれ》、其軽太子者《そのかるのひつぎのみこは》、流於伊余湯也《いよのゆにながしまつりき》。亦将流《またながさいたまはむとせし》之時《ときに》、歌曰《うたいたまひしく》
阿《あ》麻《ま》登《と》夫《ぶ》　登《と》理《り》母《も》都《つ》加《か》比《ひ》曽《そ》
（天飛《あだむ》ぶ　鳥も使ぞ）
多《た》豆《ず》賀《が》泥《ね》能《の》　岐《き》許《こ》延《え》牟《む》登《と》岐《き》波《わ》
（鶴《たず》が音《ね》の　聞えむ時は）
和《わ》賀《が》那《な》斗《と》波《は》佐《さ》泥《ね》
（我が名問はさね）［八五］

此三《このみつの》　歌者《うたは》、天田振也《あまたぶりぞ》。　又歌曰《うたひたまひしく》
意《お》富《ほ》岐《き》美《み》袁《を》　斯《し》麻《ま》爾《に》波《は》夫《ぶ》良《ら》婆《ばばあ》
（王《おほきみ》を　島に放《はぶ》らば）

不《ふ》那《な》阿《あ》麻《ま》理《り》　伊《い》賀《か》弊《へ》理《り》許《こ》牟《む》叙《ぞ》
（船余《ふなあま》り　い帰《がへ》り来むぞ）
和《わ》賀《が》多《た》々《た》弥《み》由《ゆ》米《め》。許《こ》登《と》袁《を》許《こ》曽《そ》
（我が畳はゆめ　言《こと》をこそ）
多《た》々《た》美《み》登《と》伊《い》波《は》米《め》（畳と言はめ）［八六］

此歌者《このうたは》、夷振之片下《ひなぶりのかたおろし》也《ぞ》。其衣通王《そのそとほりのおほきみ》、献歌《うたをたてまつりき》。
其歌《そのうたに》曰《いひしく》
那《な》都《つ》久《く》佐《さ》能《の》　阿《あ》比《ひ》泥《め》能《の》波《は》麻《ま》能《の》
（夏草の　あひねの浜の）
加《か》岐《き》加《か》比《ひ》爾《に》　阿《あ》斯《し》布《ふ》麻《ま》須《す》那《な》
（蠣貝《かきがい》に足踏ますな）
阿加斯弖一抒富礼
（明かしてとほれ）［八七］

故《かれ》、後亦《のちにまた》不堪恋慕而《こひしのひあべずて》、追往時《おひゆきまししときに》、歌曰《うたいたまひしく》
君《き》美《み》賀《が》由《ゆ》岐《き》　気《け》那《な》賀《が》久《く》那《な》理《り》奴《ぬ》（君が往き　日《け》長くなりぬ）
夜《や》麻《ま》多《た》豆《ず》能《の》　牟《む》加《か》閉《へ》袁《を》由《ゆ》加《か》牟《む》（山たづの　迎はを行かむ）
麻《ま》都《つ》爾《に》波《は》麻《ま》多《た》士《じ》（待つには待たじ）［八八］

故《かれ》、追到《おひいたりましし》之時《ときに》、待懐而《まちおもひて》歌曰《うたひたまひしく》
許《こ》母《も》理《り》久《く》能《の》　波《は》都《つ》世《せ》能《の》夜《や》麻《ま》能《の》

(隠り国の　泊瀬の山の)
意富袁爾波《おほをには》　波多波理陁弖《はたはりだて》
(大峰には　幡張り立て)
佐袁袁爾波《さををには》　波多波理陁弖《はたはりだて》
(さ小峰には　幡張り立て)
意富袁余斯《おほをよし》　那加佐陁賣流《ながさだめる》
(おほをにし　なかさだめる)
淤母比豆麻阿波礼《おもいずまあはれ》
(思ひ妻あはれ)
都久由美能《つくゆみの》　許夜流許夜理母《こやるこやりも》
(槻弓の　臥やる臥やりも)
阿豆佐由美《あずさゆみ》　多弖理多弖理母《たてりたてりも》
(梓弓の　起てり起てり)
能知母登理美流《のちもとりみる》　意母比豆麻阿波礼《おもひずまあわれ》
(後も取り見る　思い妻あはれ)［八九］
又歌曰《うたひたましく》、
許母理久能《こもりくの》　波都勢能賀波能
(隠り国の　泊瀬の河の)
加美都勢爾《かみつせに》　伊久比袁宇知《いくひをうち》
(上つ瀬に　斎杙を打ち)
斯毛都勢爾《しもつせに》　麻久比袁宇知《まくひをうち》
(下つ瀬に　真杙を打ち)
伊久比爾波《いくひには》　加賀美袁加気《かがみをかけ》
(斎杙には　鏡を懸け)
麻久比爾波《まくひには》　麻多麻袁加気《またまをかけ》
(真杙には　真玉を懸け)
麻多麻那須《またまなす》　阿賀母布伊毛《あがもふいも》
(真玉如す　吾が思ふ妹)
加賀美那須《かがみなす》　阿賀母布都麻《あがもふつま》
(鏡如す　吾が思ふ妻)
阿理登伊波婆許曽爾《ありといはばこそに》
(ありと言わばこそに)
伊弊爾母由加米《いえにもゆかめ》
(家にも行かめ)
久爾袁母斯怒波米《くにをもしのはめ》
(国をも偲はめ)［九〇］
如《か》此歌《くうたいて》、即共《すなはちともに》自死《みづからしにたまひき》。故《かれ》、此二《このふたつの》歌者《うたは》、読歌也《よみうたぞ》。(註四)

土橋寛氏の考察の歌詞と所伝によると、「在りと言はばこそに　家にも行かめ国をも偲はめ」の句が、「所伝のような状況においては変で、軽太子が故郷大和にいる衣通郎女の死を聞いて悲しんだ歌としてふさわしい、軽太子と衣通郎女がかつて大和にいた頃、泊瀬の川で毎年タマフリの祓をして健康と幸福を祈ったのに、今はその甲斐もなく妻は死んでしまった。自分はもう家に帰る気持ちも、大和への望郷の思いも、全くなくなってしまったという気持ちになる」（註五）

土橋寛氏の論のように受け止めるとしたら歌詞と所伝の「如此《かく》歌《うたいて》、即共《すなはちともに》自死《みづからしにたまひき》。故《かれ》、此二《このふたつの》歌者《うたは》、讀歌也《よみうたぞ》。」の特に「即共《すなわちともに》自死《みづからしにたまひき》」に矛盾点が見られないだろうか。そこを問題点として強いて考察をすると、あくまでも作品を物語の歌として捉え、歌垣の断片が物語の中の歌として構想から組み立てられていると考えられる。この点は次の『万葉集』と『古事記』の類似した相聞歌からも、共通点が読み取れるのである。

三節　『万葉集』と『古事記』の共通点

『万葉集』に磐姫皇后、天皇を思ひて作らす歌四首の中の一首相聞歌

君之行　気長成奴　山多都祢　迎加将行　待爾可将待

［巻二・八五］

（君が行き　日長くなりぬ　山尋ね　迎えか行かむ　待ちにか待たむ）

『古事記』の「軽太子と衣通王」

君《き》美《み》賀《が》由《ゆ》岐《き》　気《け》那《な》賀《が》久《く》那《な》理《り》奴《ぬ》。夜《や》麻《ま》多《た》豆《ず》能《の》　牟《む》加《か》閉《へ》袁《を》由《ゆ》加《か》牟《む》。麻《ま》都《つ》爾《に》波《は》麻《ま》多《た》士《じ》

［八八］

（君が往き　日《け》長くなりぬ　山たずの　迎へを行かむ　待つには待たじ）

この点をキーワードとして、歌がどのように形成されてきたかを思考すると、例えば市などの歌垣において、人々の潜在的な心情が豊かに表現された歌は共感をもたらし、後に他の歌物語などの歌として、組み込まれる可能性はある。つまり、共通歌詞として用いられる場合がありうるということである。このことは、作風にも共通点が知られ、土橋寛氏が次の歌について述べている点においても伺えるのである。

『万葉集』柿本朝臣人麿の「妻死《つまみさかり》し後　泣血《いきち》哀慟《かなし》みて作れる歌」

打蟬等　念之時爾　取持而　吾二人見之　走出之

堤爾立有　槻木之　己知碁知乃枝之　春葉之　茂之如
久　念有之　妹者雖有　憑有之　児等爾者雖有　世間
乎　背之不得者・・・［巻二・二一〇］
（うつせみと　思いし時に　取り持ちて　我が二人見
し　走り出の　堤に立てる　槻の木の　こちごちの枝
の　春の葉の　茂きが如く　思へりし　妹にはあれど
たのめりし　児らにはあれど　世の中を　背きし得ね
ば・・・）

とくらべてみると、発想のしかたは瓜二つといってよいほどよく似ている。

以上の理由から土橋寛氏はこの歌を挽歌と認めたいと述べ、しかし軽太子と衣通郎女の物語としての挽歌であり、だが、一般な独立の挽歌を軽太子と衣通郎女の物語に結び付けたのではない。

それは「在りと言はばこそに　家にも行かめ国をも偲はめ」の歌詞は異郷にいて故郷の妻の死を聞いて、生きる気力を失くした心情であり、妻の後追い自殺行為の性質である。

世の中を　背きし得ねば・・・を人麿や『万葉』の歌人が、妻の死を「世の中を背きし得ぬ」こととして肯定的に受け入れ、悲しみにくれるという日常的な行動圏の中に留まっているのと、全く異なると述べている（註六）。

土橋寛氏は、『古事記』のこの作品歌の「軽太子と衣通王」が、伊予の国の流罪地で即共《すなはちともに》自死《みづからしにたまひき》という設定の問題点と、また、『万葉集』柿本朝臣人麿の「妻死《つまみさかり》し後泣血《いきち》ち哀慟《かなし》みて作れる歌」を取り上げ、全く異なると指摘しているが、この物語の衣通郎女としている人物は、歌垣の場の乙女であろうとも考えられる。そこで、物語の歌として登場人物の設定を変えて、数多くの共通歌詞の存在があるとしたら、物語の歌としての流れが可能になる。それ故に、事柄に複雑な部分が表現される箇所が見受けられるであろうが、そこが歌の表現であるといえないだろうか。

「軽太子と衣通王」の歌物語の政略的な皇位継承問題や反社会的行為とされた同母兄妹婚姻という壮絶な恋愛とを重ねてこそ、作品としての評価も高まるであろう。

登場する衣通郎女は、美しさが衣の外にあふれるような妖艶さであったといわれ、物語の歌として古事記に組み込まれたものであると考えられる。

土橋寛氏は「歌の生態」を掲げて、「歌謡」（民謡・芸謡・宮廷歌謡）が叙情詩としての和歌と異なる点を次のように述べられている。

ここで歌の生態というのは、歌が歌われる場、歌い手と聞き手との関係、歌の目的・機能の三つを総合した歌の社会的なあり方をいうのであって、歌において「生態」という概念が成立しうるのは、右の三つが密接な相関関係を持っているからである（註七）。

更に、土橋寛氏は物語歌の特徴を次のように掲げている。

第一に所伝と歌詞とが完全に一致していること。
第二に叙情的性格が比較的著しいこと。
第三に物語中の人物の名が歌詞の中に詠まれていること。
第四にいわゆる自称敬語が用いられていること、などをあげることができるが、それはいずれも、物語述作者の創作であることからくる特徴にほかならない。

と述べられている。

この時代の文学に共通歌詞が存在し、多くの作品に用いられていたのではないかと考えられるが、共通歌詞から歌い継いだとした場合には、土橋寛氏の物語歌の条件にかみ合うとは、限らないのではと考えられるのである。

例えば、南島奄美大島の場合は琉球の「おもろ」や「日本の諸々の古典」などのように、記録や編纂という手続きを経たという形跡は全く存在しないのである。それだけに、古典歌謡が口承によって事実が史実として、現在も多くの歌詞が歌曲として歌い継がれているのである。そこには、数百の共通歌詞が存在し歌曲によって、基本の歌曲を重視しながら、自由に、その場にふさわしい歌詞が組み込まれる形式が取られている。

四節　南島奄美大島の挽歌

南島奄美大島に、『古事記』下ッ巻「軽太子と衣通王」の歌謡「軽太子と衣通王」と、内容的に共通した部分を見ることのできる歌がある。特に「即共《すなはちともに》自死《みづからしにたまひき》」に類似点があり、奄美においては、悲恋の代表的な事実が史実として、歌掛けで「長菊女節」に挽歌として歌い継がれている。

この歌謡の内容は、およそ百年ほど前に奄美大島に隣接した加計呂麻島の於斎地域での出来事である。活国という青年と長菊女という乙女の相思相愛の恋物語で、家柄の違いで長菊女は親の勧めで隣村の諸鈍の男と婚約をした。深い悲しみの活国青年は長菊女の畠作業場を訪れて、脇差で共に心中を果たし許されぬ恋の結末をしたのである。その時に近場の畠に居合わせたお婆さんに命の果てる際に水を求めている。
　この場に立ち会った第三者の証言から衝撃の一部始終が島中に伝え広がり、今でも時空を超えて鎮魂歌として受け止められている。
　以下に記す。なお、
一、シマ唄は現代文によって、適宜な言語で補ってある。
二、人名・地名は「　」で表記。
三、植物名は（　）で表記。
四、方言は傍線で表記。
五、奄美のシマ唄は、主に八八八六調だが、この歌は
　五七五調形式である。

長菊女節

一　男「長菊女」だがちが行《い》もゆる　長菊女
　　女（ガッキョ）打ちが「伊子茂《いきょも》」ぬ股かち
　　　ガッキョ打ちが
（歌意）男　長菊女よ、どちらにお出かけになるのですか。女　伊子茂《いきょも》の畑に、ラッキョを採りに行くところです。
（語訳）だがち（どちらへ）、ガッキョ（ラッキョ・作物）股（畑）、ぬ（の）

二　御婆《ばっけぇ》「活国」やくむぃ　だがちが行《い》もゆる
　　　活国やくむぃ
　　男　一道なりが　愛しゃる長菊女とぅ
　　　一道なりが
（歌意）御婆《ばっけぇ》　活国お兄さん　どちらにお出かけですか。男　愛しい長菊女と一緒になるために、長菊女のいる畠にいくのです。
（語訳）御婆《ばっけぇ》（御婆さん・姐さん）、活国（人名）、やくむぃ（男性に対する敬称）、一道（心中・死）、なりが（・・するため）

―中略―

三　男　御婆ぐゎ　水くでぃ飲ますぃ　御婆ぐゎ
　　　有ろが御婆（テイバンかしゃ）（ヤバンかしゃ）
　　　有ろが御婆ぐゎ
　　御婆《ばっけぇ》　走《は》り川水《こみでぃ》　長菊女が飲《ぬ》だる水
　　　走り川水《こみでぃ》　溜り水　活国が飲だる水
　　　溜り水
（歌意）男　御婆さん水をくんで飲ませて、テイバンかしゃでくんで。御婆《ばっけぇ》　死に水に長菊女が飲

んだ水は、早川の澄んだ水で、活国が飲んだ水は、
くぼ地に溜まった泥水（註八）。
（語訳）かしゃ（植物名・芭蕉やゲットウの葉などの総称）、テイバンかしゃ（つわぶきの葉）、ヤバンかしゃ（野生のクワズ芋の葉）、走《は》り川水《こみでぃ》（すんだきれいな水）、溜り水（くぼ地に溜まる泥水）。

五節　初期和歌の形成過程

　歌の形成時期は何時であろうか、誰もが考える事であるが、一言に対応が困難な問題である。「古事記」の研究者である青木周平氏は、歌の形成時期に関して、

　押し照るや　出て立ちて　我が国見れば
　淡島　淤能碁呂島
　濱榔の島も見ゆ　離けつ島見ゆ

　右の歌が古事記・仁徳天皇条の国見歌である。—中略—　国見は実在島というより、神話の体系化の中の位置づけられた（神話的島）とみるのがふさわしいことである（註九）。


と記述している。

　国見とは儀礼的な国を作りあらためる、神話的原古の表現であったことが知れる。南島奄美において、祭祀の祝詞がシマ唄の原点であるといわれ、その詞が歌曲の歌詞として、現在も歌い継がれている。その歌詞はシマに神を迎え祀り、シマを清め、五穀豊穣を祈願し感謝する祭りの歌等にあり、その歌の歌われる行事は、国指定の無形民俗文化財で貴重な伝統文化である。

六節　むすび

　歌は、これまでみてきたような段階を経て形成されてきたが、ある段階で編纂されたものもある。

「軽太子と衣通王」は、歴史的に「皇位継承問題」と壮絶な男女の恋物語によって成立し、その中には社会背景を読み取ることができ、逆にその面が「軽太子と衣通王」の歌に言い知れない人間性を含ませ、時空を超えて共感をもたらしている。

　古事記の特徴は、物語が歌を軸にして展開されている点において歌垣の断片が読み取れることである。物語の歌として捉えると、この歌は古事記の中の名作であると考えられる。

古事記の物語のこの歌は、衣通郎女が軽太子の後を追って、伊予の国の流罪地に行き、その後に共に自殺したことになっている。この軽太子の歌としての設定には矛盾点がみられる。

この物語の衣通郎女としている人物は、歌垣の場の乙女であろうと考えられ、政略的な側面から軽太子は伊予の国へ流罪となり、衣通郎女と設定された乙女は悲しみにうちひしがれて死を選択し、それを伝え聞いて打ちひしがれた軽太子がこの成り行きを詠み、心をいためて後追い自殺をしたのであろう。

もともと歌垣で相思相愛になった乙女が、軽太子の伊予の国の流罪地に訪れることは、不可能な設定であろうし、物語としてならば成立できる可能性は残されているのであるが、それ故に一連の流れに独立した、歌の結びつけがみられてならないのである。

註

一 『万葉の花』三二頁、「田の神を迎える行事が「花見」なのである。近畿以西には、三月上巳の節供またはその翌日に「花見」を行うところが多く、東国では、卯月八日を「花見」の日とするところが多い。期日の開きは風土の違いによるが、花見の日が定められているということは、これが重要な年中行事であったことを物語る。」と記述している。

二 国宝・新福寺本『古事記』の本文の引用は、適宜、新字に改めた箇所がある。

三 『古事記　修訂版』西宮一民編（おうふう、平成十二年）の本文の引用は、適宜、新字に改めた箇所がある。

四 『古事記注釈』第四巻　西郷信綱著による。

五 『古代歌謡全注釈』古事記編　土橋寛著による。

六 前掲による。

七 『古代歌謡全注釈』古事記編　序の二から参考

八 奄美の悲恋伝説の歌としては、①「長菊女節」②「かんつめ節」③「塩道長浜節」などが代表的で、男女の死を招いた悲恋の事実伝説が歌掛けで歌われている。これらの歌を歌う時は心の中で「とうとがなし」と冥福を祈り、情景に想いをはせて唄われている。

九 青木周平編著『古事記研究―歌と神話の文学的表現―』第二「歌謡と説話」三章「淡島と淤能碁呂島」の一前提の歌を参考、結びの結論を参考。

参考文献

小島憲之解説『古事記』国宝・真福寺本
西宮一民編『古事記』修訂版
西郷信綱『古事記注釈』第四巻
青木周平編著『古事記研究―歌と神話の文学的表現―』
土橋寛『古代歌謡全注釈』古事記編
土橋寛『古代歌謡全注釈』日本書紀編
次田潤『古事記新講』
青木周平編著『古事記がわかる辞典』
『古事記』日本古典文学全集1
桜井満『万葉の花』雄山閣　一九八四年
三上絢子「研究ノート」

第八章　古代の歌

一節　歌垣の起源

天平六年二月、奈良平城京の朱雀門前広場で貴族も民衆も交わり「歌垣」が行われた記録がある。また、古代の歌垣の名所として、摂津（大阪府）歌垣山、筑波山、肥前（佐賀県・白石町）杵島山が知られている。

現在では、秋田県の一部の地域で、神社に奉納の目的で「掛け歌」が行われている。

奄美では「歌掛け」文化は現存しており、これは古代の日本列島及び琉球、アジア周辺の世界とも共通する文化である。奄美のシマ唄は、奄美の先人から伝承されてきたものので、歌の掛け合いが基本で、上の句に下の句を掛けて歌う構造である。この上の句と下の句が対応する歌の形式を、中国少数民族では、「対歌」と呼んでいる。

奄美の「歌掛け」は、集団（奄美の八月踊り歌）で歌われるような場合と、一対一の場合などがあり、男女の掛け合いが多い。他所から歌の上手な人がきて参加したときなどは、男女に限らず、複数（三人以上）で歌掛けを行うなど、自由で広がりをもつシステムである。

即興によって互いに歌を掛け合うというのみでなく、人々の労働と生活の歌として、活力の源として生きる力を与え、シマの人達の深いつながりをつくってきた。

「歌掛け」は、明るく即興の歌詞とリズムで歌われ、共同体のコミュニケーションの場として機能してきた。

シマ唄の原点である奄美の「歌掛け」は、現在の日本では失われた、基層文化の面影が色濃く残る貴重な文化として伝えられ、民間歌謡形成史の上でも重要である。

東アジアのトン族は、湖南、貴州、広西と隣接する地区と湖北省の西南一帯に分布し、人口約二百六十万人の内、貴州省に居住している人口が最も多い。

トン族の歌の種類は、「万物の起源」、「人類の繁殖」、先祖の移動内容を歌った「古歌」、二つの村同士が集団的な親睦活動に歌う「礼俗歌」、人物と物語の内容を歌う「叙事歌」、青年男女が集い歌う「情歌」に区別できる。

貴州トン族の歌唱文化を考察する場合、次のことが前提になる。「貴州のトン族は中原の漢族文化の影響を受けた時間と影響の違いによって、二つの方言地区、つまり南部方言と北部方言地区に分れている」(註一)。

北部トン族の歌曲は、ゆっくりしていて声が高くリズム感が強く、特に「玩山歌」は現地の漢族の民間歌謡と密接に関わっている。これは民族が互いに、交流した結果であるといえる。

南部トン族は、歌の種類によってその歌い方と歌う場所とを決める。「大歌」は主に新年や祭日の時にトン族村の鼓楼の中で歌い、「小琵琶歌」は主に青年男女が「行歌坐夜」の時に歌い、「欄路歌」は、主にお客を迎える時に歌う。「酒歌」は、主に酒席や宴会で歌い、「踩堂歌」は、主に集団で歌舞を行う時に歌う。「上山歌」「河歌」「木葉歌」は、主に青年男女が山に行って労働をする時に歌う(註二)。

トン族は、歌で愛情、友情を伝え、人の教育をし、歴史を述べ、また、社会秩序を維持している。また、歌は自然界の動物の鳴き声、雄鳥は高音、雌鳥は低音の音感を歌に影響させている。歌の九割以上が恋の歌で、形式は男性の歌と女性の歌、男女の掛け合いの歌である。

トン族の歌と奄美の歌

「大歌」は、新年や祭日の時に歌う。奄美でも年中行事の八月踊りでは、豊穣感謝と翌年の豊穣祈願を歌った歌がある。

「小琵琶歌」は、女性たちが「行歌坐夜」に集まって、夜なべ作業をしているところに、青年たちが小琵琶を持ってよとぎに訪れ、ゆったりした雰囲気の中で、青年男女が夜が明けるまで歌を掛け合う場で歌われる。

「小琵琶」は「小さなバイオリンのような、三味線に似た弦楽器」。

かつて、奄美でも若い女性たちが夜なべ仕事をしているところに、青年たちが三味線を抱えて毎晩のようにとぎに集まり、「歌掛け」では恋の歌が展開された。若い男女の交際の機会となり、これが縁で結婚するケースもあった(註三）。

「欄路歌」は、客迎えに歌う。奄美では、客迎え歌に「あさばな節」が歌われる。

「酒歌」は、酒席や宴会で歌う。奄美では、数多いシマ唄の中から席に合わせて自由に歌う。

「踩堂歌」は、集団で歌舞を行う時に歌う。奄美では、年中行事の祭りの時に「歌掛け」で歌い、各集落ごとに歌も踊りの形式も異なり特徴がある。

「上山歌」「河歌」「木葉歌」は、労働をする時に歌う。奄美では、「労働歌」「仕事歌」「イトゥ」と呼ばれ、農作業の能率を上げるための激励の掛け声として用いられている。航海の安全を祈る歌もある。

トン族の歌と奄美の歌の比較対照

①「大歌」
類似点、新年や祭日の時に歌う。
相違点、トン族は屋内で行う。奄美は、主に祭りは屋外で行う。

②「小琵琶歌」
類似点　よときに訪れ歌を掛け合う、楽器を持参している。
相違点　トン族は「小琵琶歌」という決められた歌がある。奄美の場合は、自然体で自由に歌が選択できる。

③「欄路歌」
類似点　客迎えに歌う。
相違点　奄美では、一部の地域を除いて、最初に「あさばな節」が歌われる。

④「酒歌」
類似点　酒席や宴会で歌う。
相違点　奄美では、酒席や宴会では席に相応しい歌を自由に選択する。

⑤「踩堂歌」
類似点　集団で歌舞。
相違点　集団で歌いながら踊る年中行事は、打ち出しは儀礼的な歌詞だが、各集落によって自由な歌詞で掛け合われる。

⑥「上山歌」「河歌」「木葉歌」
類似点　労働をする時に歌う。
相違点　奄美では、歌詞のある場合と、チームワークをとるための掛け声のみでリズムを取る場合などがある。特に相違点として、トン族の場合、「小琵琶」という小さなバイオリンのような弦楽器を用いる場合があるが、大多数の歌が音声のみである。

奄美の場合は、集団の八月踊り歌は主に太鼓を用いるが、シマ唄には三味線が用いられ、曲によっては太鼓も加わる。

トン族大歌

人不唱歌、廃年華、
（人が歌を歌わないと、人生を無駄に過ごすでしょう）
年登三十過后、犹如樹変枯黄
（三十を過ぎたら、まるで木の葉が枯れるようです）
想到今生、真是没多久、
（残りの人生を考えれば、もうあまり多く残っていません）
回想当年、驚詫已経成老娘・・・
（過去を思い出して、またすでにおばさんになっていることに驚きました）（註四）

トン族の人々は歌で心を養い、歌で愛を伝え、歌で歴史を述べ、歌で人を教育してきた。代々伝えられてきて、代々伝わっていく（註五）。

小琵琶歌

姑娘開門哪
（娘さんたちよ門を開けて下さい）
一年只有一個春天
（一年に春は一回だけであり）
一月只有一次月園
（一月に満月は一回だけであり）
一天只有一個晩上
（一日に夜は一回だけであり）
快些開門讓我門進屋相見
（早く門を開けて私たちを部屋に入れて下さい）（註六）

トン族の伝統歌謡を伝承する際の特徴は、大歌伝承重要方式として、子供は歌を歌う前に七、八年は聞く経験を積み重ねる。

次に歌詞を教え、次にメロディーを教える。歩調を教え、高音は他の声に従わないように、低音は音量をコントロールして、高音を押さえないように教える。口で伝え、心で教え、歌の手順を教える（註七）。

二節　『古事記』にみる歌垣

『古事記』清寧天皇記

かれ天の下治らしめさむとせし間に、平群の臣が祖、名は志毘《しび》の臣、歌垣に立ちて、その　をけの命の婚《よば》はむとする美人の手を取りつ。その嬢子は、菟田の首等が女、名は大魚《おふを》といへり。ここに　をけの命も歌垣に立たしき。ここに志毘《しび》の臣歌ひて曰ひしく、

大宮の　をとつ端手《はたで》　隅傾けり（歌謡番号一〇六）

かく歌ひて、その歌の末を乞ふ時に、をけの命歌ひたまひしく、

大巧　拙劣《をじな》みこそ　隅傾けれ（歌謡番号一〇七）

ここに志毘《しび》の臣、また歌ひて曰ひしく、

大君の　心ゆらみ　臣の子の　八重の紫垣　入り立たずあり（歌謡番号一〇八）

ここに王子また歌ひたまひしく、

潮瀬の　波折を見れば　遊び来る　鮪《しび》が端手《はたで》に　妻立てり見ゆ（歌謡番号一〇九）

ここに志毘《しび》の臣、いよいよ怒りて歌ひて曰ひしく、

大君の　王の紫垣　八節《やふじま》結りもとほし　戯れむ紫垣焼けむ紫垣（歌謡番号一一〇）

ここに王子また歌ひたまひしく、

大魚よし　鮪《しび》衝く海人よ　其があれば　うら恋しけむ鮪《しび》衝く鮪《しび》（歌謡番号一一一）

かく歌ひて、闘ひ明かして、おのもおのも退りましつ（註八）。

三節　『日本書紀』にみる歌垣

『日本書紀』武烈天皇記

潮瀬の　波折を見れば　遊び来る　鮪《しび》が端手《はたで》に　妻立てり見ゆ

鮪《しび》、答歌して曰はく、

臣の子の　八重や韓垣　ゆるせとや御子

太子歌ひて曰はく、
大太刀を　垂れ傾き立ちて　抜かずとも　末果しても
会はむとぞ思ふ
鮪《しび》臣、答歌して曰はく、
大君の　八重の組垣　懸かめども　汝を編ましじみ
懸かぬ組垣
太子歌ひて曰はく、
臣の子の　八重紫垣　下動み　地が震り来ば　破れむ
紫垣
太子、影媛に歌を贈りて日はく、
琴頭に　来居る影媛　玉ならば　吾が欲る玉の　白珠
鮪《しび》臣、影媛が為に答歌して曰はく、
大君の　御帯の倭文服　結び垂れ　誰やし人も　祖思
はなくに
太子、甫めて鮪《しび》が会に影媛を得てたることを知りぬ（註九）。

四節　『風土記』の歌垣

風土記は、元名天皇の七一三年（和銅六）中央官命により選録された報告書とされ、官命の内容は、郡郷名、産物、地味、地名の起源、古老からの旧聞異事などである。この発令は、『古事記』の成立の翌年で、『日本書記』の七年前である。

風土記は、元明天皇の詔《みことのり》によって、編纂が命ぜられ、令規定の上申文書解文で報告されている。

歌の掛合い、歌のことばの呪的信仰に立つ男女の唱和、歌争いが歌垣の原義とされる。東国方言カガイも同義か。歌掛けのカケは、なぞかけのカケと同意であろう。

〈歌垣〉（「古事記」清寧天皇条）、〈歌場〉（『日本書紀』武烈天皇条）と字をあてるのは、男女相囲む形や場を意識するためか。『文選』でカガイに〈刊歌〉をあてるのは、その踊り歌う意によるものである。

春秋、一定の時期・場所に、村々から盆踊りに集まるように、老若男女相会して飲食・歌舞し、性を解放した行事である。

初めは春の国見と相関したともいわれるが、豊作の予祝や感謝と結ばれた神観念を内包した歓楽であったといえるだろう。

歌垣場所は、山の高み、野、水辺、また言霊《ことだま》の行きあう衢《ちまた》の市の広場など、とくに常陸筑波山・童子女《うない》松原（『常陸国風土記』）、肥前杵島《きしま》岳（『肥前国風土記』）、大和海石榴《つばいち》市（『万葉集』巻十二。現・桜井市）、軽市《かるのいち》（『古事記』允恭天皇条。現・橿原市）などが知られ、歌垣山の名も『摂津国風土記』に残る。筑波山は、その歌垣の場の最も古く、最も著名な場のひとつであった。

奈良時代中期からは唐の都市の踏歌《とうか》の習俗と混じて宮廷化し芸能化している。

王族・貴族や渡来系の氏族の男女二百三十～二百四十人が二列に相並んで、宮廷風に編曲された古曲を唱和した風流な歌舞も歌垣といい、平城宮で天覧もされ、都市の士女も見て歓を極めたという（『続日本紀』天平六、宝亀一年条）。

一般には「歌垣」は、古代に男女が山や市などに集会し、歌を掛け合い、歌のことばの呪術的信仰に立つ男女の唱和、歌争いが、原義といわれている。

東南アジアから渡来した習俗のひとつと考えられ、中国に住む少数民族「トン族」の間では「大歌」が代表的で、「苗族」の間では「遊方」と言われている歌の掛け合いの儀礼が現代でも残っている。

五節　『常陸国風土記』

『常陸国風土記』は、奈良時代七一三年（和銅六年）に編纂が始められ、七二一年に成立した。現在の茨城県の地誌である。

その内容は、基本的には地域の古老達からの聞き取りを九郡ごとにまとめ、当時の人々の暮らし向きや、地理的な分野などが盛り込まれている。

冒頭文言は、「常陸の国の司《つかさ》、解《げ》す、古老《ふるおきな》相伝える旧聞《ふること》を申す事」からはじまっている。

起源は、『常陸国風土記』によれば、神祖の尊が新嘗祭の夜に子供である富士山を訪ね一夜の宿を請うたが断られ、別の子である筑波山に宿を請うたところ、快く招き入れられ、歓待を受けた。神祖の尊は、これをいたく喜ばれ、「愛しき子の坐す宮は、高くそびえ、日々とともに、人々が集まりことほぎ、飲食（みけ）豊かに、代々絶えること無く、日に日に弥栄え、千代万歳に、遊楽は尽きることがないであろう」と詠われた。

これより後、富士山は常に雪に覆われて登れず、筑波山には人々が行き集い、歌や舞が供され、宴が繰り広げられるようになったとされている。

その起源において、筑波山の歌垣は土俗信仰的な色合いを強く有し、マレビト神である神祖の尊の誓約という「言祝ぎ」を得て、それを慶び讃える人々の儀礼的習俗として催行されていたと考えることができる。

これが、しだいに男女の求婚・求愛の場へと発展していくのだが、筑波山の祭神が夫婦神、豊穣と繁栄をもたらす山の神でもあることを考えると、実に当然のことのようにも思われる。

> 坂より巳東《ひむがし》の男女、春の花の開ける時、秋の葉の黄つる節、携え連なり、飲物を持ち来て、馬にも歩《かち》にも登臨り、遊楽《あそ》び、いこえり（中略）詠える歌もいと多くして、載車《のす》るに勝《た》えず。俗《くにびと》の諺にいわく、筑波嶺の会《つどい》に妻問いの財を得ざれば、児女とせずといえり。

とある。「坂」とは足柄峠のこと。「箱根の関所のこっち」側は、都からみれば異界、この世ではなく「常世」（ニライカナイ）や、根の堅洲国に等しい「坂のあちら側」の世界であり、異文化の開花する「自分たちの領域」とは異なる領域であった。

花の咲く時期、秋の訪れを告げる時期に、男女が酒や食べ物を持ち寄り、筑波山に寄り集って、歌を詠み合い掛け合う、この習俗は同時に農耕や狩猟に対する儀礼の性質も有している。

春には作物の豊穣を願い神に祈りつつ詠い、秋には豊穣・豊作を感謝し神を讃えて詠う。そのうちに、この筑波の歌垣に出て、妻問い（求愛）のひとつもかからないようでは、娘ではないというまでになってくる。

六節　『常陸国風土記』筑波郡

> 筑波の岳は、高く雲に秀で、最頂は、西の峰嶺として、これを雄の神といひて登臨らしめず。ただ、東の峰は四方盤石にして、昇り降り峡屹たれども、その側に流泉ありて冬も夏も絶えず。坂より東の諸国の男女、春は花の開ける時、秋は葉の黄づる節、相携ひつらなり、飲食をもたらし、騎に歩に登臨り、遊楽びいこへり。その唱にいはく、
>
> つくはねに　あはむと　いひしこは　たがこときけば
> か　みねあはずけむや
> つくはねに　いほりて　つまなしに　わがねむよろは
> はやもあけぬかも
>
> 詠ふ歌甚多くして、載車するに勝へず。俗の諺に「筑波峰の会に、つまどひの財を得ざれば、児女とせず」

といへり。

七節　『常陸国風土記』茨城郡

それこの地は、芳菲の嘉辰、揺落の涼候、籠を命じて向ひ、舟に乗りて游く。―中略―　涼しさを追ふ者は、歓然《よろこば》しき意をうごかす。

詠ふ歌にいはく、

たかはまに　きよするなみの　おきつなみ
よすともよらじ　こらにしよらば、

またいはく、

たかはまの　したかぜさやぐ　いもをこひ
つまといはばや　しことめしつも

八節　『常陸国風土記』香島郡

『常陸風土記』には、「嬥歌之会、俗云之宇多我岐、又云加我比也」とある。歌垣といわれ、若い男女が野や山に集って歌や踊りで一日を楽しく遊び、恋が展開されている。

また、乙女と若者が松の木になった話が『常陸国風土記』にある。「童子女（おとめ）の松原」の話である。

その南に童士女の松原あり。古、年若き僮子ありき。俗《くにひと》、神の男《をとこ》・神の女《をとめ》といふ。男《をとこ》を那賀《なか》の寒田《さむた》の郎子《いらつこ》と言ひ、女《をみな》を海上《うみかみ》の安是《あぜ》の郎女《いらつめ》と名付く。共に形端正《きらきら》しく、村里に輝けり。名を相聞きて、願いを同じくし、慎む心失せぬ。月を経、日を重ねて、歌垣の集い　俗《くにひと》、宇多我岐といひ、又、加我毗といふに、邂后《たまさか》に相会へり。

郎子《いらつこ》、歌《うた》ひていひしく、

いやぜるの　安是《あぜ》の小松《こまつ》に　木綿《ゆふ》垂《し》でて
吾《わ》を振《ふ》り見《み》ゆも　安是小島《あぜこしま》はも

嬢子《いらつめ》、報へて歌ひていひしく、

潮《うしを》には　立《た》たむと言《い》へど　汝夫《なせ》の子《こ》が
八十島隠《やそしまがく》り　吾《わ》を見《み》さ走《はし》り

即ち、相語らまく想い、人の知らむことを恐りて、歌垣の庭より避け、松の下に隠りて、手携《たづさ》はり膝を連ね、思いを述べ、憤りを吐く。既に古き恋の積もれる病を解き、また、新しき喜びの頻《しき》りなる咲《ゑまい》を起こす。時に、玉の露杪《つゆこぬれ》にやどる時、秋の風吹《かぜきをふ》きなす⊠《おり》なり。皎々《あきら》けき月の照らすは、鳴く鶴《たづ》が西洲《かえるす》なり。颯々《さや》げる松風の歌う所は、渡る雁《かり》が東岵《ゆくやま》なり。山は静かにして巖《いなほ》の清水降り、夜は寂しくして烟《けぶ》れる霜新なり。

近き山には、自《おのずか》ら紅葉葉《もみぢは》の林に散る色を見、遥《ばる》けき海には、唯青波《ただあおなみ》の磯《いそ》に激《たぎ》つ声を聴くのみなり。今宵此処に、楽しみこれより楽しきはなし。偏《ひと》へに語らひの甘き味《あじわひ》に溺れ、頓《ひたぶる》に夜の明けむことを忘れむ。俄《には》かにして、鶏《とり》鳴き、犬吠えて、空明け日明《あきら》かなり。此処に、僮志等《うなゐたち》、爲《せ》むすべを知らず、遂に人の見むことを恥ぢて、松の木と化成《な》れり。郎子《いらつこ》を奈美松《なみまつ》と言ひ、郎女を古津松《こつまつ》と言ふ。

ここに、なすところ知らず、遂に、松の樹と化成れり。郎子《いらつこ》をなみ松といい、嬢子《いらつめ》をこつ松といふ。古より名を付けて、今に至るまで改めず。

(口語訳)昔、安是《あぜ》の嬢子《いらつめ》という乙女と寒田の郎子という若者がいた。二人は大変美しく、お互いにその噂を聞き、一目逢いたいと思いを募らせていた。ある日、二人は集いで出会い、今までのお互いの思いを夜の明けるのも忘れ語り合った。夜が明けて他人に見られることを恥ずかしく思うあまり、二人は松の木になってしまった。

また、神護景雲年間(七六七~七七〇)の創立と伝わる手子后《てごさき》神社がある。鹿島神宮の祭神タケミカヅチの娘と伝えられる手子比売《てごひめ》命を東方守護の祭神として祀っている。この社を別に、「神遊社」(神の遊びの社)とも言ったという。この物語の主人公の奈美松(青年)、古津松《こつまつ》(女子)を祀ったものだとも伝えられている。

九節　『出雲国風土記』意宇郡

忌部の神戸。郡家の正西二十一里二百六十歩なり。国造、神吉調奏しに、朝廷に参向ふ時、御沐の忌里なり。かれ、忌部といふ。すなはち川の辺に出で湯あり。出で湯のある所、海陸を兼ねたり。よりて男女老いたるも少なきも、或いは道路に駱駅り、或いは海中を洲に沿ひて、日に集ひ市を成し、さかりに燕楽す。一たび濯げばすなわち形容端正しく、再び沐すればすなわち刀の病悉く除ゆ。古より今に至るまで、験を得ずといふことなし。かれ、俗の人、神の湯といふ。

『出雲国風土記』島根県

邑美の冷水。東西北は山にして、並びに嵯峨しく、南は海にしてひろく、中央に潟ありていずみきよし。男も女も老いたるも少きも、時々につどいて、常に燕会する地なり。

十節　『肥前国風土記』

『肥前国風土記』は、奈良時代初期に編纂され、成立年代に郷里制が行政区域に採用され、七三二年の節度使設置以後、七四〇年郷里制廃止以前とする見解もあるが定かではない。肥前国風土記は、現在の佐賀県の栄郡つまり佐嘉《さか》郡《こおり》、小城《おきの》郡、藤津《ふじつの》郡、及び長崎県の風土記である。

肥前国風土記から古代の伝承をたどると、佐賀県白石町の杵島山でこの「歌垣」が行われていたことが記録されている。杵島山には三つの峰があり、それぞれに比古神・比売神・御子神がいるとされる。

周辺の村人は、毎年春と秋の二回、酒を持ち琴を抱いて山へ登り、酒を飲み歌い踊る。その時に歌われている歌のひとつ。

あられふる　杵島岳を　峻しみと　採りかねて　妹が手を取る

（口語訳）杵島岳があまりにも険しいので、草をつかみながら上ろうとしていたが、手が滑ってしまい、思わず恋しい人の手をつかんでしまった。

このような「歌垣」が行われていたことが確認できるのは、常陸国（現在の茨城県）の筑波山（茨城県つくば市）、摂津国の歌垣山（大阪府能勢町）であり、肥前国（現在の佐賀県）白石町杵島山の歌垣とあわせて「日本三大歌垣」と呼ばれている。

十一節　『万葉集』の歌垣

わが国において現存する最古（七世紀前半～八世紀後半、六二九～七五九年頃）の一大歌集である万葉集は、古墳時代から奈良時代後期のおよそ百三十年間に詠まれた約四千五百首の歌から編纂し、二十巻で構成されている。万葉集には恋歌が多く収録されている。

万葉時代の都人にとって、遥か東国の果てであった筑波山が、すでに伝説の山であり、一種の名所となっていたことは確かである。常陸に赴任する機会を得た官人たちは、苦労を厭わず筑波山に登り、その感懐を歌に残している。

筑波山は、茨城県中央部に在る筑波山地の主峰で、山頂は男体山《なんたい》、女体山《にょたい》の二峰にわかれ、関東の名山として尊ばれている。

富士山と並び称されるほどの山で、二上山信仰の霊山でもある。標高は八七七メートルで、遠方の武蔵の国からも眺望ができたとされる。

蒲生野の遊猟

天皇の、蒲生野に遊猟あいたまひし時に、額田王の作れる歌（註十）

あかねさす紫野行き野守は見ずや君が袖振る（巻一・二十）

皇太子の答へませる御歌

紫のにほへる妹を憎くあらば人妻ゆえにわれ恋ひめやも（巻一・二十一）

筑波岳に登りて丹比真人国人がよめる歌

鶏が鳴く　東あづまの国に　高山は　多さはにあれど　二上《ふたがみ》の　貴き山の並み立ちの　見が欲し山と　神世より　人の言ひ継ぎ　国見する　筑波の山を　冬こもり　時じき時と　見ずて行かば　まして恋ほしみ　雪《ゆき》消《げ》する　山道すらを　なづみぞ我あが来る。（巻三の三八二）

（口語訳）東国に高い山はたくさんあるが、なかでも二神の並んで立つ貴い山で、並び立つ様子の見事な山だと、神代から人々が言伝え、そこから国見をする筑波山だが、冬はこもって登山しない時節はずれの時期だからといって、登っても見ないで行き過ぎたなら、いっそう恋しいだろうから、歩きにくい雪解けの山道を行きなやんで苦しみながら、私はいまこの頂上にやって来たのだ。

反歌

筑波嶺を外《よそ》のみ見つつありかねて雪消《ゆきげ》の道をなづみ来るかも。（巻三の三八三）

（口語訳）筑波山をよそから見てはいられなくて、雪解けの道を苦労しながらも頂上まで登って来たのだ。

筑波山に登れる歌

草枕　旅の憂へを　慰なぐさもる　こともありやと　筑波嶺に　登りて見れば　尾花散る　師付しづくの田居に　雁がねも　寒く来鳴きぬ　新治にひはりの　鳥羽の淡海あふみも　秋風に　白波しらなみ立ちぬ　筑波嶺の　よけくを見れば　長き日に　思ひ積み来こし　憂へはやみぬ。（巻九の一七五七）

（口語訳）筑波山に登ってみると、すすきの穂の散る師付の田に、雁も来て寒そうに鳴いている。新治の鳥羽の湖水も秋風に白波が立っている。筑波山のすばらしい景色を見ると、長い間心に思い重ねて来た旅のわびしさは消えてしまった。

反歌

筑波嶺の裾廻《すそみ》の田居に秋田刈る　妹がり遣らむ黄葉《もみち》手折らな（巻九の一七五八）

（口語訳）筑波山の麓の廻りの田で秋田を刈る、あの乙女にやろうと思う黄葉を手折ろう。

土地に根づいた人々にとっては、筑波山は自から別な意味を持っていたのである。生産に追われる日常に、見上げては抒情を託する対象で、恋人の面影に結びつく親しい歌枕として、歌にうたわれたのである。

防人として故郷を遠く離れなければならなかった男たちにとって、痛切な望郷のシンボルであった。

この記録から、筑波山の嬥歌会《かがい》の特徴を纏めると、次の①〜⑦となる。

①神の山で行われること、
②泉の湧く水辺であること、
③春秋二季に行われること、
④範囲は箱根より東の国であること、
⑤飲食物を持参していること、
⑥男女の遊楽であること、
⑦歌が多く歌われたこと、

高橋虫麻呂歌集、筑波山の嬥歌会の歌として、

筑波嶺に登りてかがひをする日に作る歌一首

鷲の住む　筑波の山の　裳羽服津の　その津の上に　率《あども》ひて　おとめおとこの　行き集ひ　かがふ刊歌《かがい》に　人妻に　吾《あ》も交はらむ　吾が妻に　人も言問《ことと》へ　この山を　うしはく神の　昔より　禁めぬわざぞ　今日のみは　めぐしもな見そ　言も咎むな（巻九の一七五九）

（口語訳）筑波山に登って嬥歌会をした日に作った歌一首。鷲の住んでいる筑波山の裳羽服津の、その津の辺に連れだって、若い男女が往き集まり、歌って踊るこの嬥歌会の夜には、人妻におれも交わろう。おれの妻に他人が言い寄ろうともかまわない。この山を治めている筑波の神が昔から禁じていないことなのだ。今日だけは、妻をかわいそうだと思うな。相手の男性をとがめだてするな。

反歌

男《お》の神に　雲立ち上り　時雨ふり　ぬれ通るとも
我還《かえ》らめや（巻九の一七六〇）
この件《くだり》の歌は高橋連蟲麿《たかはしむらじむしまろ》の歌集の中に出でいたり。
（口語訳）男の神のいます男体山に、雲が立ち上って、時雨が降り、びしょぬれになろうとも、一夜の半ばで帰ったりするものか。

歌垣の日は、神の許しを得て人妻との共寝が認められていたことがわかる。虫麻呂の歌には人妻への恋が見られ、これは山の神が禁止しない行事なのだと詠んでいる。
海石榴市《つばいち》には、男女の恋の誕生の場所として相応しい歌がある。

海石榴市の　八十の街《ちまた》に　立ち平し
結びし紐を　解かまく惜しも（巻十二の二九五一）
（口語訳）海石榴市のいくつにも分かれる辻に立って、地面を何度も踏みつけて踊ったときに、結び合った紐を解くのは惜しくてなりません。

男女が旅などに出発し離ればなれになる時に下紐をお互いに結び合わせ、再会した時に解き交わすという習俗があった。
お互いの魂を紐に結びこめて、不変の愛情を誓い、一人で勝手に解くのは、他の相手と関係することを意味していたので、お互いの不貞防止策であったともいわれる。

問答

紫は　灰指すものぞ　海石榴市《つばいち》の　八十の街《ちまた》に　逢へる児や誰（巻十二の三一〇一）
（口語訳）紫は灰をさして作るもの、その灰を作る椿にちなんだ海石榴市の八十のちまたで出会った美しい娘さん、あなたはどなた。

たらちねの　母が呼ぶ名を　申さめど　道行き人を
誰と知りてか（巻十二の三一〇二）
（口語訳）たらちねの母が呼ぶ名を申しあげてもよいのですが、行きずりのあなたのことを、どなたと知った上でわが名を申しましょうか。

歌垣は、古代の日本列島に広く存在し、風土記や万葉集によると、山や水辺あるいは市で行われた。歌垣の記録を見ると、持統天皇の時代に中国から踏歌が伝わり、宮廷の行事として行われるが、『続日本紀』七三四（天平六）年二月には、歌垣と呼ばれて、貴族の男女が列をなし歌ったとある。七七〇（宝亀元）年三月にも歌垣とあり、男女が並んで歌舞したという。

民間の歌垣の行事は「一年の中に適当な日を定めて、市場や高台など一定の場所に集まり、飲食・歌舞に興じ、性的解放を行った」（『時代別国語大辞典』）とある。

歌垣で性的解放を行ったとするのは、虫麻呂の歌や民間習俗から得たものと思われる。歌垣が農耕の予祝と関係することも一般に説かれている。歌垣的な『万葉集』の相聞歌から探ってみると、海石榴市（現・奈良県桜井市）では、実際に歌垣が行われていたとされている。特定のハレの日に若い男女が集まり、お互いに求愛の歌謡を掛け合う歌垣の習俗は、焼畑耕作民にも水稲耕作民にも見られる。

十二節　『万葉集』の旋頭歌

万葉集の定型の歌は長歌、短歌、旋頭歌を基本としている。その中の旋頭歌には六十二首が収められている。

旋頭歌とは歌の形式。五・七・七、五・七・七と片歌を反復した六句の形式からなり、三句目を六句目に繰り返す形から、この名で呼ばれる。民謡的な性質を多く含んでいる。片歌は歌の形式の五・七・七の三句の形式からなり、旋頭歌は五・七・七の片歌を二度その中で繰り返し、二首で一セットとなって旋頭歌が形成される。

辰巳正明氏は「旋頭歌が問答形式によって歌われる形態を基本とすることが確かめられるならば、そのような歌唱方法は、短歌の独詠性が強まることによって万葉集から後退したことを示している。そうであれば旋頭歌は万葉集を溯って集団を根拠とする歌唱方法の中に存在した歌体であったと考えられるのであり、それは歌謡から万葉歌へと向かう《うた》の流れを考えるための重要な位置にある歌体であることが知られる（註十二）。」と解説している。

問答形式
女　住吉《すみのえ》の　小《を》田《だ》を刈らす子　奴《やっこ》かも無き
男　奴あれど　妹が御為《みため》と　私《わたくし》田《だ》刈る（巻七の旋頭歌　一二七五）

（口語訳）住吉の田を刈っているいらっしゃる方、下男はいないのですか。下男はいるが、愛しいこのためにと、みずから妻の田を刈っているのだ。

この歌は、問答形式で、上の句に下の句で対応する男女の歌垣である。

女　剣太刀《つるぎたち》　鞘《さや》ゆ入野《いりの》に　葛《くず》引く吾《わぎ》妹《も》真《ま》袖もち　着せてむとかも　夏草刈るも

（一二七二）

（口語訳）剣を鞘に入れる入野に葛を引いて採る吾妹よ。私に両袖のつけた衣を着せようとして夏草を刈っているよ。

住吉《すみのえ》の　波豆麻《はずま》の君が　馬乗衣《うまのりころも》　さひずらふ　漢女《あやめ》をすゑて　縫へる衣《ころも》ぞ（一二七三）

（口語訳）住吉の波豆麻の君の乗馬服よ。しゃべるよう漢女をやとって縫った衣であるよ。

夏蔭の　房《つまや》の下に　衣《きぬ》裁《た》つ吾妹《わぎも》　心設《うらま》けて　わがため裁たば　やや大《おほ》に裁つて（一二七八）

（口語訳）夏の日差しを避けて妻屋（妻の籠る別の建物）の中で衣服を裁っている吾妹よ。心をこめて、私のために裁っているのなら、やや大きく裁っておくれ。

うち日さす　宮路《みやじ》を行くに　わが裳《も》は破《や》れぬ　玉の緒の　思ひ委《まか》せて　家にあらましを（一二八〇）

（口語訳）日の輝く宮への道を行くと私の裳は破れてしまった。いっその事思いに委せて家にいたほうがよいよ。

君がため　手力《たぢから》疲れ　織りたる衣《きぬ》ぞ　春さらば　いかなる色に　摺《す》りてば好《よ》ける（一二八一）

（口語訳）君のために手の力も疲れて織った衣よ。春になったらどんな色に摺ったらよいだろう。

水門《みなと》の　葦《あし》の末葉《うらば》を　誰か手折《たお》りし　わが背子が　振る手を見むと　われそ手折《たお》りし（一二八八）

（口語訳）湊の葦を誰が手折ったのか。いとしい男の振る手をみようと私が手折ったよ。

春日なる　三笠の山に　月の船出ず　遊士《みやびお》の　飲む酒杯《さかずき》に　影に見えつつ（宴の歌・一二九五）

（口語訳）春日の三笠の山に船のような月が出た。風流な人々の飲む酒杯の中に、映って見えながら。

春日なる　三笠の山に　月も出《い》でぬかも　佐紀山に咲ける桜の　花の見ゆべく（巻十・一八八七）

（口語訳）春日なる三笠の山に月も出てほしいよ。佐紀山に咲いている桜の花が夜でも見えるように。

新室の　壁草刈に　坐し給はね　草の如　寄り合ふ少女は　君がまにまに（巻十一・二三五一）

（口語訳）新室の壁草を刈りにいらっしゃい。草のように寄り添う少女は、あなたのおきのまま。

以上では、古代日本の歌垣に関する重要な文献を集約して取り挙げた。

古代の歌垣は、海、山々、水、川、四季の変化など多彩な自然環境と、人との共生が歌われている。そこで事実が史実として伝説や物語化され、また、人の感情や願望も内包されて歌に影響を及ぼし、人と自然との関わりが豊かに民族的習俗として表現されているといえるだろう。

註

一　トン族大歌解説　一〇頁を参考。貴州民族学院客員教授・呉定国「東アジア歌垣サミット　うたがき　資料」二〇〇七年

二　貴州トン族の歌唱文化とその起源　四頁を参考　中国社会科学院民族文学研究所教授・鄧敏文「東アジア歌垣サミット　うたがき　資料」二〇〇七年

三　唄者の坪山豊氏からの聞き取り

四　貴州トン族の歌唱文化とその起源　六頁を参考

五　前掲

六　国際シンポジュウム資料「東アジア歌垣サミット　うたがき　資料」二四頁

七　トン族大歌解説　一二頁を参考

八　『古事記』より引用

九　『日本書紀』より引用

十　『万葉集』講談社文庫本

十一　『詩の起源』四九八頁　旋頭歌

参考文献および資料

国際シンポジュウム資料「東アジア歌垣サミット　うたがき　資料」国学院大学　二〇〇七年

『万葉集』西本願寺本　第一〜第二十　おうふう

中西進『万葉集』一〜四　一九七八年

『万葉集』講談社文庫本

『常陸国風土記』奈良時代初期七一三年に編纂、七二一年成立とされる。

沖森卓也・矢島泉・佐藤信『豊後国風土記・肥前国風土記』

『小集楽考』『文学以前』『高崎正秀著作集』第2巻、桜楓社出版

辰巳正明『詩の起源』笠間書院　二〇〇〇年
『古事記』角川文庫本
『日本書紀』日本古典文学大系本
三上絢子「研究ノート」

第四部　儀礼歌の意義

―徳之島を中心として―

第九章　田植え歌

畦《あぶしぐえ》越の水や積み上げれば、止まる、
わきゃが、二十ち頃や止みやらん
実れ稲がなし、新鎌《みがま》掛けて試《み》ぶしや、
きゅらさぬ女、腰腹《がまく》手掛ぶしゃ

この歌は歌掛けで、恋情を表現している。田圃の水の調整はできるが、自分達の二十歳という若さは、とめることはできない。実った稲に新しく鎌をかけるように、美しい女性に手をかけてみたいものだ。

他方、ここで歌われている「わきゃが、二十ち頃や止みやらん。実れ稲がなし、新鎌《みがま》掛けて試《み》ぶしや、」の歌詞は、若い男女の交わりによる新たな生命と、稲の結実を意味する。

一節　徳之島の概要

徳之島は、面積二四八平方キロ、周囲およそ八〇キロ、人口約二万七千人の島で、島内には徳之島町、伊仙町、天城町の三町がある。

南島の歌謡文化の本質に関わるには、背景にある歴史を知ることが肝要であり、それには第一にその地理を深めることが前提となる。

本章が中心としている徳之島の第一代島主は首里之主とされる。主とは君主の意味で一地方の領主にも同語を用いる。弘長三年に琉球国より首里の侍譜代高家按司（豪族）の子孫が徳之島大親役を申し付けられた。金の髪指と紫の鉢巻を賜った大親役は六名の使者に護衛されて徳之島の任に着いた。この徳之島を統治する首里の侍を島民は首里之主と称えたのである（註一）。

一六〇九年（慶長十四年）以降は薩摩藩に属し、従来の大親役が廃止されて代官が配置されることとなり、行政区分の三間切六あつかい毎に役人を配置して島を治めること二百六十年に至った。

一六二四年（元和十年）には石高が定められており、これより以前に田畑の年貢が定められていた事が伺い知れる。

一七二六年（享保十一年）の薩摩藩による徳之島の享保内検では、家族の全員が記載される農村支配の基本になる人口調査の本帳が作成された。宗門手札改めといわれる。

耕作地の割り当てを用夫（イブ・十五歳以上六十歳未満の男子）単位である。田、畑、芭蕉、塩田などは、用夫数を基準として年貢及び夫役の負担が決められたのである。

こうした歴史的な背景により、わきゃシマ（自分達の集落）、隣接したシマであっても他所シマとして区別された地理的条件が発生したといえよう。

このような条件下で文化的には南方文化と北方文化の二つの文化が複合形成されて、習慣、言語、歌謡などにも独自の特質をもち、日本では失われた基層文化の面影が色濃く残っているような文化として伝えられてきた。

奄美の歌は、シマ唄とよばれ、仲間の集まりでは歌遊びで歌われ、年中行事の八月踊りでは、集団で歌われる。シマ唄の歌曲、歌詞、踊り、言語・イントネーションもシマ（集落）により差異が見られ、特に年中行事においては、シマの信仰的な面や歴史的な面から独自性が現れている。

徳之島は、儀礼的な歌曲として、正月歌、田植え歌、七月踊り歌、他に独自の口説など、伝統的な特質のある多くの歌曲があり、各地域の方言と訛りに特徴がある。伊仙町、徳之島町、天城町と三町から構成されている。

二節　シマ唄の形成過程とその機能

稲魂寄せの祝詞に「上ン田ノ稲ガナシャ下ン田ノ畦枕」とあり、歌意は、実をつけた稲が風に吹かれて横倒しになり、あぶし（畦）を枕にして、寝ている姿として捉えている。徳之島の古代に執り行われた、豊作祈願の儀礼的な祝詞である。

儀礼的「田植え歌」の詞

池ナ水溜メテ　溝下り流ラチ
今年稲ガナシ　生レナシキ

今年世ヌ変テ　二月ユキ降ラチ
今年稲ガナシ　ユキヌ真米（註二）。
（歌意）池に水を溜めて、溝から流して今年の稲は実りました。今年は天候が変わって二月に霰《あられ》が降ったので、今年の稲はよく実りなびくだろう。

「田植え歌」の打チ出シ歌
今日ヌ吉カロ日　ヤシュンタバル（地名）植エテ
シュン田原稲ヤ　生レナシキ

「田植え歌」の返シ歌
生レ稲ガナシ　押シ上ゲサゲ刈ルイ
美ラ生レ美童《きょらわらべ》グヮ　押シ上ゲ前抱キ
今年世《ゆ》ぬ変て　二月雪降らち
今年稲がなし　生まれないき（寒のある年は豊作だといわれる。）

「稲ガナシ」・「生レ」（受精・結実）つまり豊作を促すための祭詞と考えられる。豊作を予祝、男女の恋の歌・作業能率を上げる歌詞でもある。

「田植え歌」のつぎ歌（徳之島伊仙町阿権地域）
上ぬ田ぐゎむ吾田ぐゎよ
下の田ぐゎむ吾田ぐゎよ
わ嫁なりゅん妹《うない》　真米《まぐめ》まん抱き
（歌意）上の方の田はすべて私のものだ。下の田もすべてそうだ。私のお嫁さんになる女性は、すべての真米が一人じめできる。

今年世《ゆ》ぬ変て　二月雪降らち
今年稲がなし　生まれないき。
（歌意）今年は天候に異変があって、二月に霰《あられ》が降ったので、今年の稲はよく実りなびくだろう。

生レ稲ガナシ　鎌かけてにぶしや
きょら生まれ女子《うなぐ》　手掛け欲《ぶ》しゃや
（歌意）成熟した稲は刈ってみたい欲望にかられる。美しく生まれた女性は、手をかけてみたい。

うまれ稲がなし　鎌かけて刈《か》ゆりよ
拗者《すねとつ》が田や　にゃんども青田《あうだ》
（歌意）よく熟れた稲は鎌かけてかるが、世をすねた者の田は今も青田のままだ。

青田《あうだ》ぐゎぬ苗《ない》や　薄々《ひしひし》と植えて
真六月《まるくがつ》なれば　畦《あぶし》まくら
（歌意）青田に苗を間隔をあけて植えると、六月には畦を枕にするほどに豊作になる。

以下は省略する。田植つぎ歌のはじめの歌詞は、「平瀬マンカイ」や八月踊りの「スス玉踊り」と同様な意味合いの歌である。

作たぬ米

一　今年作たぬ米やハレ
しぃしぃと玉ぬ成りしゅんど
北風《にしかぜ》ぬおせばハレ
南《はい》の畦枕
南の風ぬおせばハレ
北《にし》の畦枕
（歌意）今年作った米は、しっかりと稲の実がついている。北風《にしかぜ》が吹けば、南《はい》の畦を枕にしているように稲穂がなびいて、南の風が吹けば、北《にし》の畦を枕にしているように稲穂がなびく。

二　今年世《くとしゆ》ぬ変てハレ
二月《にがち》雪降らち
今年稲《いに》がなしハレ
雪ぬ真米《まぐみ》　真米《まぐみ》
（歌意）今年の様子は変わって、二月に霰が降って、今年の稲がなし、雪のような真白い米　真白い米。

三　今年八月やハレ
嫁《ゆみ》ど貰《も》れぬ御祝
来年《やね》ぬ八月《はちがち》やハレ
子成《くわ》し御祝《うゆむ》　御祝（註三）
（歌意）今年の八月は、お嫁さんを貰ってお祝いです。来年の八月は、子供が生まれてお祝いです。お祝いです。

三月にコントと呼ばれる聖なる川の上流にある祭り田（稲代の集っている地域、ニズと呼ばれる用水路がある）で、ニズ祝まつりが行われ、「田植え歌」が一年の最初に歌われる。

「田植え歌」は、労働歌（仕事歌）と一般的に理解されているが、田植え行事に歌われているのは、豊作を予祝、豊作・祈願のトナエ（祭詞）である。予祝祈願の稲霊招きの歌である。

徳之島の「田植え歌」には、稲作儀礼から恋の誘い歌の歌掛けへと展開が鮮明に見られる特徴がある。テンポがよく作業意欲がたかまるので、労働歌（仕事歌）として固定しており、特に恋の歌掛けが濃厚に現存している。

『徳之島の民俗一』では、「徳之島の稲作儀礼は、七月旧盆のすんだ後にやってくるハマオリが一つの基点（折目）になっている。ハマオリは、俗に「火オリテ土フンデ上がり」といわれるように、ヒノエに始まり、ツチノエで終わる連続三日間を祭祀の浜に降り、そこで泊り込んでなされる集落で一番の盛大な祭り（註四）」とある。

浜に設けたカマに火の神を祀り、その年に穫れた新米の飯とお酒を供え夜通し七月踊り歌ですごし、稲の収穫感謝祭を行う。

三日目（ツチノエ）は早めに集落にもどり、ターワク（田の畦などの踏み固めにはいる）を行い、夜には「あったら七月歌《ひちがち》」が歌われ、夜通し各家々を回り祝福と厄払いが行われる。

あったら七月《しちがち》ヤ　み冬なすしむき
かなが年　吾年　寄らし　しぬき

（歌意）七月が過ぎると新しい冬が訪れる。愛しい人の年も私の年も、寄ってくるのが淋しい。

新年を歓ぶと同時に年を重ねるのが、淋しいという心境が歌われている。「七月踊り歌」は、夜通し各家々を回って行われ、稲の収穫感謝祭である。

徳之島の場合は、八月踊り、夏目踊り、七月踊り、千人踊り、浜踊り等と地域によって呼称が異なる。

作《ちく》たの米節《むぃぶし》

一　くとぅしちくたぬむぃや　ハレ
しゅしゅぬたまぬなりしゅんでぃ
にしぬかでぃふけぃば　ハレ
はいぬあぶしまくら
はいぬかでぃぬふけぃば　ハレ
にしぬあぶしまくら
ヤラチャンドゥ　チクタヌムィ
（ヤラチャンドゥ　チクタヌムィ）
（歌意）今年作った米は、じゅず玉のように実って、北風が吹けば、南の畔枕。南風が吹けば、北の畔枕。

二　くとぅしゅぬかわてぃ　にがちゅきふらち
くとぅしいねぃがなし　ゆきぬまぐむぃ
（歌意）今年は世が変わって、二月に雪が降った。
今年の稲がなしは、雪のような真米

三　いきなみぃじくみぃてぃ　いじゅんぐだいはらち
くとぅしいねぃがなし　うまれなしき
（歌意）池の水をくんで、溝を下がらせ。今年の
稲は、実りますように（註五）。

徳之島町花徳地域と目手久地域で歌われ、井之川地域でも歌われた時期があったというが、現在は歌われていない。奄美では徳之島以外に沖永良部島の和泊町手々知名集落の「作たる米」別名「シュンサミ」があり、琉球の古典音楽の「作たる米」と似た内容の「ついくてんぶし」の系統の歌である。

三節　徳之島の稲作儀礼

徳之島独自の田植え歌は、各地域によって歌曲が微妙に異なり歌詞にも地域の特徴がみられる。いずれも男女の掛け合いによる「歌掛け」で、田植仕事の最中に歌われ、労働意欲を盛り上げる。この「田植え歌」は稲魂さまの祝詞の役割を内包していて、稲作儀礼の歌であることにも独自性がある。

うえばる地域の「田植え歌」

ハイウネウネヨー　今日《きゅ》ぬ吉《ゆか》る日《し》やヨー　下田ばる
ぐゎ植《うい》てぃヨ
下田《しゅんた》ばる稲《いねぃ》や　ハレうまりなしき（ヨウネウネー）
下田《しゅんた》ばる稲《いねぃ》や　ハレうまりなしき
うまり稲加那志《いねぃがなし》ヨ　鎌《かま》きぃ（てぃみぃぶしゃヨオイサ）
またむどぅてぃみぃぶしゃヨ　うりが田《た》
上田《ういんた》ぐゎま吾田《わた》ぐゎヨ　下田《しゅんた》ぐゎま吾田《わた》ぐゎヨ
吾嫁《わゆみぃ》なてぃ来《きゅ》ん人《ちゅ》や　ハレ真米《まぐみぃ》まんだき（ヨウネウ
ネー）
吾嫁《わゆみぃ》なてぃ来《きゅ》ん人《ちゅ》や　ハレ真米《まぐみぃ》まんだき
はいばばどぅばばどぅヨ　高持《たかむち》ちぬ（刀自《とぅじ》ぬヨヨオイ
サー）

昼食ぐゎ食てぃ田かちヨ　入りぬあー大まし田ぬ
真中《まんな》なヨ

ふしぶしとぅぐゎ植えてぃヨ
うりちきょやかたく　ハレうまりなしき　(ヨウネウ
ネー)
うりちきょやかたく　ハレうまりなしき
苗《ない》ぬくばまりやヨ　昔かまあん　(くとぅヨ　ヨオイ
サ)
吾《わん》むじょくばまりやヨ　くんでがはじみぃ
長《なが》ましぬ小《く》ましヨ　腰《くし》やまちどぅ植《うぃ》るヨ
腰《くし》やましゅんかわり　ハレうまりなしき　(ヨウネウ
ネー)
腰《くし》やましゅんかわり　ハレうまりなしき
吾《わ》が植《うぃ》る田《た》ぐゎやヨ　三本取《みぃしじとぅ》てぃどぅ　(植《うぃ》てぃヨ
ヨオイサ)
五《ご》・六月《ろくぐゎち》なりばヨ　畦枕《あぶしまくら》
太陽見《てぃだみぃ》りばヨ　うさん時《とぅきぃ》ぐゎどぅなるりヨ

出り肝揃てぃ　ハレきばてぃ給り　(ヨウネウネー)
出《いじ》り肝揃《きむしゅろ》てぃ　ハレきばてぃ給《たぼ》り
出《いじ》り肝揃《きむしゅろ》てぃヨ　きばらんてぃ(にしりば　ヨオイサ)
ちむらりてぃねらむヨ　きばりなら
早《ふえ》らしらし早《ふえ》らしヨ　ななちちよぐゎむ早《ふえ》らしヨ
大道端《ふうみちばた》やむぬ　ハレななり早《ふえ》らし　(註六)。

四節　徳之島の田植え歌の生成過程と民俗性

伊仙町崎原は、一七四八年（寛延一年）、亀津村、秋徳村、尾母村の人々が原野を開拓して、一村を起こして崎原村と命名し東間切亀津に編入した。

一七五〇年に新しく畑のサオ入れをして、明治に入り溜池を新設する（一八五三年・東間切のキビ横目・実喜氏他の尽力）。明治元、二年頃に伊仙町に編入する。『徳之島前録帳』には、「崎原村ハ寛延元年亀津村、秋徳村、尾母村ノ人民ニ於テ、原野ヲ開墾シ一村ヲ新立シテ崎原村ト命名シ、東間切亀津アツカイニ編入シ、同三年新畑竿入施行ナリタリ」と記述されている（註七）。

新境地で集落の人々は亀津の文化をもとに、のびのびとした大らかな、崎原独自の文化を展開させている。
ヨミ差し神事は、豊作を祈願する田の神祭りで、田の畦にススキあるいは榊の枝を差して、御神酒・御新米をお供えして田の神を祀り、「ヤマヌ　ミネミネヌ　ミズワケテタボチ、ヒトナミノ　イネグヮ　ツクラチタボレ」（註八）と祝詞をあげる。

田植えの時期は、三月に苗代に蒔かれた籾が二五〜六センチ位になる頃である。男の役割として、苗を小さな束にして後ろに投げる。その位置に束を立てるのも技術の一つである。

田植えの時には一尺おきに間隔を取る縄が竹に結わえてあるターウイ一ノーをあぶし（畦）の対面の二人で張る。あぶしの周囲では立ち踊りしながら手で太鼓を叩く人がいる。大勢の人々によって田植え歌が賑やかに、三月に植えた苗が五、六月には畦を枕にするほど実るようにと神への祈りを込めて、男女の歌掛けで歌われる。

田圃の畦で太鼓を打ち鳴らし音頭をとるのは男性の役割で、歌い手の中の男性達が歌い、女性達はそれを受けて返歌し、互いに応酬をしつつ田植えが行われる。

この対詠歌は、男性は低音で歌い対応する女性は高音で歌う、徐々にスピードアップされるにつれて、女性の歌い終わらないうちに男性が重なるように歌いだすので、女性の歌い終わる間は高音と低音がオーバーラップされて、荘厳な二部合唱の「歌掛け」が自然の空間に響き渡る。

田植え歌の展開される場所が、男女の、のびのびとした出会いの場としてあったことが次の歌に知れる。

田植え歌（徳之島伊仙町・うえばる地域）

一　男　上ぬ田ぐゎま吾田ぐゎ、
下《すう》の田ぐゎま吾田ぐゎよ
わ嫁《ゆめ》なーる人ぐわや　ハイソラ
真米《まぐめ》まん抱き
（二首目は反復するが以下省く）

（歌意）上の全ての田はわたしのものだ、下の方の田も全て私のものだ。私の嫁に来る人は真米を一人じめできる幸福な娘だ。

二　女　今年《くとしゅ》世ぬ変《かわ》てる
二月雪降らちよ
今年稲がなし　ハイソラ雪の真米

（歌意）今年は変わったことには、二月に霰が降った。今年の稲は豊作であろう。以下、歌意は省く

三　男　なんぶえ植りゅる田ぐわや
　　　　みのでとてど植りゅりよ
　　　　六月なれば　ハイソラあぶしまくら

四　女　うまれ稲がなし　鎌かけて　にぶしやよ
　　　　きょら生まれ　うなぐハイソラ手かけぶしや

五　男　うまれ稲がなし　鎌かけて刈りゅりよ
　　　　すねふらが田やよ　ハイソラなんべど青田

六　女　ふえらせらせ　ふえらせななりちょば
　　　　ふえらせらせよ
　　　　大道ばたやむんぬ　ハイソラななりちょば

七　男　あがとんげか　とんげぇくるはづや
　　　　ねんしがよ
　　　　遊びちゃさ　にぃちゃち
　　　　ハイソラやてどけぇたんど

八　女　道ばたぬ　しやしんや　袖ふればつかるよ
　　　　わきゃま　しやしんならうて
　　　　ハイソラつか　りぶしや

九　男　うりたわーきやゆろてぃ
　　　　いつあそでにちゃんがよ
　　　　いじゃる七月ぬ　ハイソラ七月ぬ十日ぶえ

十　女　この遊びたてて　いやかちもどっうけゅみよ
　　　　あちゃてだがなし　ハイソラあがるまで

十一　男　よさりよの節や　よあけさにあそでよ
　　　　あちゃやわんがはろじ
　　　　ハイソラごさたせりゅんど（註九）

以上の歌をまとめると、以下のように恋の成就までの過程が知れる。

一、（男）・儀礼的な恋の誘い歌
二、（女）・女性の心に恋のめばえ
三、（男）・恋への自信のあらわれ
四、（女）・男性の誘いを受け入れる状態
五、（男）・男性は受け入れ態勢が整う
六、（女）・恋の成立
七、（男）・女性の気持ちを称える

八、（女）・男性への誘い歌
九、（男）・男性と女性の心情の一致
十、（女）・恋の成就、明日の太陽が上がるまで付き合おう
十一、（男）・将来の希望に燃えている。

この田植え歌は、前述の一、二、四、六、八は各集落の田植え歌の儀礼的な歌詞として歌い継がれ、他の歌詞は地域の独自性が組み込まれて展開され、歌詞の全体が特徴をもつ恋歌で形成されている。

『南島歌謡大成Ⅴ奄美篇』には、徳之島天城町西阿木名の「田植イェト」に一、二、三が、徳之島町母間に一が、徳之島町亀津に一が、歌詞と共に歌い方も微妙に異なる地域の歌が継がれている。

前述の崎原地域は亀津から入植し新開地で亀津の文化をもとに、独自の文化を展開させているが、もと歌ともいえる次の亀津の田植え歌は、歌詞も歌い方も全く異なっている事を示している。

田植イェト（徳之島町亀津）

一　男　ふぅましとぅこましとぅ　うぃりば
　　くぅしぶねぃどぅやみゅり
　　うりや　やまといしゅきらが
　　たむぃどぅなるん
　　（歌意）大田と小田を植えると、腰の骨までが痛む。これは大和の役人達の、ためにしかならない。

二　女　なんぶぇうぃゅんたや
　　ちゅひじとぅてぃ　うぃゅん
　　ごろくぐゎちなれぃば
　　あぶしまくら
　　（歌意）今植えつける田は、一筋とって植えるのだが、五、六月になったら、よく実って田の畦を枕にしますように。

三　男　あがてぃ　あがてぃ
　　たかむちぬあがてぃ
　　ひまばんかでぃ
　　たかちいりぬ
　　（歌意）あがった。あがった。田植え餅があがった。昼食をすませてからは、田へ入るのがめんどうだ。

四　女　あしぬきゅるむんぬ

あしかまじうきゅむぃ
きょらむぇれぬ　きゅんむんぬ
うりだかじうきゅむぃ
（歌意）昼食が出るのに、昼食をたべずにおれようか。美しい乙女がくるのに、それを抱かずにおれようか。

五　男　てぃだむこてぃみれぃば
まさんとぅきやなるうい
むるぎむするてぃ
きばてぃたぼれぃ
（歌意）お日様に向かって見ると、ちょうど申の刻（四時頃）になる。みんな心を一つにして、頑張って下さい。

六　女　むるきむするてぃ
きばいやたしが
つきもられぃてぃねん
きばいならん
（歌意）みんな心を一つにして、頑張り方をしたが、計画にもない頑張りはできません。

七　男　こんどきゅるなみぬ
きしうたんごうきゅむぃ
あがてぃもるてぃらぬ
てぃらんごうきゅむぃ
（歌意）今度来る波の、岸を打たずにおくものか。上がった太陽の、照らさずにおこうか。

五節　田植え歌と連結している徳之島の稲作儀礼歌

三月に植えた田は、五、六月には畦を枕にする程に実るようにと、神への祈りを込めた田植え歌に関連する歌に、「あぶし越《く》えの水《みぃじ》」、「作田米《ちくたぬめ》」、「イニシリ（稲摺り）節」、「ムチィタボレの歌」、「八月踊り歌・七月踊り歌」などがある。『南島歌謡大成Ⅴ奄美編』には、沖永良部に「作田米」、「稲摺節」が歌われている。この収穫のよろこび歌の稲摺節は奄美全域で歌い踊られ、またイェトに、「田ぬ草イェト」、「米搗きイェト」など、田植え歌に関連する歌がある。

あぶし越《く》えの水《みぃじ》

一　あぶし越《く》えの水《みぃじ》や

うらぎぃりばとぅまる　ヨイヤネー
わきゃがにじゅうぬくるサ
とぅみぃやならぬ
アイヤセンセン　スルリトナー
（歌意）田の畔を超える水は、畔を高くすれば止めることが出来るが、自分達の二十歳頃を止めることは出来ない。

二　うぃぬたぐゎまわたぐゎ　しゃぬたぐゎまわたぐゎ
わゆみぃなてぃきゅんちゅうや　まぐみぃまんだき
（歌意）上の田も私の田圃、下の田も私の田圃。私の嫁になる人には、真米をいっぱい、抱かせてあげます。

三　くぬあしびたてぃてぃ　やかちむどぅらるみぃ
あちゃぬてぃだがなし　あがるまでぐゎ。
（歌意）この歌遊びをしたからには、このまま家に帰ることはできない、明日の太陽があがるまで楽しもう。
（語意）「あぶし」田の畔、「わきゃ」自分達、「とぅみぃ」止める、「うぃ」上、「しゃ」下、「あちゃ」明日、「てぃだ」太陽、「やかち」家に。

「作たぬ米」「イニシリ（稲摺り）節」が豊作祈願と感謝の踊り歌として用いられている。井之川では、三味線歌として歌われている（註十）。

作たぬ米

一　今年作《ちく》たぬ米や　しぃしぃと玉ぬ成りしゅんど
北風《にしかぜ》ぬおせば　南《はい》の畦枕
南の風ぬおせば　北《にし》の畦枕
（歌意）今年作った米は、しっかりと稲の実がついている。北風が吹けば、南の畦を枕にしているように稲穂がなびいて、南の風が吹けば、北の畦を枕にしているように稲穂がなびいている。

二　今年世《ゆ》ぬ変てハレ
二月《にがち》雪降らち
今年稲《いに》がなしハレ
雪ぬ真米《まぐみ》　真米《まぐみ》
（歌意）今年の様子は変わって、二月に霰が降って、今年の稲がなし、雪のような真白い米、真白い米。

三　今年八月やハレ
嫁《ゆみ》ど貰《も》れぬ御祝《うゆむ》
来年《やね》ぬ八月《はちがち》やハレ
子成《くわ》し御祝《うゆむ》　御祝

（歌意）今年の八月は、お嫁さんを貰ってお祝いです。来年の八月は、子供が生まれて、お祝いです。お祝いです。

もと歌は六句体であるが、歌い継ぎは共通歌詞で下の句を引き継いで、八八八六調で豊作の祈願と感謝を歌い、次第に恋歌の歌掛けに展開する。

沖縄の稲の種蒔の後に歌われる「アマウエダー」の長歌に類似しているが、この事は、徳之島が特に琉球の影響を受けているあらわれといえよう。

次の歌の歌詞には、収穫された稲のイニシリ（稲摺り）、籾《もみ》を摺り下ろす作業の情景が歌われている（歌の囃子は省いている）。

イニシリ（稲摺り）節

一　粟ぬ摺《し》られゆーむんや　米どぅ摺《し》られーゆい
稲摺《いにし》り摺《し》りぃよ　穀選《あらゆ》り選《ゆ》りよ

（歌意）粟は細かくてウスではすれない。米なら摺れる。

二　きばぁてぃ選《ゆ》り選《ゆ》りむぇれんきゃ
一升かむぃらすんど
稲摺《いにし》り摺《し》りよ　穀選《あらゆ》り選《ゆ》りよ

（歌意）頑張って摺りなさい、娘さん達、頑張ればお米を一升もたせて、あげますよ。

この収穫がすむと、豊作を祝い家々を回り餅をもらうムチィタボレ（むちぃたぼれ）が八月のお盆送りの夜に行われる。

ムチィタボレの歌

一　餅給《むちぃたぼ》りぃ給《たぼ》りぃ
祝《ゆうわえ》ぬ餅給《むちぃたぼ》りよ
給《たぼ》らだてぃからや　手柄《ていがら》うぇすんど

ハレ　ドンドン　サマイトサンセ

（歌意）餅を下さい、稲の豊作の餅を下さい。下さらないとケチといわれますよ。

二　花徳ぬタムィキンしゅうや　米分限者《くむいぶぎんしゃ》やしがよ
餅《むちい》むぅれがいじゃつとぅ　千切《ちんきい》ちぃくぅいたんど
ハレ　ドンドン　サマイトサンセ

（歌意）花徳のタムィキンという人は、資産家だが一切れの餅をちぎってくれた。

三　餅欲《むちいふ》うさちぃ歩《あ》っかんど
焼酎欲《さきいいふ》うさいち歩《あ》っかんど
来年《やーに》ぬ稲《いに》がなし　畦《あぶし》まくら
ハレ　ドンドン　サマイトサンセ

（歌意）餅が欲しいから家々を回っているのではない、焼酎が欲しいからでもない。来年の稲が畦を枕にする程に豊作であるように祈って回っているのです。

これらの歌の歌詞から、村落共同体の稲の豊作への感謝と、来年の稲作祈願の祭りが歌いこまれているのがわかる。徳之島の稲作儀礼は、田植え歌からはじまり、折目の七月旧盆後の浜オリでは、浜辺で夜通し七月踊りで明かし、稲の収穫感謝祭をおこなうのである。

さらに、集落に戻り一軒々家回（やまわ）りで踊る。このことが折目踊りの起源であろう。

六節　稲作文化

『奄美史談・徳之島事情』に、歌掛けの様子が次のように記述がある。「夜ハ便宜ノ各家と所所ニ、女一五から六人宛集リ、銘々薪ヲ持着リテ、其明リニテ木綿ヲ引キ、芭蕉ヲ繋グ。此レヲ、ヨナベト云ウ。ヨナベハ、夜仕事トモ云フ。其処ニ亦男女共ニ、三～四人五～六人モ集リ来テ、三絃ヲ鳴シ、歌ヲ男女共互ニ謡ヒ楽ムコト多カリシガ、近来其ヨナベ稍稍廃滅ニ帰シタリ」（註十二）とある。

シマ唄は、儀礼的な神歌から教訓歌、仕事歌、恋歌などが歌に託されていて、地域のコミュニケーションが保たれてきた事が伺える。

崎原地域の歌謡文化は、亀津地域のもと歌から、新開地の環境にそぐわせて独自性が展開されて、生成されている。

奄美諸島においての島とは、集落のことであり「シマ」或いは「ムラ」と呼称し、共同生活を営む一単位を意味しているのであり、言語（方言）やイントネーションが各シマによって異なっている。シマ唄はその集落独自の歌詞、歌い方、踊り方に伝統的な「シマ」文化の特異性をもっている。

シマ社会は地域によって差異はあるが、その歌に①「海のかなたの浄土ニライカナイ信仰と稲作文化」、②「祖霊信仰と稲作文化」、③「自然崇拝と稲作文化」に区分される。①は来訪神。祭りのときに訪れる「ニライカナイからの来訪神」と人々との世界観による神聖な稲作の収穫感謝祭をとりおこなう。

②は先祖への感謝と崇拝。

③は生活空間の屋敷・水・火・石・木など「万物に神が宿る」畏敬の念が生活者達との固い絆を構築している。自然の「身近な神々」信仰と稲作文化が一体となり、稲作を中心軸として年中行事が行われている。

七節　互助の歌掛け

イトウは、複数の人が一つの仕事に集まる際に歌われ、活力に満ちた声によって作業の能率を高め、楽しみながら掛け合う互助の労働歌である。

このイトウは、特に徳之島に多く、奄美大島、喜界島、沖永良部島などにおいても歌われている。イトウは打ちだしの力強い掛け声が、歌詞そのものより重要であり、呼びかけの掛け声に対して、掛け声で返歌する形式の歌掛けである。

他方、囃子の如き掛け声に対し、掛け声で返すことの繰り返しの強弱と音程の高低のみで、成り立っているような次の事例もある。

奄美本島の有良集落における「船漕ぎイトウ」は、漕ぎ手の士気を高める役割、あるいは航海の無事祈願といわれ、舟縁を櫂で叩く音に調和して掛けられる。「エーヤーヘーヤー　ヤーオーエーヤー　フンエーヨーホー」と単純な歌詞である。音頭取りが「ヘーヤー」と打ち出すと表乗りが「ヤーオーヤー」と応え、次に艫乗りが「ヤーオーヘー」と続けて、その後の全員が揃って「フンエーヨーホー」と歌う。漕手の意気が整い順調に運航ができる。

船漕ぎイトウは、音頭取り役によって、しけの時などは速度調整や方向転換の合図の役割も果たし、住民連帯によって受け継がれている。特に奄美地方特有の北風の激しい冬季は舵手の技が重要とされている。

また、海難事故などで遺体を運ぶ際には、イトウを唱えないと舟が前方に進行しないと伝えられ、祈祷の意味合いを含んだ葬送歌としても用いられている。イトウの次の歌詞がある。

舟や　いじしゃばや　真岬見にし　軽石丸じゃが　波
うけていきゅり

（歌意）舟は出航して凪ぎの海原を目標の岬に向けて、順調に進行している。

大板付舟の航海での船漕ぎイトウには、集落の重要な役割を担う唯一の交易船として、危険をともなう集落民の航海の無事祈願が伺える（註十二）。

イトウは、陸の場合、海の場合と様々なケースにおいて、人々の生活に活力と強い連帯感をもたらしている。

註

一『奄美郷土史選集・第二巻』より参考
二『徳之島の民俗一』より参考
三『徳之島郷土研究会報　第三号』徳之島の稲作儀礼歌より参考。歌意訳は著者
四『徳之島の民俗一』より参考
五『歌い継ぐ奄美の島唄　徳之島』詞章・九四頁
六　伊仙町うえばる地域の歌の第一人者である上野善良氏による歌詞提供
七『徳之島　崎原の歴史』寛山成男
八『伊仙町の民俗文化』泉義正　大村達郎編
九　伊仙町うえばる・上野善良氏歌提供
十　徳之島町井之川・町田進氏からの聞き取りと歌詞提供
十一『奄美史談・徳之島事情』南峰都成植義氏、慶応二年一月二十四日、名瀬市金久に生まれ、大正三年八月四日逝去。その甥の永井亀彦・同竜一氏により公刊された。ガリ版・和紙・袋とじ・九十七枚の布製和本で、昭和八年九月二十五日の発行になっている。
十二『米国軍政下の奄美・沖縄経済』有良集落から参考

参考文献

坂井友直編著『奄美郷土史選集・全二巻』復刻版　国書刊行会　一九九二年
松山秀光『徳之島の民俗一』未来社　二〇〇四年
『奄美の民謡と民話』沖縄奄美連合会
『徳之島郷土研究会報　第三号』一九六九年
寛山成男『徳之島　崎原の歴史』
泉義正・大村達郎編『伊仙町の民俗文化』
南峰都成植義『奄美史談・徳之島事情』一九三三年
『歌い継ぐ奄美の島唄　徳之島』奄美島唄保存伝承事業実行委

員会　二〇一四年
三上絢子『米国軍政下の奄美・沖縄経済』南方新社　二〇一三年
三上絢子「研究ノート」

第十章　正月歌の歌唱システム
―徳之島伊仙町を中心として―

一節　はじめに

代表的な正月歌

元旦《ぐわんじち》の朝
床向《むこ》て　見れば、
裏白とゆじる　飾りぎゅらさ。
（歌意）新しい年の朝に床の間を見たら、裏白の葉とゆじる（ゆずり葉）の飾りが美しいこと。

今日の福来《ふくら》しゃ　何時よりも勝て
何時も今日のごとく　あらちたぼれ
（歌意）今日のうれしさは、何時もより勝っている。何時も今日のようにありますように。

しらが年かたや　とこぬ前いわて
わぬや　下さがて　うがでおせろ
（歌意）年寄りの方は生き神様であり、村の宝である。床の前に祝って、私は下座して拝もう。

二節　阿権地域の正月歌

阿権地域の正月歌は、斎唱歌の典型的なもので、正月の席では同族（系累）が主体の場合と親戚知己を主客とする場合があり、「あぶし並べ」の形式がとられる。男女が向き合って座り、打ち出しの太鼓は男性の役割で、男女が競って掛け合う。新年の屋内における古典的な歌掛け形式である。

席の雰囲気が盛り上がってくると、拍手や指笛が加わり踊る者もいて華やかな宴となる。

徳之島の正月歌

一　御祝いごと、続く御代のうれしさや　寄《より》ゆる年までも　若くなりゅり

二　親がなし命百歳《ひゃくさ》がで円さ石の長くなるまで

三　此遊立て家《や》から戻らゆめ、明日《あちゃ》の太陽《てだ》がなし、上がるまで

四　白髪年寄りのゆめし　とんぢらゆめ、とんじたるたより茶煮ち上さ

五　うりた、わきゃ、よろぅて、何時遊ごみちゃんが去る（いぢや）七月の中の十日の頃

六　年寄れば　年寄ての　かなさ、皺寄れば寄ての　かなさ、六十一願うて、七十三も願うて　九十九まで

七　白髪年寄りや、床の前に　居せて　生《な》し子《くわ》歌うたうて　孫《まあが》踊る

八　今日の福来《ふくら》しゃ、何時よりも勝て　何時も今日の

九　元旦《ぐわんじち》の朝床向うて見れば、裏白と餅と飾りぎゅらさ

十　あたらきゃぬ　正月那覇下りやらち、何時し来年《やーね》なて新年《みどし》取りゅんが

「正月歌の如きは、極めて淡々泊々たる戯作的の作歌なるも、其の背景には確かに優逸なる情趣あり」と『奄美郷土史選集・第一巻』では、述べている（註一）。

この地域には、「神おがむより親拝め」という諺があるように、親に対して敬愛の念を強く抱いている。また、伊仙町阿権地域は、系図から見ても琉球との関わりが深く、歌の中にも那覇という言語が多く見られる地域である。

徳之島の正月歌は、年配者は座敷の中央床の前に座り、子孫が互いに向き合って左右に並び、歌い舞をして新年の慶びを荘厳な雰囲気の中で、儀礼的に行う。年長者を中心に御一統の絆を深める場にもなっている。

あさがお節

若松ぬ　ハレ下に亀ぬ魚《いゆ》ね遊び
亀ぬ魚《いゆ》ね遊び
鶴や羽たれて　舞ひハレ美《きょら》さ

舞ひハレ美さ

（語訳）「ぬ」の。「羽たれて」は羽根を広げ。「美さ《きょら》」美しい。

（歌意）若松の下で亀や魚が歌あえば、鶴が羽根を広げえて舞う姿が、なんと美しいことよ。

新たなる　ハレ年に炭と
ハレくぅぶ祝てぃ　炭とハレくぅぶ祝てぃ

（語訳）「くぅぶ」昆布。

（歌意）新年に炭と昆布を飾ってお祝いする　なんとよろこばしいことよ。

親ぬ契り　子供《くわ》ぬ契り
果報なハレ年祝を　果報なハレ年祝を

次の阿権地域の正月歌は、特に固定歌詞として他の各地域においても歌い継がれている。正月歌の出典「徳之島小史」の発刊の時代からして、先行文献として固定歌詞の基準にする。そこにない歌詞を他地域で重複して歌い継がれている歌詞も、固定歌詞に組み込んで作成してある。

一年のはじまりの元旦に相応しく、心新たな年を迎える慶び満ちた優雅さと、首里之主の系累の一統が揃って、お祝いをしている状景が歌われている斎唱歌である（註二）。

阿権地域の正月歌

一　御祝事続く《うゆくえぐとちじ》
御代《みゆ》の嬉しさや
寄《ゆ》ゆる年までも　若くなりゆる

（歌意）お祝い事が続けられる泰平の世の嬉しさは、重ねる年までが若返るようだ。

二　親がなし命百歳《ひゃくさ》がで願て
円さ石の長くなるまで

（歌意）大切な親の命が、百歳までも元気で長生きするように願っています。円い石が時がたって長くなるまで。

三　此遊立て家《や》かち戻らゆめ
明日《あちゃ》の太陽《てだ》がなし上がるまで

（歌意）ここで遊びをやめて家に帰ったら惜しい、朝まで楽しもう。

四　髪年寄りの、ゆみしとんじらゆめ

とんじたるたより、茶煮ち上さ
（歌意）白髪の高齢者が滅多に外出できるものか、折角お出でになられたのですから、お茶をさしあげましょう。

五　うりた、わきゃ、よろうて
何時遊ごみちゃんが去《いじゃ》る
七月の中の十日の頃
（歌意）貴方達も私達も集まって、何時頃遊びましたかね、昨年の七月の中旬ごろですね。

六　年寄れば年寄ての　かなさ
皺寄れば寄ての　かなさ
（歌意）年とれば年をとった愛しさ、皺がふえればそれも、また愛おしいしいものだ。

七　六十一願うて　七十三も願うて
八十三願うて九十九まで
（歌意）六十一歳を願い、次は七三、九九までと長寿を願って。

八　白髪年寄りや、床の前に居せて
生《な》し子《くわ》歌うたうて孫《まあが》踊る
（歌意）年長の父親は床の前に座らせて、その息子が歌を歌い孫が歌に合わせて踊る。

九　今日の福来《ふくら》しゃや　何時よりも勝て
何時も今日のごとあらちたぼれ
（歌意）今日の嬉しさは何時よりも勝っている、これから先も今日のようにありますように

十　元旦《ぐわんじち》の朝
床向うて見れば
裏白と餅と飾りぎゅらさ。
（歌意）元日の朝に床に目を向けてみたら、裏白と柚子の葉が白餅と飾られ、なんと美しいことよ。

十一　あたらきゃぬ正月那覇下りやらち
何時し来年《やーね》なて
新年《みどし》取りゅんが。
（歌意）新しい年を迎える正月に那覇に行かした、次は来年には新年はここでするでしょう（註三）。

以上の正月歌は阿権地域で、儀礼的に御祝事の歌詞で歌われている。

一、泰平な御代の嬉しさを歌い、
二、親を敬い、
三、朝まで楽しもうと宴の楽しさが歌われている。
四、高齢の人を迎えた歓びを歌い、
五、こんなに嬉しい宴は何時にあっただろうと宴の感激が歌われている。
六、年を重ねた親を慈しみ。
七、長寿を願い、
八、年配者を尊び、自分の子や孫の成長を歓び、
九、今日の嬉しさは最高だ、此れからの先も、こうありたいと感激している。
十、床の飾り餅の美しさに新年の心持ちが歌われている。
十一、何らかの役割で那覇へ行った人へのおもいが歌われている。

かつては那覇へ行くには、藩の発行する通交手形と呼ばれる証明が必要で、手形発行の条件は、身分が明らかに証明できる者でなければならなかった。また、手形発行の条件を満たすことの出来た人物は限られていた。

歌詞の「那覇下りやらち」の部分に琉球との関わりが明確な人物であったことが歌われている。

阿権地域の正月歌

一　元日《がわんしいち》の朝《しかま》
床向《とくむこ》て見れば　裏白と
柚子《ゆじる》　飾《かだ》りきゅらさ

二　あわそ石垣にはゆる磯蔓
今《なま》ど（しっかり積まれた石垣）
叔父叔母深めて這うて来た

三　新玉ぬ年の始めて　かけふさみしょれ、
末の世がて

四　白髪年方や床の前に寄せて
吾ぬや下さがて拝がておつせろ

五　親が那志百歳がで願ごて
円さある石の長くなるまで

六　こん殿阿母《とのちはんしゃれ》

果報な人《ちゅ》やすが
米倉や前なち子孫《くわまが》栄え

七　静かなる海ぬ亀ぬ遊び
高砂ぬ松に鶴ぬ舞ゆり（註四）

阿権地域の正月歌

一　元日《がわんしいち》の朝《しかま》
床向《とくむこ》て見れば　裏白と
柚子《ゆじる》　飾《かだ》りきゅらさ

二　白髪年寄《としゆり》や
床《とく》の前に座《イ》して
生《な》し子《くわ》歌うとて　孫《まーが》や踊る

三　此の殿地　はんしゃれ
果報《かふ》な人《ちゅ》どやしぃが
米蔵《くめぐら》や前なち　床やうしゃで

四　このいからしや　たるがいからしゅんが
くまぬ家ぬ主ぬ　いかりさらめ

五　白地《しるじ》着物《ぎん》ぐわ着ちゅて
新年取る夜や　心から姿　若くなりゅり

六　うりた、わきゃ、よろうて、何時遊でにちゃんが
去《いじゃ》る七月の七日《なんか》ぬ十日《とか》んでぇ

七　親がなし命　百歳がで願ごて
円さあんど石ぬ　長くなりゆんた

八　丸さあんど石ぬ長くやならんしが
いきやさんでえが親ぬくと思めらしえりゆんが

九　遠ぅわ遠ぅわぬ兄弟んきゃ
いきや思てけえたんが
とんじてもうちゃんたゆり遊でいもれ

十　あがってんげか　かっとんげ
来るはじゃねんしが
遊びちゃさ見ちゃさ　思てけしたんど

十一　若さ正月すれば吾きや若くなりゆり
年寄りゅる親ぬことど思めり

十二　今日の福来《ふくら》しゃや何時よりもま勝り
何時も今日のごとにあらちたぼれ

十三　こぬ遊立て家《や》かち戻らりやめ
明日《あちゃ》の太陽《てだ》がなし上がるまで

十四　あたら正月那覇下りやらち
何時し来年《やーね》なとて
新年《みどし》取りゅんが

共通歌詞

一　今日の福来《ふくら》しゃや
何時よりも勝て　何時も今日のごと
あらちたぼれ。

二　今日の吉日に祝つけておかば
月ぬ立ち替わりお祝願う。

三　はるぬくぶ溜り雨降れば溜まる
降らじゅしゅて溜まるくまぬ屋敷。

四　この家ぬ庭にソテツ葉や植えて
ソテツ葉の如にはせてたぼれ。

五　道端ぬサシや袖ふればちかる
わきゃまサシなとて着かりぶしゃや。

六　ひるやきむ通い夜や夢通い
吾むねうちゃひまやねらぬ。

七　旅や浜やおり草ぬ葉ど枕
寝ても忘れらん吾家ぬうすば。

八　あがる太陽《てだ》だまし雲が下なりゆり
いきゃきゅらさあても下どなりゅり。

九　にゃんだれば見ぶしゃ
見れば抱さぶしやり
抱けば縁ぐぁぬちっち　ぬさやならん（註五）。

三節　うえばる地域の正月歌

うえばる地域の正月歌は、太鼓の打ち出しとともにソラヨイヨヲエーと繰り返して、歌い出しのリズムを整えてから（三味線歌に例えればイントロの役割）、一の歌詞を歌う形式が取られ、節の終わり毎にソラヨイヨヲエーと歌い、次の節を歌いだす（間を取っている）。一から十一の歌詞の中で、地域独自の歌詞は三、八、十で、固定した歌詞を地域なりにアレンジした部分もあるが、正月歌の固定した歌詞が一、二、四、五、六、七、九、十一で歌い継がれている。また、リズムも他の地域とは微妙に異なり独自性がある。

うえばる地域の正月歌

エスラヨイヨイ　ぎんちきぃぬ　畳《たたみぃ》
ふりちきぃてぃうかば
しかばいりみんしょり　福《ふく》ぬ御神《みかみ》ヨンノ
しかばいりみんしょり　福《ふく》ぬ御神《みかみ》ヨンノ

一　今日の誇《ふく》らしゃ　何時《いち》ゆりもまさてぃ
何時も今日の如をに　あらちたぼれヨンノ。

二　元旦《ぐわんせつ》ぐゎぬ朝《しかま》　床向こてぃ見りば
裏白とをゆずぅる　飾りぎゅをらさヨンノ
ハレうらじるとをゆずをる　かざりぎゅぅをらさ
よんの。

三　元旦《ぐわんせつ》ぐゎぬ朝や　親ぐすく上《ぬをぶ》って
黄金玉さじぃき　拝で下らヨンノ
ハレ黄金玉さじぃき拝で下らヨンノ

四　若正月くれば　わきゃやふぅでぇりゅしが
年とる親はぬ事ど思ふゆうヨンノ
ハレ年とるる親はぬ事ど思ふゆうヨンノ。

五　あたらきゃぬ正月　なわぐだりやらち
何時し来年《やに》なあとをて　新年《みどし》とをゆんがヨンノ
ハレ何時し来年《やに》なあとをて
新年《みどし》とをゆんがヨンノ。

六　六十一願うて七十三や願うて　八十八願うて
九十九までよんの
ハレ八十八願うて九十九までヨンノ。

七　白地衣ぐわきちゅぅてぃ　新年とる夜や
心から姿若くなあるりヨンノ
ハレ心から姿若くなあるりヨンノ。

八　親がなしおかげ　わぬやかんはんかえふでるてぃ
親がなしくとをやすそんや思め　なんヨンノ
ハレ親がなしくとをやすそんや思めなんヨンノ。

九　親がなし命百歳や願うて　丸さる石の長くなある
んかヨンノ
ハレ丸さる石の長くなあるんかヨンノ。

十　朝ま夜まわ願や外の事あらんでえ
二人もぅる親はぬ百歳や願うヨンノ
ハレ二人もぅる親はぬ百歳や願うヨンノ。

十一　白髪年寄や床の前なんがざはあてぃ
初の子や歌うてまあがや踊るヨンノ
ハレ初の子や歌うて
まあがや踊るヨンノ（註六）。

共通歌詞

門松《かどぅまち》や立《た》てぃてぃ　福ぬ神迎《かみむぅ》けてぃ
今年世《くとぅしゅ》ぬ果報《かふ》ば　願《ねぃご》てぃ拝《うが》ま
今年世《くとぅしゅ》ぬ果報《かふ》ば　願《ねぃご》てぃ拝《うが》ま

元日《ぐゎんじち》ぐゎぬ朝《しかま》　床向《とぅくむこ》てぃ見《みぃ》りば
裏白《うらじる》とぅゆじる　飾《かざ》り清《きゅ》らさ
裏白《うらじる》とぅゆじる　飾《かざ》り清《きゅ》らさ

初原《はちばる》や出《いじ》てぃ　くさちばな見《み》りば
しちだまぬ如《ぐとぅ》に　なりぬきゅらさ

今日《きゅ》ぬ誇《ふく》らしや　何時《いち》ゆりむまさる
何時《いち》ま今日《きゅ》ぬ如《ぐとぅ》に　あらち給《たぼ》り

くぬ家《ゐ》ぬうちな　祝好《ゆうえくぬ》でぃうきば
月《ちき》ぬ立《た》ちがわり　大祝《うゆうえ》ばかり

大祝事続《うゆうえぐとぅちじ》く　御世《みゆ》ぬ嬉《うれ》しさや
寄《ゆ》ゆる歳《とぅし》までむ　若《わか》くなるり

白髪年寄《しらぎぃとぅしゅ》りや　床《とぅく》ぬ前《みぇ》に飾《かざ》てぃ
吾《わ》きゃや下《した》さがてぃ　上《ぬぶ》り拝《うが》ま

親加那志御陰《うやがなしうかぎぃ》　きぇんげがりふでぃてぃ
親加那志事《うやがなしくとぅ》だ　粗粗《しゅしゅん》だ思《う》うめな

若正月《わかしょうぐわち》とぅりば　吾《わ》きゃや若《わか》げりゅり
年寄《とぅしゅ》る親《うや》ぬ　事《くとぅ》どぅ思《う》めで

童《われん》　ぐわぐとぅ考《かん》げてぃ　親《うや》ねぃ口《くち》しぎぃてぃ
ないじ肝《きむ》やみゅんし　吾《わ》どぅぬうくり

くぬ親類《きょで》ぐわ寄《ゆ》てぃ　何時遊《いちあし》でぃにちゃんが
いじゃる七月《しちぐわち》ぬ　なかぬ頃《くる》ぐわ

しまじまぬ親類《きょで》きゃ　まねぃまねぃどぅあしが
行逢《いきょ》ゆん　時《とぅき》ぐわちゅま　話《はな》ち戻《むどぅ》しゃ

泡盛《あわむり》ぬ御酒《うだきぃ》　吾一人飲《わちゅりぬ》まれるみぃ
吾《わ》みぃ愛《かな》しむじょとぅ　寄《ゆぅ》てぃ飲《ぬ》まで

正月《しょうがち》てな正月　待《ま》ちどぅ嬉《ほ》らしむぬ
正月いんにゃなりば　吾肝《わきむ》ぐるしゃ

正月《しょうがち》てな正月　那覇《なは》ぐだりやらち
またむ来年《やねぃ》正月　くみぃてぃ遊《あし》ば

四節　佐弁地域の正月歌

佐弁地域の正月歌の特徴は、一番から七番までは儀礼的な正月歌が歌われ、八番から十二番は、財力に関する歌詞や役人や神を招く歌詞で歌われている。

十三番から四十四番までは、「畦並《あぶしなら》べ」式の恋の歌掛けに展開している点が、本章に掲げた他の正月歌には見られない大きな特徴である。二十二番から四十四番までの歌詞は、日常の歌掛けの歌詞の歌い継ぎによる恋の歌掛けである。

儀礼的な正月歌から人や神を招く歌詞へと展開し、「畦並べ」式の恋の歌掛けに入る一連の流れで完結している正月歌である。

一　元日《ぐわんじち》の朝《しかま》
親城上《うやぐしくぬぶ》て

黄金玉杯　拝で仕出る

（歌意）元日の朝は親のお屋敷に上がって、正月の三つ重ねの杯で御神酒を戴いて退出しょう。

二　親がなし命　百歳《ひゃくさ》がて　願《ねご》て
円《まるさ》さしゆる石ぬ　長くなるんきや。

三　白髪年寄《としゆり》や　床《とく》の前に座《い》しめて
生し子《くわ》歌うとて　孫《まあが》踊る。

四　御祝事続《うゆくえぐとちじ》く
御代《みゆ》の嬉しさや
寄《ゆ》ゆる年までも　若くなりゆる。

五　若正月なれば　吾きゃや若返ゆり
年寄ゆる親ぬ　事が思えり。

（歌意）お正月になったら我々は若返るが、年をとった親が毎年、年を重ねていくことが思われる。

六　此殿地内《くんとぬち》に
祝《ゆわえ》着《ち》けて置《う》かば
月ぬ立代り　御祝《うゆえ》ばかり

（歌意）此の敷地の内にお祝いをつけ始めておくと、月の立代る毎にお祝事が続くのである。

七　此の殿地《とのち》　はんしゃれ
果報《かふ》な人《ちゅ》どやしぃが
米蔵《くめぐら》や腰しゃて
思《うめ》い子《ぐわ》前抱き

八　米蔵《くめぐら》ぬあたんてん
米《くめ》ぬいき延びゆめ　話ちいき延びゆし
初《はち》ぬ思《くめえ》い子《ぐわ》

（歌意）米蔵があっても米は気慰めにはならない、話して気慰めになるのは初の愛おしい子である。

九　原ぬ窪溜《くぶたまり》り　雨降ればたまる
降らじしゆて溜る　此処《くま》ぬ屋敷

（歌意）野原の窪地は雨が降ると水が溜まるが、雨が降らなくとも此の屋敷は財産が溜まる。

十　元日《がわんしいち》ぐゎぬ朝《しかま》　床向こてぃ見りば
裏白とをゆじる　飾りきゆらさ

十一　此《く》の屋敷内に　祝《ゆわえち》着けて置《う》ちゅち
三間切役役《やくやく》　招き寄《ゆ》せて
（歌意）此の屋敷の内でお祝いを始めて置いて、三間切《さんまきり》の役人を招き寄せてお祝いをすることにしよう。

十二　此《く》ぬ屋敷内に招き木《ぎ》や植えて
西東《にしひぎゃ》ぬ神や　招き寄《ゆ》せて。
（歌意）この屋敷の内に招く木を植えて、四方の神々を招き寄せて家を護りとしよう。

十三　わが庭ぬ　九年樹　枝持ちぬきゅらさ
わあやくめが妻ぬ　うさてきゅらさ

十四　白地衣《しるちぎん》ぐわきちゆて
新年《みどし》とりゆん夜《ゆる》や
心から姿若くなりゆり

十五　あたら正月那覇下りやらち
何時し来年《やーね》なとて新年《みどし》取りゅんが

十六　正月前やなゆり　肝や急がゆじ
急がゆる肝に　我手合わぬ

十七　正月前やなゆり　働らきゆめうない
わきゃや側寄とて　いやとぎしゃびら

十八　正月前やなゆり　働らきゆめらない
しの巻と　はたと　主と三人

十九　正月前やなゆり　正月衣《ぎん》ぬねらぬ
うないきゃよ　正月衣借らちたぼれ

二十　白髪年寄ぬ　ゆぬしとんじらゆめ
とんじたるたゆり　茶煮ち上せら

二十一　ゆるし（滅多に）とんじら（外出）らぬ
白髪年寄　とんじららばやちよん
お茶と煙草

二十二　島々の兄弟きゃまねかね　どやしぃが
いきよゆん時やちょんば　かけて話さ

二十三　此《く》の兄弟《きょうでん》きゃ揃《す》ろて

何時遊《あしぃ》で見《に》ちゃんが

二十四　去《いじゃ》る七月《ぐわち》ぬ
中ぬ十《と》日《わ》頃《ばえん》

二十五　七月《ぐわち》ぬ七日や　糸爪染め染めて
白紙に紋書ち　竹に振らす

二十六　わきゃや今われんぐわ　何時し花咲きゅんが
明けて二、三月　桜花咲こうよ

二十七　われんぐゎとじかめて　側寄れば泣きゅり
何時し抱きゅでち　寝頸抱きゅんが

二十八　ねんぐる持ち初め　夜ぬ暮れど待ちゅり
わきゃ使る旦那や　夜明け待ちゅり

二十九　瀬ばないる鳥や　満ちゅん潮や恨み
わきゃや暁ぬ　鳥ど恨みゅん

三十　しぃかま見ちだましぃ
よね見欲しゃやんむんぬ
いきゃし十日二十日　見らじうきゅんが

三十一　十日二十日見らじ　居とてよね見ちゃと
乳呑子ぬみ眉　見ちゃる心

三十二　柳朝露や　いぐ下りはらち
わ無蔵汗水や　わ胸ぐだり

三十三　から酒むたぼれ　あま酒もたぼれ
賜る程なれば　あま酒たぼれ

三十四　かん甘さんでう酒　わん一人飲まれゆめ
わまぇかなしむじょと　ゆろて飲まで

三十五　わまぇかなしむじょや　今頃やぬやしゅゆら
墨と筆持ちゅて　わ姿書ちゅらど

三十六　歌掛れ歌掛れ　七ち八ち掛けれ
七ち八ちがでや　易さと思り

三十七　うまんば謡口ぬ　此処ば謡口ぬ
互いに謡口ぬ　でっ勝負決ぇら

三十八　うまやうがさんがぇと
くまやわきゃ一人と歌掛れいちゃんてん
掛けぬなゆめ

三十九　此処に居る人きゃや　口きれてさらめ
まうれじんぬいんきゅめ　くくでさらめ

四十　まうれじんぬいんぎゅめ
くくみ欲しゃやしぃが
わ親うとろしゃぬくくならぬ

四十一　歌うとゆんむんてんな　歌ぬどれしゅゆめ
肝ぬ花咲ちど　どれんばしゅゆめ

四十二　歌や高たかと　波ぬ花如に
わんどに柔やわと　着くがかなしゃ

四十三　此間がで吾声　かね声どしゅたんで
此間風邪引きれ　吾声かれて（註七）

新年に高齢者を回礼し、祝意と敬意を表すという、これらのシマ唄に相当する歌が、『万葉集』では賀の歌として収載されている。

新年の賀の歌で、新年を祝うとともに主君の長寿繁栄を祈念している。

『万葉集』の正月歌

足ひきの　山の木末《こぬれ》の　ほよ取りて
かざしつらくは　千年ほくとぞ（四一三七）

（口語訳）山の梢のほよ（ヤドリギ）を取ってかざしにしたのは、千年の命を祝ってのことだ。

新しき　年の初めに　思ふどち　い群れて居れば　嬉しくもあるか　巻十九（四二八四）

（口語訳）新しい年の初めに親しい同士が集い会っていると、なんと嬉しいことか。

五節　儀礼的な正月歌の共通歌詞

一　御祝事続《うゆくえぐとちじ》く
御代《みゆ》の嬉しさや
寄《ゆ》ゆる年までも　若くなりゆる

二　親がなし命　百歳《ひゃくさ》がて願《ねご》て
円《まるさ》さしゅる石ぬ　うなるんきや

三　此遊立て家《や》かち戻らゆめ
明日《あちゃ》の太陽《てだ》がなし上がるまで

四　髪年寄りの、ゆみしとんじらゆめ
とんじたるたより、茶煮ち上さ

五　うりた、わきゃ、よろうて
何時遊ごみちゃんが去《いじゃ》る七月の中の十日の頃

六　六十一願うて　七十三も願うて
八十三願うて九十九まで

七　白髪年寄りや、床の前に居せて
生《な》し子《くわ》歌うたうて 孫《まあが》踊る

八　今日の福来《ふくら》しゃや、何時よりも勝て
何時も今日のごとあらちたぼれ

九　元日の朝床向うて見れば
裏白と餅と飾りぎゅらさ

十　あたらきゃぬ正月那覇下りやらち
何時し来年《やーね》なて新年《みどし》取りゅんが

十一　白髪年方や床の前に寄せて、
吾ぬや下さがて拝がておつせろ

十二　此の殿地《とのち》　はんしゃれ　果報《かフ》な人《チュ》どやしぃが
米蔵《くめぐら》や前なち　床やうしゃで

十三　白地着物《しるじぎん》ぐわ着ちゅて
新年取る夜や　心から姿　若くなりゅり

十四　若さ正月すれば吾きや若くなりゆり
年寄りゅる親ぬことど思めり

共通歌詞で正月歌を継ぐと次の様な歌詞の歌曲になる。

一（九）　元日《ぐわんじち》の朝床向うて見れば
裏白と餅と飾りぎゅらさ

二（十一）白髪年方や床の前に寄せて
吾ぬや下さがて拝がておつせろ
三（七）白髪年寄りや、床の前に居せて
生《な》し子歌《くわ》うたうて 孫《まあが》踊る

四（一）御祝事続《うゆくえぐとちじ》く
御代《みゆ》の嬉しさや　寄《ゆ》ゆる年までも
若くなりゆる

五（二）親がなし命　百歳《ひゃくさ》がて願《ねご》て
円《まるさ》さしゅる石ぬ　うなるんきや

六（十三）白地着物《しるじぎん》ぐわ着ちゅて
新年取る夜や　心から姿　若くなりゅり

七（六）六十一願うて　七十三も願うて
八十三願うて九十九まで

八（八）今日の福来《ふくら》しゃや
何時よりも勝て
何時も今日のごとあらちたぼれ。
九（五）うりた、わきゃ、よろうて
何時遊ごみちゃんが
去《いじゃ》る七月の中の十日の頃

十（三）此遊立て家《や》かち戻らゆめ
明日《あちゃ》の太陽《てだ》がなし上がるまで

十一（十四）若さ正月すれば吾きや若くなりゆり
年寄りゅる親ぬことど思めり

十二（十）あたらきゃぬ正月那覇下りやらち
何時し来年《やーね》なて新年《みどし》取りゅんが

以上の儀礼的な歌詞で席の雰囲気によって、恋の歌へと即興の歌掛けが展開されるが、場のタイミング、特に長老格の退場や時間的な関わり「カママワリ」にかかっている。

六節　むすび

奄美においては、かつて、正月や節句などには若者たちが寄り集まって「歌掛け」が行われていた。歌の引導者にあたる古老が座敷の中央に位置して、両側に男女が向き合って座り、古老の出題した歌に掛け合い、返歌ができない者が負けとなる。

マンカイは男女が二列に向き合って並んで座り、歌の上の句に対して下の句で対応しながら招くしぐさの手舞をする。徳之島の斎唱歌の「畦並べ《あぶし》」形式の正月歌の歌掛けと類似している。

このようなシマ唄は多々あるが、心から湧き出る歌詞を歌曲にして歌い継いだ先人達の詩的感性の高さには、驚きと敬意を覚えざるを得ない。改めてシマ唄の背景にある歴史の深みを知るところである。島の人々の伝統的とされる「きもぎょらさ」の原点は、シマ唄の中に時空を超えて息づいている。奄美においては、シマ唄は歌半学といわれているが、その点では生きるためのバイブルであるといえよう。

註

一 『奄美郷土史選集・第一巻・徳之島小史』より共通歌詞を引用。また、「正月歌の如きは、極めて淡々泊々たる戯作的の作歌なるも、其の背景には、確かに優逸なる情趣あり。」と述べている。

二 前掲

三 二〇〇六年三月二十一日から二十六日に、現地調査で収集した資料及び集録した正月歌や聞き書きから。

四 『阿権の今昔』より参考

五 「わきゃが　島ぬ唄」より参考

六 上野善良氏より聞き取り

七 「徳之島の唄と踊」より参考

参考文献

坂井友直『奄美郷土史選集』復刻版　国書刊行会　一九九二年
幸田宗行『阿権の今昔』自版
仲島弘毅「わきゃが　島ぬ唄」自版
赤崎盛林「徳之島の唄と踊」
三上絢子「研究ノート」

第五部　八月踊り歌に見る意義

第十一章　地域にみる八月踊り歌の形式の相違

一節　伝統文化の歴史的背景

わが国の古典文献の『古事記』『日本書紀』『風土記』などに歌掛けの断片がみられ、『万葉集』は歌垣と呼ばれる多くの歌が知られている。

これらの古典文献は過去に編纂されて現在に存在しているが、これらの文献や琉球の「おもろそうし」のように、奄美のシマ唄は過去に編纂されたことはなく、古から伝統文化として時空を超えて口承されている。

歌垣は、特に春などの定められた日に男女が集い、そこから発展して恋愛関係になる場合もあった(註一)。もちろん求愛歌のみならず、創世神話歌、収穫歌、五穀豊穣祈願と感謝の労働歌、葬祭歌、争いごとの和解歌など、人間関係に関わることを歌に託している。

古代の日本では、特定の日時に主に山、海浜、川辺や市などに老若男女が集い、共に飲食をしながら、歌を掛け合う信仰的な傾向のある行事として歌垣が催されている。

わが国は、六三〇年に遣唐使を派遣した。唐の制度や文化は、平城京に大きな影響をおよぼしている。歌垣は、七三四年には平城京の朱雀門前で男女が向き合って催されている。貴族達によって宮廷行事に取り込まれ、宮廷での歌合に移行したともいわれている。

歌垣は、かつて東南アジア、中国南部の照葉樹林地域において広く見られた貴重な文化遺産である。その中で今も奄美の「歌掛け」は、奄美の各集落に継承されて、強い絆を結ぶ役割を担っている。

「歌掛け」は、八月踊り歌や歌遊びなど行事の中心をなし、年中行事と共に生活の中で育まれ、参加者が一体となり楽しまれている。特に「八月踊り歌」は、地域社会の集団で行われるコミュニケーションの貴重な場を作っている。

一人ないし複数で行われる「うたあしび」と呼ばれている歌会は、日常の生活の中で、一人で癒し歌として自問自答の形式で行われる場合もあるが、仲間内で絆を強めながらの憩いの場をつくり、あるいは客迎えに行われていた。一般的にここで歌われる歌をひとくくりしてシマ唄と呼称されている。

奄美諸島に関わる記述としては、幕末の薩摩藩士名越佐源太によって記された『南島雑話』に、奄美民俗記録の一部分として「八月踊り」が掲げられている。

奄美諸島は、十五世紀半ばから一六〇九年までは琉球王朝に属し、大親役と呼ばれる全島のたばね役が島政に携わっていた。この大親役時代を奄美では琉球王朝時代、すなわち那覇世とも呼称している。

一六〇九年（慶長十四年）の島津氏琉球征伐後は薩摩藩に属し、元和二年に大親役は廃止された。薩摩藩は代官を配置して、行政区分の間切り、あつかい毎に与人以下の役人を配置して島を治めた。この二百六十年にわたる島津藩政時代を、奄美では代官時代・大和世と呼称している。

こうした歴史的背景によって、わきゃシマ（自分達の集落）を、隣接したシマであっても他所のシマと区別がなされ、さらに海に隔てられ山で遮られていたために、小宇宙的な空間で独自の文化が形成されてきた。その影響もあって隣接したシマとは、習慣や言語、歌謡などにも差異がみられる。このことは、奄美の各地域で共通歌詞として親しまれている次の歌の歌詞からも伺い知れる。

けさぬ　うやほじぬ　しまたてぬ　わるさ
かながしま　わしま　まぎりわかち

この歌は、島造りの神の間切りが悪いために、愛しい人と隔たりができ、恋が成就できないのだと歌っている。

明治近代化に入ると、数百年に及んだ奄美の代官制は廃止される。

二節　祖霊信仰と稲作文化

八月踊りは、島々の生活にとって稲の収穫おわりの折り目、アラセチ（新節）、シバサシ、ドンガの祭りの中で行われ豊穣を感謝する。

各家では、先祖神を迎えて高祖祭を行い、来年の稲作の豊穣祈願をする。シマ唄は、八月踊りや祭事や行事の中心をなし、年中行事とともに生活の中で育まれ、また、歌が上手とか下手とかは関係なく、その場にいる者が一体になり自分達で楽しむことに深い意義をもっている。シマ唄は奄美の多様性と深みに彩りを添えている。

八月踊り祭事の儀礼的歌「おぼこり」

おぼこりどやよろ　果報《かふ》しゃげどやよろ
来年《やね》ぬ稲《にに》がなし　畔畔枕《あぶしあぶしまくら》

（歌意）ありがとうございます。果報なことです。来年の稲神様、すべての畔を稲が枕をするように実りますように。感謝と祈願がうたわれている。

今年年がなし　果報《かふ》な年がなし
道ぬ白砂ぬ真米《まくめ》なりゆり

（歌意）今年の稲魂様、果報な稲魂様。道の白砂が真っ白な、お米になりますように。祭りにおける集団の歌掛けに、神と農耕生活が象徴的に歌われている。

年中行事の集団による八月踊り歌は、歌唱システムが存在している。数多い歌謡には元歌があり、それに比例して踊り方も数多くある。元歌は共通歌詞に組み込まれて、そこから幾通りもの歌曲が生成される。「歌掛け」で、上の句にすかさず下の句を掛ける対応を可能にするためには、共通歌詞が重要であり、それを各々が自分の歌袋に納めていることである。

歌唱システムの特徴として、上の句十六、下の句十四の三十文字から生成され、八八八六の句の組み合わせは、三音と五音から構成されている。

『奄美民謡大観』は、歌唱システムについて次の様に分析をしている。

奄美民謡や琉歌にはおわりの三、三を除いて他は種々に変化して音節上の妙味を発揮している。

奄美民謡の歌詞の上から変化の例として、

しまや　三
だぬしまも　五
かわりぎや　五
ねらぬ　三
みずに　三
ひかされて　五

ことば　三
かわろ　三
いけぬ上ぬ　五
とのち　三
あとや　三
もりぐすく　五
まえぬ　三
たかやまに　五
ちるぬ　三
まゆり　三

さにじ　三
さぬまれて　五
やにじ　三
やまされて　五
あたら　三
ぎしなをば　五
みちに　三
たてて　三

あれればも　五
たちゅり　三

とれればも　五
たちゅり　三
たちまさり　五
まさり　三
しゅやぬ　三
けぶし　三

たまこがね　五
うやや　三
なしど　三
なされゆる　五
きもたまし　五
ちれて　三
なしや　三
ならぬ　三

けさぬ　三
うやほじぬ　五
しまたてぬ　五
わるさ　三
ながしま　五
わしま　三

かながしま　五
わしま　三
まぎり　三
わかち　三

以上を次に表記すると、

第一類	三	五	三	五	五	三三三
第二類	五	三	五	三	三	五三三
第三類	三	五	五	三	三	五三三
第四類	五	三	三	五	三	五三三
第五類	三	五	三	五	三	五三三
第六類	五	三	五	三	五	三三三
第七類	五	三	三	五	五	三三三
第八類	三	五	五	三	五	三三三

八種類の変化公式を示すことができる（註二）。

奄美の歌は三十音であるが、だが、固定せずに自由に変化させて、文字余りを歌い上げているところが、シマ唄の醍醐味といえよう。

奄美の八月踊り歌は、奄美諸島全域において行われる収穫の年中行事で歌われる。そこには、稲作を基盤とした信仰儀礼が見られ、それを執り行ったのが琉球王朝時代からのノロと呼ばれる司祭者であった。

ノロは稲魂への祭祀を実施し、稲魂を招く役割を果たし、年中行事の八月踊りはこの祭祀を受けて形成されている。また、八月踊り歌の起源は、氏神祭り、ノロの祭りが集団の踊り歌へと展開、集落の悪霊払い（火の神祭り）、豊年感謝と豊作祈願の祭り、先祖祭りなどの諸説がある。

ノロを中心とした古典の祭りが色濃く継がれているのは「平瀬マンカイ」の祭りである。早朝に集落の田袋を見渡せる山で、ショチョガマの祭りが行われる。その日の夕方、大海原に広がる海岸の二つの神岩にノロとグジが登り、彼方から神を招くノロとグジの歌掛け、グジと役職者の歌掛けが執り行なわれ、一同は神岩から降りて、八月踊り「スス玉踊り」を歌い踊り、神をお供して、集落の広場（註三）に神とともに移動し、集落住民一同による八月踊りが盛大に行われる。

八月踊りは、本土の正月に相当するアラセツ（新節）、旧暦八月のヒノエの日に、先祖の供養と稲霊や万物の神々に豊穣の感謝を祈願し、海の彼方から神を迎えて饗宴を共に行う祭りである。

信仰と稲作文化が一体となり、稲作を中心軸として年中行事が行われている。祭りは儀礼的な「歌掛け」から集団による「歌掛け」へと展開する。稲作を軸にして、「歌掛け」の体系は保持されて、「稲」に焦点を当てて検討することによって、その重要性が明瞭となる。

おぼこりど　やよる　果報しゃらど　やよる
来年ぬ稲がなし　あぶし枕
（歌意）今年の豊作を感謝いたします。しあわせなことです。来年の稲作も全ての田圃が豊年でありますように祈願いたします。黄金色の実をつけた稲が田圃の畦にたわわに覆うほどに豊作でありますように。

八月踊りは、年中行事の収穫祭の一環として各集落でとり行われ、その地域の独自性を持つ歌詞と曲、踊りで行われ、各地域によって祭りの様式も異なるが、稲作を軸とした祭りの意義は同じである。神を迎え、神と共に過ごし、神を送るというシステムで祭りがとり行われる。

八月踊り歌の歌詞は大部分が共通歌詞として用いられていて、最初に儀礼的な歌から始まり、恋歌へと展開している。このことは、稲の結実を物語る意義深い形容で、神を迎えて人々の感謝と祈願が込められている。「歌掛け」の代表的な八月踊り歌は、神祭りとしての最大の人々のおもいが込められて歌い継がれている。

八月踊り行事は、旧暦八月に行われ「三八月《みはちがつ》」とも呼称され、この日は火の神の祭りといわれる。柴差《しばさ》しは、新節

「八月踊り」『南島雑話』より

から七日後の甲の日に行われ、土の神の祭りである。どんがは、柴差し後の甲の日に行われる水の神の祭りで、三つの神祭りに区分されている。

アラセチ祭りの歌詞には、

島ぬいべがなし　島守てたぼれ　七日七夜祝ておせろ
西からもゆりゅり　東《ひぎゃ》からもゆりゅり
西ひぎゃぬ稲魂《にやだま》　ゆるなゆりゅり

とあり、集落の守護と稲魂の招き寄せが歌われている。奄美大島において、島とは集落のことであり「シマ」あるいは「ムラ」、「部落」とも呼称し、共同生活を営む一単位を意味している。

言語（方言）やイントネーションが各シマによって異なり、シマ唄は集落独自の歌詞、歌い方、踊り方で、伝統的な「シマ」文化の独自性をもっている。シマ社会は地域によって「海のかなたの浄土ニライカナイ信仰と稲作文化」、「祖霊信仰と稲作文化」とに区分されるが、いずれも信仰と稲作文化が一体となっている。また、シマの自然に対して「万物に神が宿る」という畏敬の念が生活者達の固い絆を構築している。

「八月踊り」『南島雑話』より

節日節目に、集落の生活の中の「身近な神々」と、祭りのときに訪れる「ニライカナイからの来訪神」とを迎えてシマの人々の世界観による神聖な稲作の収穫感謝祭を執り行なう。

　年中行事は、神を迎える信仰的な神秘性を内包しており、感謝と祈願を込めた歓びを集団による八月踊り歌の「歌掛け」に表現している。

　「歌掛け」は、儀礼的な歌詞から恋の歌詞へと展開し、各集落の独自性をもつ方言によって歌い方に特徴がある。

　奄美諸島の歌謡文化を大きく区分すると、かさん歌（笠利方面）、ひぎゃ歌（瀬戸内を中心にその周辺村落）、徳之島歌（徳之島三町。徳之島節ともいう）が特徴的である（註四）。

　奄美シマ唄の歌謡群の中で、独詠歌の「流れ歌」や徳之島独自といわれる「口説」、教訓歌、仕事歌、恋歌、祝い歌などを含め、また「癒し歌（一般的には、あしび歌と呼称されている）」といわれる中の掛け合い歌に至るまで、総てが物語性で形成されている。

　その物語性の歌の原点が八月踊り歌である。物語性とは、一つの事柄の成り行きを順序だてて説明することである。田圃の畦の整備からはじまって、稲の種蒔・豊作祈願・収穫と、一連の締め括りに執り行われる年中行事である。八月踊りは、集団の「歌掛け」が、リーダーの打ち出しの歌に従って、対応するシステムがとられる。

三節　儀礼的八月踊り歌の特質

　奄美の「歌掛け」の代表格は集団による八月踊り歌で、各地域の特質がみられ年中行事で、現存している稲作儀礼の「歌掛け」文化である。

八月踊り歌の歌掛けにみる教訓歌

鳳仙ぬ花や　手ぬ先に染めて
親ぬ教訓《ゆしぐと》や　肝に染めて

（歌意）植物の花は鮮やかにツメに染まる（かっては、おしゃれでツメに染めたものである）。親の教えは尊いものであるから、しっかり従って心にとめておきなさい。わが子に無駄な教えは決してしないものである。

鶏ぬ卵　二十日夜に孵化《しれ》る
二十日抱せ抜けば　羽ぬ生て飛びゅり（註五）

（歌意）鶏の卵は母どりの深い愛にいだかれて、二十日で孵化し自力で餌を啄ばむヒヨコになり、立派な鶏に育ち羽ばたくのだと歌っている。

人間も成人したら親を頼らずに自立せよ、鶏は二十日、人間は二十年で自立する。たくましく自立する鶏に思いを託した先人の知恵の結晶とも言える教訓歌である。

玉黄金親《たまくがねうや》や　生《なあ》しど生さりゅる
影《かぎえ》　魂連《たましつぇ》れてぃ　生しゃならぬ

（歌意）親はわが子を産むことはできるが、知恵をつけて生むことはできない。子供は成長するにしたがって、自分で努力して知恵は身につけるものである。

奄美の歌には、恋歌も多々あるが、教訓歌も深い愛情のこもった歌詞で、八月踊り歌やシマ唄の歌掛けで歌われ、踊り曲は、四十～五十種類あると推測され、太鼓の律動を基調に集落によって、踊りの形式が異なる。

特徴として、集落の独自の歌曲を組み込んでいる。

例えば、徳之島阿権地域では、かつて実在していた出身人物「直富主」を歌い、他の地域においても人物のストーリーや地域の特徴、あるいは地名などを歌い込む歌などが、八月踊り歌に多く歌われ、共通歌詞へと継ぎ、次第に恋の歌へと展開する内容で構成されている。

徳之島阿権地域の代表的な共通歌詞

道ばたのさしゃ袖ふりばちかる
わきゃもさしなとて、ちかりぼしゃ

雨降らせ降らせ我庭に　想女が涙と思うて
濡れら思《うめ》ん思んち云ちゃんてな、
我しこやねらん、我しこあれば通うて来まし

咲んちする花や咲かせばど、よたさ
さほれ花さかちぬやく立ちゅんが

（歌意）好き同士は一緒にさせた方がいい、そうすることで子孫も繁栄するのだ。

千年からさちみらん　花ぬさちゅうり
やねぬ二、三月　わきゃやぬ庭かち
さかしみたさ

（歌意）千年も咲いたことがない花が咲いている、来年の二、三月には、自分の庭に咲かしてみたい。このような意味であるが、今日まで見たことがないような麗人をみた。来年の春に自分のお嫁さんになってくれ

ないだろうか。この歌には、ひた向きな男性の心情がうたわれている。

道歌・八八八六調（徳之島の時の歌人の作）

れんげ花心、肝もたなわらべ
慾垢のつかば、洗てすてよ

春や花ざかり、夏風の童
秋はてて冬の、きょらとめば
とひろ屋に住まへ、はて屋に住まへ
肝と肝きらめ、按司も下も（註六）

四節　歌の背景に歴史がみえる

藩支配時代には、集落間の移動も厳しく制限を受けていたために、同じ言葉や歌が集落ごとに異なる状態が生じているともいわれ、人々に認知されている奄美の哀調のこもったシマ唄は、薩摩支配下の圧政から歌われたとも言われている。

特に瀬戸内地域は、藩政時代から黒糖生産の重要な地域で、黒糖にまつわる苦難の歴史が色濃く、集落まるごとヤンチュ（下男下女）になった集落もあり、ヤンチュの悲劇を歌ったシマ唄が数多く残されている。その時代における奄美の代表的なシマ唄として、瀬戸内地域には「かんつめ節」「むちゃかな節」「梅に主」などがあり、古志集落の八月踊り歌では次の歌詞が歌われていたが、時代とともに自然消滅している。

年はとぅていきゅり　先はさだまらぬ、
くびねぬねん　きんきちヤンチュのみあわれ
クッカルー（註七）

（歌意）年はとっていくが、これから先の人生に望みはもてない。ヤンチュ用の首の部分に穴の開いた膝上の着衣に麻縄を結ぶ。簡素な赤茶けた着衣で、ヤンチュという身分は哀れだ、クッカルーと歌われている。

クッカルーとは、奄美の野鳥（アカショウビン）の鳴き声で、大空を自由に飛んでいる鳥に、おもいを馳せているのだろうか。

また、奄美には黒糖生産の圧政に関わる歌に「宇宿ガジマルの歌」、「サタ作りの歌」、「ヤンチュの歌」などがある。それらの歌詞の背景には黒糖生産の苦難の歴史が伺い知れる。

古志の仕事歌

長月ぬ太陽やよはれ
夜ぬ暮れど待ちゅり
ハレ何時が夜ぬ暮れて
ヨハレ吾自由なりゆり
長月ぬ切りやがりよ
ハレ沖や凪れ凪れと
七離れぬ晴れてよはれ
七離れぬ晴れて見ゆり（註八）

旧の九月頃太陽が早く沈んで、日が暮れるのが待ちどうしい、早く夜になれば自由になれる、人間でありながら牛馬のように酷使され、自由を奪われヤンチュ（家人）の哀れさよ、と古志の仕事歌に歌われている。

このような歴史的背景をもつ歌は、各集落の中での暮らしから生まれ、伝承されている。

本著で取り上げている集団による八月踊り歌は、奄美において伝統文化として長い歴史の中で伝承され、現在も島民の生活のなかで馴染まれている年中行事である。

八月踊りは、集落の全員が参加して行われ、リーダーの「打ち出し」に導かれ、太鼓に合わせて老若男女が歌を掛け合いつつ踊りながら、家々を回り夜どうしつづけられる。

各集落の人々の心の根底には、共有された信仰性が根付いている。節目の「ハレ」の日には重要な行事として盛大に、一方、コミュニケーションの場としても年中行事は形成されている。

奄美の伝統文化を特徴づけるものには、もう一つ祭りの八月踊りの締めに踊られる「六調」（ろくちょう）がある。「六調」は、歌に合わせて自由に踊る基本的には手踊りで、輪を作って仲間の見える内側を向いて楽しく、全員参加で賑やかに行なわれるのが特徴的である。

歌詞の例

ありがとうございます。果報なことです
私の嫁にくる人は、真米を抱きます
今年世は一倉、来年は二倉、再来年は
三倉になりますように

（歌意）豊作に対して感謝とよろこびを表現し、独身の男性が嫁に来る人には、不自由はさせないよと呼びかけ、これからの先々も米倉が二倉、三倉になるようにと豊穣祈願している。

来年の稲がなし、あぶしまくら（畦枕）（註九）、
今年の稲がなし果報な年がなし
道の笹草が真米になりますように

（歌意）来年の稲神様、田圃の畦を稲穂が枕をしているが如く、覆いかぶさり稔りますように、今年の尊い稲神様、路上の雑草までも、新米になるように。豊作を祈願している。

神祭りに相応しい歌が、男女の歌掛けで上の句に繋がる下の句を組み込みながら歌われる。特に奄美大島においては次の歌詞等が主に歌い継がれている。

こん殿内うちや庭広さやしが
お庭片隅にいわておせろ
庭ぬ上ぬ殿内あとや森ぐすく
前ぬ高山に鶴ぬ舞ゆり

徳之島では、夏目踊りまたは七月踊りと呼称される祭りがある。豊作祈願に各戸を順次に歌いながら回り、中庭では男が中の輪で、それを囲い込むように女が外輪になり、二重あるいは三重の輪がつくられる。太鼓を鳴らしながら歌い、手踊りをしながら徐々に歌曲のリズムが速まると、熱気が高まり押し合うようになる。やがて「あったら七月」を歌いながら中心で一つの群れになる。

あったら七月《しちぐゎち》

あったら七月《しちぐゎち》や　新冬《みふゆ》なしゅしぬき
加那が歳《とぅし》　吾歳　寄《ゆ》らしゅしぬき
寄ゆる歳《とぅし》　戻《むどぅ》てぃ　若くなられるみぃ
ただ遊《あし》でぃみんしょり　夢《ゆみぃ》ぬ浮世《うきぃゆ》

あぶし並べ

①

一　はちぐわちぬせちや
よりもどりもどり
かながとしわどし
よらすしのき

（歌意）八月の節は、寄り戻り戻りする。加那（恋人）の年と吾が年が、寄って行くのが悲しい。

二　かながとしわどし
しまたほこやしが
あとうきゃにしれば
こよしたぼれ
（歌意）加那が年と吾が年は、シマタホコであるから、後はどうなろうと、お越しください。

三　なをきゃをりせちと
あしぼやまとめば
なまぬほこらしゃや
なをきゃほこらしゃや
（歌意）ナヲキャ折節と、遊べるかと思うと、今の嬉しさは、なおも嬉しくなる。

四　なまぬほこらしゃや
ものにたとゆれば
てみぬしらくもば
とぅたるごとに
（歌意）今の嬉しさは、ものに譬えれば、天の白雲を、取ったごとくである。

五　しらくもやまさり
かぜちれていきゅり
わぬやぬばちりゅり
かなどぅちれりょ
（歌意）白雲がまさりだ。風を連れて行く。吾は何を連れようか、加那を連れよう。

六　かなみりがいきぃば
かなやあしごまり
わぬやすとぅむぐり
なぜどむどる
（歌意）加那を見にいったら、彼女は臥床に籠もっている。吾は外をぐるぐる巡って、泣いて帰る。

七　すばやどばあけて
かなまちゅるゆるっゃ
ゆあらしやしぎく
かなやみりゃぬ
（歌意）側屋戸を開けて、加那を待つ夜は、夜の嵐は激しいし、彼氏は見えやせぬ。

②

一
うてばうちぶしゃや
ゆなりするちぢみ
ゆればゆりぶしゃや
かながおそば
（歌意）叩くほどに叩きたいのは、夜鳴りする太鼓である。寄れば寄るほどに寄りたいのは加那のお側である。

二
おそばゆてからや
すだしよりまさり
うしろかろがろと
いもれそしら
（歌意）お側に寄ったからには、添うたよりまさっている。後に心残りなく、お帰りなさい旦那様。

三
うしろかろがろと
いきぶしゃややしが
いちどすまだなや
むどうりならぬ
（歌意）後に心残りなく、行き度くはあるが、一度添わずしては、戻り難い。

四
いちどすむがでや
ゆきみじぬごころ
にどとゆでからど
わたまこがね
（歌意）一度添うまでは、雪水のような淡いもの。二度添うてからこそ、吾が玉黄金である。

五
たまこがねすめば
わどぬたまこがね
そそなきゃすめば
わどぬそそな
（歌意）玉黄金に交われば、我が身も玉黄金になる。粗雑なあなたに交われば、私も粗雑になる。

③

一
うであげれあげれ
あやはじきをぅがも
むねあけれあけれ
たまじをぅがも
（歌意）腕上げれ上げれ、綾ハジキ（入墨）を拝しましょう。胸を開けなさい。玉の乳房を拝しましょう。

二　たまじかちむれば
すだしよりまさり
うしろかろかろと
いもれそしら
（歌意）玉の乳房を掴んだからには、添うたよりもまさる。後に心残りなく軽々と、お帰りなさい。

一　歌かわそかわそ
ふしかわそかわそ
うたぬかわればどぅ
ふしもかわる
（歌意）歌を変えよう変えよう。節を変えよう変えよう。歌が変わればこそ、節も変わるのだ。

二　かわそかわぬぶり
かなとぅめていきぇば
ふらぬなちぐれぬ
わすでぬらし
（歌意）川伝い川下りに、加那を探し求めて行くと、降らない夏雨が、吾が袖を濡らした。

三　ながれこぬみじに
さくらばなうけて
いろぎょらさあてど
しくてみしゃる
（歌意）流れ川の水に、サクラ花を浮かせ、色の美しさに、掬ってみた。

四　あんはなぬきょらさ
こぅんはなぬきょらさ
たげにまんききょらさ
そろてきょらさ
（歌意）あの花は美しい。この花は美しい。互いに招き美しく、揃って美しい（註十）。

五節　むすび

奄美のシマ唄は「歌掛け」の形式によるものが多く、即興の見事さの中に情緒と知的感覚の高さがみられ、古くからの伝統文化が継承されて、また奄美の人々の歴史が濃厚に息づいている。そのような文化はわが国の基層文化の面からも貴重で、奄美の誇るべき文化である。

「歌掛け」の代表的な八月踊り歌では、地域によって言語や歌の形式が異なり独自性が見られるが、稲霊様への豊穣感謝と豊穣祈願と、稲作文化に対する概念は同じである。神とよろこびを共有する祭りでは、儀礼的な歌詞から男女の恋の歌詞へと展開する特質がある。それは稲霊様に豊作祈願することによって、稲の結実をうながす思いが込められている。

奄美諸島の「歌掛け」は、日本の歌の形成過程を明らかにするキーポイントが内包されている。

歌掛け文化は日本人の心の深層にある文化意識を思い起こさせる魅力をもつ。奄美の文化特性の一つである「歌掛け」を継承・保存することは「奄美の自律と自立」にとっても有益である。

註

一 著者が、徳之島調査の折に『徳之島の民俗一』の著者、松山秀光氏の以下の談話を得た。「徳之島の「浜ウリ」行事は、稲神様が田圃の稲の結実をする頃合いに静かにするために行われる。集落中が海辺に小屋を建て、鍋釜を取り付けて飲食し、寝泊りをする。その晩は、神が許した夜ということで、男女が交わりも行われ、後に女性に子供が誕生しても集落中が見守り、育ったら誰の子か顔でわかると温かく手助けをした」

二 『奄美民謡大観』五七〜六〇頁の奄美民謡の特質を引用する。

三 集落には、かつてのノロ屋敷跡が保存されている地域もあり、広場として活用されている。また、わずかだが建物も保存されている地域もある。八月踊りの行事は、ノロを中心に執り行なわれたことが、長い歴史を超えて精神的に継がれている。そのことが、信仰心は別として、集落の人々を束ねる強い絆となっている。

四 歌い手によって、節まわしが変調されている場合も多々ある。歌者の坪山豊氏は「徳之島節及びかさん歌は、節まわしにも地域の特徴があり、元歌に近いので大事に伝承してほしい」と語っている。

五 奥山恒満による「にわとり卵」は、名瀬大川地区の西田集落にのみ存在する歌と踊りとのことで、資料として参考にさせていただきました。

六 『奄美郷土史選集・第一巻』徳之島小史より引用。

七 松田清氏が南海日日新聞東京支社（所在地・新橋）のジャーナリスト時代（一九七六年頃）、瀬戸内古志集落郷友会開催に招かれ時に聞いた歌である。「地域独自の八月踊り歌の歌詞には、古志集落における苦難の歴史的背景が色濃く伺えて、胸が熱くなった」と語っている。その後、この歌詞の歌は集落では自然に歌われなくなっている。筆者が瀬戸内町古志集落の調査の折に、古老たちに聞き取りを行ったが触れることはできなかった。

八　古志仕事歌　二二〇頁

九　あぶしまくら（畦枕）とは、田圃の畦を稲穂が枕をしているように、覆いかぶさり実る豊穣の様を表現している。

十　『南島歌謡大成Ⅴ奄美篇』より引用

参考文献

国分直一・恵良宏校注『南島雑話』平凡社　一九八四年

田畑英勝・亀井勝信・外間守善編『南島歌謡大成Ⅴ奄美篇』角川書店

日本放送協会編『日本民謡大観（奄美・沖縄）』奄美諸島編　一九九三年

文英吉『奄美民謡大観』発行者・文紀雄　一九六五年

坂井友直編著『奄美郷土史選集・第一巻』徳之島小史　国書刊行会

松山秀光『徳之島の民俗一』未来社　二〇〇四年

『徳之島の七月踊り唄』徳之島町合併三〇周年記念事業実行委員会

『古志部落誌　古さとを語る』瀬戸内町教育委員会　一九八〇年

『きょらじま・かさん』名瀬在住大笠利郷友会創立四〇周年記念誌　一九八八年

三上絢子「研究ノート」

第十二章　笠利地域の年中行事

一節　はじめに

八月踊りの起源は、祭神の舞踊りで氏神祭り、ノロの祭りが集団の踊りへと移行したといわれる。悪霊払い（火の神祭り）の踊り、豊年感謝と豊作祈願の祭りである。

また、一年内に死者のあった家は、アラセチに高祖祭り、先祖祭りがなされる（お初に赤飯・神酒・さかなを供える）。

三八月《みはち》の祭りは神遊びの日とされ、神を迎える歓迎の踊りが八月踊りとされる。八月の初めの丙の日が新節（アラセチ）で、火の祭りである。前日に八月踊りが始まる。

島のいびがなし　島守てたぼれ

七日七夜祝ておせろ
踊らなうれば　シマや山なりゅり
でぃわきゃほりたてて　踊てとゆも
西からもゆりゅり　東《ひぎゃ》からも　ゆりゅり
西ひぎゃぬ稲魂《にゃだま》　ゆるなゆりゅり

新節（アラセチ）の八月踊りは、島の安泰と豊年感謝と豊作祈願で、祝ってあげます、と歌われている。

新節（アラセチ）の日から七日目のミズノエの日は、水の神祭りシバサシである。

節とシバサシや　七日へざめりゅり
きもしゃげぬかなと　ぬへだめりゅり

新節もいきゅり　シバサシもいきゅり
いつ戻てきゃおろ　やねぬこがね

水の神祭りは、各家では墓参、軒下にススキを指す。門前でわら火をたくなどする（註一）。

ドンガは、シバサシのあとキノエネの日に行われ、害虫やネズミの害を防ぐためといわれ「ネコぬうらだな　わ自由わ自由」とネズミが歌って踊っているという説もある。

いきはてぬドンガン　なりはてぬ鼓
やねぬ新節に　おわておしょろ

アラセチ、シバサシ、ドンガの祭りによって、八月の祝い納めである。

二節　大笠利集落の組織による地区割

大笠利集落は、奄美大島北部の太平洋側に位置し、人口は約一千人で一区の城前地区、二区の里前地区、三区の金久地区から構成され、年中行事の八月踊りの時期になると帰郷する人達も多く、奄美大島において人口の多い地域である。

大笠利地域の八月踊り歌は、最も伝統的な歌が伝承されて遺っており貴重である。

大笠利の八月踊りと歌謡の特質として、楽器は、太鼓（チジン）、八月踊り歌も三味線歌といわれる遊び歌も共通歌詞が組み込まれていて、踊りも四十五種の歌詞に合わせて舞われる。

歌詞は、主に八八八六調の三十音（和歌より一音少ない）だが、特殊な曲として「三度まけまけ」の七七七五調、「あじそえん」五五五五調がある。

八月踊り歌の歌曲は、曲調がおおらかで活力があり、始めはゆったりとした優雅な雰囲気から徐々にテンポがはやくなる。男女の歌掛けも急テンポになり、掛け合いも熱気で息づまる競演となって締めくくられる。

八月踊りは、午後七時頃から開始され、深夜まで大笠利の三地区の各区で執り行われる。三地区はそれぞれに特徴があり、例えば金久地区は気質的に言語が物静かで、踊りのテンポもなだらかで優雅である。

打ち上げでは「六調」が、三味線、太鼓（チジン）のリズムで演奏され、全員が参加して行われる。さらに最大のイベントであるご祝儀（ハナ）の御披露が、熱気で満ち溢れる中で、声高々と報告される（註二）。

三節　踊りのしきたり

大笠利地域の八月踊りの形式は、円陣のおよそ半分が男性、半分が女性で配置される。歌と踊りの熟練者が先頭で音頭とりの役割を担う。円陣の先頭は太鼓をたたく女性の役割、歌の上手な人、次に年輩の人が並ぶ決まりである。

八月踊りの歌い出しで感謝の「おぼこり（ありがとうございます）」を歌いながら、体制を整え円陣をつくる。

踊りの「ヤサガシ（各家を廻る）」は、各家々の清めと福を招く踊りで、かつては一軒毎に回っていたが、住環境や生活様式の変容などにより、数件をまとめて回り、路地や広場で踊られ、次への移動も踊りながら行われる。これは深夜まで続く。

踊りの初めに歌う歌詞は、踊りの曲名のついた歌である。最初に右回りで歌曲「祝つけ」を歌い踊り、次のもどしは左回りで、ややテンポの速い歌曲の三度まけまけ、ねんごろじゅ、人が嫁女、港川水、めぐりあんどなどから選択する。三つ目は右回りでもとの態勢に戻る形式をとる。

踊りの組み立ては若者が担い、踊りの態勢を整えて、先輩格の高齢者に敬意をもって、どうぞと声掛けをする。

ヤサガシで次の家に移動をする際の道行きは、次に掲げた歌曲の「おぼこり」を歌い踊りながら廻る。

大笠利の「おぼこり」（八八八六調）

一　おぼこりどやよろ
果報《かふ》しゃげどやよろ　《くり返し》
来年《やね》ぬ稲《にに》がなし
畦《あぶし》枕

（歌意）ありがとうございます。果報なことです。来年の稲神様、すべての畔を稲が枕をするように実りますように。

二　今年世《ゆ》や一倉《ちゅくら》
来年が世は二倉《たくら》
再来年が世や三倉《みくら》
三倉あがろ

（歌意）今年は一倉、来年は二倉、再来年は三倉、三倉建てよう。

三　今年年がなし　果報《かふ》な年がなし
道ぬ白砂ぬ　真米《まくめ》なりゆり

（歌意）今年の稲魂様、果報な稲魂様。道の白砂が真白なお米になりますように。

四　今日《きゅう》ぬほこらしゃや
何時よりも勝り　何時も今日の如にあらしたぼれ
（歌意）今日の嬉しさは何時も何時もより勝っている。
何時も今日のようでありますように。

五　天夜闇《あまゆやん》に
手足《てはぎ》ふり散らし
うれが扶持《ふち》やしゅま　呉れてたぼれ
（歌意）、くらい夜でありますが踊りますので、どうぞご馳走してください。

六　八日《ようか》の日に
蒔種《まきだね》ば下ろし
蒔き種ぬお祝《よつえ》
つけておしょろ（註三）
（歌意）八日の日には種を蒔いて、芽のでるようにお祝いをしてあげましょう。

おぼこりの歌詞は、一は「おぼこり」の本歌、二は八月踊り歌の三十歌曲（ながれ歌・返し歌・くずし歌・共通歌詞を含む）中の「いそ踊り」の歌詞、三と四は「共通歌詞」として多くの歌に歌われている歌詞、五と六は「おぼこり」の歌詞である。

一から六までを分析すると、歌詞に込められている内容は以下のような稲魂様との対話形式によって生成されている。

一は、豊作感謝と予祝祈願の歌
二は、豊作願望の歌
三は、稲魂様への祝福の歌
四は、祝いへの感謝の歌
五は、豊作への返礼の歌
六は、予祝の歌

以上のことから「おぼこり」の歌詞は、稲作を軸とした八月踊り歌の儀礼的な歌詞である。二曲目の歌曲が、儀礼的な「祝つけ」に歌い継がれる。

全体のリズムを担う太鼓のたたき手は、四人程の女性で、第一声の打ち出しの歌詞は、男性から掛け合いに入り、すかさずに女性が対応する歌掛け形式がとられている。男女共に自分の歌袋に多くの歌詞が収められているから、それが可能になるのである。

二曲目に歌う「祝つけ」は、新築祝いなどの家に適した祝い歌詞をもってくる。

新築落成の祝つけに歌われる歌詞

あら屋敷このでぃくがね柱《はり》うえて
大工しょしられがつくり美《きょ》らさ

山が山かすじ木すじがでぃえらでぃ
大工しょしられがつくり美《きょ》らさ

朝しゅみしゃがりや軒しきのお祝い
よねしゅみしゃがりやいりきゃお祝い

五尺立柱に上やあや天井
いしゅびりぬ畳しちゃる美《きょ》らさ

玉いしぜ上にこがねばりゃたてて
けたみればなんじゃむねやこがね

こん殿地庭や立ち美《きょ》らさしが
いじたちゃるまぎりあらさ美《きょ》らさ

大笠利の八月踊り「奄美歌掛け文化保存会」撮影・著者

水柱ばうえて雪の桁あげて
露ぬかやうさてふちゅる美《きょ》らさ

祝つけは、年の祝い、入学祝い、卒業祝い、栄誉の祝賀会など、祝いの目的に合わせて、「祝いつけておけば、これから先も祝いばかり」と、めでたい歌詞で祝いつけをする。新築の家、高齢者の家、喪中の家、また、夜更けなど臨機応変に時と場所によって配慮する。

大笠利集落における豊年感謝と豊作祈願の年中行事では、八月踊り歌の最初に感謝を込めて①「おぼこり」、次に②「祝つけ」、③「三度まけまけ」、④「赤木名観音堂」、⑤「喜界や湾泊り」、⑥「庭ぬ糸柳」、⑦「しゅんかねくわ」、⑧「あがん村」、⑨「牛やどり」、⑩「按司添《あじそえん》」、⑪「やっそれのといとい」、⑫「ねんごろじゅ（天の川）」、⑬「ひやるがよいそれ」、⑭「やんごらぬいぶ」、⑮「うらとみ（宇宿踊り）」、⑯「ちじゅりや」、⑰「さんばのふぇ」、⑱「人が嫁女」、⑲「なはのあじかみ」、⑳「曲がりよの高ちじ」、㉑「つずご田のうみ」、㉒「うりゃけどり」、㉓「めぐりあんど」、㉔「いそおどり」、㉕「しゃくとり」、㉖「かんでく」などの歌曲が、特に歌い踊り継がれている。

さらに、㉗「返し歌」、㉘「共通歌詞」、㉙「くずし歌」、㉚「くずしおどりうた」と三十歌曲ある。

返し歌

いきばいきなれぬもどりばひゃんざ
千里かきもどしもとのひゃんざ
ももじひきよせていゅるいやだもそ
なかべまう島にしじどすみゅる

くずし歌

あらしゃげにしゃげにたげにあらしゃげて
たげにあらしゃげてゆさりりょしら

ドンガにうたう・くずし歌

いきはてぬドンガなりはてぬつづみ
やねぬあらしちにいわておしょろ

くずしおどりのうた

塩道長浜にわらべぬなきしゅた
うれやたるかゆいけさまつあせはだゆい
花ぞめにふれてわらべとじかめて
花ぬおれらばわこと思え
ウンニャダルふれむんことじくゎばはんなげて
赤木名かち殿とじなりがくらて
今の風雲や村が立ちゅり
吾ぬがとのじょやお原立ちゅり
あがるてだおがで徳之島わたて
わしまもどておなり神うがも

くずしおどりうた

一　ウンニャダル
ウンニャダルぶれむん
ハレ乳くおれ子《くわ》ばはんなげてヨー
赤木名かち　（囃子）ヨイヨイ
殿妻《とのとじ》なりがはりくらてエイ赤木名かち
（囃子）ヨイヨイ
殿妻なりがはりくらて　エイトーサヌヤーレ

二　塩道《しゅみち》長浜
塩道《しゅみち》長浜にハレ童ぬ泣きしゅたさー童ぬ
泣きしゅたさー
（囃子）童ぬ泣きしゅたさ
うれやたるがれハレ
けさまつあせはだヨーゆい
けさまつあせはだヨーゆい

三　花ぞめ
花ぞめにふれて　ハレ童妻《わらべとじ》かめて
ハレ童妻かめて
花のさおれらば吾ことまた思え
ハレ吾ことまた思え

四　オーキソンエ
長いエンヤレコレ
長い刀は差しようがござるオーキソンエ
後ーエンヤレコレ　うしろさがれば前あがる

五　しょうたろやっくわ
ほこらしゃ　いつよりもまさり
いつもきょうのごとにあらし　あらしたぼれ
いつもきょうのごとにあらし　あらしたぼれ

六　ヒヤルガフェ
これほどの遊び組立てからやヒヤルガフェ
夜《ゆ》ぬ明けて太陽《てだん》ぬあがるまでにヒヤルガフェ

七　稲すり
きばてすりすりうなりんきゃー
すれど　真米かましゅんど
インニシリシリョ　アンマユリユリヨー

佐仁地域は、大笠利から一山越えた奄美大島最北西海岸に面する集落で、戸数二〇〇戸、人口は約六五〇人、南側が一区、北側が二区に分かれており、行事は区ごとの場合と集落全体の場合がある。

佐仁地域の「おぼこり」

一　男　おぼこりどやりょる
かふしゃどやりょる
かふしゃどやりょる
女　かふしゃどやりょる
男　来年《やね》の稲《いに》がなし
あぶし　あぶし枕
あぶし　あぶし枕

二　女　今年年がなし
かふな年がなし
かふな年がなし
男　かふな年がなし
女　道ぬ笹草の
真米　真米なりゅり
真米　真米なりゅり

三　男　今年作たる稲《いに》や
すす玉ぬなりゅり

すす玉ぬなりゅり
女　すす玉ぬなりゅり
男　わが嫁なんきゅん人《ちゅ》や
真米《まごめ》とまだきシュンサミ
真米とまだきシュンサミ

四　女　今年世《ゆ》や一倉《ちゅうくら》
来年《やね》が世や二倉《たくら》
来年が世や二倉
男　来年が世や三倉
女　再来年《みちゅ》や世や三倉《みくら》
三倉　三倉あげる
三倉　三倉あげる（註四）

「おぼこり」の場合、山一つ隔てて位置する大笠利地域と佐仁地域とでは、豊作への感謝の打ちだしの歌詞は同じだが、佐仁地域の歌詞二から歌詞の組み込みが異なる。いずれも豊穣の感謝、余祝祈願の歌詞ではある。

佐仁地域の「祝《よええ》付《ちぃけ》け」

一　男　庭ぬしょうじしちゅて
わぬ待ちゅる夜や
アレやしょらしょらしちゅて
祝ておせろヨンド
女　オセ
男　アレやしょらしょらしちゅて
女　アリャオセオセ
男　アレやしょらしょらしちゅて

（歌意）庭をきれいにして、私を待っていてくれた今夜、集落の全員が集まって、祝ってあげよう。

二　女　坐《い》しゅて　歌すれば
腿だる男オセ女さやしか
アレでわきゃ振り立てて
踊てとよもヨンド
男　オセ
女　アレでわきゃ振り立てて
男　アリャオセオセ
女　アレでわきゃ振り立てて

（歌意）坐って歌を歌っていると、股がだるくなるので、私たちは奮い立って、踊り賑やかにしよう。

三　男　西からも寄りょり
　　　東《ひぎゃ》からも寄りょり
　　　アレ西東《ひぎゃ》ぬ稲玉《にゃだま》
　女　アレオセオセ
　男　西東ぬ稲玉
（歌意）西からも寄ってくる、東からも寄ってくる。
西東の稲玉《にゃだま》が寄りに寄ってくる。

四　女　殿地あみしゃれや
　　　かふな生《ま》れゃしが
　　　アレ米倉《よねくら》や前《め》なし
　　　床や腰ァてヨンド
　　　アレ米倉や前なし
　男　アレオセオセ
　女　アレ米倉や前なし
（歌意）殿地の奥様は、果報な生まれのようだ。
米倉を前にして、床は腰に当てている。

五　男　今年年がなし
　　　かふな年がなし
　　　アレ道ぬ笹草ぬソレマタ
　　　真米なりゅりヨンド
　　　アレ道ぬ笹草
　女　アレオセオセ
　男　アレ道ぬ笹草ぬ
（歌意）今年の年がなしは、果報な年がなしです。
道端の草草までも、真っ白な米が実ったようだ。

六　女　けさぬ親ほじぬ
　　　しつけたぬきょらさ
　　　アレ殿地がずままし
　　　稲穂ゃつけろヨンド
　　　アレ殿地がずままし
　男　アレオセオセ
　女　アレ殿地がずままし（註五）
　　　後略（七、八、九、十、十一、十二）
（歌意）昔の祖先たちの、作り上げた伝統は見事だ、
殿地に山のように稲穂を積みあげることができますように。

「祝付け《よええちぃけ》」は、右回りではじまり、一番と二番は祝い歌の態勢を整える歌詞で、三番、四番、五番、六番によって五穀豊穣の祈願と感謝が歌われ、七番、八番で集落を誉め讃え、九番、十番、十一番、十二番からは恋の歌へと展

開している。
佐仁は、古くから歌や踊りが盛んで、特に八月踊りでは、男女の歌掛けに特徴がある。すばやく次々と歌詞を出し、相手の歌詞が終わらない内にかぶさるように歌い継ぎ、テンポを速くする。

佐仁の八月踊り歌は次の二十五曲。
一、おぼこり、二、祝つけ、三、三度まけまけ、四、ヤソレノトエトエ、五、あがんむら、六、チョイチョイ、七、赤木名観音堂、八、こうべなべ、九、ねんごろじょ、十、いんぬ八月、十一、喜界湾泊、十二、おろしょめでたよ、十三、金久ぬ政実主、十四、やんごらぬいぶ、十五、とうとくゎ、十六、あじんそえ、十七、とくぬさみだけ、十八、ソレサンマンェ、十九、しゅんかねくゎ、二〇、ちょうちんぐゎ、二一、おしゃだり、二二、エシャシャンコレメ、二三、おしこげ、二四、うらとみ、二五、いそ踊りである。

節田地域の「祝つけ」

祝《よー》付けておろし　今年世《くとうしよ》や一倉《いちくら》
来年《やね》や世《ゆ》や二倉《ふたくら》　再来年ぬ世や三倉
御祝ばかり。

（歌意）お祝いを付けて差し上げましょう。今年の世は豊作で米が一倉いっぱいになった。来年の世は二倉、再来年の世は三倉になりますように、お祝いばかりが、続きますように。今年の豊作を感謝し、これから先々の年も豊穣でありますように祈願して歌われている。

共通歌詞には、教訓歌、恋うた、旅・別れの歌、それら全般のシマ唄の歌詞が含まれている。
踊りや歌の展開を促す場合は、「うたかわせかわせ　ふしかわせかわせ、うたぬかわればどふしもかわる」と歌い、次の歌曲に変わる。
「返し歌」、「くずしおどりうた」は、地域の独自性が強調されている歌曲と歌詞で組み込まれている。

四節　大笠利わらべ島唄クラブ

大笠利わらべ島唄クラブは、一九八三年八月に発足、地域のシマ唄に造詣の深い、発起人・山田望氏、指導者・對知広夫、および大笠利三味線同好会の地元の人々が、ふるさとのシマ唄を継承しょうと、大笠利の小学生を対象にスタートした。
クラブは、毎週土曜日午後八時から十時の練習を積み重ね、毎年定期発表会開催を、わらべ島唄クラブ独自で行っている。

集落の歓送迎会、敬老会、祝賀会、文化祭、民謡大会、音楽祭、祭りなどから毎年出演依頼が届き、多方面からクラブのシマ唄は高い評価を得ている。優良少年少女団体の県表彰などがある。

現在二〇一五年まで活動は継続している。レパートリーは挨拶歌の朝花節から打ち上げの六調までの四十九曲を歌う。

朝花節

一　ハレカナー　朝花　はやりぶし
囃子　ヨイサ　ヨイサ　ヨイサ　ヨイヨイ
うたぬ始まりイーヤーイー　朝花　はやりぶし

二　ハレカナー　うちじゃさんな　やりじゃさんな
囃子　島よ一番　村一番よ
うたやあるなりじゃが
うちじゃさんなやりじゃさんな

三　ハレカナー　なきゃとぅや　まれまれど

大笠利わらべ島唄クラブ　撮影　著者

囃子　花よ花よ　みかんぬ花よ
たぐぇまれまれじゃが　ゆさりゆや
あすぃでいたぼれ

四
ハレカナー　吹ちゅれぃよ　南《はい》ぬ　風《かずぃ》
囃子　なつかし美声《みくうい》ぬ　なまいじたんよ
大和山川がでぃ　吹ちゅれぃよ　南《はい》ぬ　風《かずぃ》
今日《きゅう》ぬ　ほこらしゃや　何時《いつぃ》よりも勝り
何時《いつぃ》も今日《きゅう》ぬごとに　あらしたぼれ（註六）

二〇〇六年十二月二日、奄美歌掛け文化保存会開催に大笠利わらべ島唄クラブの皆さんが特別出演して見事な「歌掛け」を披露した。三味線演奏はクラブ先輩達の役割である。

五節　むすび

八月踊りは、活力に満ちてアラシャゲ（踊りのテンポがじょじょに速くなっていく）は、はげしくエネルギッシュで、特に女性が熱情的にのびのびしている。リーダーは太鼓をたたき、歌い、踊り、掛け合いの相手に対応した歌詞を返す。この動作が同時に発揮できる歌の技術的な面と統率力とが要求される。

八月踊りは、大笠利、佐仁、秋名、大熊、浦上などの地域は、年中行事として盛んに伝承されている。各地域の八月踊りは、一時は衰退の一途をたどっていたようだが、これらの地域では伝統を保持しようとする努力によって活力を増して、注目されている。

註

一　集落では、悪魔は植物のススキがささると逃げ出すといわれている。門前でわら火をたき、力草といわれる草を焼く。これはコウソガナシのハギヤキという。コウソガナシは、海からやってくるので冷えた足を温めるともいわれている。他方、先祖の霊と来年のお盆まで縁を切るためともいわれている。
二　ご祝儀は年中行事の運営費として活用されている。
三　『きょらじま・かさん』より歌詞を参考
四　『佐仁八月踊り歌詞集』より「おぼこり」歌詞を参考
五　『佐仁八月踊り歌詞集』より「祝付け」歌詞を参考
六　「大笠利わらべ島唄クラブ」唄詞集

参考文献

『きょらじま・かさん』名瀬在住大笠利郷友会創立四〇周年記念誌
田畑英勝・亀井勝信・外間守善編『南島歌謡大成Ⅴ奄美篇』角川書店
日本放送協会編『日本民謡大観（奄美・沖縄）』奄美諸島編　一九九三年
泊忠成『佐仁八月踊り歌詞集』一九九七年
松原武実編『奄美大島佐仁の八月踊り歌詞集』鹿児島短期大学付属南日本文化研究所　一九九一年
文英吉『奄美民謡大観』発行者・文紀雄　一九六五年
「大笠利わらべ島唄クラブ」唄詞集
三上絢子「研究ノート」

第十三章　徳之島の年中行事 ―井之川地域を中心に―

一節　はじめに

徳之島は、面積二四八平方キロ、周囲およそ八〇キロ、人口約二万七〇〇〇人の島で、島内には徳之島町・伊仙町・天城町の三町がある。

奄美の歴史は、八世紀から九世紀頃までの共同体（階級社会以前）の時代を経て、十五世紀頃まで階級社会に入り、按司と呼ばれる長が支配する。

坂井友直は、「按司に関して、按司とは琉球の貴族という意味なり、城《ぐすく》とは御宿《ごしゅく》の意味より越し独自の文字なり。琉球人は鎮西八郎源為朝の居所を尊敬して御宿と伝え。琉球に城を築きしは、為朝にして其の当時は城即ち御宿なりき、これよりも城のことは御宿となしたり（琉球人の発音上転訛して）。然るに、その後琉球が明国の貢せし以来排日主義盛んになりし結果御宿の字を憚《はばか》り、城《ぐすく》の字を以ってこれに代えたり、これより琉球人は凡て城の字を「グスク」と訓むに至れり。これ等の事より推究すれば、当島の按司が土人に非ずして琉球より渡来せしものなることを知るべし」（註二）と記述している。

本章は、徳之島の八（七）月踊りを中心に考察する。八月踊りは奄美の各集落に継承されている。ニライ信仰と稲作文化が一体となった年中行事で、祭りに儀礼的な少数の「歌掛け」と集団による「歌掛け」とに展開している。八月踊りは、上代における新嘗祭（にいなめまつり）にあたるものと考えられ、稲作儀礼を軸にして、「歌掛け」の体系は保持されており、この基層は、照葉樹林文化にあるといえる。

豊作祈願のため歌われる呪術歌は、豊作祈願とともに男女の恋の成就の祈願、恋歌へと発展したと考えられる。

八月踊りは、本土の正月に相当する。アラセツ(新節)は、旧暦八月のヒノエの日に先祖の供養と稲霊や万物の神々に豊穣の感謝を祈願し、海の彼方から神を迎えて饗宴を共に行う。

特徴として、集落の独自の歌曲を組み込んでいる。例えば、伊仙町阿権地域では、歌曲「直富主」など集落に実在した人物、あるいは地名などを歌い込んでいる。

直富主

ハラバ直富主姿いやしむんぐゎぬよ
ハレ歌ぐゎしみりばうがんでなまさる。

直富主は、伊仙町阿権の旧家の出身で姓は尚、頭脳めいせきな優れ者と言われていた人物で、容姿はいやしいけれども、歌が実に上手く名人といわれていた。

代官所の役人が一泡吹かそうと、飛び上がるような熱い煮たての卵を、鍋の中から箸ではさんで渡したところ、直富主は手のひらに乗せて頑張り驚かせたという逸話がある。

伊仙地域の代表的な共通歌詞

道ばたのさしゃ袖ふりばちかる
わきゃもさしなとて　ちかりぼしゃ

雨降らせ降らせ我庭に
想女が涙と思うて濡れら

思《うめ》ん思んち云ちゃんてな
我しこやねらん　我しこあれば通うて来まし

咲んちする花や咲かせばど　よたさ
さほれ花さかちぬ　やく立ちゅんが（註二）

二節　八月踊りと浜下り行事

徳之島では、八月踊りのことを「七月踊り」「夏目踊り」「浜踊り」「千人踊り」など、集落によってさまざまに呼ばれている。曲種は、記録の範囲ではのべ三十種余り、現在伝承されているのは、井之川の十六曲を筆頭に、多くて七、八曲、平均二、三曲といわれている。

「あったら七月」、「直富主」、「とぅゆみ」、の系統は、ほとんどの集落にあり、重要な曲目と考えてよいだろう。次に、「でっしょ」、「高ちぢ」、「手ふいふい」、「ゆがなべ」、「浜崎」が広く分布する。

徳之島の八月踊りは、元来旧暦七月の浜下り（はまおり、はまくだり）と深く結びついており、「七月踊り」の呼称がより本来的と思われる。

浜下りは、島の基層的祈り目行事とみなされる最も重要な祭りで、一年の農耕サイクルを終える夏に行われ、収穫感謝（豊年祭）、祖霊祭祀、農耕始め、火の神祭り、魔除けなどさまざまな要素が集中する。しかし、基本的には新しい季節の転換の儀礼であり、奄美本島の三八月《みはちがつ》、本土の正月にあたる節目行事といえる。

浜下りの前日、ヤドリの準備をする。山から木や竹を伐

浜で祭り場所（ヤドリ）の準備中

ヤドリのカマド
2006 年 9 月 4 日から 7 日、徳之島・井之川実態調査。
撮影・著者

採してきて骨組みを造り、ヤドリの一角に小さなカマドを設置する。

あったら七月や
新冬なしゅしぬき
加那が歳　吾歳
寄らしゅしぬき

夏から冬になり、年を重ねたと歌われ、その祈り目に浜にこもり、心身を清め、昔は着物や草履も新しくととのえたという。本土の正月と同じ節目行事といえる。

三節　「あったら七月」は季節の転換の歌

新しい季節を迎える井之川月の七月踊り歌がどのような内容であるのか、そこにどのように集落の人たちの気持ちが表れているのかを考えてみたい。

あったら七月は「夏から冬になり、一つ年をとる」と歌われる。その祈り目にあたって浜にこもり、心身ともに清められる。昔は着物や草履も新しくして臨んだという。

井之川では、三日間にわたり盛大に行われる。日取りは俗に「火をつけて下り、土を踏んで上る」といわれ、旧盆すぎの丙《ひのえ》、丁《ひのと》、戊《つちのえ》の連続した三日間に行われている。踊りは丙から戊の三日間に行われ、一日目の丙は神迎えの準備、二日目の丁は神迎えの本番、三日目戊は神送りの行程である。同時に新年のはじまりのお祝いを意味し、三日目の戊は元日にあたる。

現在は新暦八月の盆後の土曜日・日曜日に七月踊りを行っている。

三日間の祭りの行程

一日目の丙の日は浜で祭りの場所《ヤドリ》の準備を一族で行う。

「下《う》り祝い」

二日目（丁は、「下り祝い」）。仏壇にお膳を供え、夕刻より一重一瓶を用意して三々五々浜に下り集落は空になる。浜では各ヤドリに一族が勢ぞろいして祖霊を迎え、一族の繁栄と豊作を祈る。酒やさかなをとりかわし、親戚のヤドリを訪問しあう。

また、この一年以内に誕生した新生児（ミックヮ）に波打ち際で砂を踏ませ（ミーバマ）て、健やかな成長を祈願する。

「上《のぼ》り祝い」

夕刻の七時頃に一旦家に帰り、本家やミーバマの家で「上り祝い」が続けられる。

「入り込み」

夜十時頃の太鼓の合図で再び浜に集まり、七月踊りを十曲位踊って態勢を整える。これを「入り込み」といい、東側からと西側から毎年交互に大島、伊宝、佐渡の三地区に分かれて集落に入り込む、この行為が祭りの重要なポイントで、浜で迎えた神を集落内に導き宿ってもらう（集落の踊り手達は来訪神の案内の役割を果たしているのである）。神と共に全戸を回る祭りに移る。

踊りの一団は、道行歌の「ドンドン節」で、祝福の歌詞を歌いながら各家の庭に入って行く。一軒一軒を一晩中踊るヤー（家）回りである。

各家は夜通し明かりをつけ、水やご馳走、酒を準備し、踊り手の一人一人の首や腰にタオルを掛けてあげる。特に祝い事のあった家は盛大にもてなし歓迎をする。

ドンドン節

大島ドンドン節　大和からはやてぃヨ
やがてぃ徳之島はうちはやるんど
ハラドンドン　サマイトゥサンセ

夜のヤーまわり　太鼓の音で集落の人々が集まってくる。
2006 年 9 月 4 日から 7 日、井之川実態調査にて。撮影・著者

はんしゃれが　むち（餅）やあおかば（青香）さ
うまさヨ
あったらやあてぃま一つたぼ（給）り
むちふさ（餅欲）まあらり　だぐふ（団子欲）
さまあらりヨ
むかしうや（親）うじぬまねぃどぅせたんで

一方一年以内に死者の出た家は、明かりを消して踊りを遠慮する。ヤー回りの時に歌われる曲目は「五尺手拭」「とぅゆみ」「あがれひがしま」の中から一曲だが、家主にどの曲を踊るのか聞いて、要望に対応するシステムがとられている。こうして三日間の日の出を迎えて、朝十時頃まで各戸を回り終えて踊り納めである。

三日目　戊《つちのえ》の夕刻には締め括りとして、大島地区はいびがなし神社（航海の安全・疱瘡除け・安産等のごりやく）、伊宝地区は新築の家、佐渡地区は八幡神社（グスク）の広場で、みぐだり（三曲）を踊る。曲目は、「でんだらこ」「あったあら七月」「とよぅみ」である。その後、三地区とも集落の広場に集結して、神への感謝を込めて神送りの祭りで、盛大な七月踊り歌十曲程が、歌掛けで競って行われる。

四節　井之川の「七月踊り歌」の特色

井之川の歌曲は、「でんだらご」「あったら七月」「とぅゆみ」「五尺手拭」「なんごちゆがなびぃ」「三京ぬながだわ」「秋津なうぐしく」「さんぐゎだきぃ」「はまさきぃ」「あさしゅみちゃがり」「いとぅまんあかぶさ」「あがれひがしま」「さんぬはぎぃだぎぃ」「とぅくぬさんぐゎだきぃ」「ドンドン節」「ちじんあしび」の十六曲ある。

共通歌詞が十五句まであり、「いとぅまんあかぶさ」と「ドンドン節」を除いた十四曲には、何れの歌曲にも共通歌詞が歌い継がれているという特徴がある。分析すると、大きく四つのジャンルに分類できる。

一は、新しい年を迎えて男が年の増すことへの憂い。二から三は、恋のやりとり。四から十三は、熱烈な恋の歌掛け。十四から十六は、恋情の歌詞で形成されている。

井之川の共通歌詞

一　男　あったら七月や
　新冬なしゅしぬき
　加那が歳　吾歳

寄らしゅしぬき

二　女　寄ゆる歳戻てぃ
若くなられるみぃ
ただ遊でぃみんしょり
夢ぬ浮世

三　男　遊でぃからうなり
戻しちゃくねらぬ
戻しゃ面影ぬ
まさてぃたちゅり

四　女　面影や御側
縁ぐゎや遠きぃ隔みぃ
遠きぃ隔みぃおてぃどぅ
縁ぐゎやしょより

五　男　遠きぃ隔みぃおてぃどぅ
縁ぐゎなりばしょより
縁ぐゎぬどぅしょいや
あぐませむんぬ

六　女　縁ぐゎぬある間や
うしぬとぅり　みぃどぅり
切りてぃさみぃ縁ぐゎぬ
いきゃむねだてぃ

七　男　切りらばむ布ぐゎ
破りばむ布ぐゎ
しきぃしゃぎぃてぃ見りば
ゆいんちゃ布ぐゎ

八　女　しきぃしゃぎぃてぃ遊びぃ
ゆいんちゃぎぃてぃ遊びぃ
なんびぃぬしょしんちきぃてぃ
遊でぃ給れ

九　男　なんびぃぬしょしんちきぃてぃ
遊でぃ来たねども
誰ぬいやし者ぐゎぬ
吾仲むちが

十　女　早らしらし早らし
ななりちょむ早らし

大道端やむぬ
ななり早らし

十一　男　道端ぬさしや
袖振りばちかる
吾きゃむさしなとぅてぃ
ちかり欲しゃや

十二　女　吾きゃむさしなとぅてぃ
ちかり欲しゃやしが
う月ぬきゃがりや
他知りたる

十三　男　う月ぬきゃがりや
みぃちきもろてぃもろ
うはだしきぃゆしてぃ
見てぃ給れ

十四　女　うはだだんなとぅ思てぃ
草履作てぃくまち
きぃしゃふぎぃてぃねらむん
吾草履やらし

十五　男　貴方草履《いやさば》
草履ちゃんてぃぬ
いきゃたきぃぬ草履が
あったらきゃぬ吾どぅとぅ
草履とぅ換らてぃ

七月踊りの最初の曲「でんだらこ」の六句目までは、井ノ川のシマ誉めの儀礼的歌詞の挨拶歌で、七句目からの十五句の歌詞は恋歌へと展開して歌い継がれている。

この一五句が共通歌詞として、全ての歌曲に歌い継がれるシステムが取られている。

例えば「あったら七月」の場合、一句目から十五句までの歌詞全体が共通歌詞で歌い継がれている。

他の十三歌曲目の場合を見ると、元歌詞を二句から三句を歌いこんだ後に、共通歌詞の何句目を歌い継ぎ、いずれの歌も共通歌詞で締めくくる形式が取られている。

祭りに対応して、ヤー（家）回りは一曲、広場で踊る場合は十曲、締め括り三曲というのがおおかたのシステムである。

特徴的なのは、男女が別れて集団で掛け合う点で、真ん中には男性の太鼓組み三人ぐらい、次の輪は男性、外の輪は女性が男性を囲むように円陣を組む。

　この形式は奄美本島や他の離島では見られない。太鼓組はリーダー的な役割で打ち出しとともに前歌を歌い始め、その歌詞によって男性に続く女性たちの歌詞が決まる。井ノ川では始めの曲目は「でんだらご」、「あったら七月」の順で行う。

　踊りと歌のテンポは最初に穏やかである。この段階で輪の態勢を整え、次第にテンポは加速していく。終わりにはスピードが激しくなり、女の歌が終わらないうちにかぶさるように男の歌が歌い始められ、男女の歌が重なって荘厳なメロデーをかもしだす。

　以上のように、七月歌の共通歌詞を井之川の十四歌曲の歌掛けに組み込み歌い継ぐことで、折り目行事を迎える。

井之川の七月踊り歌の形式。

一　円陣は二重や三重の場合がある。
二　男性が中心の輪、太鼓は男性がたたく。
三　女性が外側の輪で円陣をつくる。
四　男女の歌掛けである。
五　男女共に歌いながら踊る。
六　踊りは群舞で渦巻き形式をとる。
七　先頭は徐々に半径を縮めていき、歌も次第にテンポがはやくなる。
八　クライマックスになると円心に向かいせりあうように白熱化する。

井之川の「でんだらこ（神様の名前）」

一　ハレでんだらこ加那志や
かけみんしょろ　まぎり
でんだらこ
（歌意）でんだらこの神様、この間切りを守って下さい。

二　ハレいりくしゃむ　ふぇしゃむ
あらさ　きゅらさ
でんだらこ
（歌意）小さいひとも大きい人も、手振りを大きく踊ると美しい。

三　ハレ井之ぬいび加那志《がなし》
風《かかでぃ》ぬ親《うや》てぃしが
でんだらこ
（歌意）海の彼方からの神様、。

四
ハレ真南風給《まはいかでぃたぼれ》り
しゅぬみぇ　拝《うが》ま
でんだらこ
（歌意）南風をふかして下さい。しゅうぎ（白い米粉でつくる団子）をお供えして拝みましょう。

五
ハレ井之ぬしゅ加那志《がなし》
しまたてぃるなりば
でんだらこ
（歌意）井之川のシマ役人が、シマのために頑張るならば。

六
ハレ井之ぬしま揃《しゅろ》てぃ
むちゃぎぃ　ささぎ
でんだらこ
（歌意）、協力をして差し上げますよ。

七
ハレあったら七月《しちがち》や
新冬なしゅし
でんだらこ
（歌意）夏から冬になり、一つ年を重ねた。

八
ハレ寄《ゆ》ゆる　歳《とうし》戻《むどり》てい
若くなられるみぃ
でんだらこ

九
ハレ遊《あし》でぃから　いりぐぇ
ゆいんちゃぎぃてぃ遊びぃ
でんだらこ

十
ハレ面影《うむかぎぃ》や御側《うしゅば》
縁ぐゎや遠きぃ隔みぃ
でんだらこ

十一
ハレ遠きぃ隔《ふぇだ》みぃおてぃどぅ
ななりちょむ早らし
でんだらこ

十二
ハレ縁ぐゎぬある間《えだ》や
うしぬとぅり　みぃどぅり
でんだらこ

十三
ハレ切りらばむ布《ぬる》ぐゎ

破りらばむ布ぐゎ
でんだらこ

十四　ハレしきぃしゃぎぃてぃ遊びぃ
戻しちゃくねらん
でんだらこ

十五　ハレなんびぇぬしょしんちきぃてぃ
若くなられるみぃ
でんだらこ

十六　ハレ早らしらし早らし
縁ぐゎなりばしょより
でんだらこ

十七　ハレ道端ぬさしや
袖振りばちかる
でんだらこ

十八　ハレ吾きゃむさしなとぃ
ちかり欲しゃやしが
でんだらこ

十九　ハレう月ぬきゃがりや
うしぬとぅり　みぃどぅり
でんだらこ

二十　ハレうはだだんなとぅ思てぃ
草履作てぃくまち
でんだらこ

二十一　ハレ貴方草履草履ちゃんてぃ
ぬいきゃたきぃぬ草履
でんだらこ（註三）

この歌曲の歌詞を分析すると、
一番、二番、神を迎えて集落の平和を祈願する歌。集落の人々が神に感謝の歌舞を捧げている歌（神様に捧げる踊りは、大きく喜びを表して踊った方が美しいのだと歌っている）。

三番、四番、神々への呼びかけの歌。神様への祈願の歌。

五番、六番、シマ役人への協力呼びかけ、集落中も支援を惜しまない。

七番、八番、新しい年になって、淋しい冬がきた、恋人も自分も老いていく、やるせなく淋しい心情。
九番、十番、愛しい恋人への恋情。別離への哀愁。
十一番、十二番、つのる恋情と願望。
十三番、十四番、忍ぶ恋心、恋への期待。
十五番、十六番、恋の成就、相手への誘い。
十七番、十八番、相思相愛の情景。
十九番、二十番、愛の終わりへの未練。
二十一番、相手への失望。

「デンダラコ」の語意について、

町田進氏は、井之川地区は交易港があるため行商の人（カテウリ）が多く、奄美の各地域を行商に歩いているので、その交流からデンダラコの詞が伝えられたものと伝え聞いている（註四）。

坪山豊氏は、奄美大島の宇検村地域では、湾の向かいの土地に船で農作業に通い、芋や稲作を行った。そこの小さな田をコデンという。田のことをデンと呼んでいた。また、ノロ屋敷のことをデンナと呼んでいたことを考えると、ノロを祭る神のことではないだろうかと考える（註五）。

文英吉氏は、「デンダラゴは、伊仙辺ではデンナラコといっている。語意不明で舞曲名以前の意義ではないかと思う」と述べている（註六）。

デンダラコとは、ノロの名からといわれるが、詳細は不明とされているが、神とりわけ田の神をさしていたものと考えられる。

伊仙地域・佐弁の「デンナラコ」は、特徴として地域誉めの歌詞で歌われている。

一　佐弁といゅるしまや
果報じまどやしが　嶺域前なち　デンナラコ
（歌意）佐弁という部落は倖せな部落だ。嶺域を前にして祝女を通じて神の祝福を受けるというよろこびが謳われている。

二　へどぬ水きょらやわが産ちゃる子どやしが
いば道む広くくまちたぼれ
（歌意）佐弁部落は自分の産んだ子のようなものである。せまい道も心広々と渡らして下さい。水清らによってすべての美しさを表している。前の歌と共にしま誉めの歌である。

三　デンダラゴが初め誰が初めてが
みやぬ三郎めしがうり初め

（歌意）デンダラコ踊りを誰が初めたのか、宮（祝女の行う場所から出たことば）の三郎さんが初めたのである。

四　井之川ぬ主がなしが村たてゆんなてか
村中ぬんにゃすろてむちゃげうしゃげ
（歌意）井之川の主が村の建設につくして下さったので、全部落民からその功を讃えて感謝されている。

井之川の八月踊り歌は、最初の儀礼的な「でんだらこ」が終わると、次に「あったら七月」を歌い継ぐ、その歌詞は恋の歌へと展開する。

あったら七月《しちぐわち》踊り歌

一　男　あったら七月や　新冬なしゅしぬき
加那が歳　吾歳　寄らしゅしぬき
（歌意）新しい年になって淋しい冬がきた。
貴方の年も私の年も増えていくのが辛い。

二　女　寄ゆる歳戻てぃ　若くなられるみぃ
ただ遊でぃみんしょり　夢ぬ浮世
（歌意）とった年が戻って若くなったように
遊んでみてください。はかない浮世ですから。

三　男　遊でぃから　うなり　戻しちゃくねらぬ
戻しや面影ぬ　まさてぃ　たちゅり。
（歌意）つきあった愛しい人を帰したくない。
帰したら面影がつのるばかりです。

四　女　面影《うむかぎい》や御側《うしゅば》　縁《いん》ぐゎや遠きぃ隔《ふえだ》みぃ
遠きぃ隔みぃおてぃどぅ
縁ぐゎやしょより。
（歌意）おもかげは身近にある。愛しい人は
遠く離れているが、深いつながりがある。

五　男　遠きぃ隔《ふえだ》みぃおてぃどう
縁ぐゎなりばしょより
縁ぐゎぬねどぅしょいや　あぐませんぬ。
（歌意）遠く離れていても縁があればいいが、
縁がなければどうしようもない。

六　女　縁ぐゎぬある間《えだ》や　うしぬとぅり

みぃどぅり　切りてぃさみぃ縁ぐゎぬ
いきゃむねだてぃ。

（歌意）縁のあうるうちは、おしどりのように仲むつまじい。切れてしまった縁はどうにもならない。

七　男　切りらばむ布ぐゎ　破りばむ布ぐゎ
しきぃしゃぎぃてぃ見りば
ゆいんちゃ布ぐゎ。

（歌意）切れても布、破れても布。高くもちあげて見ればいい布である。

八　女　しきぃしゃぎぃてぃ遊びぃ
ゆいんちゃぎぃてぃ遊びぃ
なんびぇぬしょんちきぃてぃ
遊でぃ給《たぼ》れ。

（歌意）褒め称えて遊び、仲睦まじく遊び、浜うりの夜、遊んで下さい。

九　男　なんびぇぬしょんちきぃてぃ
遊《あし》でぃ来《きゅ》たねども
誰《たる》ぬいやし者《ぬん》ぐゎぬ。

（歌意）浜うりの夜、遊んできたけれども、自分達の仲をうらやんで、周りが嫉妬しているよ。

十　女　早らしらし早らしらし　ななりちょむ早らし
大道端やむぬ　ななり早らし。

（歌意）はやくしなさい、はやくしなさい、もっとはやくしなさい。大きな道端で人も通る、もっとはやくしなさい。

十一　男　道端むさしや　袖振りばちかる
吾きゃむさしなとぅてぃ
ちかり欲しゃや。

（歌意）道端のさし（棘のついた植物の種）は、袖をふれれば付いてしまう。私もさしになって貴方に寄り添いたい。

十二　女　吾きゃむさしなとぅてぃ
ちかり欲しゃやしが
う月ぬきゃがりや　他知りたる。

（歌意）私もさしになって、寄り添いたいが、月夜でまわりに知られてしまう。

十三　男　う月《じき》ぬきゃがりや　みぃちきもろてぃもろ
うはだしきぃゆしてぃ　見てぃ給れ。
（歌意）月明かりで三カ月になる妊娠した
お腹を見せてください。

十四　女　うはだだんなとぅ思《うむ》てぃ
草履作《さばちく》てぃむま
ちきぃしゃぶぎぃねらむん
吾草履《わさば》やらし。
（歌意）妊娠したと思って草履を作って履
かせてくれた。そうでないと知ると草履を
返せとは。

十五　男　貴方草履草履ちゃんてぃぬ
いきゃたきぃぬ草履が
あったらきゃぬ吾どぅとぅ
草履とぅ換《きえ》らてぃ。
（歌意）貴方は草履草履というが、草履に
どの位の価値があるのか。もったいない自
分の身と草履を換えて。

これらの一から十五の歌詞は次のような心情が歌われている。

一は、収穫も終わり新年を迎えて、恋人も自分も老いていく一層の淋しい心情。

二は、寄っていく歳をもどして、気楽に楽しみましょう、慰めの心情。

三は、愛しい人への恋慕の心情。

四は、別離への哀愁。

五は、熱愛の情景。

六は、情熱的な願望。

七は、忍ぶ恋心。

八は、恋への期待。

九は、恋への確信。

十は、恋の成就。

十一は、相手への誘い。

十二は、相思相愛の伝達。

十三は、誕生へのよろこび。

十四は、愛の終わりへの未練。

十五は、相手への失望感。

八月踊り歌は、豊作祈願とともに男女の恋の成就の祈願、豊作感謝の祈りが組み込まれ、一年の総括の歌としての役割がある。一年間を集約して神に感謝をし、また、来年の豊作祈願を込める季節の転換の歌であるといえる。

文英吉氏は、「八月踊り歌は男女の掛け合いであり、そこには男女の愛の進行が表現されている。八月踊り歌の露骨な内容は、まぐあいによる豊作祈願の呪的行為を表現している」と述べている（註七）。

「でんだらこ」には、「吾きゃむさしなとぅてぃ　ちかり欲しゃやしが」とあり、また、「あったら七月」の共通歌詞、「道端ぬさしや　振袖りばちかる　吾きゃむさしなとぅてぃ　ちかり欲しゃや」とある。

同様の詞章は、徳之島の「みきよ節」や他の歌曲にも多く見られる歌詞である。

着物に付着しやすい植物である「さし」が付いた、または、さしのように添いたいと歌われている。

さしが付くとは、男女が野に篭り、密事を交わしたことを意味しているが、これは、歌垣における男女の交わりを証明するものである。

以下は、歌詞の組み込みと歌い継ぎで、それぞれ共通歌詞の番号で示してある。

（一）「でんだらこ」は、井之川の祭事の最初に歌われる。一番目から六番目までは神迎えの儀礼的な元歌があり、七番目から二十一番目までは共通歌詞の前半の二句が、組み込まれ歌い継がれている。

例えば、七番目から共通歌詞の一番を歌い継ぐ。

一、男　あったら七月や　新冬なしゅしぬき
二、女　寄ゆる歳戻てぃ　若くなられるみぃ
三、男　遊でぃから　うなり　戻しちゃくねらぬ
四、女　面影《うむかぎぃ》や御側　縁ぐゎや遠きぃ隔みぃ

（二）「あったら七月」は、共通歌詞の一、二、三、四、五、六、七、八、九、十、十一の順で、共通歌詞の一から十一そのものが元歌として生成されて、年中行事の代表的な歌である。一から十一の歌詞は、次のように、恋の展開の情景が歌い継がれている。

一は、新年を迎えて、恋人も自分も年を重ねていく淋しい心情。
二は、若い時のように気楽に楽しみましょうという、いたわりの心情。
三は、愛しい人への恋慕の心情。
四は、別離への哀愁。
五は、熱愛の情景。
六は、恋慕と願望。

七は、忍ぶ恋心が歌われている。
八は、恋への期待。
九は、恋への確信。
十は、恋の成就。
十一は、相手への深い恋心。

(三)「とぅゆみ」は、元歌は二番まであり、三番から十番までは、共通歌詞の一から十二の前半の二句目と三句目のはじめの部分を歌い継ぎ、この三句目が次の歌詞を意味し、歌を導く重要な役割を果たしている。

一、男　あったら七月や　新冬なしゅしぬき　加那が
二、女　寄ゆる歳戻てぃ　若くなられるみぃ　ただ
三、男　遊でぃから　うなり　戻しちゃくねらぬ　うむ
四、女　面影《うむかぎぃ》や御側　縁ぐゎや遠きぃ隔みぃ　遠きぃ
五、男　遠きぃ隔みぃおてぃどぅ　縁ぐゎなりばしょより　縁ぐゎ
六、女　縁ぐゎぬある間や　うしぬとぅり　みぃどぅりきり
七、男　切りらばむ布ぐゎ　破りばばむ布ぐゎ、
十、女　早らしらし早らし　ななりちょむ早らし、
十一、男　道端ぬさしや　袖振りばちかる、
十二、女　吾きゃむさしなとぅてぃ　ちかり欲しゃやしが。

と歌われる。

「とぅゆみ」が特徴的なのは、他の歌と違い七の歌詞からは三句目が次の歌詞を導く形式は取らず、ストレートに共通歌詞に従って前半部分の二句のみを歌い継いでいることである。

(四)「五尺手拭」では、この歌の元歌の歌詞は四番まで、後は共通歌詞一、二、三、四、五、六、七、八、九、十、十一、十二の句の前半部分が、組み込まれ歌い継がれている。

(五)「なんごちゆがなびぃ」の元歌は四節で、共通歌詞の節の前半部分、九、三、四、五、六、七、八と組み込まれ歌い継がれ、節の後に次の歌詞の歌いだしを歌い継いでいる。

(六)「三京ぬながだわ」の元歌の歌詞は四番まであり、後は共通歌詞の句の前半部分の三.四、五、六、七、八、十で組み込まれ歌い継がれている。ここでは、句の後に次の歌詞の歌いだしの歌詞は歌われていない。

(七)「秋津なうぐしく」の元歌の歌詞は次のようである。

秋津なうぐしくや　諸田などぅかち

相撲《しま》とぅりが　しまや
しまや　とぅりどぅりどぅ　くばやしゅやどぅ
あったら

句の後に次の句のはじめの語句を歌い、次の句はその語句を受けて歌い継ぐ形式が取られて、「秋津なうぐしく」は、三番目から共通歌詞の一から十三の歌詞が歌われる。例えば、

一、男　あったら七月や　新冬なしゅしぬき　加那が
二、女　寄ゆる歳戻てぃ　若くなられるみぃ　ただ遊でぃ
三、男　遊でぃから　うなり　戻しちゃくねらぬ　戻しゃ
四、女　面影や御側　縁ぐゎや遠きぃ隔みぃ　遠きぃ
五、男　遠きぃ隔みぃおてぃどぅ　縁ぐゎなりばしょより　縁ぐゎぬ

（八）「さんぐゎだきぃ」の元歌の五番目までを歌い、この五節の締め括りの語句が次の歌詞の歌いだしを意味する。例えば、

よねぬ　かたゆやみ　かくれらみぃしりば　う月

六番目に「あったら七月」の十三「男　う月ぬきゃがりや　みぃちきもろてぃもろ　うはだ」を組み込み、十四「女　うはだんなとぅ思てぃ　草履作てぃくまち　きぃしゃふ」に歌い継ぎ、十五「男　あったらきゃぬ吾どぅとぅ草履とぅ換らてぃ　あったら」と歌い継ぎ、後に「あったら」を組み込んで、

一　男　あったら七月や　新冬なしゅしぬき　加那
二　女　寄ゆる歳戻てぃ　若くなられるみぃ　ただ

（九）「はまさきぃ」の元歌の一番目、「はまさきぃやはいるいるかじら　ねぃじゅり」と歌い節の後の「ねぃじゅり」が次の歌いだしを誘導し、六番目「いごり馬ぬ手綱　ゆるしまたなるみぃ　あったら」と歌うと「あったら七月」の一節の歌詞を男女で掛け合う形式が取られ、共通歌詞の三、歌詞、四、五、六、も男女で掛け合って歌い継がれる。例えば、

一　男　あったら七月や　新冬なしゅしぬき　加那が
　　女　加那が歳　吾歳　寄らしゅしぬき、
二　男　寄ゆる歳戻てぃ　若くなられるみぃ　ただ遊でぃ
　　女　ただ遊でぃみんしょり　夢ぬ浮世　遊でぃ

（十）「あさしゅみちゃがり」の元歌は四番まであり、こ

こでは元歌の語句での誘導はなく、五番から共通歌詞の一の前半が男、後半が女、二の前半が男、後半が女、三の前半が男、後半が女、四の前半が男、後半が女で掛け合い、共通歌詞においても語句の誘導はなく歌い継がれる。

（十一）「いとぅまんあかぶさ」の歌は、元歌のみで歌い継がれている。この歌は、一九七四年頃に集落の古老が掘り起こした歌であると「井之川の歌声」編集者の町田進氏は語っている。

（十二）「あがれひがしま」は、元歌が二番まであり、三番目に共通歌詞の六「縁ぐゎぬある間や　うしぬとぅりみぃどぅり　切りてぃさ」が歌われ、七「切りらばむ布ぐゎ　破りばむ布ぐゎ　しきぃしゃぎぃ」、八「しきぃしゃぎぃてぃ遊びぃ　ゆいんちゃぎぃてぃ遊びぃ　なんびぃぬしょ」、九「なんびぃぬしょしんちきぃてぃ　遊でぃ来たねども」と最後の句の後に次の歌の歌詞が組み込まれて、歌い継がれている。

（十三）「さんぬはぎぃだぎぃ」の元歌は、二番まで歌詞があり、三番からは共通歌詞の一の男の前半の二句と二の女の句の歌いだしを組み込んでいる。例えば、一男「あったら七月や　新冬なしゅしぬき　寄ゆる」、二、三、四、五、六、七、八、九、十、十一「道端ぬさしゃ　袖振りばちかる吾きゃむ」の形式で歌い継がれている。

（十四）「どぅくぬさんぐゎだきぃ」の元歌は六番まであり、七番から九番には、共通歌詞の十三、十四、十五を次の歌いだしの歌詞をその後ろに組み込みこんで歌い継いでいる。

例えば、

十三　う月ぬきゃがりや　みぃちきもろてぃもろ　うはだ

十四　うはだだんなとぅ思てぃ　草履作てぃくま　いやさば

十五　貴方《いやさば》草履草履ちゃんてぃぬ　いきゃたきぃぬ草履が

―　後略　―

井之川の祭事歌の歌掛けは、男性が最初に歌いだし、次の句の歌詞を組み込んで誘導する形式がとられ、それぞれの歌曲の元歌に共通歌詞が軸になって、歌い継がれて生成されている。

男性の歌の後半に女性がかぶさるような、歌い継ぎの技法がとられ、踊りの輪は二重または、人数によっては三重の輪をつくり、歌と踊りの中心になる中の輪は、男性群で外の輪を女性群で整えられる。

歌掛けのテンポが急速になるクライマックスには、中心の男性群を女性群が取り囲むように、中心に向かって渦巻状で競り合い、一つの固まりに白熱する。

歌を誘導する男性群を守り立てる女性群との交わりが、井之川の独自性をもつ、稲作の豊穣感謝と祈願の祭事歌であることが伺える。

稲が稲魂により結実することと同様に、人も同じ目線でハマオリの夜に呪的な交わりを行い、神に豊作祈願をあらわしたのである（註八）。

五節　むすび

奄美群島の年中行事「八月踊り歌、あるいは七月踊り歌」の北大島「おぼこり」、徳之島・井之川「でんだらこ」、喜界島「ホーテーマータ」にみられるように、稲作を軸とした信仰儀礼がみられ、豊作感謝・予祝と集落の安泰を祈願する。上記のように各地域の祭りの目的は共通点がある。だが、最初に歌われる祭りの歌詞は、地域の固定した物語性をもち独自性がみられる。

これまで述べてきたように、奄美諸島の各地域によって言語や形式が異なる独自の歌謡文化を形成している。一方、稲魂様への豊作感謝と豊作祈願の目的は一つである事が示されている。

儀礼的な歌から神と歓びを共有する祭りでは、次第に歌詞の内容が男女の恋の物語性の歌掛けへと展開する特質をもつ。そのことは稲魂さまによる稲の結実を促す豊作への祈願と子孫繁栄の願いが込められている。

八月踊り歌、あるいは七月踊り歌は、一曲目は神迎えの荘厳な雰囲気を漂わせ、二曲目からは曲調が明るく快適なリズムとなる。歌と踊りも打ち出だしは緩やかで、徐々にテンポが速くなり、いずれの地域においても、歌詞が恋の歌掛けへと展開し、情熱的に応酬する形式がとられる。

歌詞は、八八八六調の三十音が主で楽器は太鼓（チジン）、三味線歌と八月踊り歌の歌詞は、ほぼ共通歌詞として歌い継がれている。

註

一　『徳之島小史』参考
二　『徳之島小史』参考
三　『井之川の歌声』より歌詞「でんだらご」引用
四　徳之島井之川出身の町田進氏からの聞き取りによる。

五　奄美大島出身の坪山豊氏からの聞き取りによる。
六　『奄美民謡大観』でんだらご　について
七　『奄美大島民謡大観　復刻版』参考
八　『徳之島の民俗一』参考

参考文献

坂井友直編著『奄美郷土史選集・第一巻』徳之島小史　国書刊行会　一九九二年
『徳之島の民謡』ＮＨＫ鹿児島放送局篇
田畑英勝・亀井勝信・外間守善編『南島歌謡大成Ｖ奄美篇』角川書店
町田進編『井之川の歌声』一九七四年
松山秀光『徳之島の民俗一』未来社　二〇〇四年
『徳之島の七月踊り唄』徳之島町合併三十周年記念事業実行委員会
『徳之島郷土研究会報　第三号』昭和四十四年十二月
文潮光『奄美大島民謡大観　復刻版』渕上印刷　一九八三年
三上絢子「研究ノート」

第十四章　秋名八月踊り歌の歌唱システム
―隈元吉宗氏からの聞き書きを中心に―

一節　はじめに

本章は、奄美龍郷町秋名で行われる「八月踊り」の歌唱システムに関する聞き取り調査である。

秋名の「八月踊り」は、「アラセツ（新節）」行事の一環として行われるが、秋名では旧暦八月の最初の丙（ヒノエ）の日の夜明けに「ショチョガマ」の祭りがある。また、当日の夕方に「平瀬マンカイ」の祭りがあり、その後八月踊りが行われる。

これらの行事の保存に尽力しているのが国指定秋名平瀬マンカイ保存会会長の隈元吉宗氏である。今回の秋名八月踊りに関する聞き書きは、隈元氏の協力を得た。

秋名の八月踊りは、男性群と女性群とに別れ両者が一体となり円陣を組み、女性がチジンという太鼓を持って全体のリーダー役を務めながら歌いだし、それに男性側が歌を継ぎ踊るという展開を示すものである。現在残されている歌曲とその歌詞は十種で、これらの歌詞が歌曲を離れて共通歌詞として一〇二首存在する。

この歌曲と歌詞との関係、また共通歌詞との関係については、従来研究が進められていない。ここには八月踊りの歌唱システムが存在することが認められ、そのシステムが具体的に八月踊りにどのように展開するのかを明らかにする。

場所　鹿児島県大島郡龍郷町幾里・隈元吉宗会長宅

日時　二〇〇五年十二月二十三日　午後一時～五時
質問者　三上絢子（国学院大学大学院）
回答者　隈元吉宗氏（国指定秋名平瀬マンカイ保存会会長）

三上　「八月踊歌集録」（資料編参照）というのが残されていますが、この歌詞は、以前からこの歌数ですか。まだ他に存在しますか。

隈元　他には存在しません。

三上　「変調」というのが二つありますが、どのような時に歌うのですか。

隈元　「八月踊歌集録」の「変調」は十月に行う「タネオロシ行事」で各家を回る時に歌う「餅貰歌」の前にテンポを速く賑やかにするためで、祝付けの様な時に歌います。「今の踊り」の「変調」は次の曲に移る時にテンポを速めるのに歌うのです。この二曲のみに「変調」の歌詞があります。

三上　「アラシャゲ」の歌詞は一番から二十七番までの二十七首ありますが、これらはどのように歌うのですか。

隈元　一番目は秋名では必ず女性が歌い、二番目を男性が歌うという順序をとります。

三上　「秋名八月踊り歌詞の数々」は、どのように利用されるのですか。これは共通歌詞と考えてよろしいのでしょか。

隈元　「今の踊り」以外は、共通歌詞として利用しております。

三上　秋名にのみ歌われている歌詞はありますか。

隈元　ありますよ。「八月踊歌集録」に掲げてある十六番、十八番の歌詞は、「ショチョガマ」と「平瀬マンカイ」の秋名独自のものです（資料編参照）。

三上　歌い方についてですが、「アラシャゲ」を例に取って、具体的に仮に歌を継いで頂けますか。

隈元　はい、歌を継いであげましょう。
（この歌の例は、「四節　秋名の「八月踊り歌」の歌唱システム」を参照）

三上　この流れで、「アラシャゲ」の本歌（二番から二十七番の歌）はどのように入り込むのですか。

隈元　「アラシャゲ」が最初に歌われるのは、踊りの態勢を整える準備の意味もあり、この本歌の半分位のところで、態勢が出来上がるので、そこらです。

三上　始めの歌い出しは、儀礼的歌詞が選ばれるのですか。

隈元　本歌の一番から五番の「ショチョガマ」の歌を歌います。

三上　続いて儀礼的歌詞から恋の歌詞へ移るのですか。どのように移るのですか。
隈元　女性のリーダーによって、歌詞がちがいます。
三上　歌い継ぎは、共通歌詞の中から取り出されるのですか。
隈元　そうです。
三上　男が「歌を変えよ、歌を変えよ」と歌っているのはどのようなことですか。
隈元　リーダーの女性が共通歌詞から歌を選び、変える時は太鼓の打ち方も変わります。
三上　どこへ歌は移るのですか。「アラシャゲ」以外のテーマの歌へ移るのですか。その時に曲はどうなるのですか。
隈元　リーダー次第です。変える時は曲のテンポも速くなります。そうでなければ切り変えられないのです。八月踊りに相応しい曲と歌詞を選びます。
三上　具体的に仮に歌を繋いで頂けますか。
隈元　よろしいですよ（この歌の例は、「四節　秋名の「八月踊り歌」の歌唱システム」を参照）。
三上　歌を変えた時に、再び儀礼的な歌詞に戻るのですか。
隈元　そうです。儀礼的歌詞―恋の歌―儀礼的歌詞です。
三上　踊りの終わりは、どのようなテーマ・歌詞で終わりますか。
隈元　テーマは、天草、六調です。歌詞は、自由共通歌詞で奄美全域、三味線の場合も太鼓も奄美全体おなじです。
三上　秋名独自の八月踊りの歌の「名称」を知り得る限り教えて下さい。
隈元　八月踊りの歌詞として、秋名独自があります。「アラシャゲ」の一から六の「ショチョガマ」と「平瀬マンカイ」の歌詞です。
三上　「ショチョガマ」「平瀬マンカイ」から「八月踊り」まで、一つのつながりの行事ですか。
隈元　はい、そうです。一つの流れで行います。
三上　平瀬マンカイのような行事は、他の地区にも存在しましたか。
隈元　伝統的には秋名のみです。ショチョガマは以前には、浦上、大熊にあったようだと伝え聞いたことはあります。
三上　「節田マンカイ」のような行事は、秋名にも存在しましたか。
隈元　ないですね。
三上　長時間ありがとうございます。

以上によって、秋名の八月踊りをまとめると、つぎのようになる。
①歌は女性のリーダーが先導し、それに男性が歌を付けて行く。
②女性のリーダーはチジンという太鼓を用い、太鼓の音が曲を示す。
③歌は最初に儀礼的曲から入り、後に雰囲気に応じて恋歌の歌掛けへと展開する。
④「アラシャゲ」が最初に歌われ、これは踊りの体制を整えるためだという。
⑤「アラシャゲ」から他の曲へと変化する場合、一般に「歌をかえようという男性側の呼びかけに応じ、女性側は曲と歌を変える。
⑥歌を変える場合に、太鼓のリズムを速めることで、次の曲へと移り易くする。
⑦「アラシャゲ」は右回りで始められ、それが終わると次の曲へ移り左回りで元の位置に戻る。
秋名においては、八月踊りのリーダーは女性が担い、リーダーは歌を多く知っていることが第一条件であり、その上に八月踊りは踊りの足の運び方、歌と太鼓が同時にはじまるので、機敏さが重要なポイントであるという。

共通歌詞一〇二首を多く取入れて、同じ曲が長くなった場合などに、絶妙なタイミングで男性側から「歌かわす歌かわす、節かわす節かわす、歌かわれば、節も変わろう」と要求の歌が歌われる。これは恋の歌へと展開しようという合図でもある。

秋名の「八月踊り」練習。撮影・著者

八月踊り歌は神祭りの延長でありながら、そこで恋の歌が盛んに歌われるところが、多くの人々に支持されて来た要因であると言える。

二節　秋名の「八月踊り歌」の概要

奄美では旧暦八月になると信仰儀礼として八月踊りが行われる。「新節《あらせつ》」、「柴差し」、「ドンガ」の節に区分され、これを三八月《みはつがつ》と呼称している。

旧暦八月の最初の丙《ひのえ》の日が火の神の祭り「新節」、七日後の甲《きのえ》の日が土の神の祭りの「柴差し」、柴差し後の甲子《きのえね》の日が水の神の祭りの「ドンガ」である。稲作の豊穣と祖神祖霊への感謝の祭りである。

この「アラセツ（新節）」行事の「ショチョガマ」と「平瀬マンカイ」は、一九八五年（昭和六十年）一月、国の民俗文化財として指定された。

山の祭り「ショチョガマ」は、稲魂を呼び寄せて稲がたわわに実り、畦を枕にするようにという豊穣祈願の儀式である。地区の田袋が眼下に見渡せる山腹に、六メートル四方の「ショチョガマ」と呼ばれる片屋根小屋が建てられ、早朝五時頃に集落の多くの男性が屋上に陣を取り、グジ（男性神役）によって、お神酒とお赤飯がお供えられて「ショチョガマの祭詞」を奉上し、日の出（六時四十分頃）と同時にグジ（男性神役）の打ち出すチジン（太鼓）のリズムに合わせて、人々の「ヨラ、メラ、ヨラ、メラ」の掛け声とともに小屋が揺らされて倒される。

早朝の「ショチョガマ」が終わると、夕方の潮が満ち始める頃に海の祭り「平瀬マンカイ」が行われる。平瀬海岸には間隔を置いて並ぶ二つの岩があり、沖の方の岩を「神平瀬」と呼び、岩の上にノロ（女性）五名が乗る。集落寄りの岩を「メラベ平瀬」と呼び、グジ（男性神役三人）とシド（歌を歌い太鼓も叩く役割の女性神役四人）のカミンチュ（神人）七人が乗る。

シドの打ち鳴らす太鼓とともにノロとグジが互いに歌を掛け合い、海の彼方のネリヤカナヤから稲魂を招く動作を繰り返す。この時に掛け合わされる詞は次のようなものである。また、「平瀬マンカイ」の詞は、秋名「八月踊り歌」の歌詞の中にもある。

神平瀬（ノロ）

一、玉ぬ石登《のぼ》てぃ何《に》取りゆり
　西東《にしひがや》ぬ稲霊《にだまね》招き寄すろ

（歌意）美しい石に登って、何の祝いをしてあげましょう。西東の稲霊加那志を招いて祝ってあげましょう。

メラベ平瀬（グジ）

二、秋名親祝女《うやのろ》ぬ百草《ももそ》取《と》り寄せてぃ
島ぬあるなげ祝ておしょろ

（歌意）秋名の尊い神（ノロ）が沢山のご馳走をつくり、シマの人達みんなで、お祝いしてあげましょう。

神平瀬（ノロ）

三、朝潮満ちあがりやショチョガマのお祝《よ》べ
夕潮《よねしゅ》満ちあがりや平瀬お祝べ

（歌意）朝の満潮時には、山でショチョガマの祭り、夕方の潮の満ちる頃は、海の彼方の神々をお招きして、平瀬のお祭りをする。

メラベ平瀬（グジ）

四、今年世《くぅとぅしゅ》ぬ変わてぃ
おとまらしゃえんでぃいしょぬあ
やそびむあげは登てぃ

（歌意）今年の世は変わって不思議なことに、海のアヤソビが陸のあがって。

神平瀬（ノロ）

五　今年ある年や豊年《かほ》どありょうる
来年《やね》の稲《に》がなし畦《あぶし》枕

（歌意）今年という年は豊年の年なります。来年の稲がなしは畦枕。

（資料は隈元吉宗氏の提供。出典は『龍郷町誌編纂委員会編記念誌』）によるとする）

ノロは神を招く祈りをし、グジはシドの太鼓に合わせて、共に岩の上で輪になって八月踊り歌を歌い踊る。この儀式がすむとノロ、グジ、シドは海岸に降り周りの人々と共に八月踊り「スス玉踊り」を踊る。スス玉はイネ科の植物でかたい実をつけ、かつてはそれで数珠を作った。

スス玉の如くに今年の稲作は豊穣ですよと、稲魂よせの歓びを重ねた踊り歌で、リーダー役のシドが音頭を取り、輪になって歌い踊り、シドの打ち鳴らす太鼓が、儀式や踊りの荘厳さや活力を引き出す重要な役割を果たしている。この時に歌われる歌詞は以下の通りである。

スス玉踊り

スス玉ぬ　なりゅり　今とる年作くたる米や
スス玉ぬ　なりしゆり
わん嫁なて　きゅんちゅうや　ま米まだき
だかしゅんどう
（歌意）じゅず玉のように今年作ったお米は、垂れ下がって豊作であります。私の嫁に来る人は、お米をたくさん抱かしてあげましょう。

テラマシユの歌

平（テラ・人名）ましゅは　はぶらなて
とびゆりはれ
用安（よあん・地名）ゆきのしゅう（人名）や
はぶらうさら
（歌意）平集落のましゅは蝶になって飛んでいる、用安のゆきのしゅうは蝶にかぶさる。

八月踊り歌

八月のせつや　よりもどりもどり
わきゃがはたちぎょりぇや　いちえもどりゅる
（歌意）八月の季節は来年も回って来るが、私の二十歳は戻ってはこない。

西からもよりゅり　ひぎゃかもよりゅり
にしひぎゃぬにやだま　まねきよせろ
（歌意）西からも東からも稲魂様を招き寄せよう。

今年はろどしやかほどしどありょる
やねぬにぃがなしやあぶしまくら
（以下省略）
（歌意）今年の年は豊作でありました。来年も稲魂様の恵みを受けて稲の実りをもたらして下さい。

平瀬マンカイの「スス玉踊り」歌の儀礼的な内容に類似した歌詞は、他の地域の八月踊り歌の儀礼的歌詞や、稲魂祭詞などにもみられる。

ししだまぬ　なりゅんとぅく
ならしたぼれ（浦上「祭祀」）

くとぅし　つぃくたる　いねぃや

すすだまぬ　なりゅり
わが　ゆむぃ　きゅん　ちゅや
まぐむぃ　まだき（佐仁「おぼこり」）

徳之島の稲作儀礼の「作たぬ米」の歌詞には、次のようにある。

今年作たぬ米やハレ
しぃしぃと玉ぬ成りしゅんど

現在、秋名の秋名八月踊り歌は十曲目一〇二首残されており、以下にその解説を加えておきたい。

三節　秋名八月踊りの曲と歌詞

①アラシャゲ　（二十七首）
「アラシャゲ」は、八月踊りの初めにどこの地域においても持ってくる。それは踊りの態勢を作る歌であることによる。また、八月踊りの基礎をなす挨拶歌であり、祝歌であり、祭り歌である。神を讃える歌や、家を誉める歌、村を誉める歌などの儀礼的な祈りと祝福を込めた歌の数々が歌われ、それが男女の恋の歌へと展開する。

②今の踊り（十首）変調六首
「今の踊り」の歌は恋歌である。男女の掛け合いで一から十まで本歌で歌われ、共通歌詞には組み入れない唯一の歌詞とされる。それは踊りと歌が合わないからである。「アラシャゲ」で歌と踊りや太鼓の調整が完全に整い、その終了後に、次に歌われる二曲目、左まわりの踊りの曲である。この歌には「変調」の歌があり、「今の踊り」から三曲目に変わる時に、特にテンポの調整の役割をしている。
③ホーコラシャ（十二首）
「ホーコラシャ」は、八月踊り歌にふさわしい歌詞の曲として、主に三曲目に入る歌である。恋の歌掛けであるために、老若男女が青春時代の雰囲気で楽しんで歌い踊る。代表的な男女の自由歌詞の歌掛けと曲である。
④波打際ヌイブ（六首）
男女の恋の掛け歌
⑤アマダサガリヤ（五首）
男女の恋の掛け歌
⑥曲ガリョタカチジ（五首）
男女の恋の掛け歌
⑦アガンムラクワ（五首）
男女の恋の掛け歌
⑧喜界湾泊り（十二首）

男女の恋の掛け歌
⑨ホーメラベ（六首）
男女の恋の掛け歌
⑩シュンカネ（五首）
共通歌詞の恋の歌が全般を占めていて、八月踊りのクライマックスに歌い踊られる曲である。太鼓のリズムも速くなり、男女の掛け合いも女の歌に重なるように男の歌が追いかけ、更に女の歌も速度をあげて、やや二重奏のような男女の歌の掛け合いがある。「シュンカネ」は八月踊り歌の総仕上げの形式が取り入れられている。ここで「赤木名観音」なども加わる場合もある。

八月踊り歌の締め括りとして「六調」が踊られるが、エネルギッシュな「シュンカネ」の後であるから、六調曲としては、打ち出しがゆったりとしたリズムの「天草」で始まり、最終に奄美の一般的に行われるテンポの速い曲で終了する。

⑪餅貫歌（八首）変調（三首）

以上のように、秋名八月踊り歌は十一曲目に、十月に行われる「タネオロシ」行事の「餅貫歌」八首と「変調」三首が加わる。このように変調を含む歌詞一〇二首は、曲を離れて共通歌詞へと移されることで、それぞれの曲に応用されるのである。

四節　秋名の「八月踊り歌」の歌唱システム

シマ唄のはじめに歌われる「朝花節」が、どこの地域においても座を清める挨拶歌、声鳴らし等と定義づけされている様に、「アラシャゲ」は、八月踊り歌の初めに歌われる。「アラシャゲ」の本歌の歌詞は一から二十七まであり、最初に女性が一を歌い出し、続いて男性が歌い継ぎ、男女で歌を掛け合う形式がとられるのが秋名八月踊り歌の基本である。

秋名国指定重要無形民俗文化財保存会の隈元吉宗会長によれば、

「アラシャゲは、どこの地域も初めに持ってくる。それは踊りの態勢を作るためで、女性リーダーの太鼓の打ち出しに従って踊りの輪は右回りで進み、歌が変わると左回りでもとに戻る。アラシャゲの歌を全て歌うとは限らない、半分位の時もある」

と述べている。

また、「八月踊り歌」の打ち出しは太鼓と歌が同時にはじまる、秋名ではリーダーは女性が担っているが、他の地域では必ずしも女性とは限らない、とも隈元会長は述べている。また、奄美シマ唄研究者の文英吉氏は、アラシャゲ

の意を、

「新しく捧げる意であり、八月踊りの基礎をなす挨拶歌であり、祝歌であり、祭り歌である。神を讃える歌や、家誉め村誉めの歌など祈りと祝福を込めた歌の数々が歌われ、曲も踊りもそれにふさわしい」（私家版『奄美民謡大観』改訂増補版）

と述べている

以下は隈元吉宗氏に「アラシャゲ」を例にして八月踊り歌の展開を聞き書きしたものである。

隈元吉宗氏によれば、

「「アラシャゲ」の本歌（一から二十七）で歌と踊りの態勢が整えられ、タイミングのいいところで共通歌詞で繋いだ歌が組込まれるか、また、最初から場に相応しい自由共通歌詞で始める場合もあり、女性リーダーの判断にかかっている。また、リーダーが女五人位と男五人位がいるとスムースに進行する」

と述べている。ここには、八月踊り歌が複雑に構成されることが示されている。

（A）「アラシャゲ」による歌唱の展開（〔〕は曲の歌詞）

女〔八〕八月のせつやよりもどりもどり　わきゃがは
たちぎょりぇや　いちえもどりゅる

男〔九〕十七、八頃や　夜ぬくれどまちゅるな　何時
が夜ぬくれて　あそぼやかな

女〔十一〕わらぬ今わらべ　きじるちゅやをらぬ　逃
ぎ牛の如くにうしゃげはしゃげ

男〔八〕八月の節やよりもどりもどり　わきゃがはた
ちぎょりぇや　いちえもどりゅる

女〔十二〕なきゃはじょめあらぬ　わきゃはじょめあ
らぬ　けさぬうやふじのしつけはじょめ

男〔十三〕けさぬうやふじぬ　しまたてぬわるさよ
ながしまわしま　まぎりかわそ

女〔十四〕わらぬ今わらべ　歌しらぬやしが　先まれ
ぬなきゃや　ゆしてたぼれ

男〔八十一〕歌すればよかな　歌ごなしすれよ　歌に
こなされて　いこかしのき

女〔八十二〕歌まむぎしゅしやことやありょらぬ　う
たぬいきむぐり　おめどしゅたろ

男〔八十三〕歌やわが役ぬきながめどなりゅる　きな
がめぬうたば　ゆしゅてぬしゅり

女〔八十五〕あそぶ夜ぬあささ　よねとめば夜中　鳥
うたうとめば　な夜ぬあける

（歌意）

女〔八〕八月の季節は来年も回って来るが、私の二十

歳は二度と戻ってはこない。
男〔九〕十七、八歳の頃は夜が暮れるのが待ちどうしく、
早く夜になって遊びたい。
女〔十一〕私は今子供の様です。気にする人は居ない。
自由にはしゃいでいます。
男〔八〕八月の季節は来年も回って来るが、私の二十
歳は二度と戻ってはこない。
女〔十二〕貴方達でも、私達でもない、先祖様のおか
げです。
男〔十三〕島造り神の間切が下手なため、愛しい人と
隔たりができて、恋が成就できないのです。
女〔十四〕私は今は子供と同じで歌をしらない、年上
のあなたに教えて欲しいのです。
男〔八十一〕歌は練習すればいい、歌に慣れて歌える
ようになるよ。
女〔八十二〕歌は習うことはむずかしく、　歌の調子
がでません。
男〔八十三〕歌は自分の役割で、気休めになっていま
すよ。
女〔八十五〕逢っている夜の時間の速いこと、もう夜
中です一番鳥がないたら朝がくる。
これらの歌詞を分析すると、

〔八〕は「アラシャゲ」「餅貫歌」の歌詞、
〔九〕は「アラシャゲ」の歌詞、
〔十一〕は「アラシャゲ」の歌詞、
〔八〕は「アラシャゲ」「餅貫歌」の歌詞、
〔十二〕は「アラシャゲの歌詞」、
〔十三〕は「アラシャゲ」の歌詞、
〔十四〕は「アラシャゲ」の歌詞、
〔八十一〕は「共通歌詞」の歌詞、
〔八十二〕は「共通歌詞」の歌詞、
〔八十三〕は「共通歌詞」の歌詞、
〔八十五〕は「共通歌詞」の歌詞、

以上によって、次のような内容で構成されていることを知ることができる。
女〔八〕は、女の惜春歌
男〔九〕は、男の誘い歌
女〔十一〕は、女の誘い歌
男〔八〕は、男の惜春歌
女〔十二〕は、儀礼歌
男〔十三〕は、先祖への批難
女〔十四〕は、女の恋歌への誘い歌
男〔八十一〕は、男の誘い歌

女〔八十二〕は、女の遠慮の歌
男〔八十三〕は、男の気づかいの歌
女〔八十五〕は、夜明けの別れ歌

アラシャゲのはじめの歌い出しは、本歌の一から二十七までを歌う場合もあり、儀礼的歌詞の「ショチョガマ」の一から五を歌う場合もある。儀礼的歌詞から恋の歌詞へ展開するが、女性リーダーによって自由共通歌詞の中から選択される方法が取られ、リーダーは歌詞と踊り、その足の組方に至るまで全て把握しておく必要がある。それほど重要な役割を果たすのである。

八月踊り歌の進行中に男側から「歌を変えよ　歌を変えよ」と掛けられるのは、中だるみが生じている場合や、同じ歌詞が何度も歌われている場合等、新たな歌の展開が要求されているのである。同時に雰囲気的に活力を加えようという合図であり、歌い継ぎの時には太鼓の打ち方も速いスピードに変わり、「アラシャゲ」以外のテーマの歌詞への展開もリーダー次第となる。

（B）「アラシャゲ」以外の歌による歌唱の展開（一は曲の歌詞）。以下は「シュンカネ」がテーマ曲である。その流れを以下のように隈元氏が組み込んだ歌の流れである。

女〔五〕今日の佳日に　祝つけておしょろ　けぶよりがさき　およべばかり
男〔六〕けぶのほーこらしゃや　いつよりもまさり　いちぇもこのごとにあらしたぼれ
女〔七〕何時もこの如くにあればたまくがね　何故にこのしのき　わぬやとりゅり
男〔八〕八月の節やよりもどりもどり　わきゃがはたちぎょりぇや　いちえもどりゅる
女〔九〕十七、八頃や夜ぬくれどまちゅるな　何時が夜ぬくれて　あそぼやかな
男〔十〕二三月なれば　桃ぬ花咲きょるな　吾八月なれば　吾花咲きゅり
女〔十一〕わらぬ今わらべ　きじるちゅやをらぬ　にぎ牛の如くにうしゃげはしゃげ

（歌意）

女〔五〕今日の喜ばしい日にお祝いしてあげましょう。これから先もお祝いが続く様に。

男〔六〕今日のうれしさは何時よりも勝っている。何時も今日のようにありますように。

女〔七〕何時もこのようであれば、玉黄金（望みが叶う）何の幸せを私は頂きましょう。

男〔八〕八月の季節は来年も回って来るが、私の二十歳は二度と戻ってはこない。

女〔九〕十七、八歳の頃は夜が暮れるのが待ちどうしい。早く夜になれば遊びましょう。

男〔十〕二三月になれば桃の花が咲き、自分にも八月には愛しい人がくるでしょう。

女〔十二〕私は今子供の様です。気にする人は居ないので、自由ではしゃいでいます。

以上の歌の歌アラシャゲ」の歌詞、〔十二〕は「アラシャゲ詞を分析をすると〔五〕は「アラシャゲ」と「餅貰歌」の歌詞、〔六〕は「アラシャゲ」と「餅貰歌」の歌詞、〔七〕は「アラシャゲ」と「餅貰歌」と「ホーコラシャ」の歌詞、〔八〕は「アラシャゲ」と「餅貰歌」の歌詞、〔九〕は「アラシャゲ」の歌詞、〔十〕は「の歌詞」であり内容は、以下のようになる。

女〔五〕は、祝いの儀礼歌

男〔六〕は、祝いの儀礼歌

女〔七〕は、祝いの感謝の歌

男〔八〕は、若い時を大切にしようという惜春の歌

女〔九〕は、夜は楽しく遊ぼうという女の誘い歌

男〔十〕は、八月踊りを待つ男の恋の歌

女〔十二〕は、独り身は自由だという女の誘い歌

このように、「アラシャゲ」の歌唱を見ると、歌い継ぐ時には儀礼的な歌詞が取り入れられるケースが常である。そうした儀礼性と一体となりながら、男女の恋歌の掛け合いで形成されているところに特質を見ることができる。「アラシャゲ」は本歌として秋名八月踊り歌の歌詞に掲載されている。だが、実際には共通歌詞から自由に継いで歌うのであり、その都度に歌詞の並び方は異なるので、本歌と定める事はできないのである。

ただし、儀礼的な「八月の節やよりもどりもどり　わきゃが　はたちぎょりぇや　いちぇ　もどりゅる」〔八〕は、自由に継いだ歌の段階のいずれかの箇所に取り入れられるシステムが取られている。

「アラシャゲ」の歌詞が「アラセツ」の行事と一体化して形成された八月踊り歌であることが知られる。

五節　むすび

奄美の八月踊りは、奄美諸島全域において行われる収穫を祝う年中行事である。そこには稲作を基盤とした信仰儀礼が見られる。年間を通して、種播き、苗代、害虫除け、

収穫など、一切のそれを執り行ったのがノロと呼ばれる司祭者であった。

　ノロは稲魂を祭る祭祀において稲魂を招く役割を果たし、八月踊り歌はこの祭祀を受けて形成された歌であり、男女の恋の歌へと展開した特徴をもつ。

　シマは海に隔てられ、山で遮られていたために、小宇宙的な空間で独自の文化を形成してきた。そのことにより隣のシマとは差異もみられるが、奄美の各地域の共通歌詞として親しまれている次のような歌がある。

　けさぬ　うやほじぬ　しまたてぬ　わるさ
　かながしま　わしま　まぎりわかち

　この歌は、島造りの神の間切が悪いために、愛しい人と隔たりができ、恋が成就できないのだと歌っている。八月踊りが間切によって独自性をもち、祭りと歌が共同体の中で一体化していたことが、この歌詞からもうかがい知ることができるであろう。

　こうした奄美の八月踊り歌は、シマの秩序の中で歌われ、古い時代から継承されて来た伝統文化であった。しかも、その歌唱方法は秋名の八月踊りを通して分かるように、複雑に構成されるものである。古代は信仰生活の中にあり、祭祀の一環として八月踊りが行われ、そこには儀礼と連続して恋の歌が継がれて行く。現在で秋名地域のみで執り行われている「ショチョガマ」「平瀬マンカイ」の両祭祀の祝詞が、秋名独自の八月踊り歌の歌詞と、自由共通歌詞の中に存在することからも、ノロの祝詞（オモリ）にシマ唄の源流があることが見て取れる。

　秋名においては、踊りの輪は右回りで歌曲が変わると左回りになり元の位置に戻る。また、「変調」の歌は、「タネオロシ」と「今の踊り」の二曲だけに歌われていて、速いリズムで活力がある。特に「今の踊り」の変調の歌詞は、次の歌曲へ変わる時に、テンポを速めないと歌い継ぎが行い難いので調整の役割として歌われる。

　女性リーダーが一〇二首の自由共通歌詞を取り入れて、同じ曲が長くなった場合などに、男性側から「歌かわす歌かわす、節かわす節かわす、歌かわれば、節も変わろう」と要求の歌が歌われ、恋の歌掛けに展開することとなる。

　本章は、国指定秋名平瀬マンカイ保存会会長の隈元吉宗氏に多大なご協力を得ました。ここに厚く御礼を申上げます。

奄美民謡（秋名）八月踊歌集録（六〇・十隈元留蔵　記）

秋名八月踊の歌詞と餅貫歌

一　種おろしやんちぇへー　餅もれが来やおたな　あたらしやありしょらばんもくれてたぼれ（九十）

二　餅やかしや抱きゅりへー　かしやや餅だきゅりなー　もちかしやのごとにへー　だしゅりぶしややー（一四七）

三　もち欲しやもあらぬへー　正中ふしやもあらぬなー　きながめぬたより　まくできやおた（一四六）

四　とのちあみしやれやへー　かふなまれやしがなーよねぐらやめなし　とくやこしよで（一〇二）

五　今日ぬよかろひにへー　よわつけておせろなー今日よりが先や　およべばかり（〇六六）

六　今日ぬほーこらしややーへー　いちぇよりもまさりなー　いちぇもこのごとに　あらしたぼれ（〇六五）

七　いちぇもこのごとにへー　あればたまくがねなーのてにこのしのき　わぬやとりゅ　り（〇二八）

八　八月のせつや　よりもどりもどり　わきゃがはたちごろ　いちぇもどりゆり（一二二）

変調

あみしゃれやー　かふなまれ　一ちば二ち三ち四ち五ち六ち七ち八ちこんなここのつど（〇九五・一〇二）

吾んやんめ石垣　金ぬなりゆり　浜ぬゆりずな米なりゆり　沖のくろうしゆ酒なりゆり（一六五）

はやてお庭に　しだら木ばやれささうえとて　西の風吹くとき　ささらさらざらむきゆり（一二九）

（二）アラシャゲ

一　八月のせつや　よりもどりもどり　わきゃがはたちぎょりぇや　いちえもどりゅる（一二二）

二　西からもよりゅり　ひぎゃからもよりゅり　にしひぎゃぬにやまだ　まねきよせろ（一一八）

三　今年はろどしや　かほどしどありょる　やねぬにぃがなしや　あぶしまくら（〇六九）

四　なきやはじょめあらぬ　わきやはじょめあらぬけさぬうやふじぬ　せつけはじょめ（一一〇）

五　けさぬうやふじぬ　しまたてぬわるさよ　かなが

しまわしま　まぎりわか

六　けぶぬよかろ日に　よわつけておせろ　けぼよりぇがさきや　およべば　かり（〇六六）

七　けぶぬほーこらしやや　いつよりもまさり　いちぇもこのごとに　あらしたぼれ（雄六五）

八　何時も此の如に　あればたまくがねよ　何故にこのしのき　吾ぬやとりゅり（〇二八）

九　一七、八頃や　夜ぬくれどまちゅるな　何時が夜ぬくれて　あそぼやかな（〇八〇）

十　二三月なれば　桃ぬ花咲きょるな　吾八月なれば吾花咲きゅり（一一六）

十一　わぬや今わらべ　きじるちゅやをらぬ　逃ぎ牛の如に　うしゃげはしゃげ（一六二）

十二　いこヽヽにすれば　後想影ぬ立ちゅり　居ろヽヽにすれば　義理ぬうとるしゃ（〇二六）

十三　送れヽヽよかな　浜じょがれおこれな　洋上のり出せば　汐風頼も（〇四八）

十四　浜門口うれて　汐鳴り声きけば　彼が冬旅ややらしぐるしゃ（一二八）

十五　想影や立ちゅり　浜うれて見れば　白波や立ちゅて　かなやめらぬ（〇五三）

十六　思てさえ居れば　後先どなりゅり　節や水車めぐりあゅり（〇五四）

十七　節や水車　水しまわさりょりな　かなが節わ節まわしぐるしや（〇七七）

十八　想影ぬたてば　言沙汰しゅりと思え　胸ぬつまぐみば　泣しゅりとおもえ（〇五二）

十九　荒ればもたちゅり　凪ればも立ちゅりな　かなが想影ぬ　忘れぐるしゃ（〇二〇）

二十　旅やはまやどり　草枕ごころな　寝ても忘れらぬ　吾玉黄金（〇九二）

二十一　玉黄金親や　生しどなされよるな　肝だましそろて　なしがなりゅめ（〇九三）

二十二　あんま想影や　時々ど立ちゅりな　かなが想影や　朝ま夕ま立ちゅり（〇二二）

二十三　別れてやいきゅり　何ばかたみおろせ　汗膚ぬ手拭　形見おせろ（一六〇）

二十四　汗膚ぬてのげ　形見取てからや　うしろかる軽と　いもれしょせら（〇〇九）

二十五　やまと旅しれば　月読でど待ちゅる　黄泉が旅しれば　ぬゆで待ちゅる（一五二）

二十六　旅ぬ下れ上りや　十日と思ば二十日　何時が島戻て　吾愛人見りゅり（〇九一）

二十七　虎ぬ絵ばかけて　柳花活けてな　旅ぬうれの

りや　かふさ希お（一〇四）

（二）今の踊り

一　いまのおどりわ　よう勢がそろた　踊り習わばいま習え（〇二九）

二　さんだまけ丶丶　煙草種おろせ　おろしそだててのだばかり（〇七五）

三　長い刀わ　差し様がござる　うしろさがれば　まえあがる（一〇七）

四　かなとはなすは　枕もいらぬ　たがいちがいぬうでまくら（〇五七）

五　枕ならべて　はなす夜は　いちぇが昨日や今日とめば　昔なりゅり（一四〇）

六　合わんてのげに　あわそにすれば　夜ぬよがらすの　なきわかれ（〇二一）

七　五尺てのげに　名前ば染めて　かなが手とたりわのてとたり（〇六八）

八　舟はだそ丶丶　夜明けに出そよ　泊り入口に　瀬がござる（一三四）

九　沖のとなかに　さよ松立てて　上り下りぬ　ふねを待つ（〇四七）

十　鳥はうとたか　まだよわ夜半　心静かに　ねておじゃる（一〇六）

変調

山から　谷底見れば　植えたなすびぬ　花ざかり（一五二）

はじょめてへへーやれこれ　今年始めて　嫁取りすれば　しやおて子ほざめて（一二〇）

うとたかへへーやれこれ　鳥わうとたか　まだよわよなか（一〇六）

となかにへへーやれこれ　沖のとなかに（〇四七）

かたなわへへーやれこれ　長いかたなわ（一〇七）

てのげにへへーやれこれ　五尺てのげに　名前ばそめて（〇六八）

（三）喜界湾泊り

一　ききゃわんどまり　汐なり声きけば　ちらげちょうるし　ちらぬやぐら（〇五九）

二　とのちあみしやれや　かふなまれやしが　米倉やめなし　床やこしょ手（一〇二）

三　なきゃもまね丶丶と　わきゃもまね丶丶と　たぎりまね丶丶と　あそでたぼれ（一一一）

四　お十五夜のお月　かん美らさてりゅり　かながじょにたてば　くもてたぼれ（〇四八）

五　遊び好き吾ぬや　とめてとめららぬ　しまのしりくちに　とめてあそぼ（〇一〇）

六　しまぬしまくちに　とめてとめららぬときや　ひるぬまてつけて　とめてあそぼ（〇七八）

七　昼ぬまちちけて　とめららぬときや　きもぬまちつけて　とめてにやだな（一三〇）

八　花やふくもとて　節待ちど咲きゅる　きもちゃげぬ節ぬ　まわしぐるしゃ（一二五）

九　花や根本あれば　二度かえて咲きゅる　二度返えて咲かぬ花　なはなわはな（一二六）

十　ひるま水欲しやや　こねてこねられり　わんかなみぶしや　こねやならぬ（一三一）

十一　白銀ぬ花や　水かけていけろ　なさけかけみしょし　いけてたぼり（〇四八）

十二　情かけぶしやや　わぬどありやしが　よそぬ眠ぬしげく　くちぬうとるしや（一一三）

（四）ホーコラシャ

一　ほーこらしやや　いちぇよりも勝り　何時もこのごとに　あらしたぼり（一三六）

二　何時もの如に　あればたまくがね　のてにこのしのき　吾ぬやとりゅる（〇二八）

三月の夜なれば　しばがくれいもれ　やみぬ夜なればまみちいもれ（〇九七）

四　すばやどぐちあけて　かなまちゅる夜や　よあらしやしげく　かなやめらぬ（〇八八）

五　飛び立ちゅる鳥だも　そ先見ちどとびゅる　わぬやなきゃ心　みちどきやおだ（一〇三）

六　雨ぬなま降りや　道ぬなびろさや　かなとなまあそび　わかれぐるしや（〇一七）

七　先降らばふらじ　後降らばふらじ　なまふりゅる雨ぬ　うらみぶしや（〇七三）

八　なきゃ拝みぶしやや　わみやさねなりゅり　わみやさねなても　うがみぶしゃや（一〇八）

九　うがみばどしりゅる　うがまずしりゅめ　拝で想影ぬ　立てばきゃししゅり（〇三〇）

十　こねだこのごろや　夢しげさやしが　きもちやげぬかなば　拝もちおもて（〇七二）

十一　よねやこまよらて　いろ、、ぬあしび　あしや島戻て　いさたばなし（一五八）
十二　遊ぶ夜ぬ浅さ　宵と思ば夜半　鳥うたふとめばな夜ぬあける（〇一一）

（五）ホーメラベ

一　ほーめらべや　ことちけぬたばこよ　またも言付けや　もつれたばこ
（一三七）
二　むつれ草取りやに　むつろにすれば　縁ぬねじさらめ　むつれぐるしゃ（一四五）
三　ほーめらべや　たるがなしゃるくわかよ　めはなうちそろて　うまれぎょらさ（一三八）
四　縁とたまくがね　ぬかばちゅどさらめ　うちふらいふらて　ぬかばきゅらく（〇四六）
五　にじきとてまちゅれ　床とて待つちゅれ　夜半風つれて　忍できやおろ（一一九）
六　わらべとじかめて　側寄れば泣きゅり　何時が抱きほでし　ね首亦抱きゅる（一六四）

（六）アマダサガリャ

一　あまだ下がりゃやひゅんかまち　やんくぶ下がりやとっちぶる
　いぢていもれうっちゅんきや　にしゅておろせ（〇一六）
二　あまだいうぬさがて　まやぬ目ぬだるさよ　きゅらとぢかめて　わん目ぬだるさ（〇一五）
三　油つけ頭　雨降ればしわじわやょ　きゅらさ生まれれば　夜ぬしわじや（〇一四）
四　きゅらさ生まれれば　花かぢと染みゅり　わぬやいぇしや生れて　つぶしだきゅり（〇六二）
五　花なれば匂　枝もちやいらぬ　なりふりやいらぬ人やこころ（一二四）

（七）アガンムラワク

一　あがんむらあかくわ　雪むらぬはぐき　きゃんめになれば　ゆばしちゅみち（〇〇三）
二　きやんめになとて　ゆるくで居れば　あんまふれもんや　ゆたばともし（〇六一）
三　道端ぬ石や　下駄はとかたき　きもださをなご

どしとかたき（一四一）

四　夜走しる舟や　かくれ瀬とかたき　かな待ちゅる夜や　どしとかたき（一五九）

五　別れと思て　さしゅるさかずきや　涙におされてとりやならぬ（一六一）

（八）曲ガリョタカチヂ

一　まがりょたかちぢに　ちょちんがばとぼし　うれがあかがりに　しのでいもれ（一三九）

二　たかちぢのぼて　ふりむかてみれば　あんちぢやみりゅり　かなやめらぬ（〇八九）

三　いち代ちどいしやる　まち代ちどいしゅて　男あやばなや　あれやこれや（〇二七）

四　男きゅら花や　七花咲きゅり　をなごいぇしや花や　一花また咲きゅり（〇五一）

五　夜明け白雲ぬ　いき別れ見れば　愛人といき別れあれが如に（一五五）

（九）シュンカネクワ

一　しゅんかねくわが節や　わがくなしうかば　三味線もちいもれ　ちけておせろ（〇八三）

二　うしうかば鳴りゅめ　さげてうしやんちなりゅめわんかなおもがねが　ひちどなり（〇三三）

三　夜中三味線や　いしやよりもまさり　ねなしいもるかなが　うずできりゅり（一五六）

四　夜中目ぬ覚めて　ねむららぬ時や　じろぬ端ゆとて　たばこみしょれ（一五七）

五　うまれ稲がなし　かまかけてみぶしや　秋名きょらめらべ　手かけみぶしや（〇四三）

（十）波打祭ヌイブ

一　なんごらぬいぶや　ゐどかけてちりゅり　やんぬ女童や　さぢしつりゅり（一五四）

二　しゅぐちうつなみや　うちがさねがさね　わぬや女童と　どみしょがさね（〇八一）

三　しゅぐちあろう石や　かくれたりめたり　かくれよそのぎ　おれがごとに（〇八〇）

四　遊ぶ夜ぬあささ　宵と思ばめ夜半　鳥うたうとめば　なよぬあける（〇一一）

五　うらきれてみぶしや　かくれたまくがね　見ればなつかしや　むんやいやらじ（〇四四）

六　浜崎ぬ松木　しらさぎのとぐらよ　わきやがねとぐらや　わんあんまふちくろ（一二七）

秋名八月踊りの歌詞の数々

一　種おろしやんちぇへーもちもれが来やおたなーあたらしゃありしょらばんもへーくれてたぼれ（〇九〇）

二　もちやかしや抱きゅりへーかしややもちだきゅりもちがしやのごとに抱しゅりぶしやや（一四七）

三　もち欲しやもあらぬ　正中欲しやあらぬ　きながめのたより　まくできやおた（一四六）

四　殿内あみしやれや　かなふ生れやしが　米倉や前なし　床や左手（一二七）

五　今日ぬ佳日に　祝つけておしょろ　けぶよりがさきや　およべばかり（〇六六）

六　今日のほーこらしやや　何時より勝り　いちぇもこのごとに　あらしたぼれ（〇六五）

七　何時もこのごとに　あればたまこがね　何故にこのしのき　わぬやとりゅり（〇二八）

八　八月の節や　より戻りもどりゅり　わきやはたちごろや　いちぇもどりゅり（一二二）

九　一七、八頃や　夜ぬくれど待ちゅる　いちぇが夜ぬくれて　あそぼやかな（〇八〇）

十　二三月なれば　桃の花咲きゅり　吾ん八月なればわはな咲きゅり（一一六）

十一　わぬや今わらべ　きじるちゅやをらぬ　にぎ牛のごとに　うしやげはしやげ（一六二）

十二　汝きやはじょめあらぬ　わきやはじょめあらぬけさぬうやふじの　しつけはじょめ（一一〇）

十三　けさぬうやふじぬ　島たてぬわるさ　かながしまわしま　まぎりわかそ（〇六七）

十四　わぬや今わらべ　歌しらぬやしが　先まれぬなきゃや　ゆしてたほべれ（一六二）

十五　うきよかりじまに　永久居られよめ　あそでとくみしょれ　かりぬ世さめ（〇三一）

十六　西からもゆりゅり　ひぎゃからもゆりゅり　西ひぎゃぬ稲霊　まねきよせろ（一一八）

十七　今年はろ年や　かほどしどありょる　やねの稲がなしや　あぶしまくら（〇六九）

十八　朝汐みちあがりや　しょちょがまぬおよべ　よねしょみちあがりや　ひらせおよべ（〇〇八）

十九　やまと旅すれば　月読でど待ちゅる　黄泉が旅すれば　ぬゆでまちゅる（一五二）

二十　浜門口うれて　しゅなり声きけば　かなが冬旅や　やらしぐるしや（一二八）

二十一　おこれおこれよかな　浜門がれおこれ　洋上のりだせば　潮風たのも（〇四八）

二十二　旅やはまやどり　草枕ごころ　ねても忘れられぬ　わたまくがね（〇九二）

二十三　想影や立ちゅり　浜うれてみれば　白浪や立ちゅて　愛人やみらぬ（〇五三）

二十四　荒れればもたちゅり　凪れればもたちゅり　かながおもかげや　忘れぐるしや（〇二〇）

二十五　思てさえ居れば　後さきどなりゅる　節や水車　めぐりあゆり（〇五四）

二十六　節や水車　水しまわされり　かなが節や節まわしぐるしや（〇七七）

二十七　想影ぬ立てば　言沙汰しゅりと思え　胸ぬつまぐめば　泣しゅりとおもえ（〇五二）

二十八　昼やきもがよい　夜や夢がよい　わきやが胸中や　ひまやねらぬ（一三二）

二十九　あんま想影や　ときどきどたちゅる　かながおもかげや　朝まゆまたちゅり（〇二二）

三十　別れてやいきゅり　ぬばかたみおせろ　汗はだぬてのげ　かたみおせろ（一六〇）

三十一　汗はだぬてのげ　かたみとてからや　うしろかろがろと　いもれしょせら（〇〇九）

三十二　いこ、、にすれば　あとおもかげぬ立ちゅり　居ろ、、にすれば　義理ぬうとるしや（〇二七）

三十三　虎ぬえばかけて　やなぎ花いけて　旅のうれのりや　かふさねがお（一〇四）

三十四　旅ぬうれのりや　十日とめば二十日　何時がしまもどて　わかなみりゅり（〇九一）

三十五　島やだぬ島も　変るぎやねらぬ　水にいかされて　言葉どかわろ（〇七九）

三十六　別れとおもて　さしゅるさかずきや　涙におされて　とりやならぬ（一六一）

三十七　お十五夜ぬお月　かねぎゅらさ照りゅり　かながじょにたてば　くもてたぼれ（〇四九）

三十八　月ぬ夜なれば　しばがくれいもれ　やみぬゆるなれば　まみちいもれ（〇九七）

三十九　花なればにおい　枝もちやいらぬ　なりふりやいらぬ　ちゅやこころ（一二四）

四十　池うけてきょらさ　おしどりめどり　庭立てきょらさ　こがねをなり（〇二五）

四十一　うまれ稲がなしや　かまかけてみぶしや　秋

名きょらめらべ　手かけみぶしゃ（〇四三）

四十二　あまだ魚ぬさがて　まやぬ目ぬだるさ
きょらとぢかめととて　わん目ぬだるさ
（〇一四）

四十三　遊びずきわぬや　とめてとめららぬ　島めし
りくちに　とめてあ（〇一〇）

四十四　島ぬしりくちに　とめららんときや　ひるぬ
灯つけて　とめてあそぼ（〇七八）

四十五　昼ぬまちちけて　とめららんときや　肝ぬ灯
ちけて　とめてにゃだな（一三〇）

四十六　たまくがね親や　なしどなされより　きもだ
ましそろて　なしがなりゆめ（〇九三）

四十七　花やふくもととて　節待ちど咲きゅり　きも
ちゃげぬ節ぬ　まわしぐるしや（一二五）

四十八　花やもとあれば　二度かえて咲きゅり　二度
かえて咲かぬ花　なはなわはな（一二六）

四十九　年ゆたんちおもて　鏡とてみれば　年やなま
わらべ　もとぬ十八（一〇一）

五十　わらべ妻かめて　そばよれば泣きゅり　何時
がだきほでし　ねくびだきゅり（一六四）

五十一　白雲やまさり　風つれていきゅり　わぬやか
なつれ　いこかしのき（〇八五）

五十二　夜明け白雲ぬ　いきわかれみれば　かなとい
きわかれ　あれがごとに（一五五）

五十三　道引きぬ三味や　医者よりもまさり　ねなし
もるかなが　うずできゅり（一四二）

五十四　二十日夜ぬくれて　はぎぬひきやらんときや
かなにおもなせば　あかぬひるま（一二三）

五十五　ひるま水欲しやや　こねてこねられり　わん
がかなみぶしやや　こねやならぬ（一三一）

五十六　白金ぬ花や　水かけていけろな　なさけかけ
みしょし　いけてたぼれ（〇八四）

五十七　情かけぶしゃや　わぬやありやしが　よそぬ
目のしげく　くちぬうとるしや（〇八八）

五十八　すばやどぐちあけて　なかまちゅるゆるや
よあらしやしげく　かなやめらぬ（〇八八）

五十九　飛びだちゅる鳥だもそ　さきみちどとびゅる
わぬやなきや心　みちどきやおた（一〇三）

六十　雨ぬなまぶりや　道ぬなびろさり　かなとな
まあそび　わかれぐるしや（〇一七）

六十一　先降らばふらじ　後降らばふらじ　今ふりゅ
る雨ぬ　うらみぶしや（〇七三）

六十二　今ふりゅる雨よ　わにわかてふれよ　かなが
なだちおもて　いぢてぬれら（一一五）

六十三　山ぬ木ぬたかさ　風ににくまれり　きもだかさもてば　よそがにくむ（一五三）

六十四　なきや拝みぶしやや　わ身やさねなりゅり　さねなてもわぬや　うがみぶしゃり（一〇八）

六十五　うがみばどしりゅる　うがまずしりゅめ　うがおておもかげぬ　まさてたちゅり（〇三〇）

六十六　こねだこのごろや　夢しげさありやしが　きもちやげぬかなば　うがもちおもて（〇七二）

六十七　よねやこまよらて　いろゝゝぬあそび　あしゃや島もどて　いさたばなし（一五八）

六十八　夜中目ぬさめて　ねむららぬときや　じろぬはたゆとて　たばこながめ（一五七）

六十九　あかる白雲に　なわかけてぬしゅりよ　およばらぬかなに　手さしぬしゅり（〇〇二）

七十　いきよたまくがね　よしでよしまれめ　かほな節あらば　またちうがも（〇二三）

七十一　夜はしる舟や　かくれ瀬とかたき　かな待ちゅる夜や　どしとかたき（一五九）

七十二　ふりかかれかかれ　わぬにふりかかれ　ふりかかるなきやや　袖やなさぬ（一三五）

七十三　打てばうちぶしゃや　よなりしゅるつづみ　よればよりぶしやや　かなかおそば（〇四二）

七十四　つづみぐわやうてば　馬のこどうちゅる　まましぐわや打てば　ままなたちゅり（〇九八）

七十五　かなげましょかれて　しばかれどしょたろけぼしょましょかれて　なおてつしやろ（〇五六）

七十六　あのよめわらべの　なまぬうたきけば　やはやあとゝゝに　ちせろごとに（〇一二）

七十七　やはやあとゝゝに　ちしぇきょたるえのばはろぬくもらしやや　なきやがいぇしやろ（一五〇）

七十八　なつか声きけば　いきやぬかれらぬ　とてやあらし声　きかしたぼれ（一一四）

七十九　打ち出さぬうちや　いきゃやきゃがと思てょ一つうちだせば　さみやしらぬ（〇四〇）

八十　むかしわきや声や　かめぬなりしゅたがよこねだかぜひきし　わ声からし（一四四）

八十一　歌すればよかな　歌ごなしすれよ　歌にこな

されて　いこかしのき（〇七三）

八十二　歌まむぎしゅしゃ　ことやありょらぬ　うたぬいきむぐり　おめどしゅたろ（〇三八）

八十三　歌やわが役ぬ　きながめどなりゅる　きながめぬうたば　ゆしゅてぬしゅり（〇九三）

八十四　もとどもとなりゅる　そらぬもとなりゅめすらぬむとなれば　ねなしかずら（一四九）

八十五　あそぶ夜ぬあささ　よねとめば夜中　鳥うたうとめば　な夜ぬあける（〇一一）

八十六　白ろし石垣に　はゆるおもかずら　はい先やねらじ　もとにもどら（〇八七）

八十七　一でちどいしゃる　末代ちどいしゃる　おとこあやばなや　あれやこれや（〇二七）

八十八　浜崎ぬ松木　白さぎぬとぐら　わきやがねとぐらや　あんまふしぐろ（一二七）

八十九　夫欲しやもちゅとき　妻ふしやもちゅときあやはじきふしやや　命まぎり（〇五〇）

九十　分水嶺はる水や　川とめてとまる　わぬやかなとめて　加那ととまらぬ（〇三四）

九十一　しゅぐち打つ波や　うちがさねがさね　わぬやかなと　どみしよかさね（〇八二）

九十二　しゅぐちある石や　かくれたりめたり　かくれよそのぎや　おれがごとに（〇八一）

九十三　月とながめても　星とながめても　わんかなおもかげや　わすれならぬ（〇九六）

九十四　きも医者もあらぬ　あげらしやもあらぬ　とかくうてんとの　つもりさだめ（〇六〇）

九十五　節としばさしや　七日へざめりゅり　きもちやげぬかなや　ぬほざめりゅり（〇七六）

九十六　あらせつもいきゅり　しばさしもいきゅり節としばさしや　やねどきやおろ（〇一八）

九十七　打ちはてぬつづみ　踊りはてどんが　めらべわかものや　にゃわかぐるしゃ（〇四一）

九十八　枯木くだめしゅて　なり木ひきよせて　うてらばむはかれ　かなとちゅみち（〇五八）

九十九　片枝や枯れて　片ゆだや咲きゅり　咲かぬ片枝も　咲ちたぼれ（〇五五）

一〇〇　なきやや西むぐり　わぬやひぎやむぐり　めぐりあうときや　あわれはなそ（一一二）

一〇一　雲ぬよどみばど　風むよどまじや　わぬがうたながれ　ここでとまら（〇六四）

調査協力

本歌詞は、秋名幾里の隈元吉宗氏のご好意により本書に掲載することが出来た。隈元吉宗氏に厚くお礼を申し上げる。

第十五章　大熊集落の八月踊り歌

一節　大熊集落の概況

大熊集落は、宗教的に信仰心が篤い地域であるが、様々な信仰が複雑に入り込んでいる地域でもある。分類するとノロ、仏教、神道、カトリック、天理教、ユタ、先祖祀りと大別され、それぞれの信仰に信念をもって生きている。異なる宗教の信徒であっても宗教的な争いはない。集落の事柄に対しては団結して事に当たり、超宗教的に和合する特質をもつ地域である。

琉球の支配時代には、ノロが精神的な指導者として信仰を司っていて（註一）、新築の時はもちろんのこと、新造船の進水式においても航海の安全を祈願するお祓いを執り行った。鰹船の初漁の折には船上で、豊漁祈願がノロによって行われていた（註二）。

ノロの祭祀制度は、琉球王の統治下に施行された。間切り（村）単位にノロがいて、那覇の王宮へ行き王妃が任命、直轄する制度であった。

『南島雑話』には、「能呂久米年々印紙を本琉球に受ける事が禁制となり、寛永十九年迄之免官印を伝て今其三、四枚を蔵《おさ》め伝える。大熊村安可郡納め置く書付なり」とあり、「大熊村にて富統より内々にて能呂久米安加那、本書押付に写す間、本書の儘也。本書は唐紙也。文面如レ此かな書也。始と終に朱印、首里之印と云文あり、首里の里の子寮より出るものにて候由。上包の紙の上に里の子寮と有レ之候」と次の免官印を記録している。

御印（琉球王の辞令）

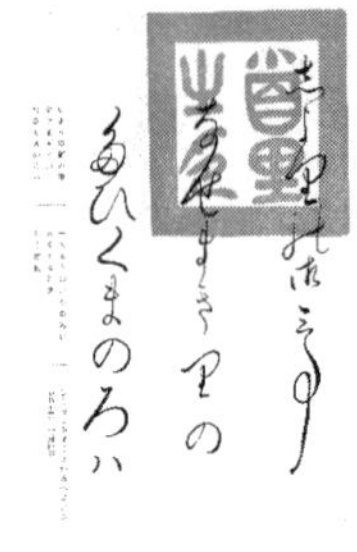

しょりの御み事　なせまきりの　たひくまのろハ
一人もとののろのめい　まくもにたまわり申候
しょりよりまくもか方へまひる　万暦十五年十月四日

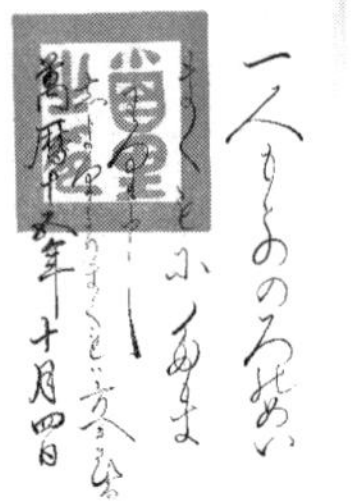

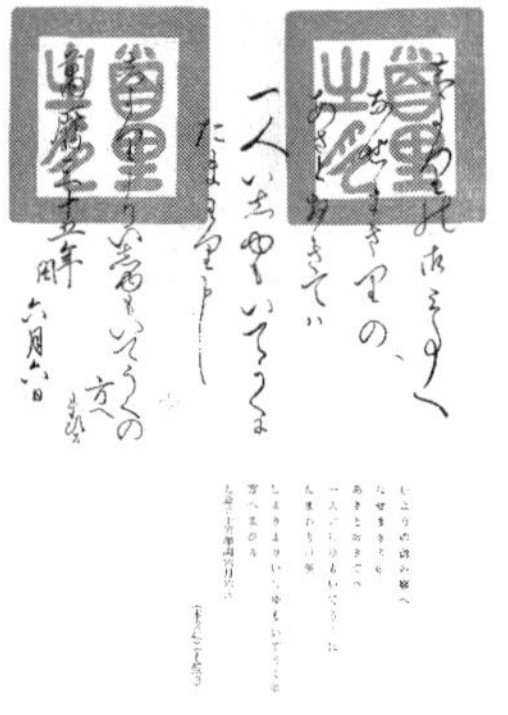

しょりの御み事へ　なせまきりの　あさとおきてハ
一人いしゅもいてうくに　たまわり申候
しょりよりいしゅもいてぅくの
方へまひる
万暦三十五年　六月六日

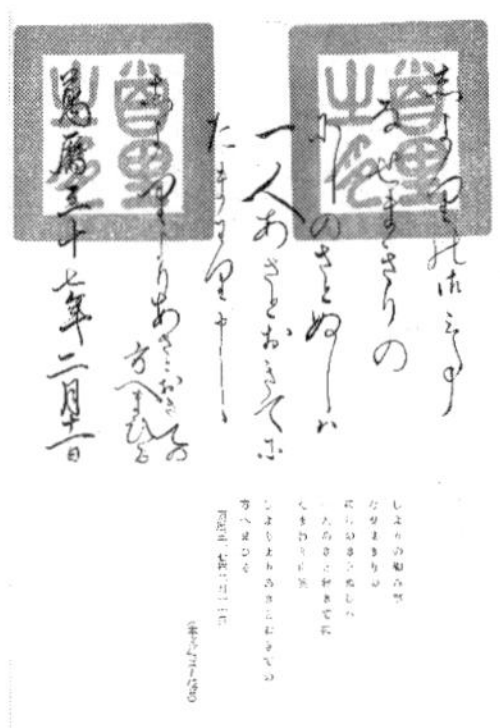

しょりの御み事　なせまきりの　にしのさとぬしハ
一人あさとおきてに　たまわり申候
しょりよりあさとおくての
方へまひる
万暦三十七年二月十一日
図「大熊誌」より

現代でも年中行事の「八月あらせつ」は、ノロ屋敷にあるトネヤで、集落の祭祀祈願参りから開始される。トネヤは「ウントネ」、「サントネ」と二棟の建物があり、ノロの

大熊のノロたちは、一人のノロを中心にウッカン、イガミ十二人（女性）で成立している。

新穂花《あらほばな》祭りには、各戸から米を集める。

ノロの住むトネヤ、右サントネ、左ウントネ。「奄美の島々」より

ウッカンから指導を受けるノロ。

住居および祭祀の場である。ノロ屋敷は、代々ノロ系列のグジ主が世話役として管理をしている。

ノロになると一家は、サントネ、ウントネと呼ばれるトネヤに移住し、この二棟の建物は、住居と祭りの場にもなる。

ノロの祭りには、アラセチ（新穂花《あらほばな》祭）、シバサシ、ドンガの三大節があり、グジ主二人とトネヤモリ三人以外の男性は一切禁制となっている。

ノロの祭祀、新穂花《あらほばな》祭りには各戸から集めた米で御神酒をつくり、また前夜に祭の御馳走をつくる。祭りの日は、早朝に山に出向きみそぎをする。そこは男子禁制である。祭祀に用いる冠をつる草でつくる。祭祀では、グジ主とトネヤの管理者トネヤモリは、ノロを拝んで御神酒をもらう。また、村人たちは御神酒をもらうと健康になると伝えられていた。

薩摩藩の統治下では、ノロの祭祀制

度は禁令になり、厳重に取り締まられた。明治後においても警察の取り締まりが厳しかったが、大熊では雨戸をめぐらして、祭りを行ったと伝えられている。

二節　大熊集落の年中行事組織

大熊集落は、共同体的な強い絆をもつ特質がある。振興会（消費協同組合）は運営が好調で、毎年黒字で配当まで されている。また、奄美大島北部で唯一の鰹船を漁業協同組合が経営している。出資額は組合員同額で、配当、給料も同額という。平等な権利と義務が維持されている。

大熊には、年齢的な集団があった。年配者の会、青年の会が毎月一回集まり､近況報告を兼ねてお酒を酌み交わし、三味線歌で懇親を深めていた。

一九一一年、大熊青年団は、十五歳から三十五歳までの男子約百三十名を以て青年会を結成する。

一方、一九一九年に青年会組織に対して処女会が組織され、青年会組織に協力して集落の発展に貢献する。

一九二四年に大日本総合青年団が結成され、男女共に青年団組織に統合される。

一九六六年に大熊婦人会が結成される。

二〇一四年現在の大熊の所帯数は四八〇、人口数は一〇七五名である（註三）。年中行事の祭りには老若男女が集うが、集落の住民ばかりではなく、集落を離れた出身者達も数多く参加が可能なように、祭りの日程を調整し、巡回時間も午後八時開始して十二時終了と調整している。また、この時期に合わせて、集落を離れた出身者、その親戚、知人などが帰郷する。

年中行事の祭り八月踊りは町内会が主催する。合同役員会が開催され、各団体の役割を決定する。各団体とは青年団、壮年団、五十会、明幸会である。

組織は青年団（二十歳代）一一名、壮年団（三十～四十歳代）四二名､五十会（五十歳代）三七名､明幸会（六十六歳以上）一七三名から構成されている。

合同役員会において、祭りの二日間の各団体の八月踊り巡回が割り当てられ範囲が決められるが、特に高齢者が占める明幸会に対しては、二日目に参加するように配慮がされ、巡回も少なめに調整がなされている。

二〇一四年、祭り巡回表

二十二日、

青年団・高校生・壮年団は、午後八時・トネヤ、①十五班・②十六班・③十七班・④十八班。

五十会は、①三班・②四班・③一班・④二班・⑤七班。

二十三日、

青年団・高校生・壮年団は、①十班。②十一班・③十二班・④九班・⑤大住宅。

五十会は、①十四～一班・②十四～二班・③十四～三班・④大袋班・⑤八班。

明幸会は、①六班・②五班。その年によって二カ所程の割り当てがされる（註四）。

以上の二日間の割り当てられた範囲で、祭りのヤー（家）回りが行われる。

三節　ヤー（家）回り

従来のヤー回り（家を回る）は、その年の五穀豊穣の感謝と集落の安泰、来年の祈願を込めた祭りで、集落の各家々に招福を導きながら、夜どうし回ったのである。

近年では、生活様式の大きな変化や集落における人口減少、特に若い人達が就業目的によって集落を離れる現象がいたる所で見られ、高齢者によって細々と保存されている。貴重な伝統文化の存続に危機感がもたれている。

だが、ここ大熊においては、時代の住環境や生活様式の変化に対応して、ヤー回りも、大熊八月踊り組織に見られるように、かつての一晩中各家々を回るシステムから地区の数件を割り当て制によって回るだけにして、十二時で終了するようにしている。

特筆すべきは伝統文化を継ぐ若者達に視点をおいて、従来は旧暦九月に行っていたのだが、高校生が参加できるように考慮して八月実施にしている。

ヤー回りは、先ずトネヤにおいて一年の集落安泰の感謝と、これから先の安泰を祈る奉納踊りから始まる。

トネヤにおけるセレモニーは、祭りの先陣の役割を青年団・高校生・壮年団が代表で担う。公民館に集結し夜道を「どんどん節」や「あらしゃげ」「おぼこり」など二、三曲の歌を掛け合いながら、列をなしてトネヤに向かう。道行という（註五）。

祭祀の場である「ウントネ」では、グジ主が踊り連を迎え、トネヤ広場で数曲を歌い踊り、ご祝儀の披露が行われる。この披露が特徴的で踊りの輪の中央で若い青年が、声高らかに○○様から金一万両と報告する（註六）。すると踊りの輪が活気に満ちて、テンポが速くなり全員が歓びを歌と踊りに表現する。

「ウントネ」でのセレモニーの次には、別棟の「サントネ」に移動して、歌い踊る。

一方、五十路会は、公民館前に集結して、青年団・高校

ヤー回り（家を回る）暗闇の中賑やかに歌い踊る道行　　撮影・著者

生・壮年団が「ウントネ」「サントネ」の儀礼を済ませるまで待機して、済んだことの確認と同時に割り当て地域の巡回をするシステムが取られている。

二日目、全ての団体によるヤー回りが終了すると、「トネヤ」に集結して歌い踊って打ち上げとなる。

四節　八月踊り歌

集団による八月踊り歌は、男女による歌掛けで、男性群の上の句に対して、女性群が下の句で対応する。

歌の打ち出しは男性、太鼓を叩く役割は女性（数人）、最初は男女ともにゆったりと歌い踊りながら、輪を整え次の歌曲へと変わる。曲が変わるたびに次第にテンポが速くなり、歓喜に満ちた掛け合いとなる（註七）。

八月ぬ節や汝に我にも照りゆり
わきゃほり立てて踊てとよも

八月踊りの季節は、すべての人々が和気あいあい、楽しく歌って踊ろうと歌われている。

大熊集落において、主に継承されている踊り歌は、「おぼこり」、「アラシャゲ」「今の踊り」、「大熊と浦上」、「デッショ」、「赤木名観音堂」、「ホーメラベ」、「ウチバクラシ」、「喜界湾ドマリ」、「西ぬ実久」、「うらとみ」、「風浪主（アブダラダラ）」などの十二曲で、「おぼこり」が、祭りの最初に感謝と祈願をこめて歌われる。

大熊集落の特徴的な踊り歌が、「大熊と浦上」で、「大熊と浦上にヨイヨイしぬぎ橋かけて、うれがこげる時やおとろさんど」という歌詞から始まる。

次からは共通歌詞で、上の句に対応する下の句を、沢山収めてある歌の引き出しから応答する。

大熊集落と浦上集落は、隣接した集落であるが、何故か八月踊り歌では、『友好的な雰囲気』とは懸け離れた諸相が伺える。地理的には大熊集落は特徴として目の前が海であり、対照的に浦上集落は山に囲まれている。そのような地理的な要素が気質に左右しているのだろうか。

「大熊と浦上」の踊り歌は、喧嘩歌とも呼ばれて、共通歌詞の中から適宜に儀礼的な歌詞が掛けられたが、タイミングを見計って男性側から女性側に対して、挑戦的でユーモアな歌詞や露骨で卑猥な歌詞、または辛辣な風刺などの歌詞で揶揄する。

男性側の揶揄的な上の句に対して、すかさず女性側も下の句に掛けて応酬する。その一部を次に掲げるが、あまりに強烈的で辛辣すぎる揶揄は、紙面では敢えて取り上げないことにする。

大熊と浦上

大熊と浦上にヨイヨイしぬぎ橋かけて
うれがこげる時やおとろさんど

男　倉ぬ雨すだりユメン鳥（雀）下がる
いやきゃがユムブラソしらみ　這ゆり
（歌意）高倉の軒橋には、雀が群れ下がっているが、お前らの髪の毛にはしらみが這い廻っているぞ。

女　傍ぬネセンキャぬユムドワタ見れば
夏ぬフグトぬ草喰れどわた
（歌意）傍の男たちのドテッ腹を見れば、夏草をたらふく食べ格好の悪い雄牛のぶざまなタイコ腹とそっくりだ。

手厳しい毒舌の応酬の後、やがて女性側から歩み寄り、男性側を褒め称え、仲直りを示す歌詞で歌うと、男性側も上機嫌になって対応する。

女　なきゃも肝直そ、わきゃも肝直そ
互げに肝直し踊てとよも
（歌意）あんたがたも機嫌をなをしてください。私たちも機嫌をなおします。お互いに、もとのように仲良く機嫌よく踊りましょう。

男　あのよめわらべや、だが生《な》しゃる子がやな
目眉打ち揃って生まれぎょらさ
（歌意）あの美しい娘さんは、だれが生んだ子だろうか、目鼻が整い綺麗な美人だ。

女　目眉打ちそろって生まれてやぅしがな
汝《な》きや惚《ふ》らす目眉ねらぬしのき
（歌意）目眉は揃って生まれてはいるが、あなたがたを一目惚れさせるような目鼻立ちでなかったようで、ちょっと悲しいよ。

男性側が、女性側の一番喜ぶような美辞麗句で、容姿端麗について賛美すると、女性側も謙虚になり、女性らしく嬉しさを歌詞に込めて歌い、これまでの過激な応酬から一変して、男女共に和やかに喜びあう雰囲気が醸し出される。

女　今日《けふ》ぬほこらしゃ、いつよりもまさり
いつもこの如にあらせたぼれ
（歌意）きょうは嬉しい、いつもよりとても嬉しい、これから先もきょうのようにありますように。

男性側が頃合いを計って、祭りに相応しい八月踊り歌に切り替えるように誘導する。

男　歌かわそ、かわそ、節かわそ
かわそ、歌ぬかわればど、節もかわる（註八）
（歌意）歌を変えよう、変えよう、歌詞を変えよう、変えよう、歌が変われば、歌詞もかわる。

「大熊と浦上」の掛け合いの場は、この歌曲の最後には気分もおおらかになり、リズムも他の踊り歌と同様に基本的な歌詞によって、和やかに締めくくられる。

男女手踊り　「大熊誌」より

註

一　大熊誌三七頁、琉球では古くから功績のある者を、その地方の行政上の長官に任命すると同時に、その妻女若しくは姉妹を、或いは地方豪族の子女を女神官ノロ（祝女）に任命し、一切の神事、祭式を司らしめ、傍ら政治上に利用して、所詮女人政治を行ったのである。

二　大熊のノロが代々に継がれてきた祭祀具一式「コバウチワ」「ハネカザリ」「祭祀用衣装（白）」「辞令書」などは、現在、奄美博物館に寄託されている。奄美博物館には、貴重な浦上集落のノロが用いた祭祀具の「コバウチワ」「ヒレ（領布）」「ハネカザリ」「トナエ記録ノート」などの現物が展示されていて、「コバウチワ」は豪華絢爛で、当時におけるノロ権威の象徴であったのだろうかと、時空を超えて思いを馳せらせる見事さである。

三　住民基本台帳・平成二十六年九月末現在によると、大熊町（都市計画区域）四四六所帯・一〇一五人、大字大熊三四所帯・六〇人、合計四八〇所帯・一〇七五人

四　「八月踊り巡回表」は、青年団・壮年団・五十会・明幸会から入手。公民館において早い時間から集合して、リハーサルが行われ、祭りへの深い想いが表れている。

五　夜道を活力に満ちた掛け合いの歌声が聞こえると、誘われるように家々から人々が出てきて、列の後方に就いてトネヤにつくころには、大勢の人々の群れになっている。また、幼児も親に抱かれて年中行事に参加しているのが特徴的である。

六　ご祝儀の金一封は、町内会や敬老会などの運営資金として用いられる。

七　大熊の場合、集落が海と山に挟まれるような地形的で、歌や踊りに活力があり、おおらかさが見られる。特に二十〜三十代の女性が多く、方言で対応する歌掛けがみごとである。

八　大熊誌・三〇六〜三〇八頁、八月踊り「大熊と浦上」の歌掛け列挙の一部を引用、歌意は著者が適宜に解釈する。

参考文献

『大熊誌』名瀬市大熊壮年団　一九六四年
『奄美群島の概況』鹿児島県大島支庁　二〇一二年
『奄美の島々』九学会連合奄美大島共同調査委員会　一九五六年
三上絢子「研究ノート」
聞き取り調査、大熊八月踊り・二〇一二年八月
実態調査、大熊八月踊り・二〇一四年八月二十二日〜二十三日

第十六章　湯湾集落の八月踊り

一節　はじめに

宇検村は、地理的に鹿児島県南方三八三キロ、北緯二八度一七分、東経一二九度一八分、奄美大島の南西部に位置している。

標高六九四メートルの湯湾岳があり、頂上一帯の国有林の一部分が国定公園に指定されていて、貴重な植物が群生している。

入江は遠近海漁船の避難場所として知られ、その焼内湾沿岸に集落が点在している。

北側に大和村、東側に奄美市住用町、南側が瀬戸内町。村内全域の九〇%以上が山岳地帯で、東西の山々が連なる峰が、焼内湾を囲む地形であるために、冬季も北風を防ぎ温暖な気候である。

宇検村は、宇検、久志、生勝、芦検、田検、湯湾、石良、須古、部連、名柄、佐念、平田、阿室、屋鈍の十四集落がある。

平成二十七年十月現在、全集落の所帯数は一〇〇六、人口合計は一七九五人、その中で湯湾が所帯数二四四、人口四五三人を占めており、次に須古の所帯数一五五、人口二〇七人、芦検の所帯数一二六、人口二五七人で、後の集落は所帯数が百未満である。

二節　湯湾集落の概況

湯湾集落は、U字型の入り江の奥に位置して、役場を中心に集落が形成されている。

宇検村は、鹿児島県でも高齢化率が三七・六％と高く、湯湾集落に居住する高齢者の親睦と老後の福祉増進および集落の環境美化と健康保持を図る目的で、昭和初期に、湯湾老人クラブ仲よし会が結成された。

会員数は、一三〇人、加入年齢は数え七〇歳、毎月十五日に定例会、毎年一月第二日曜日に集落青年団主催による敬老会、八月には、豊年祭の八月踊り、八月歌の継承、高齢者スポーツ大会、知的障がい者施設の運動会参加などが主な活動である。

毎年旧暦八月第二みずのえ・みずのとの日、恒例の豊年祭が開始される。この日は、幼年から青壮年団による豊年相撲も行われる。相撲終了と同時に一同は、まわし姿で一列に並び、集落中心を練り歩きながら祭りの広場まで行く。これをシバサシの振り出しという。

一同の到着で、集落の住民や帰郷者を交えて、踊りの輪は二重三重になり八月踊りがはじまる。

1955年頃のシバサシの振り出し。
湯湾集落八月おどり保存会提供

写真は、シバサシの振り出し風景、あしゃげ（ノロ屋敷）の広場一角の土俵で、青少年の相撲が行われた後の、まわし姿の振り出し。

三節　湯湾集落の八月踊り歌

湯湾集落は、歌袋と言われ、かつては日常的に生活の中で盛んに歌われていた。

八月踊り歌は、三十二歌曲あり、その中で重要な「やまだし」（はじめに歌われる）が十歌曲あり、歌曲によって連の進行方向が、右回り、左回りと決めごとがあり、流れに従って踊る。

三十二曲の八月踊り歌は、共通歌詞によって歌い継ぐ形式は採られていない。これは、集落の独自性である。各歌が元歌で歌われているという。特徴的なシステムが用いられている。

「やまだし歌」の十曲

①「ほおこらしゃ」（右回り）
②「うれしょめでたい」（左回り）
③「諸鈍長浜」（左回り）
④「どんどん節」（左回り）
⑤「どんどん節くずし」（左回り）
⑥「まがよ」（右回り）
⑦「うきゃ　うきゃ」（右回り）
⑧「がらすんやあ」（右回り）
⑨「しんぐりし」（右回り）
⑩「よいよいな」（右回り）

やまだしは、踊りの輪が右回り一回、左回り四回、右回り五回に展開される。唯一、やまだし歌の「ほおこらしゃ」と「どんどん節くずし」の二曲には、「今日《きゅう》ぬほおこらしゃや　何時《いつぃ》よりもまさり、何時も今日ぬごとぅに　あらちたぼり」の儀礼歌詞が歌われている。

次の二曲の儀礼的な共通歌詞の部分には傍線を振ってある。

①やまだし（ほおこらしゃ）（右回り）

一　今日《きゅう》ぬほおこらしゃや　何時《いつぃ》よりもまさり
　オセ何時も今日ぬごとぅに
　あらちたぼりヨンドゥオセ
　何時も今日ぬごとぅに
　何時も今日ぬごとぅに　あらちたぼりヨンドゥオ

二　今日ぬ佳かる日に　我が祝てうかば
　月ぬ立ちだちに　大祝《ううゆわえ》みしょり

三　大祝《ううゆわえ》することぅや　親《うや》からぬういか
　親ぬあと継ぎゅすや　初《はつぃ》ぬ想《うむい》ぐワ

四　歌ぬやまだしや　時期《じぎ》からどやゆる
　我歌やまだし　入《い》り子まじり

五　鼓《ついずぃみ》ぐわぁや打てば　一里がでとうゆり
我きゃも一里から　聞ちどきゃびろ

六　なきゃも一里から　我きゃも一里から
互《たげ》に一里から　聞ちどきゃびろ

七　二三月《にさん》になりば　百合の花咲きゅり
八月になりば　我花咲きゅり

八　八月になゆり　振り袖《すうでぃ》やねらぬ
あやたあみしゃりば　からちたぼれ

九　八月ぬ月や　遊び月やすが
ちゅ七日七夜《なんかななゆる》や　踊《うど》てぃ遊ぼ

十　あったら八月ば　み冬なちしのぎ
加那が歳《とぅし》　わ歳　ゆらそしのぎ

十一　歌かわそぃかわそぃ　節かわそぃかわそぃ
歌ぬかわりばどぅ　節もかわる（註一）

右回りのほおこらしゃは、女性のリーダーを先頭に優雅でゆったりしたリズムで打ち出し、後に男性の太鼓が打ち出しに合わせて従う形式がとられる。

⑤どんどん節くずし（左回り）

一　今日《けほ》なほこらしゃや　何時よりもまさり
ハレ何時も今日《きゅう》ぬ如《ぐと》に　あらちたぼれ
あらちたぼれ

二　墨筆《すみふでぃ》ぬ如《ぐと》に　着《つ》ち行きゅる縁ば
ハレなかゆすがをてど　ぬぅちゃ行きゅり

三　遊ぼ夜ぬ浅さ　夜《ゆねえ》とう思《うむい》ば夜中《ゆなか》
ハレ鶏《とうり》歌うと思《うむい》ば　な夜や明けそ

四　心持《くくるむ》ちなれば　バシぬ葉ぬ広さ
ハレ松ぬ葉ぬ狭《すい》べさ　持なよ加那

五　かげさもどやしゃる　心がでやしゃむイ
ハレ我が胸《むねい》ぬうちや　花ぬ都

六　かゆりなや立ちゅり　すだる夜《ゆ》やねらぬ

ハレいぎすなぬ如に　むななばかり

七　千夜《せんゆる》ばかてイ　五夜《いつゆる》どすだる

ハレすだる五夜　昔なゆり

八　隠《かく》りとて三月《みつぃき》　他人《よそ》知《しり》りてイ四月《ゆつぃき》

ハレ哀《あわ》り七月《ななつぃき》や　親《うや》に知りてイ

九　隠りとるうちや　隠り道いもり

ハレ他人《よそ》知《しり》てイからや　真道いもり

「やまだし歌」の特徴

①「ほおこらしゃ」（右回り）は、優雅でゆったりしたテンポ、儀礼的な祭りのよろこびの歌。

②「うれしょめでたい」（左回り）、活力的なテンポで、はなやいだ雰囲気の歌。

一　うれしょ目出度い　若松さまよ

枝も栄える　葉も繁る

③「諸鈍長浜」（左回り）、自分の集落自慢の歌。

一　ハレ諸鈍長浜ぬ　いきゃ長さやあても

ヒャヌガへェー　池地長浜

ういや　きりゃぬ

④「どんどん節」（左回り）、自分の集落の娘は素晴らしいと自慢している歌。

一　どんどん節ぐワや　何処流行もうしたな

やがて徳之島　うち流行るな。

二　打てば打ちぶしゃや　夜なりする鼓

遊でむイずらしゃや　我部落むイらぶイ

⑤「どんどん節くずし」（左回り）儀礼的な歌詞から恋の歌へと展開。

⑥「まがよ」（右回り）忍び逢いの歌。

一　まがよ高頂に　提灯ぬぐヮばとぶち

ヤレ提灯ぬぐヮばとぶち

うりが灯りに忍で又いもり

ヤレ忍で又いもり

⑦「うきゃうきゃ」（右回り）男の恋情の歌。

一　うきゃうきゃ加那ぐわゃ　汝や忘りても

我ぬや何時までも　思どしゅたる

⑧「がらすんやあ」（右回り）、楽しく歌い踊るユーモア的な歌。

二　ハレつずみぬなぁいえなー

三　ハレ踊りぬなぁいえなー

⑨「しんぐりし」（右回り）、⑧と同じく楽しく歌い

踊る歌。
三　つずみ　いなむんなぁ　ハレしんぐりしが

⑩「よいよいなぁ」（右回り）、⑧、⑨と同じく活発なリズムの遊び歌。
一　よいよいなぁ　花ぬ遊ぶやよいよい
サアハコレサッサちゃくとなさけぬチ――スル
東枕は人のせてアラアラをどれば
ヤッサ　ヤッサ
シヨオシ　やァさんせェ―
二　よいよいなぁ　花ぬ鼓　やよいよい

「やまだし歌」の十曲は、①は儀礼的な歌だが、②、③、④、と集落誉めなどの歌で、⑤、⑥、⑦は恋の歌に展開していて、⑧、⑨、⑩は、活発な遊び歌で生成されている。

左回り、「うれしょめでたい」、「諸鈍長浜」、「どんどん節」、「どんどん節くずし」は、教訓歌などを多く組み込み、リズムに活気が漲りテンポが少し速めになる。

右回り、「まがよ」、「うきゃうきゃ」、「がらすんやあ」、「しんぐりし」、「よいよいな」、は打ち出しの少しゆったりしたテンポに戻り、年中行事で他の地域でも用いられている歌詞に、湯湾独自の恋歌へと展開している。

湯湾集落八月踊り歌詞名（やまだし十歌曲を除いた二十二歌曲）

①「でっしょう」（右回り）
②「あごんむら（一の三ながね）」（左回り）
③「うしゃくしゃ」（右回り）
④「かどく（一すずきながね）」右回り）
⑤「てんぬしゆましゆう」（城ながね）」（右回り）
⑥「さんやま」（右回り）
⑦「さんやまくずし」（右回り）
⑧「めんちゃまよ」（左回り）
⑨「こんなんてみるば」（左回り）
⑩「くるまぐわ」（右回り）
⑪「しゃんくるめ」（左回り）
⑫「わやんめ」（右回り）
⑬「うらとみ（口にきょうながね）」（右回り）
⑭「やなぎば」（左回り）
⑮「はなずみ・やなぎばくずし」（左回り）
⑯「やなぎばくずし」（左回り）
⑰「のぼりくだり」（左回り）
⑱「にしぬあかすまんじょ」（左回り）
⑲「東くま」（右回り）

⑳「ななてる」（右回り）
㉑「まつやっけ（たばくながね）」（左回り）
㉒「たばくがね」（左回り）

基本的に歌の右回りは、踊りの足と手も右から、左回りは踊りの足と手も左からのルールがあり、踊りの輪が全員揃い、湯湾の特徴的な節まわしの歌と踊りにも優雅さがみられる。

この二十二曲の中から、奄美の諺が多く用いられている「わやんめ」、山岳地帯から清らかな水が流れる川に沿った湯湾集落を歌い継いでいる「口にきょながね」、その宇検村各集落の自然環境の良好さを歌い継いでいる「のぼりくだり」の三曲を取り上げる。

わやんめ（右回り）

一　我庭《わやんめ》ぬくしゅ木　ぬやまくじょ
枝持ぬ奇麗《きゅらさ》さ　ぬやまくじょナー
なりふりやいらぬ　ぬやまくじょ
人は又心《くくる》　ぬやまくじょナー。

二　心もちなれば　ばしぬ葉ぬ広《ひゅ》さ
松ぬ葉ぬ狭さ　むつな又よ加那。

三　かげさもどやしゃる　心がでやしゃむィ
我が胸ぬうちゃ　花ぬ又都。

四　赤い障子へだむィ　かげ姿みりば
野原《ぬはる》なん咲ちゅる　百合ぬ又小花。

五　節《すいつぃ》まわそすれば　年やゆていきゅり
年ゆらぬうちに　まわち又遊ぼ。

六　汝《な》きゃもあらしゃげてィ　我きゃもあらしゃげ
てィ
たげにあらしゃげてィ　よさい又遊ぼ。

七　夜中目《ゆなかむぃ》ぬさむてィ　寝《ねいぶ》らぬときにゃ
うまつとりよせてィ　たゆる又煙草《たばく》。

八　夜中三つり星　見ちゃる人《ちゅ》やをらぬ
我んど加那しぬでィ　いきに又見ちゃる。

九　肌染《はだすぃむぃ》ばよ加那　こんじ肌染り

あさじ肌染ば　もとぬ又白地《しゅじ》。

十　いきはてぬどんが　なりはてぬ鼓《つずぃみ》
来年《やねぃ》ぬ柴差《すばさ》しに　踊《うど》て又遊ぼ。

十一　唄かわすィかわすィ　節かわすィかわすィ
唄ぬかわりなどゥ　節も又かわる（註二）。

口にきょうながね（右回り）

一　おこげこげわたち　浜むかて見りば
きゅらか又お浜　初に又をがでィ。

二　お浜から登《ぬぶく》てィ　おじょ向かて見りば
きょらか又おじょば　初に又をがでィ。

三　おごじょから登てィ　宮向かて見りば
季麗か又お宮　初に又をがでィ。

四　シマからやゆる　水からやゆる
湯湾ぬ若者《わかむぬ》や　そろて又奇麗《きょら》さ。

五　油からやゆる　さばきからやゆる
湯湾ぬ若者や　みこべ又奇麗さ。

六　湯湾ぬはり川や　ゆどし川ぬお水
汝きゃやうりみしょち　色ぬ又奇麗さ。

七　たけだかさあっすや　中折りて奇麗さ
たけひくさあっすや　ちじゅり又奇麗さ。

八　七間切りしゅうたや　わらさばとくみゆり
湯湾ぬ親ぬるや　いちゆぬ又せきだ。

九　水《むいずぃ》くひていもちゃむ　石くひていもちゃむ
水くひていもちゃむ　でずみ又うェすろ。

十　湯湾ぬ奇麗部落《きょらしま》や　音ど聞ちゅたる
音よりもまさてィ　花のまた都。

十一　雲呼びゅるごとに　風呼びゅるごとに
口にきょうぬながね　これし又とめろ（註三）。

のぼりくだり（やなぎばくずし）（左回り）

一　のぼりくだり　ぬやまくじょ
のぼりくだり　しんしんうまつじょ
ハレサッサ　ジンツルゲ
のぼりくだり　ぬやまくじょ
のぼりくだり　しんしんうまつじょ
ハレサッサ　ジンツルゲ

二　湯湾どまりや
湯湾どまりや
三　田検どまりや
四　芦検どまりや
五　生勝どまりや
六　ま久志どまりや
七　宇検どまりや
八　屋鈍どまりや
九　阿室どまりや
十　ま平田どまりや
十一　佐念どまりや
十二　名柄どまりや
十三　部連どまりや
十四　ま須古どまりや
十五　石良どまりや（註四）。

2004年10月、湯湾港広場の八月踊り風景。踊りの輪は、先頭が女性で、その後に太鼓の男、続いて歌と踊り男性群、女性群となっている。湯湾集落八月おどり保存会提供

2011年8月、宇検村夏祭り風景、焼内湾を背に湯湾港広場で踊る。撮影・著者

四節　湯湾集落の伝統文化継承

湯湾集落における歌の、継承を担い活躍中の村野悦江氏との対談

三上　湯湾集落は、年中行事の歌の数が多いですね。

村野　湯湾集落は、歌袋の集落と昔から伝えられています。年中行事の歌ばかりでなく、日常でもシマ唄を毎晩のように寄り合って楽しんでいました。

三上　現在はどうですか。

村野　高齢者が多くなり、三味線を弾く人も減りましたので、時代とともに機会がなくなりましたね。ですが昔から継いできた歌を伝承しょうと、仲間を集めて月に何回か楽しく歌っています。

三上　八月踊りと歌も、指導しているそうですね。

村野　はい、八月踊りと歌も月に五回ほど練習しています。私も年ですから、しっかり身に付けるようにと、声をかけながら指導と助言をしています（註五）。

三上　八月踊りの「やまだし」は、先頭は男女のどちらからですか。

村野　女性のリーダーが振り出します。リーダーの歌に合わせて、従うのが太鼓組の男です。太鼓は歌のリズムに合せて、たたきますから、太鼓組も歌を知らないとできませんからね。

三上　指導を受けている年代は。

村野　五十から六十代です。祭りの日には帰郷した人や多くの一般の人も参加して、総勢八十人以上ですね。

三上　祭り当日は、何時ごろから開始ですか。

村野　祭りの日は、昼間に相撲大会が行われた後の六時頃、相撲参加者一同が、振り出してくるので、合わせて八月踊りがはじまります。先祖から伝承されてきた集落の伝統を引き継ぐことが、私の役割と思っていますよ。

三上　湯湾集落は歌の数が多いですよね。

村野　はいそうです。宇検村の各集落には、それぞれの独自性のある歌がたくさんありますよ。

三上　祭りで全てを歌いますか。

村野　昔は二晩で全て歌いました、夜も十二時頃まで楽しく歌いましたね。今は一晩になっています。歌の歌詞は方言ですが、幸いなことに皆さん方言が使えますから、歌の意味もわかりますから覚えるのも早いですよ。

三上　八月踊り歌は集団の「歌掛け」ですよね。

1960年8月、田検の浜。湯湾集落八月踊り歌詞集（保存会発行）より

村野　はい、歌が変われば節も変わるし、合わせて歌うのは積み重ねですね。集落の皆さんが張り切っていますので、嬉しいですよ。

三上　本当にごくろうさまです。ありがとうございます。

五節　むすび

湯湾集落は、歌袋と言われる地域だけに、先人が築いた伝統文化を継承する集落の年配者達の惜しみない努力の姿勢がみられる。

集団の「歌掛け」も、儀礼的な歌詞はさほど多くなく、恋の歌への展開が、ほとんどの歌曲に見られる。また、地理的な各集落の素晴らしさを歌い、自分の集落誉めの歌の数々から、地域に対する先人達からの誇りが伺える。「やまだし」は、太鼓の前に歌や踊りに造詣の深い女が、打ち出しを担う、太鼓組（男五人）は、これに従う形式がとられている。打ち出し歌を聞き、手足の動きをみて太鼓を合す。

曲によって手足の動きや進行方向の切り替え、リズム・テンポの違いなどのルールを会得する五十から六十代の方々が継承への意識を高めて、祭りの日は三十一歌曲を全て歌うという。

八月踊り歌は、地域の人々の思いを表現した、豊かな歌詞に特徴が見られる。

註

一〜四は、『湯湾集落八月踊り湯湾歌詞集』を用いる。湯湾八月歌詞集では、言葉の意味がわかるように出来るだけ漢字を使用している。

五　村野悦江氏は、一九三五年の生まれ。

参考資料

『湯湾集落八月踊り湯湾歌詞集』湯湾集落八月踊り保存会
三上絢子『奄美諸島の諺集成』南方新社　二〇一二年
三上絢子「研究ノート」

第十七章　喜界島の八月踊り歌にみる意義と物語性

一節　はじめに

喜界島は、奄美本島から海を隔てた離島で、鹿児島の南方三八三キロ、北緯二八度二〇分、東経一三〇度に位置する周囲四八キロで、平坦な隆起サンゴ礁の島である。集落は、海岸線に沿って点在し、集落の背後が農耕地で、伝説・史跡・民話などが多い地域である。

奄美大島が琉球に入貢後には、喜界島でもノロが任命され、野呂久米、野呂久女の文字が用いられ、祭政一致の即ち女人政治が行われていたが、薩摩藩の支配下になって禁令となる。

だが、喜界島では、各集落の氏神の祭祀は明治維新までノロが行い、維新後はトネマモリ(管理者)に代わっている。喜界島の歌謡は、集落ごとに特質が見られ、また、藩政時代がしのばれる歌がある。

一　あし　しゅてぃ　しゃんでんむん
だがため　なゆつか　大和人《やまっちゅ》ぬ
がき　りゃぬ　ためず　なゆる。

二　大島七間切　喜界六七間切
沖永良部こえて　那覇ぬ白内《しうち》
荒木うり浜ぬ　夕なぎゆぬ石や
大和殿様ぬ　うぐいたちゆうり

三　昔うやふじちゃ　島たててたぼうち
子孫次々に　守護ていたぼうち
夜ぬ舟走らしや　子《ね》ぬ星見あて
年寄たる親妾や　子孫ず見あてい

人々の生活の中で育まれて、島民に親しまれ歌われている歌として、「朝花節」「糸繰り節」「ゆいすら節」「いきゆんなかな節」「しゅんかね節」「くるらんど節」「しゅんりょうしゅ節」「ちゃっきゃり節」「伊実久ばしゃ山」「ていだぬうてなぐり節」「池治長浜節」「喜界湾泊」などがある。

伝説物語歌として、地元の伝説物語歌「塩道長浜節」、奄美全域で歌われている歌謡の「かんつめ節」「嘉徳なべかな節」「諸鈍長浜節」「野茶坊節」「らんかん節」「うらとみ節」「いんむやんみい節」などがある。

八月踊り歌は、「ほうばなば踊り」「やいくりさー踊り」「栗ふちゃぎ踊り」「へいゆう踊り」「美人じゃ踊り」「さっかちれ踊り」「あがんもうらあ踊り」「でっそうてえらあ踊り」「さくさく踊り」「すんがにか踊り」「すんがに踊り」「あぬ雲や見りば踊り」「池治忠臣蔵」「ちくりんがあ節踊り」「おでんたかびら踊り」「腰巻忘れた踊り」「女のつとめ踊り」「あらどんどんせ踊り」「城久メーウンラシュ踊り」「湾のさんかいや節踊り」「うむぬ葉のつゆまだまゆりしゆらしや踊り」「おろせおろせ大根たねおろせ踊り」と二十一歌曲ある。

八月踊りの起源は、一説によると、僧俊寛の霊を慰めるために島の住民が俊寛の前で踊ったのが、初めといわれている。

また、壇の浦の戦いに敗れて流れてきた平家の残党の慰めに踊ったという説もある。

他方、喜界島は、神社の数が多く各地域で祭られ、歌にも氏神様を崇拝した歌詞があり、年中行事の八月踊りでも、はじめに氏神様への奉納で歌われている。

集落の神社は、「高千穂神社（湾・塩道）」、「菅原神社（湾・志戸桶）」、「末吉神社（阿伝）」、「松尾神社（大朝戸）」、「花尾神社（手久津久）」、「天降神社（蒲生）」、「八幡神社（小野津）・城久」、「住吉神社（池治）」、「保食神社（湾・小野津・志戸桶・池治・荒木・嘉鈍・島中・先山・坂嶺・浦原・川嶺・佐手久・中里・中熊）」、「厳島神社（伊実久・志戸桶）」、「水天宮（湾・小野津・百之合）」、「観音堂（上嘉鉄・早町）」、「地蔵・観音（先内・塩道）」、「地蔵菩薩（志戸桶）」、その他として「塩道権現」・「湾の金刀平神社」・「花良治の高尾神社」と十七の神社がある（　）は集落名（註一）。

喜界島の八月踊りは、年中行事の各集落の鎮守の神様への奉納踊りとして継がれている。

八月踊りの最初に歌われる歌が、「マーターティバー」

で奄美大島とは異なり、歌詞に独自性が伺える。現在では喜界島でも二、三の集落に残っているのみである。

マーターティバ

今日の福来抄や　何時よりもまさり
何時もその如くに　あらちたぼれ
祝ひますぞよ　氏神様よ
氏子栄えて　宮繁る
池治浜こえてい　住吉《すみゆし》こえてい
中間すらめえらび　一《ちゅ》見《み》ず見ちゃる

ヤイクリサー踊り

伽藍奏へんややあ　行楽《あそび》さあびろヤイグサリ
ヤングリサヌヤレホラー
祝いますぞよ　氏神様よ
ハレ氏子栄えてぞ宮は繁る

手久津久の八月踊り。「奄美の島々」より

あがんもうらあ踊り

あがんもうらあかくわや
雪《ゆち》むらぬ歯ぐき　ハレ気病《きや》んめになりば
ゆばせゆみち

気病《きや》んめになとて　ゆりころでおりば
あんまふりむんや　ゆたはともし

踊りの場の頃合いを見はからって、高らかに太鼓が打たれると、ここではじめて三味線が弾かれる。踊り納めの歌曲は、テンポが速い「サァサァ踊り」や「渡しゃ踊り節」で、賑やかに全員が手踊りに参加して最高潮に達する。

あらどんどんせ踊り

妾《わん》もまりまありつ　汝きやむまりまありつ
たがいまりまりつ　遊びさあひろ
アラドンドンセーナカイッサンセー
汝が太鼓打てば一里までどでききゅり
妾や一里からききちじちゃある
アラドンドンセーナカイッサンセー

サァサァ踊り

わんなこの島やサァサァかふうより島よ
サァサァ二ズサイカナサイ
スクテンヨーテン　スクテンヨーテン
潮《しゅ》ぬみちゅんぐつにサァサァあらちたぼれ
サァサァ二ズサイカナサイ
スクテンヨーテン　スクテンヨーテン

渡しゃ踊り節

ならだなしゆていど舟乗《ぬ》りゅる
ぬされ日になれば渡し船乗りゆみ
喜界六間切大島七間切
中ぬ橋かけてわかな渡しぶさ

二節　イトウ（労働歌）

奄美諸島の中でも喜界島は耕地が少なく、さらに台風の直撃を受けるような地理的に厳しい環境の条件下で、稲、麦、黍を栽培している。また四方が海に囲まれた、漁業によっても生計を維持していた。そのため相互扶助の精神が高いことが、数曲の「イトウ」がある由縁と言えるだろう。

収穫や漁のために大海原へ船出する時など、厳しい条件下での労働を互いに励まし合う言葉が、歌になり歌い継がれたと言われている。

①麦脱穀イトウ

うーていよー　ぅていよ
うたんば　ひなるんにゃ
うーていよー　ぅていよ
うたんば　ひなるんにゃ

（解説）家屋の戸を三方にたて中にムシロをしいて、臼を置き麦の束を握って叩き、穂を束からはなす作業の時に歌われる。

②麦脱穀イトウ

ヘイヨ　ホー　ヨーヘイヤー
アラ　ホー　ヨーヘイヤー
繰り返す

（解説）むしろを敷いて約十人程が向き合って「まわし棒（クマン棒）」で、互いに対抗しながら穂から実をはなす作業の時に歌われる。

③麦つきイトウ

ヘイヨ　ホホー　ヤーマー　ヘイヤ
アラ　ホホー　ヤーマー　ヘイヤ
繰り返す

（解説）臼の中に入れた麦、味噌の場合、二名で杵をつきながら歌うイトウである。

④砂糖黍結いイトウ

ヘンヨーホイ　コーラー　ヤーマーヘーイ
先なーたんどーホイ　ヤーマーヘーイ
あとなーたんどーホイ　コーラー　ヤーマーヘーイ

ぬーざがーてぃさーさがーてぃぬざがてぃぬざがてぃ
よー来《く》るよー
あとなーたんどーホイ　コーラー　うさぎてぃよー

（解説）収穫前の砂糖黍が倒れないように、数本ずつ束にして葉を用いて結ぶ作業の時に歌われる。

⑤芋植え（はらうい）イトウ

ハラ　マンニー　ヘイヤー
ハラ　ヨホー　ヘイヤー
ハラ　マンニー　ヘイヤー

（解説）芋生産は主要な農事で、馬が芋を背負う役割であった（ハラ　マンニーとは、馬一頭分の荷のこと）。

⑥舟ろこぎイトウ

ヘー　ヘイヨー　ヘーヘイヨーヤー
ヘイヨークオー　ヘーヘイヨーヤー
ハーレンクオー　ヘーヘイヨーヤー
ニャードーヨー　ヘーヘイヨーヤー（註二）

（解説）四人乗りのくり舟はカイ四丁、板付舟は艪二丁とオール二丁で漕いだという。

三節　喜界島・川嶺地域を中心として

川嶺集落は、島の内部に位置していて、海岸から隔たっているせいか、住民がソフトで穏やかな気質である。年中行事の八月踊りにおいても、ゆったりと優雅な踊りである。

喜界島川嶺の八月踊りは、「新節」の一環として十月に豊年感謝と豊作を祈願して二日間行われている。当日は、地区の男性四、五名が松尾神社で豊年感謝のお参りをし、稲魂様を集落の集会場にお迎えしてくる。

広場で稲魂様をお迎えした合図のホラ貝を吹き鳴らすと、集落中の全員が前日から準備した子供用・大人用と別々の重箱料理を脚付きお膳に乗せて、サンバラ（竹で編んだ広く平らな籠の一種で、日常は農作業の米のアラを除くのに用いる）に積み重ねて頭の上に乗せて運んでくる。また、お神酒も持参して、集落の一年で最も盛大な行事となる。

八月踊り歌は十歌曲あり、初日の午前中に十歌曲を歌い踊る。昼に饗宴に入りながら奉納相撲が行われ、再び午後に二回目の八月踊りがはじまる。二日目も同様なコースで行い、夜には「シックミ」（家まわり）で数グループごとに家の中で酒宴にはいる。

十歌曲は、「ホーテーマータ」「はちがとぅ」「じいっそーてぃ」「せーらーはー（うちわ）」「いちのふ」「諸鈍長浜」「さかちやまから」「うるしうるし」「さんかいなー」「あがんもーら」である。

川嶺の八月《はちがとう》踊りの形式と特徴。

一　リーダーは男性で太鼓も男性がたたき音頭をとる役割をする。

二　男性群は高齢者から年齢順に並ぶ。

三　女性群は歌の上手な人を先頭に、高齢者から年齢順に男性群の後に従う形式をとる。

四　打ち出しの太鼓とともに、リーダー格の男性が一人で最初に歌う歌曲「ホーテーマータ」を歌う、この歌に合わせて全員が前の人の肩に両手をかけて、体制を整え円陣をつくる。

五　太鼓組以外の男性群は歌わずに踊るのみである。

六　踊りの最中にどの歌曲においても、手を腰から下におろさず、足の裏をみせないように、すり足で踊る。

七　円陣が整うと、二歌曲目の「八月歌《はちがとう》」にうつる。この二曲目からは、全て女性同士の掛け合いで、女性群は白のタオルで、あねさんかぶりの支度をしている。

八　特徴として、踊り方が穏やかで優雅な身のこなしである。

四節　八月踊り歌

ホーテーマータ（八月踊りの最初に歌う歌）

一　けさむらじゅそーしそろてぃ
やれくぬゆわいしりば
（歌意）今朝は村中が揃って、このお祝いをすれば、

えーやはれまたえ
あれふりからよぬ　よさよちに
（歌意）これからの先は、よいことを、

えやはれまたえ　はれうかほ
はれたぼより
（歌意）めでたい事をあらして下さい。

あれまた　えーしゃれべろ
（歌意）そうお願いしよう。

二　ほてまたてば

むらじゅそーしそろてぃ
（歌意）感謝して村中揃って、このお祝いをすれば、

えーやはれまたえ
あれくりからよぬ　よさよちに
（歌意）これからの先は、よいことを、

えやはれまたえ
はれうかほ　はれたぼより
（歌意）めでたい事をあらして下さい。

あれまた　えーしゃれべろ
（歌意）そうお願いしよう。

この歌詞を分析すると、一番と二番の歌詞は同じで、二番の最初の「ほてまた（感謝）の部分が異なるのみである。
一　祝いの儀礼の歌
二　感謝と祈願の歌
以上のことから「ホーテーマータ」の一番、二番の歌詞が他の歌曲の歌い継ぎに歌われることが、稲魂様を迎えて豊作と集落の安泰を祈願する儀礼的な歌詞であることを示し、二曲目には「はちがとぅ（八月）」の歌曲で恋の歌掛けへと展開する内容で構成されている。

はちがとぅ

一　上　はちがとぅやなりゅり
とぅびばねぃやむたぬ
はれ　うとぅじゃかたばねぃ
いや　からちたぼれ

下　うとぅじゃかたばねぃ
やからしぶしゃあてぃむ
はれ　いちめかたひら
あや　からしならむ

二　上　しゆぬふくらしゃや　いつゆりむまさり
はれ　いつむしゅぬごとぅ　ぅにい
あらちたぼれ

下　なみむまりまりとぅ　わぬむまりまりとぅ
はれ　たがいまりまり　いとぅ
あすびしゃあびろぅ

三　上　もめんぬはなむらてぃ
ごばんぬあやひぃりてぃ
はれ　かなしゃん　ちゅにふし
いてぃふらちみぶしゃ
下　ゆるひるにかかてぃ　わぬがしゅうぬむぬ
はれ　ちるかやうら
あぬ　わどぅぬふちゃぎ
四　上　はちがつぬうちゃ　だむわぬちゅり
はれ　まみがらにし　いに
うたちわかる
下　まみがらぬうちゃ
うりうりどぅふちゅる
五　あたらはちがつば　やいなそかしぬでぃ(ち)
はれ　うとぅじゃ　どぅしわぬ
どぅしふしゃしゆみてぃ
六　うたかえりかえり　ふしかえりかえり
ハレうたぬかぁりばどぅ

うみふしどぅかわる

じいっそーてぃ(手習)

一　じいっそーてぃなむやたるがはじゅみ
うまれいしょれ
はざとぅ　つるかなやじぃっそやはじゅみ
うまれいしょれ
二　はざとぅつるかなやとぅくらぎゆらさ
らばる　うはりがむみうはりぎゅらさ
うまれいしゅれ
三　なみむまりまりとぅ　わぬむまりまりとぅ
たがい　まりまりとぅあすびしゃぶろ
うまれいしゅれ
四　むらじゅううしすとてぃ　くぬゆわいしりば
うりからぬさちやうかふぅばかり
うまれいしゅれ

五　もめんぬはなむらえぃ　ごばんぬあやひいりてぃ
はなしゃ　ちゅにふしてぃ　ふらちみぶしゃ
うまれいしゅれ

六　よるにるにかかてぃ　わぬがしゅうぬちむぬ
ちるか　なやうらぬわどぅぬふしゃぎ
うまれいしゅれ

七　あまだりぬしたにたつな　たまくがね
くくる　やすやすとぅいらにうもれ
うまれいしゅれ

八　くくるやすすうとぅ　いりぶしゃやあてぃむ
なみぬ　うみうややうらばしゃすり
うまれいしゅれ

九　うたかえりかえり　ふしかえりかえり
うたぬ　かえらぬにふしどぅかわる
うまれいしゅれ

せーらーはー（うちわ）

一　上　せーらーはーむたずぬにゃ
あそらなぁとぅぬうる　はれくらそ
囃子（下組）なまぬひょうしにすらやんせ
よいよい

わかなむたずにい　えいやはれくらし
ひよえならぬ　はらよいよい

二　下　ふとぬむたずにや　あそらふゆぬゆる
はれくらそ
囃子（上組）なまぬひょうしにすらやんせ
よいよい

あかなもたずにい　えいやはれ
くらし　ひよえ　ならぬ　はらよいよい

三　上　あたらはちがつば　あそらやいなそか
はれしぬでぃ
囃子（下組）なまぬひょうしにすらやんせ
よいよい

うとじゃ　どぅしわどぅうし
はれ　ふらしゃ　ひよえ　しゅみてぃ
はらよいよい

四　下　むらじゅ　うしするてぃ
あそらくぬゆわい　はれしりば
囃子（上組）あはまちたながやみいたなが
うとぅるちたながや
うぅたながなまぬひょうしにすらやんせ
よいよい
うりからぬさきや　はれうかふ
ひよえばかり　はらよいよい

五　上　はちがとぅやなりゆり
あそらとぅびばねぃや　はれむたぬ
囃子（下組）なまぬひょうしにすらやんせ
よいよいい

六　下　うとぅじゃかたばねぃや
あそらからしぶしゃ　はれてぃむ
囃子（上組）なまぬひょうしにすらやんせ
よいよいい　いちめかたひら　あやはれ
からし　ひよえならぬ　はらいよい

七　上　うたかえりかえり
あそらふしかえり　はれかえり
囃子（下組）あはまちたながやみいたなが
うとぅるちたながや　うぅたなが
なまぬひょうしにすらやんせ　よいよい
うたぬかえりばどぅ　うみふしどぅ
ひよえかわる　はれよいよい

いちのふ

一　せにょぬふくらしゃあやよ
いつよりむまさりよ
いつむしゆうぬぐぅとぅに
はれ　あらちたぼれ
はれよおんの

二　あたらはちがつばよ
やいなそかしぬちよ
うとじゃどしわどしはれ
ほらさしぃぬち
はれよおんの

三　はちがとぅやなりゅりよ
とぅびばねぃやむたぬよ
うとぅじゃかたばねぃ
やはれ　からちたぼれ
はれよおんの

四　うとぅじゃかたばねぃ　やよ
からしぶしゃあてぃむよ
いちめかたひらや
はれからしならぬ
はれよおんの

五　うたかえりかえりよ
ふしかえりかえりよ
うたぬかえらぬにはれ
ふしどぅかわる

はれよおんの

諸鈍長浜

一　しょどんぬながはまや　うちゃぎらび
ひちゅりやりがえ
はれ　しょどんのめ　めやらびぬあらいはぐち

二　はちがつやなりゅり　とぅびばねぃやむ　むたぬ
やりがえ
はれ　うとぅじゃか　かたばねぃや
からちたぼれ

三　うとぅじゃかたばねぃ　やからしぶしゃや
あてぃむりがえ
はれ　いちめか　かたひらあや　からしならぬ

四　しゅぬふくらしゃや　いつゆりまむ　まさり
やりがえ
はれ　いつむしゅ　うぬぐとぅ　にぃ
あらちたぼれ

五　なみむまりとぅ　わぬむまりま
　　まりとぅやりがえ
　　はれ　たがいま　まりまりと　あすびしゃびろ

六　みやまくやまにちゅくいなくとぅ　とぅりや
　　やりがえ
　　はれ　こえやち　ちかるとぅむ　はだやみらぬ

七　うたかえりかえり　ふしかえりか
　　かえりやりがえ
　　はれ　うたぬか　かえりゆみ　ふしどかわる

さかちやまから（高い山から）

一　上　さかちやまから　たにそこみれば
　　　　おりたせいすなそーめ　はらそーかいな
　　　　あらどんどんせ　すらいとぅさんせ
　　下　あたらはちがつば　やいなそかしぬちよ
　　　　うとじゃどしわどし　ほらさしぃぬち
　　　　あらどんどんせ　すらいとぅさんせ

二　上　みやまおくやまに
　　　　ちゅくいなくとぅりゃやよ
　　　　くいやちかるとぅむ　はだやみえらぬ
　　　　あらどんどんせ　すらいとぅさんせ
　　下　うぐいすぬとぅりや
　　　　はるぬしつまちゅうるよ
　　　　わぬやたるまちゅうり　かなどぅまちゅうる
　　　　あらどんどんせ　すらいとぅさんせ

三　上　がじまるのたかさ　かぜににくまりてぃよ
　　　　にせしゅ　はなたかさ　どぅしとぅかたき
　　　　あらどんどんせ　すらいとぅさんせ
　　下　あたりさまだきや　かじまるぬさゆだよ
　　　　わぬにさまだきや　あまりめぃらび
　　　　あらどんどんせ　すらいとぅさんせ

四　上　なまわらびなちば　うたぬふししらぬよ
　　　　さきまりぬしゅしや　かたてぃたぼれ

あらどんどんせ　すらいとぅさんせ

下　さきまりぬしゅしや
うとぅむしていみりばよ
ごしゃくあるわぬば　わぬうとぅみらぬ
あらどんどんせ　すらいとぅさんせ

五　上　あまだりぬしたにたつな　たまくがねよ
くくるやすやすとぅ　いらにうもり
あらどんどんせ　すらいとぅさんせ

中　くくるやすやすとぅいりぶしゃやあてぃむよ
なみぬ　うみうややうらばしゃすり
あらどんどんせ　すらいとぅさんせ

下　わぬがうみうやや　けさぬきてぃうかばよ
くくるやすとぅ　いらにうもり
あらどんどんせ　すらいとぅさんせ

六　うたかえりかえり　ふしかえり　かえりよ
うたぬかえらりゅみ　ふしどかわる
あらどんどんせ　すらいとぅさんせ

うるしうるし（種まき）

一　上　うるしうるしよ　せんむとぅだねうるし
はれ　うるしそだてやせたから
やいくるさ　やいくるさのあらほら

下　うどぅりうどぅりよ　さんじゅまでうどぅり
はれ　さんじゅうがこゆりば　こがおどる
やいくるさ　やいくるさのあらほら

二　上　なみむまりまりとぅ　わぬむまりまりとぅ
はれ　たがい　まりまりとぅあすびしゃびろ
やいくるさ　やいくるさのあらほら

下　むらじゅするてぃ　くぬいゆわいしりば
はれ　うりからぬさちゃ　うかふばかり
やいくるさ　やいくるさのあらほら

三　上　はちがとぅしするてぃ　くぬいゆわいしりば
はれ　うとぅじゃかたばねぃや

からちたぼれ
やいくるさ　やいくるさのあらほら

下　うとぅじゃかたばねぃ
やからしぶしぶしゃあてぃむ
はれ　いちめかたひらや　からしならぬ
やいくるさ　やいくるさのあらほら

四　上　しまやじゃぬしまむ　かわあるじゃねえらぬ
やれ　かわあるじゃねえらぬ
囃子（下組）やれ　かわあるじゃねえらぬ
みずにかわさりぃてぃくとぅばかわる
やれ　くとぅばかわる

下　じゅしはちうちや　ゆぬくりどぅまちゅる
やれ　ゆぬくりどぅまちゅる
囃子（上組）やれ　ゆぬくりどぅまちゅる
いつやゆぬくりてぃ　わじゆまたなりよか
やれ　わじゆまたなりよか

五　上　なみむまりとぅ　わぬむまりまりとぅ
やれ　わぬむまりまりとぅ

囃子（下組）やれ　わぬむまりまりとぅ
まりまりとぅあすびまたしゃびろ
やれ　あすびまたしゃびろ

下　なまわらびなりば　うたぬふししらぬ
やれ　うたぬうたぬふししらぬ
囃子（上組）やれ　うたぬうたぬふししらぬ
さきまれぬしゆしや　かたてぃまたたぼり
やれ　かたてぃまたたぼり

六　上　あまだれぬしたにたつな　たまくがに
やれ　たつなたまくがに
囃子（下組）やれ　たつなたまくがに
こころやすやすと　いらにまたうもり
やれ　いらにまたうもり

下　こころやすやすとぅ　いりぶしゃやあてぃむ
やれ　いりぶしゃやあてぃむ
囃子（上組）やれ　いりぶしゃやあてぃむ
なみぬ　うみうややうらばまたしゃすり
やれ　うらばまたしゃすり

七　上　わぬがうみうやや　けさぬきてぃうかば
やれ　けさぬきてぃうかば
囃子（下組）やれ　けさぬきてぃうかば
こころやすやすとぅ　いらにまたうもり
やれ　いらにまたうもり
下　うたかえりかえり　ふしかえりかえり
やれ　ふしかえりかえり
うたかえらりゆみふしどぅまたかわる
やれ　ふしどぅまたかわる

さんかいなー

一　上　しまやじゃぬしまむ　かわるじゃねらぬ
みずにかされりぃてぃくとぅばかわる
さーささんかいな

二　下　じゅしはちうちゃ　ゆぬくりどぅまちちゅる
いつやゆぬかりてぃ　わじゆなりょか
さーささんかいな

三　上　なみむまりとぅ　わぬむまりまりとぅ
たがいまりまりとぅ　あすびしゃびろ
さーささんかいな

四　下　なまわらびなりば　うたぬふししらぬ
さきまりぬしゅし　いやかたてぃたぼれ
さーささんかいな

五　上　あまだりぬしたにたつな　たまくがね
くくるやすやすと　いらにうもり
さーささんかいな
中　くくるやすやすとぅ　いりぶしゃやあてぃむ
なみぬ　うみうややうらばしゃすり
さーささんかいな
下　わぬがうみうやや　けさぬきてぃうかば
くくるやすやすとぅ　いらにうもり
さーささんかいな

六　うたかえりかえり　ふしかえりかえり
うたぬからりゆみ　ふしどかわる

さーささんかいな

あがんもーら（女性の名前）

一　あがんもーらあがぁれ　ゆちならぬわどぅしよ
はれやんめえば　とらち　ふらさすみてぃ
よいしょら

二　ちゃんめえば　とぅらちわたやむすしらぬよ
はれ　わうやなちゆみ　みしてぃくりてぃたぼれ
よいしょら

三　ゆたむいらびらぬ　とぅじむらいらびらぬよ
はれ　わかなちゆみ　みしてぃくりてぃたぼれ
よいしょら

四　はちがとぅやなりうり　とぅびばねぃやむたぬよ
はれ　うとぅじゃかたばねぃや　からちたぼれ
よいしょら

五　うとぅじゃかたまねぃ
やからしぶしゃあてぃむよ
はれ　いちめかたひらあや　からしならぬ
よいしょら

六　あたらはちがつば　やいなそがしぬちよ
はれ　うとじゃどぅし　わどしほらしいんち
よいしょら

七　もめんぬはなむらてぃ
ごばんぬあやひぃりてぃよ
はれ　かなしゃちゅにふしてぃ　ふらちみぶしゃ
よいしょら

八　ゆるひるにかかてぃ　わぬがしゆうぬちむぬよ
はれ　ちるかなやうらぬ　わどぅぬふちゃぎ
よいしょら

九　うたかえりかえり　ふしかえりかえりよ
はれ　うたぬかえらりゆみ　ふしどかわる
よいしょら

伊地知宅にて、川嶺集落の皆さんによる八月踊り実演。
（喜界島実態調査にて、2006年9月）撮影・著者

五節　むすび

喜界島川嶺地域の「ホーテーマータ」、北大島の「おぼこり」、徳之島・井之川の「でんだらこ」、このいずれも、稲作を軸とした信仰儀礼がみられ、豊作感謝と集落の安泰を祈願するうたである

これまで述べてきたように奄美諸島の各地域は、言語や歌の形式が異なり独自の歌謡文化を形成しているが、稲作文化に対しての概念は同じであり、かつ稲魂様への豊作感謝と豊作祈願の目的は同じであることが示されている。

神と歓びを共有する祭りでは、儀礼的な歌から次第に歌詞の内容が男女の恋の物語性の歌掛けへと展開する特質をもつ。

八月踊り歌、あるいは七月踊り歌は、曲調が明るく快適で、歌と踊りも出だしは緩やかで、徐々にテンポが速くなり、歌詞も恋の歌掛けへと展開していけば、男女で情熱的な応酬する形式に移行する。

歌詞は、八八八六調の三十音が主で、楽器は太鼓（チジン）、三味線歌と八月踊り歌の歌詞は、ほぼ共通歌詞が歌い継がれている。

文化は海を隔てた島と島の間でも互いに影響されるもの

であり、特に奄美大島の文化は循環している。だが、喜界島地域は、特質のある祭りと歌で独自の文化を開花させている。

註

一　高千穂神社は、一八七〇年に十三社が奄美諸島に建てられている。

二　「喜界島　見てある記」喜界島の労働歌（イトウ）より引用、解説は著者が部分的に補足。

参考文献

竹内譲『伝説補遺　趣味の喜界島史』一九三三年

『喜界島　見てある記』喜界町教育委員会　一九八二年

田畑英勝・亀井勝信・外間守善編『南島歌謡大成Ⅴ奄美篇』角川書店

日本放送協会編『日本民謡大観（奄美・沖縄）』奄美諸島編　一九九三年

文英吉『奄美民謡大観』発行者・文紀雄　一九六五年

拵嘉一郎『喜界島風土記』平凡社　一九九〇年

竹内譲『伝説補遺　趣味の喜界島史』南陽社　一九九三年

『奄美の島々』九学会連合奄美大島共同調査委員会　一九五六年

三上絢子「研究ノート」

第六部　歌の起源

第十八章　奄美シマ唄の形成過程
―歴史的史実が継承されている歌謡　カンツメの歌―

一節　はじめに

奄美では、歌掛け、節歌（独詠歌）を総じてシマ唄と呼び、呪祷的歌謡、叙事的歌謡、抒情的歌謡のジャンルで歌い継がれている。また、シマ唄は地域によって、独自の文脈で生成されている部分が特質として見られる。

本章では、学究的や郷土史研究家の多くが題材に取り上げている代表的な古典シマ唄、『奄美大島民謡大観』（文英吉）「かんつめ節」及び『奄美大島歴史物語』（久留善郷・永長信夫）「かんつめ節」と『奄美民謡註解』（茂野幽考）「かんつめの歌」を用いる。

なお本章では「かんつめ」の道ならぬ男女の恋路の結末を中心に取り上げる。この歌謡が、どのように歌曲として展開されているか、その行為の背景にある壮絶な恋愛とヤンチュ問題から挽歌としての歌垣の断片を分析することで、その形式と展開の段階過程が読み取れたらと考える。

文中において、〔・・・〕文字囲みは本稿が重点的に問題点としている部分であり、傍線を付けた箇所は、その内容箇所としている。

二節　問題の所在

かんつめの歌謡伝承を歌曲とした作品には、〔夕《ゆべ》がで遊《あし》だる〕、〔明日《あちゃ》が宵《よね》〕、〔後生《ごしょ》が道に御袖《みそで》振りゅり〕の歌詞を軸に組み込まれて、様々な内容の歌謡の展開がみられる。

〔夕《ゆべ》がで　遊《あし》だる〕　かんてぃめあごぐわ
〔明日《あちゃ》が　宵《よね》〕　なれば
〔後生《ごしょ》が　道に　御袖《みそで》振りゅり〕
　哀れさ　生まれや　かんてぃめあごぐわ

（語意）○かんてぃめ（女性の名前）○あごぐわ（奴隷の女名に付する美称）○後生《ごしょ》（死後・あの世のこと）○御袖振りゅり（袖をふっている・別れの合図）

（歌意）昨夜まで共に楽しく歌あそびをしたかんつめは、あくる日の夜にはあの世の旅立ちにみ袖を振って行く。哀れな生涯のかんつめ。

三節　「かんつめ節」『奄美大島民謡大観』

①

一　〔ゆべがれあしだる〕かんつめあぐくゎ
〔なちゃあがゆる〕なたと
〔後生が道みそで振りゅり〕

二　かんつめあぐくゎや　やっとな死にしゃ
野原ぬやどりなんて　草ぬ葉し花香しらし

三　かんつめあぐくゎが　あしゃ死のしゃん夜や
久慈下り口ぬ　佐念ぬ山なんて
提灯うまちぬあかがりゅたむんど

四　かんつめあぐくゎが　貫き玉はき玉や
なばしりに下げてうしょけば
岩加那やくめが　うれみりゅたむんど

五　岩加那やくめが　云いしゃることや
かんつめあぐくゎば
生きらしゅんくすりやねんたむんかい

六　かんつめあぐくゎが　云いしゃることや
たかちじがとて
岩加那やくめに送られぶしゃやたんど

七　死じゃる人や　しかたぬありょんにゃ
線香と石や　きばりんしょれ　岩加那やくめ

八　をなぐぬくゎち　きじめんしょんな
名柄ぬかんつみあごが
死じゃるようし見ちなきちな

九　いゃがさき死にゅめ　吾が先き死にゅめ
世間なんじ人ぬ居らぬねし
きょでたりしをとちゅりむちゅん

十　だちがいもゆる　色白めらべ
はんめぬねだなしゅて　はんめとめがいきゅる
はんめや吾がとめれば
吾たりだんだんあわれ語ろや

十一　かなしゃるやくめに　水もるときや
金ぶち綾茶碗に　水や走り川の中のこみず
十二　はぐしゃるやくめに　水もるときや
やんばる茶碗に　水はどろ田ぬたまり水
十三　いしゃること話しゃることや
な首や切れるがれ
云しむ呉れるな　話も呉れるな（註一）

（歌意）
一、昨夜まで共に楽しく歌あそびをしたかんつめは、あくる日の夜にはあの世へ、み袖を振って、旅立ってしまった。
二、かんつめは、野原の小屋の中で気の毒な死に方をしたのでしょう、自生の草花を花香にされて、可哀想なことである。
三、かんつめが死のうとした前夜に、久慈下り口の佐念山で提灯の火が飛んでたよ。
四、かんつめが貫き玉はき玉（首飾りの一種）を中柱に下げて置いたら、岩加那やくめが片身にしたでしょうに。
五、岩加那が云ったことには、かんつめを蘇えらす薬がこの世にはなかったものだろうか。
六、かんつめは、佐念の山頂で岩加那と会ってから送ってほしかったであろう。
七、死んでしまってはどうしょうもない、墓石をたて線香は欠かさないで欲しい岩加那よ。
八、女の子の過ちをあまり責めるな、名柄のかんつめの死にかたを聞いているでしょう。
九、お前が先に死ぬか、私が先きに死ぬか、二人して死ぬより外はない、世の中に人がいないが如く、姉妹で一人の男を愛するとは悲劇である。
十、何処へいくのですか、美しい人よ、私は食べ物を探しにいくのです。食べ物は私が上げますから、二人で語りあいませんか。
十一、愛する人に水をあげる時は、金縁の茶碗に清い川の中程から汲んであげよう。
十二、嫌いな男に水を上げる時は、どろ田の濁り水を上げよう。
十三、二人であった出来事は、たとえ首を切られようと絶対秘密にしてくださいよ（註二）。

「かんつめ節」『奄美大島民謡大観』の当該において、歌曲の文中において、〔・・・〕文字囲みの重点的に問題点としている部分の歌詞番号一を摘記した。

一　〔ゆべがれあしだる〕かんつめあぐくゎ
〔なちゃあがゆる〕なたと
〔後生が道みそで振りゅり〕

重点部分一の歌謡を軸に、二では、不憫さ、三、死の知らせ、四、無念さ、五、未練、六、恋慕、七、供養、が内容部分の箇所二から七に展開されて「かんつめ節」が生成されている。

八では、非業の死のかんつめを例えに女子の育成に関わる教訓的な内容の歌い継ぎに転化し、これを起点に、九で恋路の悲劇、十、恋の誘い、十一、恋する女心、十二、激しい女心、十三、情事の秘密、と男女の恋の歌掛けの情景に移行する特徴的なシステムがとられ、一～十三までの歌い継ぎで展開されている。

四節　「かんつめ節」『奄美大島歴史物語』

②

一　かんつめあぐくわが云しゃることや
たかちじしがとて岩加那やくめにおくられぶ
しゃたんど

二　かんつめあぐくわかあしゃ死のしゃん夜や
久慈下り口ぬ佐念ぬ山なんて　提灯うまちぬあ
かがりゆたむんど

三　かんつめあぐくわややつとな死にしゃ　野原ぬ
はらやぢりなんて
草ぬ葉し花香しらて

四　〔昨夜がれ遊だる〕かんつめあぐくわ
〔翌日《なーしゃ》が夜な〕なと〔後生が道み袖振りゆり〕

五　かんつめあぐくわがぬき玉はき玉や
なばしりに下げて置しょけば　岩加那やくめが
うれ見りゆたむんど

六　岩加那やくめが云しゃることや　かんつめ診
（み）ちゃる医者どんや
生きらしゅん薬や持ちもらたむんか

七　死ぢゃる人やしかたぬありょんな　線香石やき
ばりんしょれ岩加那やくめ（註三）

（語意）○しがとて（登っていて）○ぶしゃたんど（欲しかったものだ）○あしゃ（明日）○うまちぬ（火が）○やくめ（男の敬称語）

（歌意）

一、かんつめあぐくわが云うことには、あの見晴らしのいい、佐念の峠で心ゆくかぎり岩加那やくめと語って、そこから送って貰いたかったものだ。

二、かんつめあぐくわが明日死のうとした前の夜は、久慈下がり口の佐念山で、提灯の明かりが見えた。提灯うまちは提灯の火のような怪火ということで、かんつめの死を知らせる魂であった。

三、かんつめあぐくわは気の毒な死にかたをしたものだ。人のいない野原の小屋の中で、誰一人みる人もなく、そこらに生えた草の葉で花香をされて。

四、昨日まで二人で楽しく歌遊びをして過ごしたかんつめあぐくわ、あくる日の夜は、あの世のたびに別れを告げて行く。

五、かんつめあぐくわのぬき玉は、中柱に下げてあったなら、岩加那やくめが、見つけたであろうものを。

六、岩加那やくめが言うことには、かんつめを診察したお医者様は彼女を生かす薬は持っていなかったのだろうか。今一度生かしてみたい、と亡き恋人に対する諦めきれない切ない情である。

七、今更死んだ人は仕方がありません。いくら悔やんでも生き返るわけではありません。冥福をいのるように墓石と線香は頑張りなさい、岩加那やくめ。

「かんつめ節」『奄美大島歴史物語』の当該において、歌曲の文中において重点的に問題点としている部分が歌詞番号の四で摘記される。

四　〔昨夜がれ遊だる〕かんつめあぐくわ
〔翌日《なーしゃ》が夜な〕など〔後生が道み袖振りゆり〕

一で、岩加那やくめに「おくられぶしゃたんど」とかんつめの岩加那への恋慕、二、死を知らせ、三、不憫さ、四、重点部分の歌詞、五、未練、六、恋慕、七、供養、が歌曲として重点部分の箇所四を中心にして、内容部分の箇所一から三と五から七には、おもいが組み込まれて展開し、「かんつめ節」が生成されている。

五節　「かんつめの歌」『奄美民謡註解』

あかす世は暮れて　汝《な》きゃ夜は明ける
かほせつのあらば　また見きよそ

（歌意）冥土の世は暮れて、あなたの夜は明けます。逢う時期が来たら、後生の世であなたと逢いましょう。

この歌は、カンツメの亡霊が、岩加那にささやいた別れを告げる最後の歌と伝えられている。

③

一　かんつめは名柄岩加那は真久慈
　恋路隅めとて思いの深さ
二　〔夕べがで遊だる〕カンツメアゴや
　〔あちゃが夜〕になりば〔後生が道でみ袖振りゆり〕
三　カンツメアゴが死にちよしゃん夜や
　名柄高頂なんて提灯うまつの
　とぼれゆれたんちろが
四　カンツメアゴがあちゃ死によちしゃん夜や
　真久慈おり口なんて童声立てとて
　泣きゅたんちろが
五　カンツメアゴぬぬき玉はき玉
　ならし下がとれば岩加那やくめが
　見りゅたんむん
六　をなごぬ子やあまりきじるなよ親兄弟んきや
　名柄カンツメ死様見ちゃめ（註四）

（語意）○アゴ（奴隷の女名につける美称）○うまつ（火）○ならし（長押のこと）○あちゃ（明日）○とぼす（火を点す）○死によちしゃん夜や（死のうとした夜は）○名柄・真久慈（地名）○後生（死後・あの世のこと）

（歌意）

一、かんつめは名柄の出身、岩加那は真久慈の出身で隔てているが、恋する思いの深さで距離を感じない意。

二、昨夜まで共に楽しく歌あそびをしたかんつめは、あくる日の夜にはあの世の旅立ちに、み袖を振って行く。哀れな生涯のかんつめ。

三、かんつめが死のうとした前の夜は、名柄の山頂に提灯の火が見えたという。かんつめの死を知らせる魂であった。

四、カンツメアゴが明日死のうとした夜に、真久慈の下の方で女の泣き声が聞こえたという。

五、かんつめのぬき玉は、中柱に下げてあったなら、岩加那やくめが、見つけたであろうものを。

六、女の子はあまり厳しくしなさんな親兄弟、名柄のかんつめの死ざまを見たでしょう。（註五）

「かんつめの歌」『奄美民謡註解』の当該において、歌曲の文中において、〔・・・〕文字囲みの重点的に問題点としている部分の歌詞番号二を摘記した。

二　〔夕べがで遊だる〕カンツメアゴや

〔あちゃが夜〕になりば
〔後生が道でみ袖振りゆり〕

一で、かんつめと岩加那の出身地の紹介、その距離間、二、重点部分の歌詞、三、死を知らせ、四、死のうとした前夜に女の泣き声が聞こえた、五、未練、六、非業の死のかんつめを例えに女子の育成に関わる、教訓的な内容で展開され、かんつめの旅たちの過程を一つの流れとして、「かんつめの歌」が生成され歌い継がれている。

六節　かんつめ作品の共通点

①、「かんつめ節」『奄美大島民謡大観』、②、「かんつめ節」『奄美大島歴史物語』、③、「かんつめの歌」『奄美民謡註解』に見られる共通点は、昨夜まで共に楽しく歌あそびをしたかんつめが、あくる日の夜には、あの世の旅立ちにみ袖を振って行く、という重点的な問題点の部分である。

①、における「かんつめ節」は、重点的な問題点の箇所が、歌の歌い出しに組み込まれ、次にそれに至る過程が、内容部分として歌い継がれる形式が用いられている。

一　〔ゆべがれあしだる〕かんつめあぐくゎ
〔なちゃあがゆる〕なたと
〔後生が道みそで振りゅり〕

②、における「かんつめ節」は、

四　〔昨夜がれ遊だる〕かんつめあぐくわ
〔翌日《なーしゃ》が夜な〕なと
〔後生が道み袖振りゆり〕

③、における「かんつめの歌」は、

二　〔夕べがで遊だる〕カンツメアゴや
〔あちゃが夜〕なりば〔後生が道でみ袖振りゆり〕

となる。重点的な問題点の箇所が、①、の場合〔ゆべがれあしだる〕からはじまり、②、の場合〔昨夜がれ遊だる〕となり、③、の場合、〔夕べがで遊だる〕となる。それぞれが地域の方言で、特徴的に表現されているが、作品の重点部分の取り扱い方に共通点がある。

カンツメ節の碑

七節　むすび

「カンツメ節」は、奄美大島南西部のやきうち間切（現在・宇検村）名柄集落のヤンチュ（奴隷）として、社会の底辺で生きる望みを失ったカンツメの非業の死が、歌謡の題材として歌い継がれ、地域によって、かんつめ、カントミ、カンツメ、カンチミなどと呼称されていている。

名柄の奥宮嘉喜によって、カンツメの死後の悲恋が謡われ、それが全島民の同情をひいて島の津々浦々でカンツメの歌として歌われ、南島民謡の名曲として知られるようになる。

これまで見てきたように、かんつめの物語の歌への組み込み方は自由で、歌い手のおもいによって、多様に歌い継がれている。ここにシマ唄の形成過程をみることができる。

シマ唄の世界では、夜はこの歌を歌うとカンツメの霊が現れるとされ、夜歌うことはタブーとされている。

註

一　文英吉『奄美大島民謡大観』一六四～一七六頁

二　歌意・著者　三上絢子

三　久留善郷・永長信夫『奄美大島歴史物語』一五四～一五七頁
四　茂野幽考『奄美民謡註解』一九四～一九五頁
五　歌意・著者

参考文献

文英吉『奄美大島民謡大観』南島文化研究社　一九三三年
久留善郷・永長信夫『奄美大島歴史物語』中央大学奄美学友会　一九三五年
茂野幽考『奄美民謡註解』奄美社　一九六六年

第十九章　歴史的背景が継承されている歌謡
―黒糖生産を中心として―

一節　はじめに

一六〇九年に奄美は、薩摩藩直轄支配下におかれ、市場で価値の高い黒糖をそれまでの「年貢米」と切替える「換糖上納制」政策によって、島民は黒糖生産で過酷な重圧にさらされることになった。不作で上納できない場合には、借り入れをしなければならず、最終的には債務奴隷という形で身売りも行われている。

債務奴隷はヤンチュと呼ばれた。数百人のヤンチュを抱える豪農もいた。そのもとで下男下女となり、ヤンチュ同士の間に生れた子は膝素立《ひざすだち》者と呼ばれた。子は生まれながらにしてヤンチュであり、将来の労働力として扱われ、両親の自由にはならない悲劇的な状況に置かれた。この運命に苦闘した歌詞が歌に組み込まれ歌い継がれている。

歌詞には、黒糖政策の犠牲という歴史的様相が色濃く伺い知れるものが、まま見える。

「砂糖作り歌」には、「心配で心配でたまらない」と歌われている。作の出来もさることながら、砂糖黍刈の際に根もとにまだ黍が残っていると、厳しい罰をあたえられた。黒糖生産の苦難と悲惨さが、反映された歌詞である。

シマ唄の代表的な「カンツメ節」は、奄美大島宇検村名柄集落のヤンチュの若い女性と島役人との道ならぬ恋で、身分制度ゆえに自害した悲恋が歌われている。

シマ唄は幾度となく重く揺れ動く歴史のはざまで、藩政時代には悲哀を帯びた歌が生まれ、黒糖政策にまつわる歴史の側面が伺い知れる歌詞を含んだ歌が、今も数多く歌い継がれている。

二世紀半に及ぶ薩摩藩の圧政が、豊かな精神文化の道を閉ざした、その影響で島民は悲観的で暗く、哀調をおびた歌謡が生成されるようになったといわれている。

本章では、一、「膝素立の歌」、二、「宇宿ガジュマルの唄」、三、「砂糖つくりの唄」、四、「豊年節」、五、「むちゃかな」の歌謡を用いる。

「黒糖生産にかかわる歌」を中心に取り上げるが、この歌謡がどのように歌曲として展開されているか、その背景にあるヤンチュ問題が重ねて組み込まれている点などから、シマ唄の形式と展開の段階過程が読み取れたらと考えている。

文中において、[・・・]文字囲みは本論が重点的に問題点としている部分であり、——線を付けた箇所は、その内容箇所としている。

二節　問題の所在

一七二〇年（享保五年）、薩摩藩は島民に紬着用禁止令を発し、以降服装制限をしている。このような状況下で次の八月踊り歌の一節から、ヤンチュの着用する衣を伺い知ることができる。

ヤンチュの歌

年はとて　いきゆり　先は定まらぬ
くびねぬ　ねん　きんきち　[ヤン人]の身の哀れ。
クッカルー（註一）

将来に希望が持てないまま年月が過ぎていくと嘆き、衣服は布に首の部分を開け襟はついておらず、丈は膝上ぐらいの袋形で、胴体部分を麻紐で結ぶ、あかさび色の衣である。着物の型をなしてない簡素な衣類を着用している自分自身を哀れんでいる様子が歌われている。

クッカルーとは、野鳥のアカショウビンの鳴き声で、赤い羽根で自由に飛んでいる野鳥と、あかさび色の衣をまとう不遇な我が身を対比し、嘆いている。

一、膝素立の歌

一　[家人身分]なとて
子や生ししょんなよ

子や［膝素立者］
うん子に怨まゆんど
（歌意）家人の身分で、子を生んではいけませんよ。子は膝素立者、せっかく生んだ、その子に怨まれるぞ。

二　［膝素立者］殺っしば
お前が殺っさゆい
膝素立者ぐれ
主が財産
（歌意）膝素立者を殺せば、お前が殺される。膝素立者ごときは、主人の財産なんだよ。

三　吾子、うきゃ子や
間引きゅむなるしが
膝素立者ぐれ
間引きんならん
（歌意）私やあなたの子は、間引くこともできるが、膝素立者ごときは、間引くこともならない（註二）。

「膝素立の歌」において、文字囲みの重点的に問題点としている部分、［家人身分］、［膝素立者］を摘記すると、この歌は、ヤンチュとその子供の壮絶な生き方を中心に物語的に展開されていることがクローズアップされる。一、親としての悲哀。二、人生へのあきらめ。三、生きる事への苦悩が、ヤンチュ哀史として組み込まれて歌が生成されている。

　この歌について、大里豊一氏は「これは、膝素立を歌った唯一の民謡である。あまりのむごさに今は歌われることもない」と記述している。

膝素立のお墓。撮影・著者

二、宇宿ガジュマルの唄

一　宇宿ガジュマルや
石抱きゃにふとる
［掟、黍見廻り］や
島抱きゃにふとる

（歌意）宇宿のガジュマルは、石を抱いて育つ。
掟役人や黍見廻り役人は、島を抱いていて太る。

二　美ら生まり女《うなぐ》
島ぬため　なりゆんにゃ
［大和衣着り］やが
ためどなり　ゆる

（歌意）美しく生れた女は、島の人のものになるだろうか。大和の役人の、ものになるだけよ。

三　うんにゃだるや　馬鹿者《むん》じゃ
乳食《ちちく》れ子放棄《くわはんな》ぎて
［殿ぬ］妾《とじ》なりが
赤木名《はーきな》這《は》いくろて

（歌意）うんにゃだるは馬鹿な女だよ。乳呑み児を打ち棄てて、代官の妾になって、赤木名まで這いまわったんだと。

四　かしゅてん　しゃんて
誰がたむ　なりゅり
［大和衣着り］やが
ためど　なりうる（註三）

（歌意）こんなに難儀苦労しても、誰のためになるというのか。大和役人の、ためになるだけ。

宇宿ガジュマル唄において、重点的に問題点としている部分として、一、［掟、黍見廻り］、二、［大和衣着り］、三、［殿ぬ］、四、［大和衣着り］を摘記した。

役人が中心の社会性が組み込まれて構想された歌謡で、内容部分では、

一、樹木のガジュマルは石にからむように根をはるが、島役人は黍産業で豊かになると物語的に歌が展開している。

二、島の美人は大和から来た役人の相手になるだけだと悲観する。

三、うんにゃだ（女性の名）は、乳呑み児をおきざりにして、代官の愛人になって馬鹿な人だと批判する。

四、黒糖生産の苦労は、大和役人のためであり、報われない苦悩である。以上のように歌われ大和役人への批判的な見方が組み込まれた歌謡である。

宇宿ガジュマルの唄は、一、は元歌で歌われるが、二、三、四は、シマ唄の共通歌詞から取り出した歌詞を組み込んで歌われる形式がとられる。あるいは、元歌以外は切り離して、三味線歌や八月踊り歌などで、歌掛けによって歌い継がれる。

三節　「砂糖つくりの歌」

藩政下の［掟、黍見廻り］という、取り締まる役人に視点をおき黒糖生産に関わる数ある歌の中から「砂糖《さた》つくりの歌」を取り上げる。

砂糖つくりの歌

一　［心配《しわ》じゃ　心配じゃ］
黍切り　心配じゃ
［黍の高切り］
ばんちゃはきゅり
（歌意）心配だ心配だ。砂糖黍刈が心配だ。黍の高切り、首枷をはく。

二　心配《しわ》じゃ　心配じゃ
［黍ぬ生絞し］心配じゃ
黍ぬ生絞し
しまさはきり
（歌意）心配だ心配だ。砂糖黍の生絞りが心配だ。砂糖黍の生絞り、足枷をはく。

三　心配《しわ》じゃ　心配じゃ
［砂糖ぬ悪しゃ炊き］心配じゃ
砂糖ぬ悪しゃ炊き
てさはきゅり
（歌意）心配だ心配だ。砂糖の下手炊きが心配だ。砂糖の下手炊き、手枷をはく（註四）。

砂糖つくりの歌において、重点的に問題点としている部分の一、［心配《しわ》じゃ　心配じゃ］［黍の高切り］、二、［黍ぬ生絞し］、三、［砂糖ぬ悪しゃ炊き］、を摘記した。

これら、

一、黍を刈る時の根からの間隔のとり方が心配だ。

二、砂糖黍の生絞り、無駄のないようにしっかり絞れるか心配だ。
三、砂糖が上等に炊けるか心配だ。

と砂糖黍の収穫段階から製造段階までに携わる者の不安な心境を軸にして、失敗した場合は、一、首枷をはかされる、二、足枷をはかされる、三、手枷をはかされる、と心配ごとが作業の段階ごとに展開し形成されている。

この歌は、大和の役人に対しての怨念歌ともいわれ、藩政下での生産が人々を如何に追い詰めていたかが伺える歌詞で生成されている。

この歌の問題点としている［心配《しわ》じゃ　心配じゃ］の部分は、後に「いとくり節」に転化して歌われている。

四節　「豊年節」

本島北大島の豊年節

にしぬくちから　しらほやまきゃまきゃきゅーり
［すてちぬどぅがきがい］や　はんこぅぶせよ
ウトメーマシュ　すてちぬどぅがきがいや
はんこぅぶせよ　ウトメーマシュ
せんこぬねだな　まちぎぬはーばせんこちとぼち
やまがわくゎんのんまる　にばんこぎねがお

（語意）○まきゃまきゃ（船の帆がゆらゆらと揺れ動くさま）、○どぅがき（蘇鉄の幹からつくられる粉の粥）、○ウトメーマシュ（人名）、○はんこぅぶせ（ひっくり返せ、の意）、○せんこ（お線香）、○ぬ（が、の意）、○ねだな（無い、の意）、○まちぎぬは（松の葉の意）○とぼち（焚いて）、○やまがわくゎんのんまる（山川港・観音丸）

（歌意）西の方向から、白い帆をゆらゆらさせて、船がくるよ。蘇鉄粥はひっくり返してすてよう、蘇鉄粥はひっくり返してすてよう。お線香がないから、松の葉を線香の代わりに焚いて。山川港からの観音丸が、二度航海できるようにお願いしよう。

重点的に問題点としている部分の注記歌詞の一、［すてちぬどぅがきがい］を軸に、内容に「やまがわくゎんのんまる」「にばんこぎねがお」の部分で、暮らし向きの側面が組み込まれて形成されている。

この歌には、藩政の黒糖生産の歴史が背景にみえる。季節風に乗って米を積んだ船の帆が沖の方に見え、その帆を見た人々がようやく米が食べられるという喜びがあらわれている。

嬉しさのあまり、手にしていた蘇鉄粥を捨てた女性の様子が歌われ、年に一度鹿児島から航海してくる船が、年に二度航海してくれますように、と松の葉を線香の代わりに焚いて、祈願している。

当時の人々は蘇鉄の幹から取り出し乾燥させた粉で作る粥を主食にして、飢えをしのぎながらの黒糖生産の日々であった。藩政時代の人々の過酷な暮らし向きの歴史背景が物語的に組み込まれている歌である。

五節　「むちゃかな」

一　ききゃやおのつぬ
とぅばや［むちゃかな］
あをさぬりはぎに
いもらめやむちゃかな
（歌意）喜界は小野津の、トバヤのムチャカナよ。アヲサ海苔獲りに、行かんかムチャカナ。

二　うらとみやうらとみ
むどぅらめやらもみ
うらとみむどうしゅしゃ
しまぬふれむん
（歌意）ウラトミはウラトミ、戻らないかウラトミ。ウラトミ戻す奴は、島の馬鹿者だ。

三　あんまにしられてみれば
みじくでいきちいゅり
じゅうにしられてみれば
いきゃばめやをぅらばめ
（歌意）母に伺ってみたら、水汲んで行けといい。父に伺ってみれば、行こうが居ろうが。

四　しゅやみちゃがりゅり
てだやさんときなりゅり
とばやむちゃかなや
しゅじりかちひきゃって
（歌意）潮は満ち上がる、太陽は申刻になる。トバヤムチャカナは、潮尻に引かれて。

五　うらうらさきざきぬ
あやばとやくるばと
とばやむちゃかなや
みりやしらんため
（歌意）浦々崎崎の、綾鳩と黒鳩よ。トバヤムチャカナは、見はしなかったか。

六　うらうらさきざきぬ
あやばとやくるばと
あやばとやくるばぬ
のきょしゅりやはなしゅり
（歌意）浦々崎崎の、綾鳩と黒鳩。綾鳩と黒鳩が、くちづけし話している。

七　きょうらさうまれれば
［どぅしににくまれて］
きもちゃけぬかなや
しゅなみにひきゃれて
（歌意）美しく生れたら、友達に憎まれて、可哀想な加那は、潮なみに引かれて。

問題点の注記歌詞の一［むちゃかな］を中心に、内容部分に、七「きょうらさうまれれば、どぅしににくまれて　きもちゃけぬかなや　しゅなみにひきゃれて」を組み込み、人物を中心に展開させて、人物史的な物語歌として形成されている。

「むちゃかな」の歌謡は、親子二代にわたる物語である。加計呂麻島の生間に生れた浦富（うらとみ）は評判の美貌の持ち主であった。代官の誘いを受け入れなかったために、横暴と嫉妬心から重税を課せられ追害を受け、浦富の母親が小船に娘と食料を積み込み逃避させた。船が流れ着いた喜界島の小野津で、農夫の妻となって暮らし、二人の間に誕生したのが、むちゃかなである。母にも勝る美貌に成長したむちゃかなに、村中の青年達の思いが集まり、嫉妬した村の娘達は海苔採りに誘い出し、海に突き落として死に追いやった。そんな悲劇の歌である。

「むちゃかな」と「うらとみ」という二つの歌謡名があるが、この二人は母と娘である。二代にわたる物語があり、奄美の中部、北部地域では「うらとみ」といい、南部地域では「むちゃかな」と呼称している。

六節　黒糖生産に関わる歌の共通点

藩政の黒糖に関わる一、「膝素立の歌」、二、「宇宿ガジュマルの唄」、三、「砂糖つくりの歌」、四、「豊年節」、五、「むちゃかな」の歌の共通点を摘記する。

一、の［家人身分］［膝素立者］で黒糖生産の犠牲者を扱い、

二、では、［掟、黍見廻り］［大和衣着り］［殿ぬ］［大和

衣着り」と生産を取り締まる役人に視点をおき、
三、においては、「心配《しわ》じゃ　心配じゃ」「黍の高切り」「黍ぬ生絞し」「砂糖ぬ悪しゃ炊き」と黒糖生産と製造段階の人々の不安な状況が展開され、
四、では「すてちぬどぅがきがい」で当時の人々の暮らし向きの展開で形成されている。
五は、「むちゃかな」を中心に黒糖に関わった親子三代の人物史的な悲劇の物語歌で、生成されている。

七節　むすび

奄美では、幾度となく重く揺れ動く歴史のはざまで、地域の人々の暮らしは翻弄されてきた。シマ唄には、その時代の影響が及んでいる。歴史的に大親役時代までの薫り高く穏やかで伸び伸びとした明るい感性のシマ唄も、藩政時代には悲哀を帯びた歌に変容したと考えられる。数々の歌曲の中に、歴史の側面が伺い知れる歌詞が数多く歌い継がれている。

シマ唄は、詩や歌が創造できるほど暮らし向きに余裕がある中で、明るく楽しく恋や仕事、教訓歌が歌われてきたが、二世紀半に及ぶ薩摩藩の圧政によって豊かな精神文化の道が閉ざされたといわれている。その影響で歌詞にに深刻な社会性が見られ、リズムも切々たる哀調をおびた歌謡が生成されている。

註

一　松田清氏からの採集・松田氏がジャーナリスト当時、三十年前頃に関東の郷友会で古志集落出身者達が、八月踊り歌で歌っていた。参加した当日のプログラムに歌詞も記載されていたが、現在は紛失。二〇〇七年八月、古志集落調査でも採集は不可能であった。

二〜四は『カントミ節考』より引用

参考文献

大里豊一『カントミ節考』海風社　一九六〇年
三上絢子「研究ノート」

第二十章　南島の「うなり神」

一節　はじめに

奄美の歌はシマ唄と呼ばれ、そのシマ唄の中でも「ユイスラ節」は祝歌として、さまざまな祝いの場で歌われ親しまれている歌曲である。

地理的に四方海に囲まれた環境下の、島の先人たちが旅へ出る時は、季節風を利用する小船にのって荒波を越えなければならなかった。夜は北斗七星をたよりにする命がけの船出のために、今生の別れになるやも知れない旅であった。見送る者たちは無事に帰還することを祈って送り出した。

奄美には「うなり神がなし」という歌曲がある。「うなり」とは一家の姉妹のことで、姉妹には特別な霊力があると信じられてきた。「おなり神」とも呼ばれている。これは、柳田国男の言う「妹の力」に相当する（註一）。姉妹（うなり）は、その霊力で兄弟あるいは大切な男性（イヒリ）を守護するといわれ、姉妹への崇敬が歌い込まれている。以下、南島の「うなり神」について考察する。

二節　「うなり神がなし」と「いきまぶり（生霊）」

うなり神（姉妹）のいきまぶり（生霊）は、旅に出る兄弟、愛しい者を守護する霊力を持つと考えられ、旅に出る者は、姉又は妹の毛髪や手拭をお守りとして携行したことが知られている（註二）。

また、儀礼的な先祖の祭祀、農作物の豊穣、予祝儀礼や日常のくらしの中でも「うなり神」（姉妹）の祈願が重要な機能を果たしている。これも「うなり神」信仰を背景とする観念である（註三）。

「ユイスラ節」は、白鳥に姿を変えて「イヒリ」の航海の安全を守護する「うなり神」への崇敬が込められた歌で、正調の三味線歌である。この歌詞は前半と後半を反復して、二節（一節をくり返し）歌われ、海を乗り越えて来訪した人の歓迎の席、旅立つ者への別離の席など、航海の安全祈願に歌われる。

また、結婚式でも祝い歌として歌われるめでたい歌詞でもあり、「うなり神」に対する崇敬の念をもって丁寧に歌われる。

次の歌では、奄美地方で代表的なスタンダードな独詠歌として、白鳥に姿を変えてイヒリ（男性）の航海の安全を守護する「うなり神（女性）」信仰が歌われている。

ユイスラ節

船の高艫にユイスラ　船の高艫にユイスラ
しるどりぬいしゅりスラヨイ　スラヨイ
しるどりやあらぬユイスラ
しるどりやあらぬユイスラ
うなり神がなしスラヨイ　スラヨイ

（歌意）船の高艫に白鳥が一羽とまっているよ。いいえ、あれはただの鳥ではありません。私達の航海の安全を見守ってくれている、うなり神の化身ですよ。

ヨイスラ節

船の高艫に　しるどりぬいしゅり
しるどりやあらぬ　うなり神がなし

（歌意）船の高艫に白鳥が一羽とまっているよ、あれはただの鳥ではありません、航海の安全を見守ってくれている、うなり神の（姉妹の霊）の化身ですよ。

坪山豊氏と「うなり神」について対談を、次に収録する。

三上　よろしくお願い致します。
坪山　歌ってみますね。

船ぬすーと　ともにヨイスラ
船ぬすーと　どもーにーヨーイスラ

しーるどりぬいしゅりー
スーラヨーイヨーイ
囃　スーラヨーイヨーイ
しるどりーや　あらぬヨーイスラ
しるどりーや　あらぬヨーイスラ
うなりー神がなしー
スーラヨーイヨーイ

三上　ありがとうございます。短い歌詞の反復で形成されていますが、他の歌曲から歌い継ぐとか、即興で歌い継ぐ場合がありますか。

坪山　ありますね。お祝いの席では、祝いつけに相応しい歌詞を即興で歌います。

三上　歌詞の後に囃子とは別に、ヨーイスラ、スーラヨーイヨーイとありますが。

坪山　歌詞の調整の役割も含んでいます。

三上　「うなり神がなし」の霊力は信じますか。

坪山　私は船大工でもあり、信じますね。航海で人の命を守る「うなり神がなし」の霊力は強く信じられている。危険な海の航海の無事を祈り、造船の際には女性の毛髪や手拭などを埋め込むという昔からの慣わしがあります。船には神棚もありますよ。

三上　他にも「うなり神がなし」の歌詞や信仰性が歌われている歌曲がありますか。

坪山　ありますよ。秋名の八月踊り歌に「アラシャゲ」の節がありますが、この歌詞にも信仰性が歌いこまれています。

虎ぬ絵ばかけて　柳花活けてな
旅のうれのりや　かふさ希お
（語訳）旅のうれのりや（旅の航海）、かふさ希お（無事を祈る）

虎は強い動物で、柳はしなやかに風や荒波になびいて強いので、花のかわりに、進水式には船の先にさして、船の無事を祈願しますね。「ユイスラ節」の歌曲以外に「うなり神がなし」の歌詞が歌われる歌曲に「ちぎょい浜岳節」がある。後の歌詞に「うなり神拝も　うなり神拝も」と歌われています。また、共通歌詞にも「姉妹神がなし　旅ぬ　先々に　魔様なものありば　除けてぃたぼれ」と歌われていますね。

坪山　私は崇敬の念をもって、丁寧に歌いこみますね。また、歌の世界に入って、最初に覚える歌でもあり、

シマ唄の奥深さが知れる歌として、親しまれていま
す。
三上　貴重なお話をありがとうございます（註四）。
以上のことから「ユイスラ節」をまとめると、次のよう
になる。
①儀礼的な祝歌・神歌である。
②うなり神（姉妹の霊）の霊力を崇敬。
③四方海に囲まれた人々の航海の安全祈願をする。
④人々の尊い命を託す造船の際に航海の安全祈願。
⑤神とじ（お守り）。女性の手拭など身につけることで守
　護神を感知する。
⑥ニライカナイ信仰。海のかなたから神を迎える祭りの八
　月踊り歌にも歌われる。
「うなり神」を崇敬するの歌の題名は、奄美大島では「ユ
イスラ節」、あるいは「ヨイスラ節」、徳之島以南は「ソラ
ヨイ節」「ヨイスラ節」「ヨイスリ節」などと呼称し、歌詞
に差異が見られるが、歌意は同義で、歌曲のリズムやテン
ポ、節に地域性がある。
次の①から④は、「ユイスラ節」の曲で歌われる歌詞で、
場に応じた多様性が見られる。

①教訓歌の場合

「ユイスラ節」の曲で三味線を用いて歌う。自分を育成
してくれた親に感謝の意を込めた歌である。

ゆるはらす船はユイスラ
ゆるはらす船はユイスラ
ねぬほぶしめあてスラヨイ　スラヨイ
わん　なちゃん　うややユイスラ
わん　なちゃん　うややユイスラ
わんばめあてスラヨイ　スラヨイ
(歌意)夜に出航する船は、北斗七星を目標に運航する。
自分を生んで育てた親は自分の成長を楽しみにしてい
る。

②船の安全を祈願する歌の場合

船の進水や初航海の時に歌われる歌詞で、秋名の八月踊
り歌の「アラシャゲ」に次の歌詞があるが、この歌には船
の安全祈願が込められている。

虎ぬ絵ばかけて　柳花活けてな
旅のうりのぶり
いちゅうの上から（あるいは、かふさ希お）

（歌意）強い虎の絵を掛けて、しなやかな柳を船の先にさして、船旅の往復が絹を張った様な海のなぎであるようにと、無事を祈る。

③新築・出産・歳祝の席の歌の場合

「ユイスラ節」の曲で掛け歌形式で歌う。祝いの席に相応しい歌詞で、宴の席が賑やかに盛り上がる。

今日の誇らしゃ　何時よりも勝り
何時も今日のごと　あらちたぼれ

（歌意）今日のうれしさは何時よりも勝っていて、今後も今日の様なよろこび事がありますように願います。

④うたあしび歌の場合

「ユイスラ節」の曲で掛け歌形式で歌う。歌詞の上の句と下の句が歌い継がれる形式で、特に八・八・八・六調に当てはまる八月踊り歌の共通歌詞から選択して歌い継ぐ場合が多く、次第に恋の「歌掛け」へと展開していく。

一（上句）船の高艫にユイスラ
船の高艫にユイスラ
しるどりぬいしゅり
スラヨイ　スラヨイ

二（下句）しるどりやあらぬユイスラ
しるどりやあらぬユイスラ
うなり神がなし
スラヨイ　スラヨイ

三（上句）うなり神がなし
旅ぬ先々に
魔よなものあれば
除けてぃ給ぼれ

（歌意）姉妹の霊力で旅の行き先に、よくない事は除いて下さい。

四（下句）千鳥　浜千鳥

うらや　ぬが鳴きゅり
アンマ面影ぬ　立ちど
また泣きゅり
（歌意）千鳥、浜千鳥よ、どうして鳴いているの。母親をおもいだして泣けてくるのです。

五（上句）アンマ面影や　時々どぅ
立ちゅり
加那が面影や
朝夕立りゅり
（歌意）母親を思い出すのは時々です。愛しい人のことは朝夕に思い出します。

六（下句）思てぃさえうりば
後先どぅなりゅる
節や水車
巡り　逢ゆり
（歌意）信じて慕っておれば、先にはそえるのです。時節や水車のように巡り、時期が来れば逢えるのです。

七（上句）節待とぅにすりば
互に　年寄りゅり
年寄らぬうちに
逢わち給れ
（歌意）時期を待っていると、お互いに年をとってしまいます。年を取らないうちに会わせて下さい。

八（下句）行きょ　行きょに　すりば
面影ぬ立ちゅり
居ろ居ろにすりば
義理ぬ　また立たずぃ
（歌意）出発しようとすれば心のこりだし、出発をやめてしまうと、不義理になってしまう。

九（上句）御十五夜ぬ御つき
照り清さ　照りゅり
加那が門に　立てぃば
曇てい給れ
（歌意）十五夜の月は美しく照り輝いている。愛しい人が人目を忍んで、門に姿をみせたならば、曇って下さい。

十（下句）加那が門に　立ていば
ウラや寝ぶらりゅんにゃ
出じてぃ　参もり
かなし思い語ろよ

（歌意）愛しい人が門に立っているのではないかと、気になって自分は寝ることができない。現れるといいな、愛しい人と語り合いた。

十一（上句）今日ぬ　誇らしゃや
何時よりも　まさり
何時も　今日ぬ如に
あらち給れ

（歌意）今日の嬉しいことは、何時もより勝っている。何時も今日のようにあらして下さい。

十二（下句）今日ぬ誇らしゃやば
物にたといりば
天ぬ白雲ば
取たる如に

（歌意）今日の嬉しさは、物に例えますと天の白い雲をつかまえたようなうれしさです。

「ユイスラ節」をまとめると、次の①～⑤になる。

①儀礼的な祝歌・神歌である。
②うなり神の信仰性と崇敬。
③航海の安全祈願。
④造船の際の船の安全祈願。
⑤髪の毛や手拭をお守りとして身につける。

まず、正調による独詠歌から歌いだされて、その歌曲で歌い継ぎ、続いて八月踊り歌の歌詞による恋の「歌掛け」に展開するところに特徴がみられる。

次の「ヨイスリ節《ぶし》」は、井之川集落と山集落で歌われている。

ヨイスリ節《ぶし》（徳之島・井之川、山）

一　ゆるぬなちぐぅりいやア　よいすり

さがるかかたふるり　ヤスラ　ヨイスリ
（ヨイスリ）
ゆがみかさかぶぅてぃ　ヨイスリ
ぬれるマタしぬぎ　ヤスラ　ヨイスリ
（歌意）夏の夜の雨が、降ってくるのは片降りだが、ゆがんだ傘をかぶって、濡れるのはつらい。

二　みやまくぶがさや
ななゆだにかかる
かかてぃくるむぞや
ずぅずうんだうめやすんな
（歌意）深山のシュロの葉の傘は、かぶれば木の七枝にかかるが、寄ってくる愛しい女は、おろそかな思いをするな。

三　みやまいりくめぃば
まくるじぃにまいふりる
たむらいりくぬぃば
みぃわらべぃにまいふりる
（歌意）深山に入り込めば、椎の実に迷い惚れる。よその村に入り込めば、若い女性に迷い惚れる。

この歌は、奄美では沖永良部島に「シュラヨイ節」、喜界島では「スラヨイ節」、「ヨイソラ節」と呼称されて歌われている。

①スラヨイ節（喜界町・志戸桶）

一　うーまれーぶーやーあてぃーむー　ヨーイスラー
うーまれーぶーやーあてぃーむー　ヨーイスラー
（スラーヨイ　スーラィー）
すだしぶーぬねらーぬ
スラーヨイ　スーラヨイ
（スーラーヨイ　スーラーヨイ）
うやふたーりーなかーにー　ヨーイスラー
うやふたーりーなかーにー　ヨーイスラー
（スラヨーイースラィー）
すだちぃヨーみいぶしゃ
スラーヨイースーラヨイー
（歌意）生まれたときが、幸せであっても、育つときは幸せとは限らない。両親の中で育っていきたい。

二　わぬやこのしまに

うやはぁろじうらぬ
わぬばかなしゃすんちゅや
わんうやふぁろじ
（歌意）私は子の集落に、親や親せきはいない。私を大切にする人が、私の親せきである。

三　ちどりゃはまちどり
うらやぬがなきゅり
あんまおもかげぬ
たちどなきゅり
（歌意）千鳥や浜千鳥よ、あなたはどうしてないているの。母を思い出して、ないています。

四　たかさばなぬぶてぃ
わぁうやしまみりば
なだにうすわりてぃ
みりやならぬ
（歌意）高いところに登って、私の両親の島をみると、涙が溢れでて見ることができない。

喜界島は、地理的に奄美本島から海を隔てて位置している。歌の数も多く歌詞に独自性が見られる。例えば、「スラヨイ節」は、奄美大島では打ち出しの歌詞は、「船の高艫に、しるどりぬいしゅり、しるどりやあらぬ、うなり神がなし」とあるが、喜界町・志戸桶の場合は、一から三は、奄美大島でも組み込まれて歌われるが、四では、両親を思う郷愁の歌詞に展開して、独自性が見られる。

②ヨイスラ節（喜界島）

一　ふにぬすとぅどもに　ヨイスラ
ふにぬすとぅどもに　ヨイスラ
しらさぎぬたちゅり　スラユイスラユイ
（スラユイスラユイ）
しらさぎやあらぬ　ヨイスラ
しらさぎやあらぬ　ヨイスラ
うなりかみがなし　スラユイスラユイ
（歌意）船の外の艫に白鷺が止まっている。いいえ、あれは白鷺ではない、うなり神がなしだ。

二　いなかまりわぬや
じりさほやしらぬ
ゆどぅりしらどぅちゃ
ゆしてぃたぼれ

（歌意）田舎生まれの私は、礼儀作法を知らない。
寄り集まるときは、教えて下さい。

この「スラヨイ節」の一では、白鷺は姉妹（うなり神）の化身で、兄弟の航海の安全を霊力によって守護する。信仰的な歌詞である。だが、二では、奄美大島の共通歌詞で、しかも、ここでは自分自身の守護的な歌詞に展開している点に特徴が見られる。

③ヨイスラ節（喜界島）

一　ふねぃぬたかどぅむに　ヨイスラ
ふねぃぬたかどぅむに　ヨイスラ
しるどぅりぬいちゅり　スラヨイスラヨイ
（スラヨイスラ）
しるどうやあらぬ　ヨイスラ
しるどうやあらぬ　ヨイスラ
（スラヨイスラヨイ）
うなりがみかなし　スラヨイスラヨイ。
（スラヨイスラ）
（歌意）船の高ともに、白鳥が止まっているよ。
いいえ白鳥ではない、うなり神だ。

二　しまやじゃぬしまむ
かわるぎゃねらんど
みでぃにひかさりてぃ
くとぅばかわろ。
（歌意）島はどこの島も、かわるところはありません。水に引かされて言葉が変わるだけです。

④ヨイスラ節（喜界島）

一　うむかげぬたちば　ヨイスラ
うむかげぬたちば　ヨイスラ
なぎがでいやしぃるな　スラヨイスラヨイ
（スラヨイスラ）
なちゅてぃうめじゃしぃば　ヨイスラ
なちゅてぃうめじゃしぃば　ヨイスラ
（スラヨイスラヨイ）
まさてぃどなきゅり　スラヨイスラヨイ。
（スラヨイスラ）
（歌意）面影が立つときは、泣かないでください。
泣いて思い出せば、面影は深まるばかりです。この「ヨイスラ節」では、打ち出しから共通歌詞で歌われている。

喜界島の歌の独自性

①「スラヨイ節」は、うーまれーぶーやーあてぃーむーヨーイスラー、と親を偲ぶ歌詞から歌い出している。

②「ヨイスラ節」は、ふにぬすとぅどもに　ヨイスラ、とスタンダードな歌詞で歌い出している。

③「ヨイスラ節」は、ふねぃぬたかどぅむに　ヨイスラ、とスタンダードな歌詞であるが、方言の異なりで地域性が表現されている。

④「ヨイスラ節」は、うむかげぬたちば　ヨイスラ、と生まれ故郷を偲んで歌われている。

井之《いの》ぬいびがなし（徳之島・山）

一　エーイ　井之《いの》ぬいびがなし　風《かで》ぬ親手《うやて》ぬら
ハレ　フンヌカヤーヤー
真南風《まはいかで》ねごて
ハレだんなまた送《うく》ら　また送《うく》ら

二　エーイ　送《うく》りくり送《うく》り　白潮《しろしゅ》がで送《うく》り
ハレ　フンヌカヤーヤー
白潮乗ん出せば
ハレ御風《みかで》また頼《たぬ》ま　御風《みかで》また頼《たぬ》ま

三　エーイ　さきみりば港　後みりば御風《みかで》
ハレ　フンヌカヤーヤー
くりふどぬでんぼう
ハレ今度《くんで》どまた初《はず》め　今度《くんで》どまた初《はず》め

四　エーイ　ふねぬたかともに　白鳥《しるとり》やいせて
ハレ　フンヌカヤーヤー
白鳥やあらんど
ハレうない　またてさじ　またてさじ

五　エーイ　うないがみ手さじや七たぐい　たぐて
ハレ　フンヌカヤーヤー
たびぬいきむどい
ハレいちゅぬまたうえから
いちゅぬまたうえから

六　エーイ　たびや浜やどり　くさぬねど枕
ハレ　フンヌカヤーヤー
ねてむわすりらぬ

ハレ我家《わや》ぬまたうすば　我家ぬまたうすば
七　エーイ　たびぬならわしゃ
十日《とわ》と思えば二十日《はちか》
ハレ　フンヌカヤーヤー
何時《いちんし》日島戻《むど》て
ハレくねだまたあたんが
くねだまたあたんが（註五）
（語意）「井之」井之川集落、「井之《いの》ぬいびがなし」
徳之島町井之川集落に祀られている石の御神体
（歌意）、
一、井之川集落のいび神様は、風の親でしょうから、真南風を願って、船旅を見送ろう。
二、送り送って、白い潮波のところまで送ろう。白潮を超えたら、御風に頼もう。
三、先の方を見れば港、後ろを見れば御風、これ程の経験は今回が初めてだ。
四、舟の高いともに、白い鳥が止まっている、白い鳥ではない、姉妹のてさじです。
五、うなり神は、てさじを七回手くりして送り、旅の往復が絹布を掛けた様に凪ぎでありますように。
六、旅では浜で宿り、草を枕にして寝ても、忘れられないのは、自分の親のそばにいた時のことだ。
七、旅の計画は、十日のつもりが二十日になってしまう。いつ島に戻って、旅に出たのか、ついこの前だったことを思う。

一では、航海の安全を祈願、
二では、守護する心情、
三では、港へのなごり、
四では、姉妹へのおもい、
五では、手さじへの深い心情、
六では、歌が親の恩に展開し、
七では、旅の回想になっている。
「いびがなし」は、航海の安全を守護する神様と伝承されている。しかし、この歌は井之川では歌われていない。徳之島町山集落の独自の三味線歌である。
奄美の各地域で馴染まれている「ユイスラ節」では、うなり神信仰として、姉妹の霊力が白鳥になって、イヒリ（兄弟）の航海の安全を守護すると歌われ、うなりの身体の爪や髪の毛、日常使用していた物をお守りとして、イヒリが携帯する。
「井之ぬいびがなし」では、手さじを送っていることから、恋情の歌と考えられる。

町田進氏との「井之ぬいびがなし」についての対談をいかに収録する。

三上　よろしくおねがいいたします。井之川のいびがなしは、石が御神体ですね。

町田　昔海から石に乗って神様が来られたという伝説があります。その石を神様として、いびがなしが祀られています。

三上　祭りを行っているのですか。

町田　明治時代には泊りがけで、彼岸の中日に行われていたそうです。

三上　井之ぬいびがなしは、霊力があるのですか。

町田　航海の安全、安産、無病息災などに霊験があったと伝承されています。

三上　井之川地域の人々が信仰していたのですね。

町田　昔は全島から参拝の人々が訪れる場所だったそうです。

三上　全島の人々が、いびがなしを信仰していたのですね。

町田　江戸時代から薩摩藩の指定港として繁栄していた井之港がありましたので、藩の役人の上り下りの航海の安全を守護する風の神様として、崇められていたのです。

三上　そのことを歌った、古謡がありますか。

町田　次のような古謡がありますよ。

いぬのいびがなし　風ぬ親てしが
まはい風（真南風）給り　しゅぬめ拝ま

（歌意）は、井之川のいびがなしは、風の神様というが、真南の風を下さい。しゅぎ（米でつくった団子）を供えて拝みましょう。

三上　現在、いびがなしの祭りがありますか。

町田　春の彼岸と秋の彼岸は、特に集落の人々が集い、祝宴では夏目踊りを盛大に行っています。

三上　貴重な話をありがとうございます（註六）。

三節　琉歌と奄美の「ユイスラ節」の共通点

琉球は北百、中山、南角の百年に渡る琉球統一の戦いの末、中山が一四二九年琉球王国を築き、その後、アジア各地との盛んな交易を行い、その文化をも取り入れている。

その中で、久高島で女性を中心とした祈りのイザイホーの神事が執り行われるようになった。神女になるための成女戒である。

この島は『南島民俗文化資料』に「上古の世、阿摩美久始めて稲種を地に播く時、此田を名づけて田内川（知念邑にあり）と曰ふ」（註七）と記述のあることからも、創世神のアマミク（アマミキョ）が最初に来臨し、五穀発祥の地、森を造ったといわれるセジ（霊）たかい島である。

久高島で執り行われるイザイホーの神事について、桜井満は「ノロのもとに島で生れた三十歳以上七十歳までの女性がミコ（巫女）として、ナンチュ（三十歳～四十一歳）、ヤジク（四十二歳～五十三歳）、ウンサク（五十四歳～六十歳）、タムト（六十一歳～七十歳）の四段階に組織されている。この島の女性がミコとしてタマガエ（魂替え）する儀礼がイザイホーである」（註八）と述べている。

イザイホーでは、ニライの神を迎え祝福を受け共食など四日間にわたっての神事を終了して初めて神女になることができる。この神事は琉球王国が支持していた。

また、沖縄南部知念村の海岸近くに、神の聖域として七つある御嶽の一つ、せいふあーうたき（斉場御嶽）の森があり、国王を除いて男子禁制でノロの頂点に立つ聞得大君（国王の姉妹）の祈りの場であった。

せいふあーうたき（斉場御嶽）の森には自然の三角岩があり、午前七時になると太陽がさしこむ空間となる。向かいに久高島があり、そこから神が首里城を守っていると信仰されていた。

『南島民俗文化史料』によれば「聞得大君加那志・琉球最高の女神官。結婚せずして、終身この職につく。加那志は尊称。日本本土の伊勢神宮の斎宮の如し」（前掲書）と記述されている。

琉球王朝時代の十五世紀半ばから十七世紀初年まで、奄美諸島は琉球に服属しており文化的にも影響を大きく受けていた。

奄美の「うなり神」崇敬の由来もその一つであろう。南島ではどこでも「うなり神」崇敬の歌が謡われていて、琉歌の場合は歌曲のテンポやリズムなどが奄美とは異なっているが、歌詞の内容はほぼ同じである。次に上げるのは琉歌である。

御船（おね）の高艫に
白鳥（しらとや）が居ちょん
白鳥（しらとや）やあらぬ
おみなりおすじ（註九）

（歌意）船の高艫に、白い鳥が止まっている。白い鳥ではない、姉妹の生御魂だ。

伊波普猷は「姉妹のうなじの髪の毛を乞うて守り袋に入れ、或は、その手拭を貰って旅立つ風習があり、をなり（姉妹）のない時、いとこ（従姉妹）をなり、誰なりのを貰って、お守りにしたとのことだ」と述べているが、次の琉歌にその様子が歌われている。

おみなりが
まぼるかんだいもの
引きまわち給れ
大和までも（註十）

（歌意）姉妹ノ手拭ハ、我ガ守護神ナレバ、我ヲ庇護シ給へ、日本ニ行ッテマデモ。

琉歌と奄美の「ユイスラ節」とは言語、発音の違いはあるが、内容的には同類である。琉球のオモロには、王を守り国を守る「をなり神」に関わる歌が十首以上もある。奄美では「ユイスラ節」の歌曲以外に「うなり神」が歌詞に見えるものに「ちぎょい浜岳節」があり「うなり神拝も・うなり神拝も」と歌われている。

「うなり神」の呼称であるが、奄美では「うなり」、「うなり神」とあり、本著では奄美の「うなり神」をとっている。外間守善『南島の神歌』「おもろさうし」では、「おなり」あるいは「おなり神」、伊波普猷氏『をなり神の島』では、「をなり神」のように「う」「お」「を」と差異が知れる。このことは各地域の方言の影響を受けているものと考えられる。

四節　「うなり神」と「ユイスラ節」

琉球王府に公認されていた南西諸島の各集落の「ノロ」は、うなり達の頂点に立つノロ神であり、神々の祭りごとを司っていた。奄美においてもノロは集落の司祭者として、村落共同体の人々の精神的な支柱となっていた。

豊作祈願の祭祀を司り、それは山・海辺・広場の祭場で行われ、シマ社会の秩序を形成していた。このカミンチュ（神人）は、血縁関係によって継承していくのが原則であった。藩政時代になるとノロは禁制になったが、根強く継承されていた。

現在ではノロの祭祀は一部の地域でわずかに残るのみで、ノロの祭祀が執り行われた場所が多くの集落に残されている。

だが、このノロの祭祀の詞は、例えば、龍郷町秋名の年中行事の平瀬マンカイや「八月踊り歌」の歌掛けの歌詞の中に色濃く組み込まれて、歌い継がれている。

このように、ノロ神の存在が「イヒリ」を守護する「うなり神」信仰に大きな影響を及ぼして、その崇敬の念が「ユイスラ節」には内包され歌われている。

ノロ、ユタ、うなり神について、福田晃氏『南島説話の研究』は、「祭儀が村落共同体に属するものと、家族関係に属するものとに分別され、前者は祭儀を司祭する神女（ノロ）、後者は巫女（ユタ）である。地域共同体の中では、ノロとユタは密接な関わりをもっている。

うなり神とは、女性の「いきまぶり」即ち生霊を意味し、白鳥は生霊を白い蝶は死霊を指している」と述べている（註十二）。

現代社会においても、女性のセジ（霊力）に対する「うなり神」信仰の伝統は受け継がれている。

ユタは「ことば」からはじめて「うた」に移行する。即ち「祈願詞」と叙事的歌謡で神拝みを行う形式が知られる。

山下欣一氏『南島神話の研究』には、「奄美のユタの祝詞には、大別して「祈願詞」と「オモイマツガネ」「バシャナガレ」「クサナガネ」などの叙事的歌謡に二大区分できる」とある

ユタの祈願詞は毎日の神拝みであり、成巫式には「オモイマツガネ（説話の内容の祝詞）」、「マブリワーシ（四十九日に最後の別れとして死者の声を聴く）」には「バシャナガレ」や「クサナガネ（自生している野山の七草を称える）」の叙事的歌謡が歌掛けの形式で、対語、対句で節をつけてうたわれている。

註

一　柳田国男「妹の力」『柳田国男全集第十一巻』筑摩書房

二　松田清氏の談話「私が故郷の徳之島を離れるときに、叔母が汗臭いタオルを渡してくれたことは生涯忘れることができない」

三　わが国の戦時中（第二次大戦）における、「千人針」にも一種のうなり神信仰がうかがい知れる。姉妹や知人など千人の女性達が、武運を祈願して一針ずつ文字や虎を縫いこんだ布を戦地に出向くときに携行したり、戦地へ送ったりした。

四　坪山豊氏は、二十歳で舟大工になり、これを本業としながら、四十歳から独学でシマ唄の練習に励み、一九七二年「実況録音奄美民謡大会」で天性の歌声と高い評価を得てレコード発売にいたる。一九八〇年に奄美民謡大賞、一九八三年に九州交響楽団と共演、一九八六年、ア

メリカ・ワシントンのスミソニアン博物館にて日本文化を紹介、一九八六年に伝統文化ポーラ賞、南日本文化賞、一九九九年に九州・沖縄サミットにて奄美のシマ唄を披露する。二〇〇一年南海文化賞と数々の賞賛が寄せられている。二十曲以上の歌も創る。代表作は「ワイド節」「あやはぶら節」「ばしゃやま節」。歌者育成では、築地俊造、西和美、皆吉佐代子、竹島信一、貴島康男、中孝介など、奄美の主要メンバーを育成した。保育園で子ども達にシマ唄を広める活動もしている。

五　『歌い継ぐ奄美の島唄　徳之島』より引用。

六　町田進氏は、徳之島井之川出身、元亀徳郵便局長、徳之島町文化審議委員長、井之川老人クラブ会長、学校関係の夏目踊り指導委員（一九八三年頃から現在に至る）。毎年井之川で八月に行われる年中行事の継承活動に携わっている。著書『井之川の歌声』、論文「井之川集落の浜うりについて」（法政大学沖縄文化研究所所報）第六七号。

七　「阿摩美久田内川に稲種を播くこと」『南島民俗文化資料』沖縄郷土文化から引用

八　桜井満『神の島の祭りイザイホー』から引用。「うなり」の音は、奄美地域ではエ段の音がイ段、オ段の音がウ段に音韻が変化して、基本的な母音は、ア・イ・ウ（a　i　u）の三音である。したがって、奄美では「うなり」と発音する。沖縄では、外間守善『南島の神歌・おもろそうし』で「おなり」、また伊波普猷『をなり神の島』で「をなり」のように「オ」「ヲ」と発音している。奄美と沖縄の場合では発音に差異が認められる。

九　桜井満「をなり神の琉歌」『をなり神の島・一』から引用。

十　前掲註三解説による。

十一　著者の家では、「白い蝶」は、奄美地域では「はぶら」あるいは「まぶら」と呼称する。白い色ではないが、特に夜に屋内の明かりの周辺をにぶく飛び回る蛾を、近親者の死霊が見守りに訪れたのだと、母が「とぅーとぅがなし」と唱え拝んでいたものである。

参考文献

『全集第十一巻』柳田国男筑摩書房
『南島民俗文化史料』沖縄郷土文化研究会　一九七五年
桜井満『神の島の祭りイザイホー』雄山閣
桜井満『をなり神の島・一』東洋文庫　一九七三年
外間守善『南島の神歌・おもろさうし』中央文庫
茂野幽考『奄美民謡註解』奄美社
伊波普猷『をなり神の島・一』東洋文庫
山下欣一『南島説話生成の研究』第一書房

福田晃『南島説話の研究』法政大学出版局
田畑千秋『南島口承文芸研究叙説』第一書房
『歌い継ぐ奄美の島唄　徳之島、喜界島、沖永良部島』奄美島唄保存伝承事業実行委員会　二〇一四年
三上絢子「研究ノート」

第二十一章　神観念

奄美の歌謡では、「神ぬひき合わせで　なきゃば拝でぃ（神様の引き合わせで、あなたに会えたのです）」と歌われ、まれ人は福をもたらす神の来訪として歓待した。また、稲作を中心とした年中行事も神観念から形成されている。

万葉時代の人々は春を代表するものとして桜を愛しんで詠み、桜のハナの咲くようすによって、その年の稲穂の稔りを想定し、田の神を迎える行事が即ち「花見」であった。古より人々が神と共生する思想は、遥か地域を隔てている空間であろうとも存在していた。

一節　はじめに

ノロ（神女）は、琉球王統治下の祭祀制度で、琉球王府へ行って直接に辞令を受け、集落（当時は間切単位にノロがいた）の神祭りを執り行った。『南島雑話』に「国王に御目見合あり。免許の御印を頂戴して在所に帰る」と記述がある。

王が任命する聞得大君を頂点に、国が直轄する制度であった。また、任命されるとノロ殿内（土地）が与えられる。トネヤと呼ばれる二棟の建物のうち、ウントネにはノロの神棚、サントネには先祖棚を置き、ここを住居とし、また祭の場ともなった。ノロの装束として神職を表す曲玉（まがたま）を首に懸ける。

『徳之島小史』に「往昔当島三十三ヶ所に「かんぎゃなし」と云うものありて、神事をなせり、其の長を「のろ」といい、其の次「おっかみ」「志ど」「宮司」等あり、其の信ずる神はナルコ神（山幸の神）、テルコ神（海幸の神）あり、毎年二月壬に迎え、四月壬に送る。これを神の送迎として盛大なる祭りをなす。春季には「いなぐんへー」、秋季には「なつをんめ」と云う祭りあり、春の祭りには、麦の初穂、秋の祭りには、稲の初穂として貧富の程度により「のろ」へ米麦を献上せり」と記述がある。

また、ノロは家の新築にも関わり「やぎゅし」という祭りを行っている。この祭りでは家主は牛を殺して、方股と頭を庭に吊して祭り、祭りが終わるとノロに献上する。

この祭りには「あらほれ」と称して、十二歳から十六歳の無垢神聖な少女がノロに随属して、白の振袖に袴をつけ、「なるへー」「てるへー」の掛声をなしつつ舞う（註一）。

ノロの祭りには、アラセチ（新節）、シバサシ、ドンガの三つの祭りがあり、これを三八月ともいう。八月は折り目で稲の収穫も終えて、年中行事の秋祭りが行われ、また正月でもある。

この月に三つの祭りが行われ、各家ではご先祖神を迎えて高祖祭を行い、集落では豊作を感謝し来年の豊穣を祈願する祭り、八月踊りが行われる。毎年行われる行事や祭礼は、稲作と先祖祭を中心に行われ、稲を尊称で稲加那志と呼んでいる。

『南島雑話』に「能呂久米二流に分る。大和浜方より屋組と云。真須知は往昔より正統伝へ、今にて法不ㇾ捨執す。須多組は中興より伝来の法略也。尤大和の人の妻となる事も不ㇾ禁。真須知組は大和のひとの妻となる事を禁ず」とあり、能呂久米の諸相について記録がある。

二節　ノロとユタの相違

ノロ（女性）について。

沖縄が王朝時代において、国の安寧と発展を願って国家の祭祀を担う役割の「聞得大君」を頂点にノロ（巫女）組織を制度化した。末端に及んで配置されたノロは、各集落においては役人と共に祭りごとを司る神役として絶対的な影響力を維持していた。

公認されていた集落のノロ（巫女）は、うなり達の頂点に立ち神々の祭りごとを司っていた。その最も格式高い祭りが十二年に一度行われる久高島のイザイホーである。この久高島には、ニライカナイの神々を迎える聖なるカベール浜があり、島（クニ）を守る神女になる洗礼の儀式が、午年ごと（うまとし・旧十一月十五日）に行われた、四日間を通して、俗世界から隔離された聖地イザイ山のクバやカヤで造作されたイザイホーで、厳格な物忌みにこもり禊を繰り返すことによって、神々のみむねにかなう聖女であると認められ、司る神んちゅ（人）になれる。現在ではこの祭祀も神んちゅの数がたりず中止となっている。

奄美においてもノロは集落の司祭者として、完結された村落共同体の人々の精神的な支柱となっていた。その役割は平和と豊作祈願で祭祀は山、海辺、広場の祭場で行われ、シマ社会の秩序を形成した。この神んちゅ（人）は、血縁関係によって継承していくのが原則である。

現在ではノロの祭祀は、わずかに一部の地域で行われているが、多くの集落ではノロの祭祀が執り行われた場所跡が見られるのみである。だが、このノロの祭祀の詞は、例えば、龍郷町秋名の年中行事「八月踊り歌」の歌掛けの中に、色濃く組み込まれて歌い継がれている。

ユタ（女性）について。

ユタは、公的な色彩の強いノロに対し、個人レベルで依頼者と対応する。神の使者として神と交信し、神の意を媒介する。過去、現在、未来をかたり、個人的な相談事（方位、建物、人間関係の悩み事、病など）や、マブリワーシ（人の死後の四十九日忌までに霊魂を呼び寄せ、ユタを介して死者の思いを話させ（口寄せ）、他界へ死霊を送る儀礼。マブリは霊魂、ワーシは分かつの意）、また祈願などを行い、南島では地域の人々の生活とともに生きつづけている。

現在でも「ユタ神様」と呼称され、地域の人々の心の拠り所として、確固とした地位を築いている。新ユタ（ユタになったばかりの人）は呪力が高いといわれ、よくあたる神様として崇敬されて拝んでもらう（みてもらう）依頼者が多い。

ユタの高い霊感能力は、ユタ自身が病苦からの回復を機に身についたといわれ、そのことがユタに対しての一種の畏敬の念を生んでいる。

三節　神迎えと神送り歌

奄美諸島全域において行われる収穫の年中行事には、稲作を基盤とした信仰儀礼がみられる。神を迎え、神を祭り、神を送る、という基本的なシステムによって、年中行事は執り行なわれている。

奄美の神迎えと神送りの祝詞は琉球の影響を受け、琉球王朝時代のおもろが混じり合っていて、形式は琉球のおもろと同様である。

御迎祭では、神々は北風とともに浜の岩にたどりつき、山で身を清め待つノロにのりうつって集落を訪れる。

奄美大島龍郷町秋名では、早朝に田袋が眼下にみえる山頂で、稲魂寄せのショチョガマの祭りが行われる。

ショチョガマの祭詞

ハー、トートウガナシ
ハチグヮツィヌ　アラセチヌ　キョーティ
ショチョガママツィリ
マツィティ　オセリョーロ
ニシ　ヒギャヌ　イナダマガナシヤ
イツブタブクロチ　ユリミンショーシ
イツブタブクロ　イナダマガナシヤ
アギナタブクロチ　ユリミンショーシ
ヤン　サン　タブクロヌ　イナダマガナシ
アギナタブクロチ　ユリミンショーシ
ニシヌ　フクゥバ　ウィー　アブシマクラ
フェーヌ　フクゥバ　シャー　アブシマクラ
マァールイ　ハチギラシ
ナ　アゲンショールィ
トートゥガナシ

（歌意）（神を拝みのことば）八月の新節がやってきた。ショチョガ祭り、祭ってあげましょう。西、東の稲霊様、伊津部田袋に寄り道なさって。伊津部田袋の稲霊様、秋名田袋に寄り道なされ。屋仁、佐仁の田袋の稲霊様、秋名田袋に寄り道なさって。北風が吹くと上が畦枕、南風が吹くと下が畦枕。豊穣をもたらせて、名をおあげなさい。とーとうがなし

夕方の潮が満ち始める頃に海の祭り「平瀬マンカイ」が行われる。平瀬海岸には二つの間隔を置いて並ぶ岩があり、沖の方の岩を「神平瀬」と呼び、岩の上にノロ（女性）五名が乗る。集落寄りの岩を「メラベ平瀬」と呼び、グジ（男性神役三人）とシド（女性神役四人、歌も歌い太鼓も叩く役割）のカミンチュ（神人）七人が乗る。

シドの打ち鳴らす太鼓とともにノロとグジが互いに歌を掛け合い、海の彼方のネリヤカナヤから稲魂を招く動作を繰り返しながら歌う。この時に掛け合われる詞は次のようなものである。

「平瀬マンカイ」の詞は、秋名「八月踊り歌」の歌詞の中にも歌われている。

平瀬マンカイ

ノロ　たまぬ石登《いしのぼ》てぃ何《ぬ》の祝取《ようと》りゆり
西東《にしひがや》ぬ稲霊《にだまね》招《よ》き寄すろ

（歌意）美しい岩に登って、何の祝いをしてあげましょうか。北と南の稲霊加那志をお招きして、祝ってあげましょう。

グジ　秋名親祝女《うやのろ》ぬ百草《ももそと》取り寄せてぃ
島ぬあるなげ祝《ゆわ》ておしょろ

（歌意）秋名の尊い神（親ノロ）がいろいろな馳走をそろえて、島の人たち皆でお祝いをしてあげましょう。

ノロ　朝潮満《あさしおみ》ちあがりやショチョガマのお祝《よ》べ
夕潮満《よねしゅみ》ちあがりや平瀬お祝《よ》べ

（歌意）朝の満潮の時には、山の中腹でショチョガマの祭りをして、夕方の潮の満ちる頃は、平瀬マンカイの祭りをする。

グジ　今年世《ことしよ》ぬ変《か》わてぃおとまらしゃえんでぃ
いしょぬあやそびぬあげは登《のぼ》てぃ

（歌意）今年はいつもの年と変わっている年で不思議なことに、海の魚（シュク・魚名）が陸の近くまで押し寄せてきていた。

ノロ　今年ある年や豊《か》ほ年どありょうる
来年《やね》の稲《に》がなし畦枕《あぶしまくら》（註二）

（歌意）今年という年は、豊作で幸多い年です。来年も稲魂の恵を受けて稲の実が、畦を枕にするようにもたらしてください。

シュク（アイゴの幼魚）は六月頃の稲がはらむ頃に大群（海が黒くなるほどの群れ）で押し寄せてくる魚で、稲作と深い関わりがある。シュクが現れて二十日位で稲の取り入れが行われると、かつては言われており、シュクは稲の収穫を知らせる魚である。徳之島には四月頃、沖縄には三月半ば頃に押し寄せてくる。

一、平瀬マンカイは、儀礼性「招く」で海の彼方の神を招く。
二、二つの神の岩に登って、ノロとグジとの歌掛け。
三、歌詞は稲霊を招く内容。
四、ノロ、グジ、村役たちにより浜辺でスズ玉踊り。
五、終了後に集落で八月踊り。
以上の一から五の構成から「平瀬マンカイ」は生成されている祭祀である。

『南島雑話』に見る稲魂寄せの祝詞

八月　頓賀前に、十五、六才の村童、十二、三才男児、山に行き木を切、如レ図木屋を作る。是則ち頓賀日其屋をこぼち去。是を之知屋賀麻《しちやがま》と名つく。自分自分家より白酒造り、之知屋賀麻に持来て祭る。田神を祭ると云。

祭文ニ曰ク

ヘヒヘヒ、
西ノニャ玉
東ノニャ玉
津部田ブクロ
真中引ツケテ
ヲツサレ、トヲトヲ
今年ノ稲ガナシ、イワチツカセ
タワリヅキサヲダセ
ヤアネノイネガナシ、イワチツカ
セシスチガワタガシ
ウタルカフネガテヘヤ
ヲシサレ　トヲトヲ

祭り終わりて白酒を呑む。

(歌意) ヘヒヘヒ、西の稲霊、東の稲霊、津部田袋、真中に引つけて、(神を拝み尊ぶ所作の意・・・)、今年の稲がなし、一搗き束ね搗きにしました。来年の稲がなしは、一搗き三十桝(マス)にします。豊穣を願って、神を拝み尊ぶ所作の意・・・。

名瀬市大熊集落の稲魂祭詞
ヒチャガマ祭のクチ

でぇあぁとぅとぅ
ことしぬ　にぃがなし
たばり　じっきど　そぅたる
やねぇぬ　にぃがなしや
みすちが　ぢっき
はたち　ぢっき
にしん　にゃだま
ひがん　にゃだま
でくま　たぶくろ
うん　たぶくろ
しゃん　たぶくろ
ゆぅり　みしぇて
あぶしまくら　かぶ
（歌意）デー、アー、トートー　今年の稲がなしは、束り搗きにしました。来年の稲がなしは、三十桝搗き、二十桝搗き、。西の稲霊、東の稲霊、大熊田袋、上の田袋、下の田袋、寄り満ちて、畦枕　かぶ。

名瀬市浦上集落の稲魂祭詞
ひちゃがまのクチタブエ

くぅとぅし　いに　がなしや
ししゅじき
ごしゅじき
やねぬ　にが　なしや
ろく　しゅじき
なな　しゅじき
しし　だまぬ
なりゅんくとぅ
ならし　たぼれ
（歌意）今年の稲がなしは、四搗き、五搗き。来年の稲がなしは、六升搗き、七升搗き。スス玉（数珠などにする草の実）なるごとくに、実らせて下さい。

神迎えの歌

一　トヨム　オヤノロ　カナシ
二　タブクロ　ミヨコ　カナシ

三　イヘヤ　ミヨウチョン　カナシ
四　ワ　ウフシユ　カナシ
五　テンノ　ミヨコ　カナシ
六　ヤシロ　グジシラ
七　クサノ　ホウノ　グジシラ
八　オフジ　ジョウゴ　カグラジ
九　トヨム　オホ　ノロヤ
十　カミマ　ヒキ　オロチ
十一　クロマ　ヒキ　オロチ
十二　シマヤ　ナカ　ムラチ
十三　クミヤ　ソバ　ヨラチ
十四　マツリ　ヒロゲテ
十五　テスリ　ヒロゲテ
十六　オガメ　グジシラ
十七　オガミ　オセロ
十八　テスリ　オセロ

（歌意）とよむ、親ノロ、かなし、田袋、みよこ、かなし、伊平屋、明ちよん、かなし、吾が、大主、かなし、天の、みよこ、かなし、山城の方の、宮司様、くさの方の、宮司様、御嶽、上川の神座路、響の、大ノロ神は、神馬、引き、おろし、黒馬、引き、おろし、島中の、人を集めて、ノロ組のわきノロ達を、側に従えて、祭りを、行って、手をすり合わせて、あがて、拝め、宮司様（ノロに仕える男の神人）、拝んで、あげよう、手すり、拝もう。

神送りの歌

一　アサ　テリヤ　シマチャン
二　ユウ　テリヤ　シマチャン
三　タケヘ　モドロ
四　カグラヘ　モドロ
五　カミ　ノリ　マ　ユウレ
六　ノロ　ノリ　マ　ユウレ
七　コガネ　ムチ　ナンジャ　ムチ
八　マエ　ユウレ　シリ　ユウレ
九　カタ　ツラ　ミレバ　ツキノスガタ
十　カタ　ツラ　ミレバ　テダノスガタ

（歌意）朝照れば、島は明るく、夕照れば、島は和らぐ。御嶽へ、帰ろう、神座へ、もどろ。神の乗る馬は、ゆれ、ノロの乗る馬は、ゆれ、黄金の鞭、銀の鞭、前がゆれ、後がゆれ、片方を見れば、月の姿、片方を見れば、太陽の姿。

十一　シリ　カケヤ　キヌノ　ヌノ
十二　マワル　キユビヤ　マクロ　キヌ
十三　オモカケヤ　マヲノ　キヌ
十四　ムケ　トリナオチ
十五　ムケ　ヒキナオチ
十六　アブミ　クミ
十七　テズナ　ユラユラト　トテ
十八　ハギ　フミトテ　フミ　アガロ
十九　テズナ　トテ　トビアガロ
二十　イチゴ　ヤマ　カヨイ　トビオガロ
（歌意）後ろ掛けは、絹の布、回す帯は、黒い絹、面掛けは、麻の布、方向を、取り直し、方向を、引き直し。足踏み、踏み、手綱をゆっくりと、とって、足を踏んで、踏み、あがろ、手綱を取って、飛びあがろ、苺山を通うって、飛びあがろ、
二十一　シイギ　ヤマ　トビオガロ
二十二　ミ　キョラ　マキ　キョラ　マキ
二十三　トビ　アガテ　フミ　アガテ
二十四　ノロ　ノリマ　カミ　ノリマ
二十五　テズナ　ユルメ　マキ　コノテ
二十六　サラ　テン　ミナト
二十七　サラ　テン　トマリ
二十八　マエ　ワタテ　トビワタテ
二十九　タレ　キユビ　タレタゲナ
三十　オシ　ガンヤ　オシモヤ
（歌意）椎の木山、飛びあがろ。うつくしいマキ、きよらなマキ、飛びあがって、踏みあがて、ノロの乗る馬、神の乗る馬、手綱ゆるめ、まき込めて、新天、港、新天、泊まり、前を渡って、飛び渡って、垂れ帯、たれたげな、おし裳を、おしたげな、
三十一　オシタ　ゲナ
三十二　ヨノ　チヨノミヤ　マダマ　ミヤナンテ
三十三　キンシャク　マイシヤク
三十四　アソバチユテ　オドラチユテ
三十五　ハバラケリ　イエアダケリ
三十六　アソバチウテ　オドラチユテ
三十七　オガンノ　カクラ　キヌスダレ
三十八　マキ　アガラム
三十九　ウブシユト　サダワキト
四十　イツモ　スジスジト　イツモ　ワカワカト
（歌意）開いたげな。世の千代の宮、王宮にて、金しゃく、舞いしゃく、遊ばせて、踊らせて、蝶を追い、蜻蛉を追い、遊ばせて、踊らせて、御嶽、神坐、絹すだれ、巻き、あがらせ、大主と、先走脇《さだわき》と、何時も筋々

と、何時も若々と、

四十一　オガメヨ　グジシラ
四十二　オガマバ　オガメ
四十三　テスリヨ　ヤバ　テスリヨ
四十四　ナマド　ノボテキタ　アガテキタ（註三）

（歌意）拝めよ、宮司様。拝まば、拝め、手すり、やば、手すりよ。今登って来た、上がって来た。

神事について『南島雑話』に「那留古国より那留古国、這留古国の記此両国より、神毎年二月初の壬に渡来。是を御迎祭と云う。同四月之七つめに帰り去る。是を御送祭と云う」とある。ニライカナイまたはニラヤカナヤと呼ばれる南の海の彼方に神々のおわす理想郷があり、そこから二月初の壬に神、ナルコ、テルコを迎え、四月壬の夜に送り返すことを意味している。

ノロの年中祭事は、一月二日に首里の朱印の押されたノロの辞令に対しての祝（いんばんの祝）をとりおこない、旧二月には、ナルコ神・テルコ神の御迎《うむけ》祭、旧四月にナルコ神テルコ神の御送祭、旧六月は稲の刈入れ始めの新穂初祭、旧七月には収穫祭、旧十一月冬おんめ（旧六月おんめ・旧七月ふおんめともいう）が続いていく（註四）。

新穂初《あらほはな》祭りは、かつて大和村大棚では旧六月庚《かのえ》の日に集落の大きな祭りとしてあったが、行事や祝詞も省略されている。

四節　神を祭る歌

集落の中心には、ノロ信仰につながる集会場をかねた広場および祭場があり、全体はミヤと称され、祭場はアシャゲという。ここで新節を迎えて、神を祭るお供えの品々を奉り歌舞を斎う。

あらしゃげ

一　きかいは、六まぎり
とよまれの、あらしゃげ
なかひらに、みれば
あだんき、はりや、ねばりや

（歌意）喜界は、六間切、とよむ、あしゃげ、中平に、見れば、あだん木柱、根性。

二　きかいや、六まぎり
おほしまや、七間切
とく、えらぶ、こえて

なはの、ちつづき
（歌意）喜界は、六間切、大島は、七間切、徳之島、永良部島、超えて、那覇の、地の内。

三　さんと、よろしまや
おやのろや、ちゅうり
ふねわりやが、をりやに
まぎり、わかち
（歌意）山と与路島は、親ノロは、一人。船沈めた、人が居たので、間切が、分かれた。

四　あがれ、てだ、おがで
とく、えらぶ、わたて
おなりがみ、おがで
わが、しまにもどる
（歌意）東の、太陽を、拝んで、徳之島、永良部島に渡って、旅の守り神を、拝んで、吾が、故郷の島に、帰ってくる。

五　おほしまや、ななまぎり
とよまれの、あらしゃげ
なかひらに、みれば
あだんき、はりや、ねばりや
（歌意）大島は、七間切、とよまれの、あしあげ、中平に、見れば、あだん木柱、根性。

アシャゲで、新節を迎えて神を祭る時には、歌と踊りも清めの意味合いが込められて、神を讃え、村を褒め、家を褒めの歌詞で歌われる。

庭の石垣　金《かね》なりゅり
浜の白砂米《しろしな》なりゅり

に見られように神々しい雰囲気の中で行われる神祭りである。

神と共に集落の人々が、最初に感謝の意を込めて道歌に「おぼこり」を歌いながら、男の年長者から順に女性が並び列を組んで家々をまわり、その家の庭で円陣を組んで改めて「おぼこり（感謝）」を歌い、今年の収穫と来年の豊穣祈願を込めた数曲を男女の歌掛けで歌い踊られる。

奄美諸島では、徳之島以北の喜界島、奄美本島、加計呂麻島、請島、与路島、徳之島の地域に伝承されている。

おぼこり

一　男　おぼこりどやりょる
かふしゃらどやりょる
かふしゃらどやりょる
（歌意）有難うございました。果報なことでございます。果報なことでございます。

女　かふしゃらどやりょる
（歌意）果報なことでございます。

男　来年《やね》の稲《いに》がなし
あぶしながれ
あぶしながれ
（歌意）来年の稲がなしは、田の畦を稲が枕にするほどに、実りますように。

二、女　今年年がなし
かふな年がなし
かふな年がなし
（歌意）今年の年がなしは、果報な年がなしです。果報な年がなしです。

男　かふな年がなし
（歌意）果報な年がなしです。

女　道の笹草の
真米　真米なりゅり
真米　真米なりゅり
（歌意）道端の草々にも米がいっぱい実りました。米がいっぱい実りました。

佐仁集落（北大島）の儀礼的歌

おぼこり

オボコリドゥ　ヤリヨル
カフシャラドゥ　ヤリヨル
ヤネィヌ　イネィガナシ
アブシ　マクラ
（歌意）ありがとうございます。果報なことでございます。来年の稲がなし、畦枕。

クゥトゥシ　トゥシガナシ
カフナ　トゥシガナシ
ミチヌ　ササクサヌ
マグムィ　ナリュリ

（歌意）今年の稲がなし、果報な年がなし、道の笹草が、真米になります。

クトゥシ　ツィクタル　イネィヤ
スズダマヌ　ナリュリ
ワガ　ユムィ　キュン　チュヤ
マグムィ　マダキ

（歌意）今年作った稲は、スス玉（首につける植物のかたい実で作る数珠）。私の嫁にくる人は、真米を抱きます。

クゥトゥシユヤ　チュクラ
ヤネィガ　ユヤ　タクラ
ミチユトゥシヤ
ミクラミクラ　アゲロ

（歌意）今年世は一倉、来年は二倉、再来年は、三倉三倉になりましょう。

家々をまわる事を「ヤー回り」と呼び、最初に歌われる歌曲の呼称や歌詞も地域によって異なっている。
例えば、徳之島井之川地域では、次のような「でんだらご」を歌い踊りながら各家をくまなくまわる。

でんだらこ

でんだらこ加那志や　かけみんしょろ　まぎり
いりくしゃむ　ふぇしゃむ　あらさ　きょらさ
井之ぬいび加那志　風《かでぃ》ぬ親《うや》てぃしが
真南風《まはいかで》給《たぼ》り　しゅぬみぇ　拝ま

（歌意）島の守り神「でんだらご」、間切り（集落）を守ってください、大人も子供も美しい手振りで踊り祭って上げます。海の彼方の島の守り神様、真南風を下さい。しゅぎ（米のおだんご）を供えて、拝みます。

各家の庭で歌われる八月踊り歌の代表的な歌詞は、共通歌詞の中から歌い継がれるシステムがとられている。この共通歌詞を自分の歌袋に収めておくことは、男女の歌掛けの流れを創り出し、祭りを盛んにするために重要である。
また、八月踊り歌の中には、奄美と琉球の共通の歌詞が、次の歌にみられる。

島のいべがなし　島見守て、たぼれ
七日、七夜　踊て、おせろ

（歌意）島の守護神さま　島を見守って下さい、七日七夜踊ってあげます。

守護神は、徳之島では集落や屋敷に祭られているが、特に井之川地域は、各住居の一部に「いびがなし・屋敷の守護神」が祭られている。

また、瀬戸内地域は集落のトネヤ跡や広場に守護神が祭られていて、年中行事の行われる中心地となっている。

五節　神歌

芭蕉《ばしゃ》流れの歌は、繊維植物の芭蕉から糸を取り布になるまでの生産過程が、豊かに表現されている。

芭蕉ながれは、呪的な力をもちユタ（民間巫者《ふしゃ》・宗教的職能者）が儀礼の際に謡った神歌といわれていたが、一般にも謡われるようになっている。

「ながれ歌」は、叙事的歌謡に分類され、歌掛けの形式で対語と対句を反復（繰り返す）して、連続して歌い継がれる。

芭蕉《ばしゃ》流れの歌

一　お天とうの下に　吾が植えたる芭蕉《ばしゃ》や
　　青葉だらだらと　生《め》えたるきょらさ

二　青葉だらだらと生《め》えたる　きょら芭蕉《ばしゃ》や
　　鎌ばとりよして　としゃるきょらさ

三　鎌ば　とりよして　としゃる　きょら芭蕉《ばしゃ》
　　もとば　とりなし　剥じゃる　きょらさ

四　もとば　とりなし　剥じゃる　きょら芭蕉《ばしゃ》
　　灰汁《あく》と　鍋いして　煮ちゃる　きょらさ

五　灰汁《あく》と　鍋いして　煮ちゃる　きょら芭蕉《ばしゃ》
　　イエビと　鍋　いして　ひちゃる　きょらさ

六　イエビと　鍋　いして　ひちゃる　きょら芭蕉《ばしゃ》や
　　竿ばとりよして　干《ふ》しゃる　きょらさ

七　竿ば　とりよして　干しゃる　きょら芭蕉《ばしゃ》や
　　ウンゾケぬ中に　積だる　きょらさ

八　ウンゾケぬ中に　積だる　きょら芭蕉《ばしゃ》や
　　機とちめよして　紡いだる　きょらさ

九　機とちめよして　紡いだる　きょら芭蕉《ばしゃ》や
　　藍《いえ》染め　生藍《なまいえ》染め　染めたる　きょらさ

十　あじら芭蕉《ばしゃ》　み芭蕉《ばしゃ》　碁盤あや　ひらて
　　かなしに　着せて　み袖　振らそ

（歌意）自分の植えた糸芭蕉が青々とした大きな葉を広げ、たれるように美しい、織り上げられた美しい芭蕉布を自分の愛しい人に着せて、袖をゆらして喜ぶ姿をみたい。芭蕉を鎌で倒して、皮を剥ぎ灰汁を入れた鍋でほどよく柔らかくなるまで煮て、次にイェビを使い繊維をしごき取り出す。それを水できれいになるまでそそぎ洗いして干す。さらに水に浸しながら合わせて、糸にして無地のままか草木染にして文様をつけて織る。

この芭蕉《ばしゃ》流れの歌は、芭蕉が見事に成長することを讃え、芭蕉布が多く生産されるようにとの祈願や労働への意欲、愛しい子に着せて喜ばせてあげたい心情が謡われている。

次に「あがれ日ぬ春加那節」を上げる。あがれ日とは、神々しく昇る朝日をさし、その朝日にたとえられるほど神だかく、身分の高い祝女を歌っている神歌である。

あがれ日ぬ春加那節

一　あがれ日ぬ春加那や　だにむらぬいねかな
　　うまみちゃみ彦恕加那てるこくまよし

二　てるこがれとよだるいねと春加那
　　てるこがれとよだるくまよし彦恕加那

三　てるこからうりて今日と三日なりゅり
　　三日戻り四日戻りしゅん人ど、見ぶしゃかなしゃ

四　ぐしからうりて申時《さんとき》ぬかぎり
　　誰《たる》によこされて今や来ちゃる

五　ゆこされむあらぬひかされもあらぬ
　　しごく雨ふてど今やきゃをて

美しく気高い祝女の出現を賛美している。祝女達が尊崇している海の彼方の理想郷においでの神々にも、その噂は知られる存在であるといわれる。また、神に仕える山篭りから下りてきた祝女を見て、心待ちにしていた村人達が歓

迎している様子が、一から三に神歌として生成されている。

神歌としての神々しさよりも、生き生きとした男女の対話が色濃く表現され、神歌に相応しい歌詞によって、おもいを歌い継いでいる。(註五)。

一九五五年頃には、名瀬でノロの祭祀に太鼓をたたきながら、「あがれ日ぬ春加那」が歌われていたという(註六)。

次の「与路《ゆる》ぬ与路くまし」の歌は、「御田、あぶし、いねがなし、あぶしまくら、にしあぶしまくら」など、稲に関わる徳之島・山集落で歌われている三味線歌である。

与路島は、奄美大島と徳之島との間に海を隔てて位置する島で、かつて、同じ行政区間(間切り)であった時代があるとの伝承が残る。与路島へ、徳之島の山集落から小舟で渡り、稲作を行った、人は舟で牛は泳いで農耕に通ったという(註七)。

与路《ゆる》ぬ与路くまし

一　ハレ　与路《ゆる》ぬ与路御田《くまし》　代々《とよ》までむ御田《くまし》
　　ハレ　代々までむ御田　イトハラヘイ。
二　ハレ　うりがまんななんや　あぶしぬいきらって
　　ハレ　あぶしぬいもらって　イトハラヘイ。
三　ハレ　うりがまんななんや　いねがなしうえて
　　ハレ　いねがなしうえて　イトハラヘイ。
四　ハレ　うりがまんななんや　味噌とがやいせて
　　ハレ　味噌とがやいせて　イトハラヘイ。
五　ハレ　おりがむゆるうなぐ　いちもきょらうなぐ
　　ハレ　いちもきょらうなぐ　イトハラヘイ。
六　ハレ　うりがいねがなし　うまりまたなしき
　　ハレ　うまりまたなしき　イトハラヘイ。
七　ハレ　にしかでぬふけば　はいあぶしまくら
　　ハレ　はいあぶしまくら　イトハラヘイ。
八　ハレ　はいかでぬふけば　にしあぶしまくら
　　ハレ　にしあぶしまくら　イトハラヘイ(註八)。

(語意)「与路」島の名、「くまし」小さな田圃、「ぬいきらって」畔の補修で溝をつくる、「いねがなし」敬称、「きょらうなぐ」美しい女性。

(歌意)

一　与路島の小さな田は代々までも名の継がれる田圃である。
二　その田の真ん中に溝を作り。
三　その真ん中に稲がなしを植えて。
四　その真ん中に味噌樽をおいて。
五　それを守る女性は、何時も美しい女性だ。
六　その稲は、成長する。
七　北の風が吹けば、南側の畔に稲穂が枕をしたようなさまである。
八　南の風が吹けば、北側の畔に稲穂が枕をしたようなさまである。

この歌は、「うりがまんななんや」と「味噌とがやいせて」、「おりがむゆるうなぐ　いちもきょらうなぐ」の歌詞からして、ノロとの関わりが強調されていると考えられる。

六節　むすび

祭事を司るノロは、政治的な勢力を持っていた。祭政一致の往時は、ノロの年中祭事の一月二日いんばんの祝、旧二月御迎祭《うむけ》、旧四月御送祭、旧六月新穂初祭、旧七月収穫祭、旧十一月冬おんめ、等の祭に見られるように、稲作を軸としたノロ祭によって、集落の一年のサイクルが構成されていた。その中でも重要なのが、神迎祭と神送祭であった。

往時のノロは、神ぎゃなし（敬意を示す接尾語）として社会的な地位は高く、人々に崇められ深く信仰されていた。祭には米穀・酒・肴等がささげられていた。

ノロがアシャゲの中で司る祭式舞踊が広場で行われるようになったのが、八月踊りの起源といわれる。ノロに従い唱和した祝詞は、琉球伝来の神人に伝承されてきた神歌（おもり）である。

註

一　『奄美郷土史選集』第一巻　五九頁
二　龍郷町誌民俗編纂委員会編『龍郷町誌民俗編』一九八八年、秋名重要無形民俗文化財保存会編『記念誌』一九八五年
三　『奄美民謡註解』「祭祀」　七八頁
四　意訳・著者・三上絢子
五　『大熊誌』四五頁
六　『聖なる島奄美』西田テル子写真集、ノロの研究者、西田テルコ氏より聞き取り。
七　坪山豊氏からの聞き取りによる。
八　歌詞の提供、徳之島井之川の町田進氏。

参考文献

坂井友直『奄美郷土史選集』第一巻　国書刊行会

茂野幽孝『奄美民謡註解』奄美社　一九六六年

文英吉『奄美民謡大観』（改訂増補版）　一九六六年

名越左源太、国分直一・恵良宏校注『南島雑話』（全二巻）　平凡社　一九八四年

笹森儀助、東喜望校注『南島探検一』平凡社　一九九八年

山下欣一『南島民間神話の研究』第一書房　二〇〇三年

昇曙夢『大奄美史』奄美社　一九四九年

『大熊誌』名瀬市大熊青年団　一九六四年

『歌い継ぐ奄美の島唄　徳之島』奄美島唄保存伝承事業実行委員会　二〇一四年

三上絢子「研究ノート」

第七部　「歌掛け」にあいたい

第二十二章　伝統文化の伝承

第一節　奄美は歌掛けの島

奄美大島には先人から伝承された「シマ唄」文化がある。人から人へと時空を越えて伝えられた「シマ唄」は、言霊にリズム（音）が加わって、固有の文化となっている。

特に奄美の「歌掛け」は、即興の見事さの中に情緒と知的感覚の高さがみられ、古い歴史を超越した新鮮さを内包している。

奄美には日本と琉球、中国、東南アジアの影響を受けた複合的な文化が息づいているといわれ、日常生活の中で人々はその文化に浴し、かつては名瀬の街の家庭でも「ウタあしび」が自然体におこなわれていた。

歴史的には天平六年二月、奈良平城京の朱雀門前広場で貴族も平民も交わり「歌垣」が行われた記録があり、また古代の歌垣の名所として、摂津歌垣山、常陸筑波山、肥前杵島山は代表的であった。

歌掛けは、現在では秋田県の一部の地域で伝統文化伝承を目的として行われ、また、中国では少数民族の人々が継承している。

ところが、奄美の「シマ唄」も生活形態の変化とともに伝統的な部分がアレンジされるなど変容している。

特にシマ唄の原点である「歌掛け」は衰滅の一途をたどっているが、伝統は一度壊したら修復は困難である。

二節　奄美歌掛けの再興を

「シマ唄」も住環境の変化、情報社会の深まりとともに変容している。温故知新といわれるように伝統文化も、常に時代のニーズに対応した創造的な工夫が追求され、新しい感性と形式を添えながら展開されていくものだろう。古いものを大事にしながら新しいものも取り入れていくことは必然的と言えよう。

そうした中、私が危惧しているのはシマ唄の原点である「歌掛け」が衰滅の一途をたどっていることである。

先に成立した改正奄美群島振興開発特別措置法（いわゆる新奄振法）では、奄美の特性を生かした「自立的発展」を目的に、振興開発計画が策定される。

奄美の特性の一つである歌掛けを保存・継承することは、「奄美の自律と自立」にとっても有益である。さらに、歌掛けという文化を産業や環境の分野とも連携させ、活用することで相乗効果を上げることも考えられる。

現在、過去、未来と、永続可能な文化と経済システムが構築されれば、地域再生にもはずみがつく。歌掛けの催しは、奄美の多様性と深みに新たな彩を添え、奄美の豊かさと魅力の構築に貢献すると確信する（註一）。

三節　文化遺産としての民間歌謡の位置づけ

奄美のシマ唄の歌詞や曲は、そのままでは理解できないであろう。特に奄美には重く揺れ動く歴史が背景にあり、また、うなり神信仰や稲作儀礼が暮らしの軸になってきた。そうしたあらゆる物事に対する感情が、歌の発生をもたらしたのであろうと考えられる。

かつては、わきゃシマ（自分達の集落）と隣接したシマであっても他所のシマとは、はっきりと区別がなされていた。そのことが一つのまとまりを築き、シマ独自のしきたりによってシマ独自の文化を展開させてもいる。

他所のシマに行くということは、それぞれのシマのしきたりがあり、大自然の障壁もあり、容易なことではなかったであろう。

山越えは、亜熱帯樹林が生い茂る中を獣道を行かねばならず、昼間でも心細かったといわれている。さらに、精霊が宿るといわれる山や谷を幾つも越えなければならない。その上、噛まれれば死にいたることもある毒をもつハブとの遭遇の危険もあった。山の申し子といわれるケンムンがいて、山中を引き回されて深山で迷い変死したという伝説が多々語り継がれている。

山越えが厳しい地域には、小舟で海を渡って訪れることもあった。この場合は無事に到着した労いと海の彼方から神を招くという信仰的な部分も重なり、神を迎える心で歓待された。

このようにシマから他所のシマへ訪れて、人と人が出会うことは、命がけの行動であり、簡単に隣のシマの人と会うことは出来ない環境下にあった。

シマ唄に、やってきたまれびとへの歓待と崇拝の意が次のように歌われている。

稀れ稀れ汝きゃば拝でぃ
神の引き合わせに稀れ稀れ
汝きゃば拝でぃ

この歌詞のもつ古典性に、古代のまれびとは来訪する神である、という観念が知れる。困難を乗り越えて訪れたまれ人を迎える心が、次の歌詞に歓迎の意として歌われている。

うもちゃん人《ちゅ》ど真実やらんな　石原踏《く》み切り
うもちゃん人どぅ　真実やらんな

何らかの用件を果たす役割を担って訪れる人を、招福をもたらす神の来訪として、歓待する心の表れが歌詞にあり、まれびとを迎えてのおもてなしの様子が伺える。

このような歌詞のシマ唄は多々あるが、心からのおもいを歌詞にして歌い継いだ先人達の詩的感性の高さには、驚きと敬意を表さざるを得ない。改めてシマ唄の背景にある歴史を知るところである。島の人々の伝統的とされる「きもぎょらさ（美しい心）」の原点は、シマ唄の中に時空を超えて息づいている。シマ唄は歌半学といわれているが、その点では暮らしのバイブルであるといえよう。

儀礼的な歌から教訓歌、仕事歌、恋歌など暮しの中の全てが歌に託されていて、地域のコミュニケーションが保たれてきた。

シマ唄の最初は、鳴り物入りの歌曲ではなく、人と人の触れ合い、つまり自らの膝や手でリズムを取り相手の手と手を合わす仕種から発生したと思われる。それは子供のセッセッセッの遊びの所作であり、自由な形式のものであったであろう。スキンシップで和をたもつ点は、大人も子供も同様、人間の本能で、その所作には類似点がある。

その素朴なシステムが歌掛けの原点であることは、現存する古典的な「歌掛け」を代表する「節田マンカイ」によって知る事ができる。

わが国の古典文献の『古事記』『日本書紀』『風土記』などには、歌掛けの断片がみられ、『万葉集』には歌垣と呼ばれる多くの歌が知られている。これらの古典文献は過去に編纂されて現在に存在している。これらの文献や琉球の「おもろ」と異なり、奄美のシマ唄は、過去に編纂がされていないのが残念なことである。わずかに幕末奄美民俗誌『南島雑話』で名越佐源太による民俗的な記録の一部分が残っているのみである。

文化は全て世界中で互いに影響して形成されるものであり、隣国の文化へ、さらにその隣国へ、というふうに周辺に及ぼしながら、一方では循環するもので、そのような中で独自の文化が展開されるわけである。

奄美のシマ唄の原点である貴重な「歌掛け」文化を掘り起こし保存することは、ひいては編纂された活字の上でのみ理解するほかない古典文献の歌の形成過程を明らかにする可能性へとつながるものである。奄美の「歌掛け」は貴重な文化遺産なのである。

シマ唄は今、かつてなかった程の反響を得ている。だからこそブームで終らせないためにも、原点とされる歌掛けの保存が重要であろう。

「歌掛け」は、即興が基本であるとされているが、共通歌詞を歌い継ぐことも可能である。先人達は、まるで詩人の如くに自らの思いを歌い、形式に捉われず、楽しみながら、自由なおおらかさで歌にしている。

現存するシマ唄には、年中行事の儀礼的な歌詞から恋歌にいたるまで、幅広いレパートリーがある。その中には歴史上の悲劇的な事件が悲恋歌として歌われている場合や、暮しの喜怒哀楽が歌い継がれている。

四節　坪山豊「ぐぃうん（うたの心）を伝承する使命」

「奄美歌掛け文化保存会」によせて

シマ唄は、詠み人知らずの歌詞を昔のままに、「ぬんごしゃ（歌詞を知ってる人）」と「くぃしゃ（うたしゃ）」によって、ぐぃうん（うたの心）が歌い継がれてきている。

しかし、シマ唄がここ十年位の間に少しずつ変化して、コンクールを目指した傾向のシマ唄になり、ステージのための演出が盛んである。ややもすれば本流から崩れてきている。シマ唄を知らない都会の人達に、これが正統派のシマ唄だと印象づけることを私は危惧しているのである。

新聞社および諸関係者などには、シマ唄を全国的に広めていただいた、その功績に対して深く感謝しなければいけない。

おもえば、私がシマ唄を歌い始めてから、三十三年の歳月になる。ありがたい事に奄美の先人から伝承された伝統的なシマ唄のお陰様で、私は昔なら考えられないことで、シマ唄を通して光栄な場に参加できたのである。

先の十一月十六日の「奄美群島日本復帰五十周年記式典」では、天皇陛下御臨席の前で、シマ唄の代表的な「よいすら節」を歌いました。

「奄美大島のすばらしい歌を大切にしてください」とありがたいおことばを賜り、私は奄美の先人達に感謝するとともに、奄美人に生まれてよかったと誇りを感じ人間冥利につきました。

「歌掛け」を保存しなければいけないと、シマ唄文化の継承者の一人としても、責務として重く受け止めている。

「歌掛け」は上の句に対して、下の句を即興で対応して歌うのであるが、昔の人々はおもいを素直に表現して、楽しくやりとりを行ったのです。

生活の楽しみとしてのおもいを歌っていたので、即興ができたのであって、誰にでも楽しめた、かつての人々は即興詩人でもあった。

私も即興がそれほど得意とはいいませんが、他にも多くのぐいん（声）もいいし、ぬうんごしゃがおります。また、若い人達でも少し訓練して、コツを知れば即興で歌うことは可能だし、若者は若いなりの歌詞でつくるので、それでいいとおもいます。

八月歌は「歌掛け」であり、一つの流れ歌であって、最初に歌った人に掛けて、どんどん歌っていけばいいのです。

ここ十年位の間にシマ唄は少しずつ変化してきている。コンクールを目指した歌に傾向し、ステージに上がるための演出が目立っていることは否めない。本流から崩れてきているシマ唄を、都会のシマ唄を知らない人達に、「これが正統派のシマ唄だ」と印象付けてしまうことを私は危惧しています。

決して歌が上手でなくとも、いいということで活力のある連帯感がわき、豊かな心も生まれます。例えば「芭蕉ながれ」を少し紹介します。

天士きょうら　こうち、わが植えたる、
きょらむ　めばしゃ、葉はたれすだれ、
栄えきょらさ、（中略）
したてたるきょら布や、わがかなしに着せて
袖ふらち　みぶしや

要約すると、芭蕉を植えてその布で自分の愛しい人に着

せて、その喜ぶ姿を連想している。人の心は時代を重ねても変わらないということを表現している。

シマ唄に魅かれるのは、誰にでも伝わるおもい、そのあたりに魅力があるのではないでしょうか。

この度、「奄美歌掛け文化保存会」が六月に発足しました。来年の秋に第一回を目指して、多忙な方々が多方面から検討を重ねつつ、組織づくりに奮闘しております。

私は、奄美の北から南までのシマ唄を、それぞれの生まれ島（集落）の特徴ある昔から継承されている歌や、各地域の「歌掛け」のできる人達を掘り起こしていくことを役割と考えております。

われわれ唄者は、この文化的「歌掛け」の保存のために心を一つにして、島の皆さんのお力添えをいただいて、奄美の宝であるシマ唄文化を一層大きく、はばたかせて伝承と保存に邁進する決意をいたしております（註二）。

五節　「奄美歌掛け文化保存会」のあゆみ・一

趣意書

このたび、わが郷土の先人から伝承された、シマ唄の原点である歌掛けを継承・保存を目的に「奄美歌掛け文化保存会」を発足いたしました。

奄美大島には、島の誇りである固有の感性をもった「シマ唄」文化があります。特に奄美の「歌掛け」は、即興の見事さの中に情緒と知的感覚の高さがみられ、何時の世にも古い歴史を超越した新鮮さを内包し、日本では失われた基層文化の面影が色濃く残っている様な文化として伝えられてきた。

この貴重な文化も時代とともに衰退し日本列島においては、現在では秋田県の一部の地域で伝統文化伝承を目的に行われています。

一方、中国では少数民族の世界に現在でも掛け歌が盛んに行われています。

奄美の先人から伝承された、この歌掛けは即興によって互いに歌を掛け合うというのみではなく、その基本にはシマの人達の深いつながりをつくって来たことも事実です。

これは奄美の労働や生活に力を与え、人々に生きる力を与えてきました。今日では生活形態の変化や情報社会の深まりと共に、シマ唄も大きく変容し、特に貴重な文化である歌掛けが忘れ去られる状況になっていることは、とても残念なことです。

そのようなことから、あらためてシマ唄本来の姿を見つめ直し、あらたにもう一度人々の心の中に、活力の源になっていた歌掛け文化を再興し、島のあらゆる産業や環境の分野とも連携し、活用することで相乗効果を願うものです。

これによって奄美の多様性と深みに新たな彩りを添え、更に奄美の豊かさと魅力の構築に文化的特性の一つである歌掛けを再興したいと思います（註三）。

六節　「奄美歌掛け文化保存会」のあゆみ・一

貴重な文化を保存することを目的とする、「奄美歌掛け文化保存会」の設立までの経過を纏めてみる。

二〇〇四年

第一回、二〇〇四年四月二十四日（文化センター会議室において）有志が集い、前向きな熱い議論が交わされた結果、文化的価値の高い歌掛けを継承し保存することで発起人会が立ち上げられ、「歌掛け」について勉強会を行うことを決定した。

第二回、同年五月、（文化センター会議室において）、会の設立について議論。歌掛けの勉強会、次回までに「歌掛け」の調査および掘り起こし作業計画を纏める。

第三回、同年六月二十九日（文化センター会議室において）役員選出を行い、全員一致で次の役員が決定する。顧問一名、会長一名、副会長四名、監査一名、事務局長一名、会計及び事務局員複数名が選出された。同時に保存会の名称を決める段階では、各々から意義深い名称が数多く提案され慎重な検討の結果、全員一致で「奄美歌掛け文化保存会」に決定された。更に「歌掛け」について勉強会を行う。

第四回、同年七月四日、役員による歌掛けの掘り起こし調査の検討、秋田県・八幡神社の奉納歌掛けのビデオ鑑賞、シマ唄の意見交換する。

第五回、同年八月二十日、会長を中心に指宿事務局長が座長を務めて、会の規約、組織、運営などについて、活発に意見交換がおこなわれ、設立総会を同年十二月一日に　行うことを決定する。

第六回、同年九月、役員による「奄美歌掛け文化保存会」について勉強会および。会員名簿作成など。

第七回、同年十月、役員会・第一回。発足総会について打ち合わせ、出演者照会、会場、プログラム内容についての検討。

第八回、同年十一月、事務局より会員へ発足総会案内および趣意書・出欠往復ハガキなどの発送。

第九回、同年十一月二十日、役員会・返信出欠確認作業、出演者確認、会場その他の総合打ち合わせ。

第十回、同年十一月、出演者の歌題目確認、会場設営、役割分担などの最終打合わせ。

第十一回、同年十二月一日、奄美歌掛け文化保存会の発足総会（奄美サンプラザホテル二F）。内容は、規約、予算、役員等承認後、唄者による歌掛け。

二〇〇五年
第一回、二〇〇五年一月、新年役員の顔合わせ。

第二回、同年二月、大笠利の資料収集。

第三回、同年四月、役員会。

第四回、同年六月、事務局・第一回の「奄美歌掛け文化保存会」に向けて体制固め。

第五回、同年七月一日、役員及び会員の親睦・報告会（奄美サンプラザホテル）。

第六回、同年九月八日、役員会。「歌掛け」について勉強会および開催場所などの検討をする（奄美観光ホテル）。

第七回、同年九月二十七日、役員会（株・セントラル楽器）。

第八回、同年十月二十九日、第二回歌掛けの夕べ「奄美歌掛け文化保存会」を開催（奄美観光ホテル）。

第九回、同年十月三十日、「奄美歌掛け文化保存会」役員及び「歌掛けの夕べ」参加者代表と國學院大學大学院・調査研究プロジェクトとの座談会開催をする（奄美サンプラザホテル）。

第十回、同年十二月二十四日、「奄美歌掛け文化保存会」の役員会と忘年会。


以上のような活動を、役員及び会員の方々が奄美の文化遺産を伝承し保存するという大きな目標のもとに試行錯誤で行ってきた。

役職	氏名
相談役	指宿良彦
顧問	楠田豊春
〃	三上絢子
〃	義永秀親
会長	山田　薫
副会長	坪山　豊
	築地俊造
〃	文　秀人
監査	西　和美
事務局長	指宿正樹
理事	花井恒三
〃	山元勝己
〃	奥田佳江子
〃	日置幸男
〃	山田武和
〃	佐藤隆幸
〃	橋本和昌
〃	山元俊治
〃	前山真吾
〃	貴島和光

表１「奄美歌掛け文化保存会・役員名簿」

役職	氏名
相談役	指宿良彦
顧問	楠田豊春
〃	山田　薫
〃	三上絢子
〃	義永秀親
会長	奥山恒満
副会長	坪山　豊
〃	築地俊造
監査	西　和美
事務局長	指宿正樹
理事	花井恒三
〃	山元勝己
〃	奥田佳江子
〃	日置幸男
〃	山田武和
〃	佐藤隆幸
〃	橋本和昌
〃	山元俊治
〃	前山真吾

表２「奄美歌掛け文化保存会・改選役員名簿」

七節　「奄美歌掛け文化保存会」のあゆみ・三

二〇〇四年十二月一日、奄美歌掛け文化保存会発足総会。
奄美サンプラザホテル。
第一回歌掛けの夕べ
出演：築地俊造、日置幸男、大笠利八月踊り

二〇〇五年十月二十九日、奄美歌掛け文化保存会総会。
奄美観光ホテル。
第二回歌掛けの夕べ
出演者：節田マンカイ保存会、坪山豊、築地俊造他

二〇〇六年十二月二日、奄美歌掛け文化保存会総会。
奄美観光ホテル。
第三回歌掛けの夕べ
出演者：笠利わらべシマ唄クラブ、有屋八月踊り、坪山豊、森チエ、渡哲一他

二〇〇七年十二月二日、
名瀬中央公民館。
第四回歌掛けの夕べ
出演者：浦上八月踊り、築地俊造、当原ミツヨ、中村瑞希他

二〇〇八年十一月二十四日、
名瀬中央公民館。
第五回歌掛けの夕べ
出演者：奄美八・六会、あやまる会、坪山豊、築地俊造、森チエ、西和美、渡哲一、池元高男他

二〇〇九年十二月三日、
名瀬中央公民館。

第六回歌掛けの夕べ
出演者：奄美八・六会、あやまる会、坪山豊、築地俊造、池元高男、浜川昇、森チエ、西和美、前山真吾他

二〇一〇年四月二十五日、
奄美市笠利町宇宿コーラル浜
第一回いにしえの歌掛け〜伝統行事「浜うり・唄あしび」
出演者：奄美八・六会、坪山豊、築地俊造、西和美、皆吉佐代子、当原ミツヨ、義永秀親他

二〇一〇年十一月十三日、
名瀬中央公民館。
第七回歌掛けの夕べ
出演者：徳之島井之川夏目踊り、龍郷町秋名八月踊り、坪山豊、築地俊造、中島清彦、里みか、里歩寿他

二〇一一年四月二十三日、
奄美市笠利町土盛海岸
第二回いにしえの歌掛け〜伝統行事「浜うり・唄あしび」、
出演者：八月踊り団体、坪山豊、西和美、皆吉佐代子、日置幸男、奥山恒三、日置幸男、坪山豊、築地俊造、西和美、皆吉佐代子、当原ミツヨ、義永秀親他（順不同・敬称略）

二〇一一年十二月四日、
名瀬中央公民館。
第八回歌掛けの夕べ
出演予定：坪山豊、築地俊造他

八節　奄美の貴重な文化遺産を内外から注目

第一回歌掛け開催には、一泊で離島から駆けつけて会場の受付を手伝う会員や、また遠方から大勢の方々が出演してくださった。参加者の文化保存に対する協力体制は、まさしく奄美のきもぎょらさの表れあった。

先人達の遺した文化を保存し、受け継いでいくことは、互いの協力がなければ実現できない。それが文化的遺産の魅力ではないだろうか。それには、誇りと知恵と活力と忍耐とを備えていなければならない。

この歌掛けという文化的遺産を保存して後世に伝承することは、知恵袋の人々が高齢化している現在、タイムミリットにきている。

この文化を支えることは、シマの人々が誇りと魅力を持てる地域づくりにも重要だと考えられる。二十一世紀は文化が経済を創る時代である。

二〇〇四年六月十五日の地元新聞に筆者が「奄美・歌掛けの再興を」を記述した際の終わりの部分は、次のような内容であった。

奄美の文化の特性の一つである歌掛けを保存・継承することは「奄美の自律と自立」にとっても有益である。さらに、歌掛けという文化特性を産業や環境の分野とも連携し、活用することで相乗効果を上げることも考えられる。

過去・現在・未来と、永続可能な文化と経済システムが構築されれば、地域再生にもはずみがつく。歌掛けの催しは、奄美の多様性と深みに新たな彩りを添え、奄美の豊かさと魅力の構築に貢献するものと確信する。

奄美の歌掛け開催に大きな期待を寄せて学術的な面から参加した、國學院大學大学院の一同と中国貴州民族学院客員教授の要請で、保存会役員との座談会を翌日に設けた。その内容を次に掲げてある。

九節 「奄美歌掛け文化・座談会」

二〇〇五年十月三十日
会場 名瀬市奄美サンプラザホテル会議室
時間 午後一二時から午後一五時

司会進行
南海日日新聞社編集局長・松井輝美、奄美歌掛け保存会顧問・三上絢子

出席者一覧
奄美歌掛け保存会
楠田豊春 (顧問)
三上絢子 (顧問)
山田 薫 (会長)
築地俊造 (副会長)
坪山 豊 (副会長)
奥田佳江子 (副会長)
文 秀人 (副会長)
指宿正樹 (事務局長)
西 和美 (監査)
皆吉佐代子 (唄者)
生元高男 (唄者)
満元 実 (唄者)
平瀬吉成 (大笠利八月踊り)
朝木一昭 (大笠利八月踊り)

國學院大學調査班
辰巳正明（代表・國學院大學文学部教授）
青木周平（國學院大學文学部教授）
小川直之（國學院大學文学部教授）
花部英雄（國學院大學文学部教授）
城崎陽子（國學院大學文学部兼任講師）
呉　定国（中国貴州民族学院客員教授）
曹　咏梅（國學院大學大学・通訳）
大堀英二（國學院大學大学院・記録）
駒野恵一（オブザーバー）
鈴木道代
荒木優也
根田知世己（ＮＨＫ国際放送局）

三上（司会）　それでは「奄美の歌掛け」について、保存会の皆さんと國學院大學の調査班のみなさんで座談会を始めたいと思います。

今日は、保存会顧問の楠田豊春さん、同会長の山田薫さんなど、多くの方々がご出席ですが、座談会ですので気楽に質問して頂き答えて頂くということで進めたいと思います。

司会は、南海日日新聞社編集局長の松井輝美さんと、三上絢子がつとめさせて頂きます。どうぞリラックスしてください。保存会の皆さんが、今回の行事を短期間の準備で開催できるようにされたことを、私も保存会のメンバーの一人ですが、よくやったと九十九点の点数をつけています。また今回の歌掛けの調査に来られた調査班の先生方にも、お礼を申し上げます。

司会は真ん中にいて橋渡しという形で進めます。それぞれのご紹介につきましても、奄美側は私から名簿を読み上げます。

調査班側は辰巳先生が紹介いたします。

珍客として中国から呉定国先生がお見えになっていますので、後ほど紹介をお願いいたします。

質問事項は東京側からいろいろ出ると思いますが、いつもの皆さんの誇り高い精神で対応してください。それから、昨日のあの素晴らしい歌掛けの余韻を今一度楽しんで頂くために、最初に西和美さんと満元実さんに、続いて坪山豊さんと皆吉佐代子さんに歌っていただく予定です。

それでは西和美さんと満元美さんに即興でお願いいたします。

西　おはようございます。まだ眠っているような状態ですが。

三上　よろしくお願いいたします。準備が整いましたら始めてください。

西　何が飛び出してくるかわかりませんが。

満元　「朝花節」でゆきたいと思います。

朝花節

①ヨーハレー　まれまれ　汝きゃ拝でぃ
イチヤヌカラン　ナマヌカランヨー
なま汝きゃ　拝まぃば　いつぃごろ　拝むかや

②ハレーイー　いもちゃん人どぅ　しんじてぃ
あらんな
イチヤヌカラン　ナマヌカヌカリランニャ　ハレイ
石原　くみきりきち　いもちゃん人どぅ
しんじてぃあらんな

③ヨーハレー　あすでぃもれ　かたてぃいもーれい
ヨイサヨイサ　ヨハレヨイヨイ
わきやや　みちばた　じやんがイー　あすでぃもれ
かたてぃいもーれい

④ハレーイー　うた　すぃりすぃりすらたん
友達きや
アッカラ　ガンガン　カキユシティンニー　ハクイ
うたやきながすぃじゃんが　うたすいりすいり
すろたん　友達きや

⑤ヨーハレー　まれやらんな　きゅやあらんな
シマヨイチバン　ムライチバンヨ
なきゃとぅ　くまゆらゆーしー　まれやらんな
きゅやあらんな

⑥ハレーイー　うたしゃぬ　すらひきんにゃー
ヨイサヨイサ　ヨイサヨイヨイ　ハレー
うたやしどぅならゆる　うたしやぬ　すぃら
ひきゅーにや

⑦ヨーハレー　うたぐいにゃ
ヨイサヨイサ　ヨハレヨイヨイ
なきゃが　きむごころ　なんじゅ
ふりてぃちやんど　まよてぃちゃんど

⑧ハレーイー　きみしんなてぃ　だかりぶしややー
イチヤヌカラン　ナマヌカランヨー　ハレイ
わぬが　かなしゃんちゅーに　さむしんなて
だかりぶしやや一

⑨ヨーハレー　ゆすぃりば　つぃくぃてぃたぼれ
シマヨイチバン　ムライチバンヨ

うりに　うちふりてぃーどぅ　しょてぃ
むちむんかみ　なりゅんにゃ

（歌意）

①久しぶりに皆さんにお逢い出来ました。
今日皆さんとお逢いしましたが、
次はいつ頃お逢い出来ますか。

②おいでになった方々は、優しい心の持ち主です。
険しい山道を乗り越えて
おいでになった方々は有り難いことです。

③遊んでいらっしゃい、話していらっしゃい。
私の家は近くの道端ですから、
遊んでいらっしゃい、語っていらっしゃい。

④歌って下さい、集まった友人たちよ。
歌はお互いの楽しみで歌いましょうよ、
揃った友人よ。

⑤今日は久しぶりではありませんか、
皆さんとこうして集まったのは、
久しぶりではありませんか。

⑥歌の上手なのは血筋ではありません。
歌は歌ってこそ練習が出来ます。
上手な歌者は、血筋ではありませんよ。

⑦あなたの美声に惚れたのではありませんよ。
あなたの心の優しさに、惚れこんで来たのですよ。

⑧三味線に化けて抱かれたい、あの好きな人に。三味線になってあの人に抱かれたいことです。

⑨教えますから、一緒に歌って下さい。
歌に夢中になりますと、
家庭の生活が苦しくなります。

三上　ありがとうございます。もう一曲ありますか。「ヨイスラ節」ですか。

西　いえ、「長菊女」にしましょう。今の声だったらヨイスラは厳しいです。もう少し歌いこんだらヨイスラも出来ます。

長菊女

①菊女　ヨーハレー　だかあちが　いもーゆる
長菊女　ヨーハレー　だかあちが　いもゆる
長菊女　だかちがいもゆる　長菊女

②がっきょうちが　ヨーハレー　いもよもぬ
はたかち　がっきょうちが　ヨハレ
いもよもぬ　またかち　がっきょうちが

③かてぃくんやくめ　ヨーハレー

だがちがいもーゆる
かてぃくんやくめ　ヨーハレー　だがちがいもゆる
かてぃくんやくめ　　だがちがいもゆる
④ちゅみちなりが　ヨーハレー　かなしゃる
長菊女とぅ　ちゅみちなりが　ヨーハレー
かなしゃる
長菊女とぅ　ちゅみちなりが

（歌意）
①長菊女、どこへ行くのですか。
長菊女、どこへ行くのですか。
②ラッキョを採りに、伊子茂の畑に、
ラッキョを採りに、伊子茂の畑に、
③勝国兄さん、どこへ行くのですか。
勝国兄さん、どこへ行くのですか。勝国兄さんよ。
④一緒になるため、恋しい長菊女と一緒になるために、
恋しい長菊女と一緒になるためだよ。

三上　ご苦労さまでした。これは情死の歌ですね。何かしみじみとします。

西　どうも、すみませんでした。

三上　次に移る前に、奄美歌掛け保存会のみなさんの出席者をご紹介します。着席順で、まず楠田豊春さん、この会の顧問です。

楠田　はいどうも、こんにちは。遠くからご苦労さまです。

三上　築地俊造さん。副会長でいらっしゃいます。

築地　築地です。

三上　坪山豊さん、副会長でいらっしゃいます。会長の山田薫さんです。

山田　夕べはありがとうございました。

三上　副会長、奥田佳江子さん。事務局長、指宿正樹さん。監査の西和美さん。先ほど歌われた方です。唄者の満元実さん。お隣は大笠利八月踊りの平瀬吉成さん、同じく大笠利八月踊りの朝木一昭さんです。皆吉佐代子さん唄者です。南海日日新聞社の編集局長、松井輝美さんです。今回の総合司会をいたします。
　それでは、辰巳先生の方から調査班の紹介をお願いします。

辰巳　どうも、ありがとうございました。辰巳と申します。最初に今回の調査班のメンバーを紹介させて頂きます。「奄美歌掛け文化調査班」（略称）といいます。最初に青木周平先生、続いて小川直之先生、花部英

雄先生、城崎陽子先生です。それから中国から参加いただきました呉定国先生、中国貴州省の貴州民族学院の客員教授です。後でまたお話をいただきます。通訳は曹詠梅さんです。本学大学院博士課程の留学生で日・中・韓の三カ国語の通訳をします。それから同じく大学院博士課程の大堀英二君が映像・記録係です。

それから、三上絢子さんは同じく大学院博士課程に在学し本研究の研究協力者で、現在研究室で奄美文化研究会というのを月一回開いています。そういうことで研究協力をお願いいたしました。

それから、同じく本学のオブザーバーとして駒野恵一さん、大学院生で荒木優也君、鈴木道代さんがお手伝いとして参加しています。それからもう一人、NHKラジオ国際放送局制作者の根田知世己さんです。

根田　よろしくお願いします。先日からお世話になっております。また皆さんに伺いに回ると思いますけど、よろしくお願いします。

辰巳　メンバーの紹介は以上です。

三上　それでは、続きまして坪山豊さんと皆吉佐代子さんにお願いしましょう。

坪山　それではですね、歌掛けとはいっても即興でする人は少ないと思います。「朝花節」と、「上がる日のはるか那節」、「マガルタカチジ」というのがあります。お願いします。

三上　それでは、前と重複する内容もありますが、よろしいですか。

坪山　はい。歌の内容は、よろしければ解説を入れてください。

三上　はい。先ほどはですね、素晴らしい恋の歌を歌ってくださったのですが、今度は、その反対の「朝花節」で歌ってみたいと思います。二人はとても良い仲になって、最後別れてゆくという内容になります（歌は、坪山豊さん、皆吉佐代子さん）。

坪山　朝花節

①レーイー　通ふたる　家後道ぐわー
ガシドガシドナンガ　イモガネンドー
げたぬ　さばなりがてぃ　かようたる
やんくしみちぐね

②レーイー　通はむんぬ　わん取りなりゆめ
ウマドゥシラリン　ダガシラリンヨー

げたぬ　さばなりがでぃ　かよはむんぬ
わん取りなりゆめ
③レーイー　昔やいきや　あていよ
ヨイサヨイサ　ヨイヨイ
なまどぅ　ぬくぃぬくぃしゅうる　昔やいきやー
あてぃよ
④レーイー　なんとぅや　てぃち　行ききりゃんど
ヌガヨナンナ　ウガシヤイモユン
なんぬかほ　はごさんにゃ　なんとぅ
てぃちいききりゃんど

（歌意）
①晩通っていたあの人の家の後道。
下駄の歯が薄くなるまで通っていた
あの人の家の後道。
②通わない人は私を取ることは出来ない。
下駄の歯が薄くなるまで通わない人は
私を取ることは出来ない。
③人は昔はどうだったか。今でこそ離れ離れだが、
昔はどうだったか。
④あなたについては行けない。
あなたの顔が醜いから貴方については行けない。

坪山　今の一曲目はですね、私が彼女の家に通うんです。下駄が、高い下駄の歯が磨り減るまで通っていたというのが一番目。そして、もっともっと通わんと自分を取ることは出来ない、というのが二番目です。二番目と三番目の繋ぎですけれども、昔はどうだったか、昔の仲のよさはどうだったんだと問いかけ、今離れ離れになるのだけれども、昔は本当に熱い恋だったと。ところがあんまりこっちの顔がかっこ悪いものですから、女の方はあんたにはついて行けないと、そういう歌でございました。
　次は「マガルタカチジ」が良いかな、「マガルタカチジ」という歌がありますが、やっぱり恋の歌、逢い引きの歌で、これを歌います。

マガルタカチジ節

男　まがりよ　たかてぃじーに　スラヨイヨイ
ハレー　提灯ぐわばとぅぶち　スラヨイヨイ
ハレー　提灯ぐわばとぅぶち
ハレイ　チョチングヮバトゥブチ
うりが　あかがりーば　スラヨイヨイ
ハレ　しぬでぃ　マタ　いもれー　スラヨイヨイ

女　ハレ　しぬでぃ　マタ　いもれー
うりが　あかがりーば　スラヨイヨイ
ハレー　しぬでぃいきょにすぃりば
スラヨイヨイ
ハレ　しぬでぃいきょにすぃりば
シヌディイキョニスィリバ
ゆそぬ　むぃぬ　しげさ　スラヨイヨイ
ハレー　くちぬ　うとぅるしやぬ　スラヨイヨイ
ハレー　くちぬ　うとぅるしやぬ

（歌意）

男　まがりよ高峠（赤尾木と屋入の間の峠）に提灯を灯して、提灯を灯して、その提灯の明かりを忍んでおいで下さい、忍んでおいで下さい。

女　その明かりを忍んで行こうとすれば、忍んで行こうとすれば、他人の目が気になり噂が怖い、告げ口が怖い。

坪山　男性は、峠道に提灯を灯して待っています。だから、忍んで来て下さいと歌います。女性は、その明かりを目当てに行きたいが、周りの人の目や噂が怖くて、人目につかないように逢いに行きます、と歌います。

三上　どうもありがとうございました。次は辰巳先生に呉先生の紹介をお願いします。

辰巳　どうも有り難うございました。昨日から今日にかけてとても素晴らしい奄美の歌掛けを聞かせていただいて感動しております。私たちは聞き惚れたりしてはいけない仕事なのですが、聞きほれたり見ほれたりしてしまいました。今日は西さん、満元さん有り難うございます。坪山さん皆吉さんありがとうございました。

ここで中国から参加の呉先生の紹介をさせていただきます。呉定国先生はトン（侗）族の方です。貴州省の南部黎平県にお住まいです。貴州省は内陸地で海はありませんが、奄美の食文化とかなり似ているところがあるような気がします。あるいは大和の食文化と似ているような気がします。貴州は天に届く棚田で有名で、お米を作り主食としていて、糯米の御飯やお餅を良く食べます。餡餅や黄粉餅があるのに驚きました。また醤油の味がほとんど同じですし、なれ鮨などの発酵食品がとても多いですね。それから、日本酒に味が似ているお米の酒を作るということですね。それからもう一つ大きな特徴は、歌が大好きだということです。歌には二つの系統が見られ、一つは祭祀・儀式用に歌う叙事系統の歌、大歌というのがあります。もう一つは男女で恋の思いを歌う歌。トン族では歌垣が行われます。呉先生がいらっしゃる南部地域では、室内で行う歌垣が中心です。それからあとは労働などの歌です。トン族の大歌はヨーロッパで非常に有名で、フランスやドイツなどで公演して高い評価を得ています。もう一つの歌掛けが今回の調査の中心ですので、呉先生に来ていただき日中合同の調査が実現できました。奄美を選んだのは、奄美がまさに歌掛けが現在でもかなり力強く残っているんじゃないかということで選びました。それが今回の調査で確認することが出来ました。それでは、呉先生に昨日の感想を聞いてみたいと思います。

呉（通訳：曹）　奄美歌掛け保存会の皆さま、楠田顧問、山田会長をはじめとしてシマの方々にこういう場を設けて頂きまして有り難うございます。このような機会を得て素晴らしい奄美の歌掛け文化に触れることが出来ました。

昨日の夜は、私の一生の中でも絶対に忘れられない一日になりました。厚くお礼を申し上げます。私はトン族の中でも主にトン族文化について研究しております。私は現在、黎平県の侗族文化旅游促進会会長をしています。そのことからも、今回の歌掛けには、とても興味がありました。昨日の歌掛けについてこれから私の感想を述べたいと思います。

まず一つは中国と日本は一衣帯水の地にあり、文化交流も長く続けてきました。日本と中国というのは、共に東アジア文化圏の中にあり類似する文化が多いと思います。昨日歌掛けを見ていまして、私の国の文化のことを思い出させてくれました。昨日の歌掛けを見まして私は日本の本場の民間芸術を見た感じがします。本当に優れた民間芸術に触れ、本当に嬉しく思っています。歌掛け文化というのは、まだ日本にも豊かに存在しているなと思いました。奄美歌掛け保存会の皆さんが歌掛け文化を復元させたことに対して、私もいろいろ勉強になりました。

これは世界の文化遺産に貢献していることだと思います。私も黎平県の旅游促進会会長としてこういう仕事をしていますが、皆さんが頑張っている姿を見て、私も勇気が出ました。最後に日本と中国の文化については、今後もお互いに助け合いながら交流する必要があると思います。今度は機会があればぜひ貴州省のトン族地区にいらっしゃってください。

辰巳　一九八〇年代に中国の少数民族文化を国家が積極的に保存する段階に入りました。その時、中国南方の少数民族の民間歌謡・伝承文芸を中心に集める仕事をされた一人が呉先生です。現在私たちが民間歌謡を研究するための、いわば第一級資料を作られたのです。この資料は日本にほとんどありませんので、第二次資料を使って研究をしています。これから奄美の歌掛けについて教えていただくことになりますが、その前に歌の世界で生きているトン族の歌の一部を呉先生からお聞きしたいと思います。

今ここに奄美の三味線をお借りしました。またトン族の珍しい楽器を、呉先生から戴きました。これはトン族で現在も使っている楽器で、「琵琶」と書きます。日本語でいうビワですが、トン語ではピパです。この楽器の名前はパで、音を出すとピパと呼ぶのだそうです。物としての楽器と音が出ている状態では名前が違うのです。これは一番小さいもので実物です。

彼女の家にこっそりと出かけて一緒に歌うために、他人に見つからないように、こんなに小さくして懐に隠して行くための楽器だと聞きます。一般の琵琶は三味線と同じ大きさのものが使われています。更に大きいものは、人の背丈以上もありまして大琵琶といいます。この琵琶はトン族が歌を歌う時に一番大事な楽器になります。弦は基本は四本です。上の二本は同じ音です。それに真ん中と下の弦で音は三弦と同じということになります。これが琵琶ですが、隣の雲南省のほうでは三弦の三味線があります。一方では琵琶になり、一方では三弦（三味線）へと辿ったように思われます。

ここで奄美の三味線を呉先生に弾いてもらおうと思います。トン族には竹の串で弾く方法と、牛の角で弾く方法と二つあります。トン族は沖縄（牛角）と奄美（竹串）の二つの文化を、両方持っているということになります。今回は牛の角で弾いてもらいます。トン族の歌も歌ってもらいます。言葉は分かりませんので、後で歌の内容を解説してもらいます。驚かれるんじゃないかと思います。

呉（通訳：曹）　この牛角は昨日、唄者の西和美さんから借りたものです。私は唄者ではなく歌を研究する側の者で、皆さんのように唄者ではありませんから比べ者にはなりません。ただ皆さんに少しだけトン族の歌を聞かせたくてちょっと歌わせていただきます。

トン族には「行歌坐夜」という習俗（歌垣の一種）がありまして、その行歌坐夜を行うときの歌を歌います。これは、男と女で行われる場合の歌です。まず男と女が会った時の挨拶の歌を歌います。およその歌詞は、まず男たちが「私たちはしばらく会っていないですね。私はずっとあなたのことを思っていました。あのとき私たちが約束した話は半分にして、半分は私の心の中で生きています。後の半分の話は今もあなたの中に生きていますか。」と問いかけます。そういう内容です。（歌省略）昨日八月踊りを見ました。これはトン族に歌いながら踊る「踩堂歌（cai ge tang）」というのがありますが、それと似ていると感じました。それで私は踩堂歌の歌を歌いたいと思います。踩堂歌は楽器の伴奏がないのでそのまま生で歌います（実際に歌い踊り、動作を示す）。

三上　ありがとうございました。

辰巳　奄美の八月踊りと類似していて驚きます。「行歌坐夜」にしましても、「踩堂歌」にしましても、男女の歌掛けが中心ですね。歌掛けの具体的な話題に入りましょう。

三上　調査班のみなさん、昨日の感想などをお話し下さい。

辰巳　はい。私は奄美の歌掛けがどういう状態になっているのだろうと関心がありましたが、とても力強く残っていることに感動しました。

花部　私は三十年ほど前に、学生のとき初めて奄美に来ました。公会堂のようなところで、こういう民謡の会がありまして、その時に「いきゅんなかな節」という歌を聞きまして、それだけは覚えているのですが、非常に哀調があって、別れ歌のしみじみとした感じを受けました。昨日も、それをなにか幻をみるような思いでお聞きしました。どうもありがとうございました。

青木　青木でございます。日本の古代文学、特に『古事記』をやっていますが、そこに「歌垣」という言葉が出て来ますので、それと奄美の歌掛けが何か関係があるんじゃないかということですね。直接的な関係はともかくといたしまして、非常に楽しく聞かせていただきました。大事なことはやはりお互いに歌を掛け合うといいますか、そういう気持ちが聞いている方に非常に良く伝わって来て、それが上手くゆくと非常に素晴らしい歌になるし、逆に上手くいかなかったら、失敗するという、そういう歌の掛け合いの持っている素晴らしさ、面白さを聞かせていただきました。今後の研究に生かしていきたいと思います。どうもありがとうございました。

小川　小川と申します。民俗学が専門なので、歌そのものというより、こういう文化がいったい何時ごろから奄美の中で洗練されて来たのだろうかという関心があり、昨日はたいへん興味を持って聞いておりました。日本各地にあった歌掛けが、この奄美地域に良く残ったのか、逆に奄美地域には、何かこういうのを残し洗練させてゆくような、大きな要素が基盤にあったのか、そういう問題はどうなのだろうと思っております。歌掛けそのものは全国的に点々と残っているんですけど、奄美だけ非常に濃密にこの文化が存在することの意味を考えながら、昨日の歌掛けを感動的に聞かせていただきました。有り難うございました。

城﨑　城﨑と申します。日本古代の『万葉集』の研究をしています。奄美には大学院生の時に、十数年前になりますが大和村の調査で何度も通わせていただきました。その時はノロ・ユタの調査で入りましたので、白い着物を着た人たちの歌というのをずいぶんと聞かせていただきました。昨日は、皆さんのパワーあふれる歌を聞かせていただいて、特に顧問の楠田さんには舞台を見る暇もないほどお話を聞かせていただき、歌に対する心というのもを学ばせていただきました。また色々とお話聞かせていただきたいと存じます。よろしくお願いいたします。

辰巳　若い人達もいますので、感想を言ってみてください。

大堀　大堀です。昨日はビデオを撮らせていただいたわけですが、感動したことといえば、大人の遊びというものは、こうあるものなのかなということをつくづく感じました。その点は本当に感動いたしましたので、又これからも機会ありましたら参加させていただきたいと思います。是非よろしくお願いいたします。ありがとうございました。

鈴木　鈴木です。私は奄美は今回初めて来させていただきまして、とても感動しました。特に歌の途中でみんなが踊りに参加して、見ている人も聞いている人も、歌っている人も一体となるのを見ました。歌とは何かということを考えさせられました。本当にいい経験をさせていただきまして、有り難うございます。

駒野　地球の上には歌や踊りの共通した文化圏があるよう

に思いました。上手く説明できませんが、奄美の文化も地球の上では、共通する文化を持っていると思いました。

荒木　荒木と申します。感想は安易な言葉ですけど感動したとしか僕には表現できませんが、なぜ感動したのかということを、ずっと考えていましたら、やはり歌は場面や場所や雰囲気ということが相当大きく関係してるんだなということがわかりました。僕は平安・鎌倉時代の和歌の研究をしているんですけれども、そこでも歌と場ということがよく言われています。やはりこういう場で歌や踊りを聞かせていただいたり見せてもらったり、勝手に踊ったりとかして、歌の生成する状況が実感としてわかりました。本当にありがとうございました。また、機会がありましたら是非伺いたいと思います。

三上　ここで総合司会の松井さんにバトンタッチします。お願いします。

松井　三上さんが進められて良いのですが、進行をやって欲しいということですので引き受けました。奄美の「歌掛け」について、どうぞご自由にお話し合いをしていただければと思います。ご質問なり、答えなり、双方で歌掛けを、いや「言葉掛け」ですか、どうぞご自由に続けてください。

辰巳　保存会の山田会長さんは、今回の奄美の歌掛けを会員のみなさんと立ち上げるのに大変ご苦労されたことと思います。それから指宿事務局長さんも、お忙しい中を貴重な場面を作られたと思います。奄美の歴史に残るようなお仕事だと思いました。それでお聞きしたいのですが、奄美の中で今回のような歌掛けですね、お互いに歌い合って歌を継いで行くという、その方法は現在どのように残っているのか、現在把握できる状態だけで結構なんですが、教えて下さい。例えば地域的にはどうか、どのように歌の流れが出来ているのか、即興の方法はどのように残されているのか、そのようなことを教えて下さい。それから「歌掛け」という名称で保存会を立ち上げられた理由について教えて下さい。まずその二点を最初にお話し下さい。

山田　私の方で、昨夜の反省をしておかないと。みなさんのお聞きになりたいこととダブるかも知れません。三上さんが私達を労って言ったと思いますが、短い時間にあれだけの計画が出来上がったとおっしゃいました。夕べのようなイベントであれば、明日でもまた出来ます。特に今回の歌のメンバーは全部入れ替えて、夕べの方々ではない方が、本当はいいと思うんです。なぜそうかというと、準備するにはもっと時間が必要でしたので、夕べはベテランの相談しやすい人たちとやりましょうやということで、唄者ばかりで、私自身でいうと、あのコンビの出来、声の出来、そういう所に気を取られて、歌掛けの大事な、言葉の掛け合いに目がいかなかったわけです。ただ一つ言えることは、「節田マンカイ」と「八月踊り」は皆さまに、サービスのつもりで入れた二つでございます。これは是非、皆さんがお出でになるということでもあるので、節田マンカイと八月踊りをした方が良いだろうと入れたのですが、皆さんには大変好評で、また、昨日集まりました私どもの、メンバーの中でも節田マンカイというものを初めて見たという人もありました。それを前置きにします。いつごろからとか、あるいはどのくらい残っているのかということについては、これからの課題そのものでございます。歌掛けという言葉には抵抗があるんです、私どもには。歌遊びというのは、昔から月の夜に集まって、あるいは、浜辺で輪になって遊んだのが、そのまま踊りになる。あるいは祭り、夏の祭り、あるいはお祝いごとで、お祝いをしたら必ず、歌遊びになるわけでございます。歳の祝い、新築祝いとか、結婚祝い、必ずその後のほうは歌遊びの系統。しかも最も盛り上がるのは掛け合いになることで、これが一番人気があるわけです。ただ、このごろ、それが、やや低調になったのは二つ理由があります。一つは、カラオケです。カラオケにみんな場を奪われまして、楽しみは、みんなカラオケにいっちゃった。もう一つはコンクール。日本一を目指して、みんな唄者を目指すもんですから、歌掛けの練習をあまりしない、歌遊びをしない。声を中心にしている。ですから音楽面あるいは文字の面は、疎かにされて来たといえます。「歌掛け」を保存しなければならないという理由につきましては、シマ唄の貴重な原点であるからです。原点さえしっかり保存することによって、ブームに押し流されない文化遺産を確立すべきだと思うからです。

辰巳　これを「歌掛け」と名付けられた理由というのは、どこにありますか。

山田　それはですね、もともと即興で掛け合うのが「歌掛け」です。相手の歌に応えるという形で歌い継いでいく。言葉どうり歌で対応する、掛け合うというのが率直な理由です。それと方言が大事にされなくなった。もう、島の言葉が消えていく。そうしたこの時期に奄美の歌が、奄美の文化の華であれば、奄美のシマ口（奄美方言）は根っこであると、そういう観点から「シマユムタを伝える会」を十一年前に立ち上げました。私が会長を引き受けたのも当然、これは坪山氏であったり、築地氏であってはいけない、僕がやらねばいけない、ということで会長を今回引き受けたのです。

辰巳　節田マンカイと八月踊りも、歌掛けの方法で行われましたが、私たちの認識では節田マンカイも八月踊りも、歌掛けという概念の中で捉えています。秋名の平瀬マンカイも歌掛けの形式と考えられますね。昨日はその中の三つのケースの歌掛けが出たということですね。これは非常に大事なことで、節田マンカイが保存会を作り保存に力を入れているということであの力を感じました。八月踊りも各地に保存会がありますね。ですからこの二つは元気で頑張っている。その中で二人が掛け合う歌掛けが最も基本になっている方式ですね。特にここには即興が入ってきますから。その力が奄美にはどのようにあるかを知りたかったということです。それが今回三つの歌掛けが出てきて実によく考えていたなと思いました。まだまだ、たくさん見たかったんですが。それで名称の問題に関しましては、奄美の歌掛けということについて少し抵抗があるというご意見がありました。むしろ歌遊びという方が正解なんでしょうか。まずその歌掛けという言葉に抵抗があるという意味を教えて欲しいということと、歌遊びと歌掛けというのは、概念としてどういう風に奄美の側で捉えているのか、その辺をちょっと教えてください。言葉の上で、それぞれの地域で「歌掛け」をもともと何と呼んでいたのか、というのを探し出すのが大変なんです。ですから、現在は歌掛けが一般ですが、秋田で行われているのは、「掛歌」なんです。したがって研究の側では名前をどう伝えているかというのは、非常に大事な問題ですのでこんな質問をしました。

山田　今の質問と昨日の反省のこともありますが、昨日のいわゆる歌掛けの一組ずつの時間を六分位と制限したのは、失敗だったと思うんです。時間が少し余ってしまいました。私が出演者に六分でやって下さいと、速く掛け合いをやって下さいと強く申し上げまして、そうした関係で皆さん方に失礼だったと思います。先ほど坪山さんがやられたように、こんな歌を歌い、今こういう意味でしたと解説を入れないといけないなと思いました。歌を説明する時間を少し取って、一組が十分くらいの時間を取るのがよかったというのが私の反省です。それでは、今の歌掛けの流れ等について、築地さんに。

築地　築地です。そもそもこの「歌掛け」という言葉は、奄美から投げかけたものでしょうか。僕らはあまり歌掛けという言葉には馴染みがなくて、それは使うことは使いますけれども、普通は「歌遊び」でずっと通しています。そして奄美では僕らの子供の頃から、いつも自分たちの生活の中で、周りの人たちが歌遊びをしていました。言葉を換えて言えば、「歌掛け」をしていたということです。その歌掛けの内容、つまり歌遊びのあくまでも目的は、自分たちの島、自分たちの集落の和を作っていく、自分の周りの和を作っていくという、大きな目的があったのではないかと解釈しております。そして当然のように、歌掛けの、つまり歌遊びの中で歌われることは、それが即興にしても、既成にしても必ず自分たちの生活背景があったんではないか。それでないと自分たちの、いわゆる集落の和を持っていくということ、和に繋げるという歌遊びは、何か共通したら思ったのですが、

「流れ歌」という言葉もありますし、それから、「アブシナラベ（畦並べ）」なんていう言葉もあります。奄美の歌遊びについて言えば、昨夜のあの「節田マンカイ」だとか、それから、例えば「バシャナガレ（芭蕉流れ）」だとか、それから「エンノナガレ（縁の流れ）」だとか、そういう歌というのは、ちゃんと歌の順番が決まっています。それをどこか一つ間違うと、上手く流れないから流れ歌というんでしょうか。そこら辺は、ちょっと分かりませんけれども。「アブシナラベ」というのは畦道を行って向こうに十字の畦があって、そして右に曲がろうが、左に曲がろうが、その場の雰囲気で、自分たちで畦道を辿って行く、それがアブシナラベだと聞いたことがあります。島の歌遊びというのは、普通はアブシナラベが本流だったのではないかと思います。ですから、そこで詩才のある人たちは、ある程度の即興も出来ていたでしょうし、お互いの島の言葉で「取ったり、投げたり」して会話をしていた。それが奄美の歌掛けだと思うんです。とにかく歌遊びというのを主題にして考えていく、考えてもらいたいと思います。それから、昨夜の「オボコリ踊り」を見ながら思ったのですが、僕らずっと自分たちの生活の中

で、それを子供の頃からやっていますから、あまり感じなかったんですけど、昨夜の大笠利の八月踊りを見ながら思ったんですが、「アラシャゲ」という踊りがありますよね、だんだんにテンポが速くなっていく、あのテンポというのが不思議に、その歌、例えば「祝いつけ」の中で、そのテンポが四つか五つくらい変わっていきます。これも一つの流れであって、これがどっかで、一つ抜けてしまうと、その流れはスムーズに行かない、踊りの流れがスムーズに行かない、つまり盛り上がらないということを考えると、テンポの変わる段階でのその流れ、テンポの流れっていうものが非常に不可欠ではないか、勿論歌詞もなんですが、そこら辺のことを、非常に面白いなと思って、自分たちの文化でありながら、昨夜初めて気付きました。後はですね、今日、「長菊女」を西さんたちが歌いましたけれども、奄美の歌の中には掛け歌であるべきなんですが、一人で自問自答する掛け歌があるんですよ。例えば、「イキュンニャカナ」もそうですよね。イキュンニャカナも自分で行くのですかと歌って、自分で今度はナキャこと思えば「名残惜しくて行き辛い」という形式があります。「長菊女節」もそうです。そういう形式の歌、上下を別々に歌って掛け合いにしたら、もっとしっくり行ったのではないか、というような気もします。これは、もうずっと僕がシマ唄を始めた頃からの、一つの疑問として思っていました。今日の「長菊女節」を聞いて、上下別々に歌って掛け合ったら、もっともっと面白くなるんではないか、というようなことを思いました。まあ取り留めもない話なんですが、またご質問があれば、と思います。

辰巳　「歌の流れ」と「アブシナラベ」には関心がありますので、後ほどお伺いします。いま、築地さんから自問自答の掛け歌という話を伺いました。これは『万葉集』の中に旋頭歌（五七七五七七の形式）という歌があって、本来は、Aさんが五・七・七で問いかけ、Bさんが五・七・七で歌い返す方法であったものが、ある段階で一人で問いと答えを歌うようになって、一人の歌になってしまうのですが、そういう形式が古代にあります。複数の人による問いと答えが、次第に形を変え一人で自問自答を歌い、最後には自問自答すらなくなって、一人の歌になってしまうのです。その形式がシマ唄にもあるんじゃないかと思いますね。それから歌のテキストの問題に入ってきましたから、お聞きしたいのですが、節田マンカイや八月踊り、これはある一つの形式を村落で育てている大きなものですね。歌掛けの即興の場合に、お互いにこれからこういう風に歌うぞというテーマといいますか、そういうものがあるのかどうか。「朝ばな節」が始まって「朝ばな節」だけで終わる場合もあるかも知れませんが、ある段階で曲を変えたりするのだろうと思いますが、その時に曲を変える意味といいますか、呼吸といいますか、そういうことは歌い手にとってどういう風な主体性を持って行われているのか、教えて欲しいんですが。

築地　主体性というほどのものではございませんけれども、「朝ばな」「クルダンド節」とか、一つのなんていうんですかね、歌遊びの習慣みたいなもので、長年そういう風にしてやって来ましたので、まず「朝ばな」を歌って、そして「クルダンド」を歌って、「俊良節」を歌って、そして後は、その場の雰囲気で、三味線弾く人の勝手ですね。

辰巳　そうしますと、その曲がある程度、流れを作っていくという風に考えて良いということですね。歌詞じゃなくて。

築地　歌詞は、共通の歌詞がたくさんあります。しかし、独特の、例えば、独特の「クルダンドゥ」とかは特にそうですけれども、「クルダンド」にだけしか歌えないような歌詞がありますから、そういうのをずっと歌っていって、何人も輪になって歌っていって、そして、自分にまわってくる間に、即興で考えたりとか、あるいは、その場で相手の歌に返しをするとか、そういう程度だと思います。ただこの即興っていうのは、「よし明日はこういう歌詞を歌おう」と思って作ることは、僕らもたまにすることがあります。例えば、実際にその場で「お元気ですか」って話しかけられて、「元気だよ」「朝飯食べたよ」っていうような、そういう即興の仕方っていうのは、これは非常に天才的なものが必要でしょうから、ちょっと我々の世代ではございません。やっぱりどうしても、即興となると考えますね。

辰巳　今の問題で坪山さんにも同じ質問をしたいのですが。「朝ばな節」から入って、その次に曲が変わりますと、その曲の本歌といいますか、あるいは曲調ですか、あるいは場の雰囲気ですか、それが次のテーマになると考えてよろしいですか。

坪山　はい、そう考えてもいいです。「朝ばな」を先にするということは決まっているわけです。昔からそういうふうに。「朝ばな」がコエガナシュとして、コエガナシュ（声馴らし）といったですね、そういう場合に朝ばなを歌う。そして短い節の中に色んな歌詞を歌い、それが挨拶の歌とか、お見舞い申しとかですね、そういうのがあるんです。まず、挨拶を先にしようというのが「朝ばな」、そして良く習慣として「朝ばな」「グルダンドゥ節」と言いますけれど、もともと「グルダンドゥ節」も労働歌なんです。今、労働歌などは誰にでも歌える。昔の何千年も前の昔の人でもそうだっただろうと思いますけれども、作業しながら、山仕事しながら海仕事しながら、黙っていた人はいないと思うんですね。みんなで掛け声を掛け合っていた、その掛け声は、あまり歌詞のない歌、例えばですね、【坪山氏が歌を示す】のように、歌詞もまったくないかけ声だけです。これは昭和の初め頃あたりの、山おろしのかけ声とか、海のかけ声なんです。ですから、これがシマ唄の原点だと思います。掛け声といっしょですね。それが二番目です。三番目は、物語や伝説が多いですよ。そして、これらがその「俊良主節」からが本来のシマ唄にいったんだと思いますけれども。そこにもう一つですね、「長雲節」という歌が、南大島では祝い歌に使われております。ところが北の方では、別れ節、別れの時に歌う歌、これは全く逆なんですね。そういうことも含めて、地域によって歌の順番ということはありますけれども、この次は何を歌いましょうという合図のようなのはありません。昔からの仕来りじゃないですけれども、そういう流れでしょうね。

辰巳　歌を掛け合って行きますと、終わりがないわけですね。歌を終わらすためには、テーマの形で終わらすということになりますか。「朝ばな節」が始まりの合図だとしますと、それに対応する形で歌を変えたり終わらせたりするシステムがあるのですか。それとも、もっと別のシステムで歌を終わらすのですか。その辺りはどうでしょうか。

坪山　これはですね、八月歌もシマ唄だし、また八月歌を挙げますが、あの「歌、節かわせ」という歌詞がありますね。「歌かわそかわそ、節かわそかわそ」というのは、これから歌とメロディーを替えますよという意味です。

　八月歌ではこれがはっきりしています。シマ唄の場合はですね、これがはっきりしていません。

辰巳　そうすると、歌を変えようと歌い、次の曲へと進むことになり、それが延々と続くことになりますね。一方、歌遊びの方法に、先ほど築地さんのお話に出た「アブシナラベ」（畦並べ）というのがありますね。これはおそらく唄者の頭の中に出来上がっている歌の構造体だと思うのですけれども、そのアブシナラベというものに焦点を当てた時に、相手が常にあるわけですから、相手の歌に合わせて進めることになると思いますが、その時に相手に合わせるという問題は、言葉の上で合わせるのか、意味の上で合わせるのか、それ以外で合わせるのか、そのことはいかがでしょうか。

坪山　「バシャ流れ」という歌がありますけれども、この歌は、芭蕉、山芭蕉、奄美にありますけれども、布の原料にもなります。その「芭蕉流れ」というのは、芭蕉を刈り取って、糸を作って、布にして、その布を染めて、それを愛しい人に着せるという、愛しい人のために着物を作って着せる、着けて貰う、そうすると貰った方が喜ぶ、そこで最後なんです。それが歌詞としては十三番か十四番くらいまでありますけれども、最後の歌詞となると貰った方が、喜んで終わりですね。

辰巳　即興の方を主にしますと、即興歌詞と伝統歌詞の問題は微妙だと思われます。即興と言っても、どういう風に即興が出来るのかは、私には具体的には分かりません。これは唄者の頭の中にあると思うのですが、唄者の頭の中にある構造をですね、解き明かしていくことが出来るかどうかですね。その即興と言うのは、全く何の脈絡もなく歌われるのじゃなく、あるテーマが取り出されて方向が出来る。それに対応するだけの大量の歌が唄者の頭の中に、あると思うんですね。その大量にある歌をどう並べて行くかというのがアブシナラベという料理の仕方だろうと思うのです。これは愚かな質問かも知れませんが、そういう大量の歌をどういう風に相手に、相手の歌っている歌に対応させているのかということです。相手の歌にある言葉が使われると、その言葉に基づく違う歌があってそれを掛けて行くのか、それともそういう内容を汲み取って、内容で答えて行くのか、その辺ですね。「芭蕉流れ」は決まった歌として形が一つありますね。即興の場合にはそれで行けるのかどうかですね。

坪山　即興の場合は、「芭蕉流れ」ですと芭蕉の生産をしている、そういう人だったら次々と出来ますけれども、それに関わらない人でしたら難しいと思います。ですから、普通の歌掛けとなると、最も即興にしやすいのは、相手をけなしたり褒めたりするそういう言葉なんで、そういうのを遊びの中で、歌遊びの中でやる。これが歌遊びであり、歌掛けであるということになります。

辰巳　同じように築地さんにもお聞きしたいんですけれども、相手に瞬時に対応していきますよね。これは中国の「対歌」も、秋田の「掛歌」も同じなんですが、その瞬時に対応できる能力といいますか、それはどうして可能なのですか。

築地　それはようするに、たくさんの共通歌詞がございますからね、どれだけの歌詞を知っているかが決め手だろうと思います。

辰巳　共通歌詞というのは、どこにあるものなのですか。例えば、普通に歌われているシマ唄とか八月歌とか。

築地　八月歌もシマ唄も、共通歌詞はほとんど一緒だと考えていいと思います。

辰巳　あ、そうですか。

築地　はい。節が違うだけです。

辰巳　そうしますと、そういう共通歌詞を少ししか持っていない人、覚えていない人は内容も乏しく、継続も少ないということですね。

築地　はい、そういうことです。

辰巳　そうですか。

築地　まあ、今はですね、テンポが非常にゆっくりになっていますから、考える時間があるんですよ。ところが僕らの子供の頃は、恐ろしく歌が速いんです。だから今の三分の一くらいで、もう一曲終わるくらいのハイテンポで、特に、笠利方面はそうですね。だから、そういう状況の中で、即興という意味でのですよ、完全な歌っていうのは、まず、ちょっと無理だったんではないかと思います。ただ自分が頭の中に入っている歌詞の、一・二箇所をパッと変えて、固有名詞を使ったり、そういうことは、割と簡単に出来ますね。

小川　一つだけちょっと。大変興味深いお話があってですね、さきほどのご説明の中に、「アブシナラベ」のことで、「言葉を取ったり、投げたり」というような表現をされているところがありましたね。例えば、私が歌って、もう一人の方（女性）が歌って、その両者でやりとりをする。取ったり投げたりする部分というのは、受け手と言ったらいいんでしょうか、その人は自分の意志でその部分を取って、「じゃ私は取って次を歌おう」とか、次の方はまた、「前の歌の、この部分を取ってやろう」というふうに、取ったり投げたりする場所、部分っていうのは自由と考えていいのですか。

築地　はい、自由です。これが自由に出来るから歌遊びは面白いのです。

小川　それでは、どこが出て来るかというのは、ある意味では、楽しみなわけですね。

築地　はい、六、七人ぐらいで、輪になって歌遊びしますよね。そうすると速く出さないと、誰かが取っていってしまう。出来るだけ早く、人に歌われる前に歌わないと。今でも、現にそういう人はいます。

小川　そうですか。もう一つ、取ったり投げたりするというのは、具体的には言葉を取って来るのですか、言葉を取ったり投げたり。

築地　言葉という意味ではなくてですね、歌自体が言葉だと解釈して下さい。

小川　それでは、歌のある意味を取ったり投げたりということですか。

築地　そうですね。だから取って投げる時に、右に投げるか、左に投げるかは、投げる人の勝手なのです。

小川　何人かでやる時にですね、「あの人に投げよう」というような場合に、何らかの意図することが相手に対してあるのですか。

築地　意図するとしたら、その人の目を見て歌えばいいわけです。

小川　そうですか。それでは、そういう場で、ある場面においては即興が入ることもあるという風に理解してもよろしいですか。

築地　言葉全体ではなくてですね、その一部分を。言葉(歌)の中から、ある一部分を咄嗟に変えて、そういう表現をすることは出来たでしょうし、実際に僕らもそういう経験はありますよ。

小川　それともう一つ。「歌流れ」ということでお伺いしたいのですが。先ほど「芭蕉流れ」のご説明を頂いて、確かに生活に密着した中で歌が掛け合わされていくということで、よく理解できるんですね。それと、例えば「縁の流れ」というような、「何とかの流れ」というのは、ご記憶の中では、どのくらいあるのですか。これは時代によって、例えば、今から五十年前だったら恐らくこういう流れの歌が盛んだったろうとか、何か時代的な変化のようなもの、種類と変化ですね、その辺のことはいかがでしょうか。

山田　あの、先ほどのことと関連しまして申し上げますと、奄美の歌で沖縄の流れ歌から来ているシマ唄の主な語句は八・八・八・六調なんです。けれども掛け歌に合うのはそうじゃなくて五・八・五・八だったり、リズムも違うんですね。掛け合いの場合は八・八・八・六調よりも、その他の語句での方がやり易い場合があったということが一つ。今、お話のように、昨夜行われなかったのでいま一つだったと思うのは、八月踊りは集団の掛け合いですけれども、私ども歌掛けのグループもですね、三対三くらいで取ったり投げたりの方が面白かったのではないかと、そういう場の設定が出来なかったというのが二つ目です。じゃあ、坪山さん、その流れ歌を。

坪山　「流れ歌」ですか。流れ歌はたくさんあります。最も短いのは、徳之島なんかの流れ歌です。そして、流れ歌っていうのがですね、生活の順序をずっと繋いで行く歌、遊びでもそうです。遊びの順序を並べて歌っている歌、それが流れ歌になっていますけれども、今は流れ歌がなかなか出て来ない。出来て来ないというのは、一つはシマ口、土地の方言が使えなくなった時代というのが、一つの原因だと思います。昔の、われわれの祖先たちというのは、シマ口で普通の挨拶にしてもですね、どんどん出て来る。そういうことなので挨拶する言葉が、すでに歌になっている。ですから、私は奄美の歌は歌じゃない、歌とは言えませんよと言いたいんです。本当は語りなんです。語りから生まれていると。というのもですね、北大島と南大島の言葉のイントネーションはものすごく違います。同じことを同じ言葉で話しますと、すごく違うわけです。違った歌みたいです。先ほども掛け声は、どのように生まれたのだろうかとありましたけれども、少しだけ興味がありまして、それをお話してもいいですか。それは、語りからなんです。語りというのは、悲しい時に、語り泣く、例えば身内が死んだ時に、悔やんで、悔やんで泣く。昔から「悔やみ歌」ってシマ唄では言いますけど、悔やみの時に、大きな声ですすり泣き、叫ぶ。そういうのが、宇検村であるのですが、宇検村の集落では、あちこちから悔やみのお客さんが来て、そこでごっちゃになって泣いた場合も、そのままシマ唄になっていく。それがだんだんと歌として成立したんじゃなかろうかと思います。それは私が小さい頃から、その場を見て来た経験からです。もう一つは先ほども話しましたように、作業の掛け声、何千年前からか分かりません。ですから、いつごろから始まったかっていうのは、知っている人もいなければ、言える人もいないと思います。ある時代にひょっと出来たのが、シマ唄じゃないかなって思います。それは労働歌の「イトゥ」の旋律とよく似ているんですよ。そういうのを、だんだん広げていって、例えば「ナガハマ節」もそうです。「イトゥ」なんかは、特に昔の「イトゥ」とはまったく違いますけれども、ああいう昔の本来の掛け声から、いろんな歌に変わって来たのだと思いますね。そしてその時期、その時期にいろいろ上手な人が生まれて、いろんな歌詞を作って歌にする。そういう風になって、今日の何百という歌になったのだと思います。

小川　もう少し流れのことについて知りたいのですが。「芭蕉流れ」とか、「糸繰りの流れ」とか、これは仕事の様子を歌にして掛け合っていくということですが、例えば、さっきのお話にありました、「縁の流れ」というのは、男女の仲ということですか。

坪山　そうです、そうです。

小川　そうすると、流れと言っているものには、具体的には仕事があり、男女の仲があり、あとどういうのが流れのテーマになっているのでしょうか。

築地　一つの物語になっているとお考えになればいい。それが流れ歌です。「タバコ流れ」という歌、「縁の流れ」という歌、そのなかに必ずタバコが出てくるんです。このタバコというのは、歌だけを見てみると、男女の愛の奥ゆかしい表現、例えば、「私は煙管の飲み口になって、あなたの口に吸ってもらいたい」だとか、「あなたが吐き出した煙を、胸深く吸い込んでみたい」だとか、そういうタバコっていうのを、非常にロマンチックに取り入れて表現している。それが「縁の流れ」だとか、「タバコ流れ」という歌の表現によく出てくるんですよ。タバコっていうのは、一体いつごろ日本、あるいは奄美に入ったものですかね。当時は、かなりなお洒落だったと思って、ちょっとお話ししたんですけど。何かそこらを逆に教えて頂きたい。

辰巳　タバコという言葉には節がありますが、アメリカかハイチか、その辺の原住民の言葉がヨーロッパに入り、タバコに定着したようですから、日本語としては新しい言葉ですね。ポルトガルからタバコが入って来たのも、江戸初期ぐらいでしょうかね。

築地　江戸時代ですか。かなり新しいですね。

小川　ですから、今のようなタバコを考えるかですね。実は民間にずっとやられていたタバコ、タバコの葉を使っていないタバコもあるんですよ。少しだけ葉っぱで巻いたような、葉巻みたいな感じのものですけれども。今の感じのタバコで考えていいかどうかですね。でもお話ですと、そういうことですね。タバコやめない方がいいってことで、僕はタバコやめられないものですから、いい話を聞きました。これはタバコを飲む者としては、どっかで話題にしたいと思います。

坪山　タバコの始まりが分かれば、「タバコ流れ」の始まりが分かる。

小川　「いろは流れ」というのは、どういうものなんですか。

築地　うーん、「いろは流れ」というのは、本で見たことはあるけどね。

小川　今はあまり歌わない。

築地　今は「流れ歌」というのは、ほとんど歌っていないですね。僕らも「タバコ流れ」や、「オモイマツガネ」なんか、「芭蕉流れ」も本ではよく見るのですけれども。実際に、これが「芭蕉流れ」だとか、これは「タバコ流れ」だという具合に、それを見たり聞いたりしたことはありません。

辰巳　いわば、古い歌に属する伝統のものと、一方、歌は生きていますから、時代とともに素材がどんどん変わっていくものがありますね。したがってテキスト化された時に、タバコなんかが出てきたら、それはその時代を反映したテキストで、現在になるとまた違う素材がでてきてしまうというのは当然のことですね。ですから、タバコが新しいから歌が新しいという意味では全然ないと思います。古い歌の形を新しい素材で歌っているということだと思いますね。そこに曲と歌詞の問題があるのだと思います。

次に八月踊りについてお伺いしたいのですが、今、即興歌詞と伝統歌詞の掛け合いでしたが、特にその伝統歌詞を受け継いでいく、八月歌についてお聞きしたいのです。まず、大笠利の昨日の「八月踊り」は、非常にしっかりした歌の形、踊りの形が残されていたように思いますが、これはかなりみなさんで保存の努力をしていられるのか、それともごく自然に継承されているのかというのが一点目です。また大笠利には、他の地域に対して歌の数はどのくらいあるのかが二点目です。まず、その二点を教えてください。

平瀬　大笠利郷友会の平瀬と申します。まったく専門外でございまして。私は医者なんですけれども、趣味として八月踊りをやっております。

この八月踊りというのは、我々が生まれて物心がついてから、ずっと身体に染み付いた自分たちの故郷の原風景といいますか、山や川と同じです。生まれてすぐに八月踊りの音を聞いて育ったものですから、感情として思い込みがあります。私は高校から大学、それから医局時代と、奄美を離れてましてから十年後に帰って来たのですが、帰って来てすぐにこの歌の世界に入りました。今は歌の保存という意味では、気持ちとしてあります。

ところが、この歌をすぐ歌えといわれますと、歌えません。なかなか難しいことです。といいますのは、こちらにいらっしゃる山田薫先生は、もと学校の先生ですけれども、私たちが小学校に入った頃から、ずっとアメリカによる統治がございまして、その時に方言を使いますと、罰則が与えられたのです。そういう意味で、方言がほとんど使われなくなったことで、シマ唄の歌詞を歌うことが出来なくなった、それも一つの弊害だと思います。それから辰巳先生は、節田マンカイや八月踊りが非常に元気がいいとおっしゃいましたけれども、決して元気がよくありません。将来、廃れるという心配があればこそ、八月踊りの保存会を作って一生懸命残そうと努力をしているわけです。それが現状です。

奄美の八月踊りということで、何回も文化賞を貰ったのですけれども、同じく大笠利も保存会を作って、月に二回練習を行いながら、どうにか元の形に戻そうと一生懸命やっております。それから私たちにすばらしいことは、「童唄同好会」というものがありまして、その童唄の中に八月踊りとかシマ唄を取り入れて子供たちに教えながら、また将来的に残そうということで努力している最中です。その中から、また民謡大会の日本一が出ました。そういうことで、素晴らしいことです。

大笠利の歌は、当初四十種類ほどあったと言われているのですけれども、難しい歌はどんどん歌い手がいなくなりまして、今現在、大笠利に収録されている歌は二十五種類です。それ以上の歌があっても、誰も歌えないというのが現状です。そこで歌われている歌の中でも、冒頭の歌い出しのところだけは、一定しているんですが、途中から共通歌詞に変わりまして、一箇所、二箇所変えて歌っている。それが現状です。それから歌い方ですが、どの部分を取ってお互いに歌っていくのかというご質問がありましたが、頭を取って歌ったり、中ほどを取って歌ったり、あるいは、尻の節を取って歌ったり、色々とあります。それから、男たちの歌った内容を取って、女性が返すという歌い方もあります。そして先ほど言われましたように、崩しですね、「アラシャゲくずし」などですが、その後に六調の賑やかな曲と踊りが入って、一つの踊りが終わります。一つの踊りを本気で歌い踊ろうと思いますと、六分や七分くらい掛かりますね。昨日の場合は、半分くらいに縮めてやりましたけど。これを続けてだいたい四曲くらいやりますと、もうクタクタになります。従いまして、一曲終わるごとに、お酒飲んだり、食べたり、ゆっくり遊びながら、また誰かが打ち出して歌い出すと、太鼓を合わせて再び始まる。それが一つの方法です。

辰巳　いま「打ち出し」とおっしゃったのは、歌のリーダーのことですね。

平瀬　はい、最初の歌を出す人、歌を歌い出す人。

辰巳　それでですね、その全体を構成していく人も打ち出しですか。

平瀬　はい、そうです。その人たちは二、三人。太鼓のところに並んでいるのですが、その人たちがある程度の流れを作っていかないと、まったく音になりません。あちらからもこちらからも、みんなが勝手に歌い出しましたら音になりませんので。

辰巳　そうしますと、すべてが決まっていて歌が続いていくのではなくて、リーダーによる打ち出しがあり、最初の何首かだけは決まっていて、続いて、その後を導いてゆくリーダーがその歌を決めていくということになりますね。そこが分からないんですが、たくさん人がいますよね、今リーダーがこの歌を歌うぞっていう時には、どうして分かるのですか、他の人たちは。

平瀬　最初の打ち出しの声だけで、後は皆さん分かるのです。というのは、それは練習の成果だといえます。その練習をするために保存会と称して踊りを習っているわけではなく、歌の文句を一生懸命覚えるために保存会を作っているんです。

辰巳　もう一回繰り返しますけれども、歌のリーダーが打ち出しの歌を歌い出しますね。その歌い出しの文句が、それ以降の歌を決定していくと考えて良いのですね。そうしますと、最初の歌を決定する時に、今日はこういう雰囲気だから、こんな天気だから、こういう状況だから、これでいくぞとか、そういうことですか。それとも、もっと何か法則性があるのですか。それを教えて欲しいのですが。

平瀬　そうですね、大体太鼓の側の打ち出し屋って言うんでしょうか。二、三人いるんですけれども、時々相談してますね。次は何で行こうか、と。そうすると場合によっては、右側の人に小さな声で囁いて、合図をすることもあるのです。末端まで伝わるように。我々の場合は、最初の歌の頭が出ましたら、皆が分かるようにと、そこを一生懸命練習しているところです。

辰巳　そうしますと、例えば男性側から歌い出していくとしますと、当然ながら、女性側は最初の頭出しを理解して、次は何でゆくかっていうのは、十分に分かっているということなのですね。

平瀬　そうですね。分かっている部分と、全く関係のない歌を歌う部分もあります。正式には、三つの流れで歌いなさいということらしいのですけれども、近頃はそれが崩れまして、いきなり関係のないのを歌い出す人たちもあります。

辰巳　そういう場合は、それはちゃんと終わりまで続くのですか。それとも、崩れてしまうのですか。

平瀬　歌詞は千九百首位ですか、千八百首ですか、有ると言われていますから、その内の何かを取り出していくのですけれども、その歌に合った歌詞を取り出していくというのが、正式ですね。それと最後の崩しになりますと、色々ですから、色んな踊りの中で共通の崩しで、それがどんどん入っていきます。

辰巳　ええと、現在二十五種類有ると言いましたね、かつて四十種類以上あっただろうと。その時に二十五種類というのは、この歌の全体を構成するのに、意味的には不便じゃないのですか。不自由はないのですか。それとも、十分これで意味内容が出来上がって来るのでしょうか。

平瀬　そうですね。踊りがみんな、違いますね。まあ、似てる踊りも有りますけれども。それから、歌詞にも似ている共通歌詞がある。真ん中あたりからは、みんな共通歌詞ですから。それぞれに一つずつ意味を持った違う歌です。

辰巳　そうすると、一つの曲を完成させていくということになりますね。

平瀬　完成させて行くんですけれども、それも他に独特の歌詞で完成するというわけではございません。最後の方の崩しは共通です。

辰巳　ただ、一つの共通歌詞が前後の歌詞との関係で意味を変えながら、一定の物語性を持って展開するということですね。

平瀬　はい。

辰巳　そうですか。共通歌詞を加えていくことによって。

平瀬　節で、踊り方と節ですね。抑揚と。それでこの歌だと、こういう節で歌うんだと決まっていると思います。

辰巳　それに今度は、「歌流れ」を付けていくということはあるんですか。

平瀬　私たちの中での流れ歌というのは、「簡略歌流れ」、先ほど築地さんがおっしゃった「縁の流れ」、この「簡略歌流れ」は三十一首か、二か三でしたか、あるんですけれども、これは最初から最後まで決まっています。途中変える訳にはいきません。それを延々と歌いますと、かなりの長時間になるのです。従ってああいうお祭りの場で、この歌はあまりやらないんですね。長くなりすぎて、飽きちゃうもんですから。だからなるべく簡単に終了するような歌が求められるようになりました。従いまして流れ歌の廃れた原因というのは、そういう長時間になるのと、間違ったら困るものですから。本来的には、色々あったと思います。

辰巳　ああ、そうなのですか。ところで大笠利の八月踊りは、何時に始まって何時に終わるのですか。

平瀬　それぞれの、お家の終わった方が集会所に集ってるんですけれども、あれはマイクで放送したり、太鼓を鳴らしたりして、早く来いよと促すんです。そして何人か集ったら始まりますから、決まった時間はございません。大体、夜の夕食の終わった頃とか、だいたい七時か八時、七時頃からじゃないでしょうかね。但し八月のアラセチ、シバサシ、ドゥンガの三つの大きな踊りがあるのですが、これは最初から最後まで、歌詞は三日三晩歌い続け、また踊り続け、各家を回るという非常に大掛かりな踊りです。

辰巳　それで一番最初の問題に戻るのですが、昨日は、節田マンカイ、八月踊り、真ん中に二人の歌掛けが入っていて、この歌掛けは、築地さんが歌遊びと言った方がいいだろうということでした。今度はこの八月踊りや節田マンカイから見て、それも歌遊びと言えるかどうかという問題が出て来ると思うのです。つまり、歌遊びという中で行われる歌掛けと、それに対して八月踊りも明らかに、歌掛けですね。それは歌遊びじゃない。そこに問題があって、八月踊りと言うのは、歌掛けで出来上がってますね。「八月踊り」という以外の呼び方はあるのですか。

平瀬　八月踊り以外ですかー。「遊び」の解釈なんですけれども、遊びというのは、一つそういう楽しみ方の遊びと、それからお祭りでする遊びがあるのですね。従って単なる遊びじゃなくて「八月踊り」というお祭り、いわば豊年祭りの踊りで行われる遊びということもありますから、「遊び」を一つに捉えてはいけないと思います。従って我々のいうアラセチ、シバサシ、ドゥンガというのは、一つのお祭りですから、豊年祭りですから、だからこの「遊び」は「お祭り」という風に解釈した方がいいと思います。

辰巳　そうしますと、「節田マンカイ」になりますと、八月踊りと中間的な感じが出て来て、この節田マンカイもやはり歌掛けですね。歌掛けの伝統歌詞も持っている。節田マンカイの他に言い方が何かあるんでしょうか。

山田　「正月マンカイ」ともいってます。八月踊りが野外の歌掛けとすれば、正月マンカイは冬の室内での遊びで、そのまま歌掛けになったというふうに考えられます。ごく素朴で、しかも動きも単純で、夕べもご覧のように繰り返しが多いのが特徴です。最も原始的な性格を持つものです。

辰巳　そうしますと、節田マンカイの歌掛けというのは、ある程度古い形を留めていると言っていいんでしょうか。

山田　そうですね、一応正月の歌詞もあります。それから「塩道長浜」と、後ろの方は何とかという風になってましたけれども、三番目のね。あれの響きの方が最も即した流れで、面白くなると思いました。我々も今から、研究しなければならない問題です。

辰巳　八八八六調なのですね。

山田　いえ、そうではなかったと。

辰巳　違いますか。

山田　はい。

辰巳　そうしますと、シマ唄の口調とはずれていると考えていいわけですね。節田マンカイも、あれは一時間もやれば相当疲れるだろうと思うのですが、節田マンカイを行っている時間というのは、どのくらいなのですか。途中で他のことが色々入って来るのかどうか、つまり歌遊びが入って来るのかどうか。その辺はいかがでしょうか。

山田　結論から言いますと、見せるための何とかパークというのが出来て、要請があります。観光協会、あるいはイベント主催者から。普通にはですね、あの形はもうなかったのです。ところが十年この方、遊びの原形、原風景ではないかということで、説明にもありましたようにね、今度も東京から来られる人がいるからと練習をしている、夕べもまた発表するために練習をする。そして若手がいませんので、だいぶ苦しいという話もありましたが、以前はやはり正月の何の日に、集落の集会所でやるという風習がありました。今は、必要じゃなくて、迫られてやってくれということでやってるという所だと思います。

小川　昨日、大笠利の八月踊りを拝見して大変興味深かったことが二つありました。一つは、太鼓のことです。歌遊びで歌を掛ける場合ですね、男性が三味線を弾いて男女で掛け合う。八月踊りは太鼓で、しかも太鼓を打ってるのは女性なんですね。楽器の使い方が、一方は女性が恐らく太鼓でリード役をしていくのだと思うのですが、一方では三味線になるという、掛け方のところにですね、両者、非常に違いが明確に現れていますね。しかし、先ほど歌で取ったり投げたりが行われるということでしたが、両者とも同じ考え方で歌は進んでいくんだろうか、そんなことに興味がありました。そこのところを教えてください。もう一つ、太鼓なのですが、歌い方は奄美の北の方と南の方と、同じ曲でも随分違いがあるという風に伺いました。太鼓の形も持ち方も、徳之島や他の広い地域まで含めますと、結構違いがあると思うのですが、形の違いを含めて教えて頂ければと思います。また八月踊りは、太鼓を叩くのは女性でなければ駄目なのですか。

平瀬　太鼓を持つ係というのは、女性とは限りません。ただ我々の北大島では女性が持っているだけです。南に行きますと、男性が持っている。太鼓を挟んで男の打ち出しがいます。その反対側にも打ち出しがいますから、太鼓のリードのもとに速くなったり遅くなったりしますが、そういう重要な人たちの真ん中に太鼓があるということですね。

小川　その真ん中、境目というのはどのへんなんですか。女性が太鼓を打つ。

平瀬　打ち出しのいるところが境目です。

小川　いやいや、太鼓を男性がやる場合と、女性がやる場合と、奄美大島を見ていくとどういう傾向を示すのですか。名瀬あたりでは、どっちなんでしょう。

平瀬　名瀬あたりでは、一緒じゃないでしょうか。

小川　名瀬は、女性が。瀬戸内の方に行くと。

平瀬　我々は時計回りで、左に並んでますね、男性の方が。

南は太鼓があって右回り、右の方に並んでいます。

小川　太鼓は男が打つか、女が打つか。

平瀬　それは男です。ただ北大島は、だいたい太鼓は女性だと思うんです。太鼓の大きさとか、種類とか、私は詳しくは分かりません。

山田　名瀬は、合衆国ですから、あちこちのシマからの入り交じりです。ただ北大島、笠利と龍郷、われわれ名瀬を含めて北大島。それから、南の方のヒギャ歌という瀬戸内、いろいろ違います。ただ男・女の違いがはっきりしているのは、徳之島の方も、八月踊りは、そんなんじゃなかったんです。「ナツメ踊り」と言っていて、ここはやっぱり、男が打つ。われわれ北大島は、ほとんど太鼓は女というのが多いと。輪の大きさもですけれども、太鼓の近くに男の打ち出し役がいないと、上手く乗らないのです。輪が大きくなり過ぎますと、そう行かない場合もあります。

築地　八月踊りの場合はですね、一番注目して聞いて頂きたいのは、女性組と男性組との、音の差、音程の差です。それを聞いて欲しかった。僕らも良く踊るのですけれども、自分がたまに上手くない人たちの中に入っていくと、自分がその打ち出し、リーダーになってやる時があるんですよ。そうすると、最初は私の声で打ち出しますね。そうすると、女性はそれじゃ低いものだから何度か、四度くらいですか、上がって打ち出すんです。それを取って、僕が次ぎに打ち出す時は、女性の声の高さになってしまっている。だから、高い声が出なくなってしまうことが良くあるんです。なんか感心して男の人があんなに高い声で打ち出したら、女性はどうなるんだろうかと思ったんですけど、やっぱりさすがに、ちゃんと訓練されていましたね。

辰巳　昨日の八月踊りは三曲でしたか。八月踊りの掛け合わせというのは、現在、その種類が消えていっているという状態のようですね。あの二十五種類を全体として見渡した時に、そこには、だいたいこんなストーリーがあるというのが分かりますか。

平瀬　一概には言えないのですけれども、この歌だというストーリーっていうのがあることはありますね。ただ色んなことが混ざっていますから、島の踊りには色んなのが入っていますから。先ほど坪山さんの歌われた流れ歌、掛情詩、それも八月踊りにはありますけれども、ああいうのは一つのストーリーを持っています。持っていてそれを色んな別の歌詞で補助しながら、歌い終わる、踊り終わるということがありますね。

辰巳　地域によっては八月歌の歌数が失われて少ないところもあると思いますが、大笠利の場合には男・女・男・女と続いて、これが意味の上ではどの辺まで続きますか。

平瀬　最後まで続いて、どちらかが歌えなくなったところで、もう降参で終わりです。

辰巳　そうなのですか。

平瀬　どちらかが歌えなくなったら、終わりです。

辰巳　それから男性の歌の最後の歌詞、女性の歌の最初の歌詞が合唱になるというシステムは、大笠利にありますか。

平瀬　歌によってはあります。だから、尻取りというんでしょうか、韻を踏んで。

辰巳　それはあるんですね。

平瀬　あります。

辰巳　それは、奄美全体を通していかがでしょうか。

平瀬　奄美にはみんな有ります。私はいまハトコマという地区に住んでいまして、そこで平成六年に八月踊り創成ということをテーマに掲げて生涯学習大会をやったのですが、その時の歌の取り方が「頭取り」、「中取り」、「尻取り」という形で、次の音と、女あるいは男に繋げていくことをやりました。そういう努力をしまして、かつても一つの歌の流れを作ったことが分かります。

辰巳　貴州トン族の歌い方にも、やはり相手の男性なら男性の最後の歌詞を、次の歌い手の女性が引き継いで合唱し、そうして次に繋がって行くというのがあります。

平瀬　そういう歌もあります。そういう歌もあれば、歌の全体を取って、その全体に対する女性の返しがあるというのもあれば、色々です。

辰巳　それからもう一つですね、これは歌い手の方にお聞きしたいんですが、裏声を良く使いますね。特に築地さんなんかは美しい裏声が特徴だと思いますが、この裏声を使う理由というのはどういうことなのですか。築地さんはどういう風にお考えですか。

築地　いや、これはですね、僕ら自分勝手に歌っている者の解釈ですから正しいかどうか分かりませんが、逆にトン族のあの付近の方から流れ着いたような、そんな感じがします。今日は、その辺をお聞きできるんじゃないかと思っています が。

辰巳　それではちょっと聞いてみましょうか。中国では裏声を「仮声」と呼びますが、トン族では裏声をどういう風に使うのですか。

呉（通訳：曹）　はい、裏声はだいたい恋愛歌を歌う時に使います。

築地　男性も使いますか。

呉（通訳：曹）　はい、男性も女性も両方使います。

辰巳　日本では、裏声使うのは奄美ですね。

築地　奄美と津軽の「ホーハイ節」ですね。

辰巳　非常に少ないですね。普通の歌には使わないいんですか。

呉（通訳：曹）　一般には使わないです。裏声を使うのもトン族全般に渡るのではなくて、トン族地区の中で一部分にそういう歌い方をするのです。

辰巳　労働の歌も恋歌が多いですし、それから神様の歌にも恋歌が入って来ますね。男女で歌う歌は、当然恋歌になります。これらが中国では「山歌」と呼ばれています。この山歌というのは、奄美で言いますと「シマ唄」に相当するように思います。地域で有名な歌を労働の中で歌ったりしますけれども、山歌は恋歌が中心なんですね。裏声はそうした歌に多く現れますね。

小川　その裏声のことでお伺いしたいのですが。仕来りとしてですね。こういう時は裏声を使っちゃいけないといった、いわば言い伝えのようなものは有りますか。

築地　それは、ないんじゃないですかね。一般的に全部じゃないんですけれども、八月踊りではあんまり使うことはありません。

小川　そうですか。

築地　気持ちが強く入る時だと思います、裏声と言うのは。普通、無理をすれば出せますが、僕らはずっとシマ唄の世界に浸かっていますから、どれだけ音を下げてもですね、ある一定の音域に来ますと、そこから裏声にひっくり返るのです。ほとんど習慣的に。これはキーが高いとか低いとかの問題ではなくて、一定の部分に来るとコロッとひっくり返るんです。

小川　カミウタ（神歌）の場合もですね、昨日もありましたし、今日も歌って頂いて、そこにも裏声が入ってもいいんだなということが分かりました。ナキウタ（哭き歌）の場合にも、それは別に構わないということですね。

築地　と、思いますがね。

青木　地声が大きいもんですから、大きな声でお聞きします。興味で聞いて申し訳ないのですが、特に恋歌の場合ですね、男女で掛け合うことについては分かりましたが、男同士で「お前のこんなとこが駄目なんだ」とか、「お前はあんなとこが駄目なんだ」という風な、互いに悪口を言い合い争って、勝ったほうが女性を取るといった、そういう類の歌掛け歌はございますか。

坪山　他えば、あの人を取り上げるというような。

青木　そうです、そうです。

坪山　昔はあったそうです。今はありませんが。

青木　昔あったというのは、やはり一人の女性をめぐって、男同士でですね。

坪山　そういうのは、有り過ぎるぐらいですね。

青木　現在は伝わっていないということですか。

坪山　現在はありません。今そういう歌を歌ったら、大変なことになります。

青木　そうですか、わかりました。有り難うございます。

坪山　それで先ほどの裏声なんですけれども、八月歌の裏声というのは、昭和二十二、三年頃までは無かったんです。女も男も。そこがシマ唄と八月歌の最も大きな違いだったんです。ところが最近は八月歌も、もちろん裏声をどんどん使っている。どうしてそのようになったのか、ちょっと分かりませんけれど、発生の方法もそういう方向にどんどん変わって来ていますね。先ほど、どうして裏声なのかとおっしゃいましたね。私はノロにちょっと関わるかなと思いますね。ノロは女なので、女は神様として奄美では尊敬して来ました。今でもそうです。そういうことで、歌遊びの中で、女を優先した。そして女のためにチューニングをします。そうしますと、どうしても男の方は声が出ません。そこで、逃げないと女に合わせられません。それを島では「逃げ声」だといいます。男の逃げ声だと。そういう風にして裏声を使い出したところが、奄美は叙情歌の多いところなのですけれども、裏声の中にそういう感じが上手く出た。ですからだんだんシマ唄は裏声がなければいけないと、そういう習慣的になったようです。

辰巳　有り難うございます。長時間にわたって奄美歌掛けの過去を中心にお聞きし、また現在の状況をお聞きしました。次ぎに楠田顧問、山田会長にこの歌掛けを今度どのようにされるのかということをお聞きしたいのですが。

楠田　お答えをする前に、今日ははるばると奄美のシマ唄研究に遠路お越しいただきました先生方に、深く敬意を表してご挨拶をさせていただきます。まず第一に、遠い中国から民族芸能の研究においでいただきました、呉定国先生に敬意を表したいと思います。次に、國學院大學の先生方にお礼を申したいと思うのですが、今回は辰巳正明先生を中心にスタッフの先生方が、「奄美の歌掛け」の研究にお越しいただきまして有り難うございます。この機会に國學院大學と奄美の縁を紹介したいと思うのですが、ご出席の小川直之先生は、私の友人である大分大学の田畑千秋先生とはご親交があると聞いておりますが、実はその田畑先生が今から十六年前に奄美博物館ができまして、彼は最初の主任学芸員として東京から来てもらったのですが、当時、私も文化財保護の面で博物館にかかわっておりまして、田畑先生と協力しあった縁があります。小川先生は田畑先生と同期と聞いていますが。

小川　はい、同期です。

楠田　そういうことで、田畑先生を通じて國學院の方が次々とお見えになりました。まず一つご紹介しますと、この色紙は、臼田甚五郎先生の書でございます。これは臼田先生をお招きして、昭和六十二年十二月九日、文化講演会を催した際にいただいたものです。「とし（友）なごやかに夜を歌ひつぐ。師走なほ小春和乃奄美島・碧洋」と、情緒豊かな奄美の夜を読んでおられます。その後に、鈴木靖民先生が来島されて「大和王権国家と奄美」というテーマで、平成五年十一月二十日に講演をしていただき、深く感銘をいたしました。今現在、奄美博物館に「奄美島」と書いてある木簡（レプリカ）があります。この木簡は九州の大宰府遺跡から出土したもので、遠く奈良時代から交流のあった証です。ところでその木簡でどういう交流があったかということが不明でしたが、鈴木先生の講演で奄美特産の、「あかぎ・アオガイ」が上納されたということが分かり、納得いたしました。「古代茫々、赤木青貝之嶋　鈴木靖民」と記された色紙もいただきました。もうお一人は、國學院の名誉教授で宮中歌会の選者の岡野弘彦先生です。この先生との出会いは、岡野先生と同期で私の親友である大野貢君の紹介です。平成七年七月十一日に奄美で同期のクラス会に来島された折に講演をしていただき、色紙を書いていただきました。「夢のごとく　なぎしづまれる　あまみの海　神の小島に　あまくだりゆく　弘彦」。このように國學院の先生方とは、あたたかいご高配をいただいており感謝しております。今回は奄美出身の三上絢子さんを通して、「奄美の歌掛け」を掘り下げ研究されるためにご一行が来島されて、大変光栄に思っております。奄美大島には昔から「歌半学」という言葉があります。歌半学というのは、いうまでもなくシマ唄も学問の一つだという意味です。歌半学の中身は教訓歌が多いんですよ。奄美の人びとは昔から歌を通して、人道のモラルといいますか、倫理観を教えており精神構造の支柱となっているのがシマ唄だと思います。それからもう一つ私が考えておることは、本土と奄美の郷土芸能を比べた場合に、本土では芸能それぞれの流派という形で専門的に洗練されておりますが、奄美の場合は、大衆文化といいますか、誰でも自由に参加できる芸能で、正に庶民の伝統文化だと思います。昨日の集いではじめて来島された先生方が、六調踊りの輪の中に入られて楽しんでいただきましたが、奄美のシマ唄や踊りこそ、根の深い郷土文化だと誇りにしています。先生方のシマ唄研究で、さらに「奄美の文化」を掘りおこしていただければと思います。また、この「歌掛け」の集いを地元で組み立てて下さった山田会長はじめ、指宿事務局長ほか会員一同に心から謝意を表します。

山田　これからどうするかということですけれども、夕べの催しにつきましては、皆さま方のお陰で、私ども特に私はたくさんのことに気づき反省もしました。次の機会には、歌掛けという方法でイベントが出来るように組みたいと思います。そのためには、ヒントとして八月踊りはやっぱり歌掛けの原点ですね。八月踊り歌のほうがテンポが速くて掛け合いが豊富なんです。中身もね。そういう意味では、もう一回見直して踊らなくても歌掛けが出来るという、そのヒントを参考にしたいと思います。今、楠田さんがおっしゃった歌半学の教訓からですけれども、八・八・八・六の歌の上の句のほとんどは、自然現象です。下の句は人の道、人生です。それから昔の私どもの先祖は、誰が作ったのか分からないけれども、ちゃんと自然と人の道とを、初めから自然共生ということで作ったとは思わないけれども、私どもの教訓歌が「自然と共生をしなくてはいけない」という、人の道を教えているんだなと思います。昨日のイベントを通して、大変考えさせられることがありました。その原点として、もう一度シマ口を大事にしようと思っているところでございます。ありがとうございました。

辰巳　長時間に渡り貴重なお話をありがとうございました。司会の役割を奪ってしまったようですね。申し訳ありません。改めて楠田顧問、山田会長ほか役員のみなさん、唄者のみなさん、歌掛け保存会会員のみなさん、そして節田マンカイのみなさん、大笠利八月踊りのみなさんに厚くお礼を申し上げます。今回、奄美の歌掛けにとても感動いたしました。また、今日の座談会に快く出席していただきましたことに、厚くお礼のほどを申し上げます。先ほどは山田会長のほうから、今後さらに新しい目で歌掛けを進めてゆきたいという話がございました。私たちも今回の調査で、こういう素晴らしい文化が奄美にあるんだということを再認識いたしました。もっともっと広く国内に、また世界に向けて、宣伝してゆきたいと思います。訳の分からない質問をたくさんお聞きしたと思いますけれども、私たちにはとても大きな収穫がございました。みなさまに厚く御礼を申し上げます。本当にありがとうございました。また、最後になりますが、今回は南海日日新聞社編集局長の松井輝美さんに司会をしていただきました。とても光栄に存じます。厚く御礼を申し上げます。

司会　それではこれで「奄美の歌掛け」についての座談会をお開きにいたします。みなさん長時間にわたり有り難うございました（註四）。

十節　奄美歌掛け文化保存会　活動記録の一部

浜うりは、奄美では旧暦三月三日（サンガツサンチ）から初夏にかけて、各地で行われる。海岸の白砂に親族一同がそれぞれ重箱料理や餅菓子、酒類を持参して集まる。「新浜踏まし（みいはまくまし）」は、浜うりの時、新生児の無病息災を祈願して、浜辺の海水に足をつけさせる行事で、特に新生児の家では、山海の材料による重箱料理、ヨモギ餅、御神酒を持参して、健やかに成長するように祈り、同時に豊作と集落の繁栄などを祈願する。

かつては、「集落によっては田植え後の草取りをすませて、料理を持ち寄って集落にハブ（毒蛇）や災害がないように祈願し、御馳走を食べながら懇親の場でもあった。」と、奄美市笠利町の野崎タツさん（八十八歳）は浜うり体験を語った。

「奄美歌掛け文化保存会」

八月踊り・大笠利。撮影・著者

「奄美歌掛け文化保存会」浜うり

「奄美歌掛け文化保存会」

「浜うり・唄あしび」笠利・土盛海岸。
撮影・山元勝己

「新浜踏まし（みいはまくまし）」。無病息災
を祈願して海水に初めて足をつける新生児。

土盛の浜。撮影・著者

八月踊り・八六会。撮影・著者

註

一　南海日日新聞掲載「奄美歌掛けの再興を」三上絢子

二　南海日日新聞掲載　坪山豊

三　南海日日新聞掲載「趣意書」三上絢子

四『東アジア圏における対面歌唱システムに関する形成過程の研究』（二〇〇五）より引用。

第二十三章　「奄美の歌掛けを守れ」

一節　世界に翔たいた奄美の「歌掛け」

奄美において「歌掛け」が開催されるという話題は各方面に伝わり、国内の研究者、中国の研究者、ＮＨＫ国際放送局も大きな期待をもって奄美入りした。

第一回「奄美歌掛けの夕べ」開催では、内外の参加者は、奄美に継承された独特の文化に圧倒され、感動とともに絶賛した。

ＮＨＫ国際ラジオ放送は、当日の奄美歌掛け文化を収録して、二〇〇五年十一月二日、「奄美の歌掛けを守れ」のタイトルで世界の二十カ国へ放送した。さらに、海外在住の日本人の要望に答えて、十二月五日に再放送している。インターネットでも、十一月二十四日から一週間放送されている。

放送された言語は次の通り。

中国語、イタリア語、アラビア語、インドネシア語、タイ語、ウルドゥ語、韓国語、スウェーデン語、スペイン語、スワヒリ語、ドイツ語、ビルマ語、フランス語、ヒンディ語、ベトナム語、ペルシャ語、ベンガル語、ロシア語、マレー語、ポルトガル語、の二十カ国語。

二十カ国の各母語で放送され、奄美の貴重な文化遺産が世界に翔たいた。

例えば中国語の放送を要約すると以下のようなものである。「奄美諸島に伝わる「歌掛け」の文化についてお伝え致します。日本の南、奄美諸島に「歌掛け」という文化があります。奄美諸島に古くから伝わる文化です。男性が自分の気持ちを歌うと女性もそれに応えて歌います（後略）」

解説のバックメロデーは、奄美の挨拶歌「あさばな節」が、坪山豊の三味線で流れ、紹介がすむと弾き語りで坪山豊が歌い、相方の皆吉佐代子が息の合った「歌掛け」で返した。ラジオから流れる、奄美のシマ唄の素晴らしさは世界の人々に感動を与えリスナーからは、自分の国にも昔は似たような歌があったなどと、大きな反響を呼んだ。

二節　ＮＨＫラジオ国際放送局『奄美の歌掛けを守れ』

「奄美の歌掛けを守れ」（二〇〇五年一二月二四日放送、中国語版からの翻訳）

オープニング

坪山豊さん（奄美唄者）・皆吉佐代子さん（奄美唄者）による「朝花節」。

ナレーション

お聞きいただいているのは、鹿児島県奄美諸島に古くから伝わるシマ唄です。奄美の民謡であるシマ唄のメロディに、男性が即興で歌詞をつけて恋の思いを歌うと、女性も自分の気持ちを歌に託して返します。このように歌い手同士が即興で歌をやり取りする「歌掛け」という文化が奄美に残されています。

今日は奄美の歌掛けの魅力と、この歌掛けを護ろうとする地元の人たちの取り組みを紹介します。

ナレーション

奄美諸島は九州の最南端にあり、鹿児島市からは南に三八〇キロ。沖縄からは北に二八キロあります。東シナ海に浮かぶ主に五つの島から出来ています。奄美では数十年前までは人が集まれば自然に歌掛けが始まりました。

蛇の皮で作った三味線やチヂンという太鼓の音に合わせて、自分の歌詞を作り、数千曲あるシマ唄の中から相手の歌った歌の内容に応じて当意即妙に歌詞を選び掛け合うのです。歌は奄美のシマ口（方言）で歌われます。奄美では歌が上手くて歌の意味や由来を知っている人を唄者といいます。奄美を代表する唄者の坪山豊さんは七十五歳ですが、歌掛けについて次のように話してくれました。

坪山豊さん

私が二十三、四歳の頃の歌掛けは、ほとんどが浜辺や広場で行われました。そこにいる人みんなが楽器を弾く人であり、歌う人であり、聞く人でした。

いかに相手に気持ちを伝えるかを考えながら即興で歌いますが、これが歌掛けです。そのころは即興の詩人が多かったと思いますね。

ナレーション

歌掛けのテーマはさまざまです。農作業の手順を歌にしたり、親孝行の奨めなどの教訓歌もあります。歌掛けは勝負をつけるのにも使われました。

歌詞を思い出せずに歌えなくなった方が負けというルールでした。あるいはまた、水争いや土地争いも歌掛けで決着をつけたと聞いています。しかし、多くは恋の歌でした。

曲「行きゅんな加那節」

女　行きゅんな加那　吾きゃ事忘れて

行きゅんにゃ加那

（私を忘れて、あなたは行ってしまうのですか?）

男　打つ発ちゃが打つ　発ちゃが行き苦しゃ

（出発の準備をしたが、出掛けるのは辛いことです）

ナレーション

他にも「美しい月よ、私が恋人の家に行く時はどうか雲に隠れてください。人目につかないように」のような歌詞もあります。時には遠回しに、時には大胆に愛の心を表現します。

七十代以上の世代の人たちは、若い頃歌掛けから恋が始まることも珍しくなかったといいます。唄者の坪山豊さんの話です。

坪山豊さん

好きな人がいる時に「あの人が恋人だったらいいなぁ」「好きなんだけどなぁ」というふうに短い歌で掛けます。そうすると相手から「私も好きです」と返して来て、そういうことがよくありましたよ。歌掛けがきっかけで結婚した人もたくさんいました。普段は言えないことを、歌では何でも言えたのです。それが魅力ですね。

ナレーション

歌掛けは古代から世界各地で行われていたと考えら

れています。今も中国やタイ、ベトナムなどに歌掛けの文化が見られます。日本では奄美、沖縄、九州、秋田などにわずかに残っています。特に奄美では第二次世界大戦後、経済が発展するに伴い、歌掛けが急速に衰退して、一九六〇年代半ばには歌掛けが行われることが少なくなったといいます。七十代のお年寄りの話です。

男性

小さい頃、母に背負われてよく行きました。祝いの席には必ず歌遊びがあったのです。そのころは他に娯楽がなかったのですよ。テレビやラジオが普及してから歌掛けが少なくなりました。

ナレーション

戦後、およそ二十年にわたり学校では方言が禁止されたこともあり、歌掛けが一層衰退しました。進学や就職で奄美を離れた時には共通語が話せないと不利になると学校で方言の使用を禁止したこともあります。そうして、歌掛けには必要不可欠なシマ口を話せる人が減ってしまったのです。一方、唄者の坪山豊さんは、民謡コンクールの人気が高まったことが原因の一つだと指摘します。戦後、奄美からは民謡の日本チャンピオンが多く生まれました。それでコンクール入賞を目指す人が増えたのです。そのことからコンクールで高く評価される歌い方に変わり、相手の歌に機転の利いた歌詞で返す、即興のおもしろさが忘れられたと坪山さんはいいます。

坪山豊さん

コンクールを通過しようとアレンジするのです。いかに感情を入れ、観客に訴えるかが重視されるようになりました。

曲「イトウ」（労働歌）

ナレーション

十月下旬、今では耳にすることが少なくなった歌掛けが奄美の観光会館で行われました。百人を超える聴衆の前で、奄美の代表的な唄者十一人が歌掛けを披露しました。東京から来たという観客の話です。

観客（女性）

とても楽しかったです。ご高齢の方もすごくいきいきとはつらつとしていらっしゃって、この方々の心を支えている伝統を感じて涙が出るほど感動しました。

ナレーション

この催しを主催したのは、奄美歌掛け文化保存会です。唄者やレコード店経営者、教師などの人たちが一年前に結成しました。昔の歌掛けを知っている長老の歌を録音して残すなどの活動をしています。会長の山田薫さんの話です。

山田薫氏

歌掛けは奄美の大切な宝です。長老、特に八十代以上には歌掛けが出来る人がたくさんいます。今のうちに語り継いでおかないとゆくゆくは消えてしまいます。録音して残していきたいと思って、保存会を作りました。

ナレーション

会場には、歌掛けを学術的に研究しようと内外の研究者もやって来ました。その一人、國學院大學の辰巳正明教授は、歌掛けの文化的な価値について次のように話しています。

辰巳正明さん

歌掛けは、歌や詩の起源を探る重要な手掛かりです。私は『万葉集』という五世紀から八世紀半ばまでの歌が収集された日本最古の歌集を研究しています。この時代は歌を一人で歌うのではなく、集団で掛け合って歌っていたと考えられます。歌掛けを研究することによって、古代にどういう社会が存在していて、どういう思いで歌を歌っていたのか見えてくると思います。

小学生のシマ唄練習

ナレーション

奄美の貴重な文化である歌掛けを若い世代に伝えようという活動も始まりました。奄美の中心部にある知根小学校では、四年前からシマ口とシマ唄を子ども達に教えています。

小学生（女子）

昔の人と同じように歌うのは楽しいです。

ナレーション

歌掛けをするためには、方言を使いこなしたくさんのシマ唄を知らなければなりません。ベテランの歌い手は三千曲を記憶しているといいます。
まずは子ども達に若い世代には使われなくなったシマ口を教え、歌えるシマ唄の数を増やすことから始めるしかありません。しかし、シマ口やシマ唄を教えられる先生はほとんどいません。そのため学校に保存会のメンバーが出向いて教えています。池田耕一朗教頭の話です。

池田耕一朗氏
自分たちが小さい頃は方言が禁止されていたので、民謡を歌うことが出来ませんでした。今は学校でも教えるようになって、今の子ども達は自分たちの世代よりも自然に、身近に歌っていますね。

ナレーション
一度衰退しかけた文化を若い世代が受け継ぐのは容易ではありません。保存会会長の山田さんは、これからも歌掛けを残す方法を模索して行きたいと話しています。

山田薫会長
今回は奄美を代表する歌い手の歌掛けを披露したけれども、歌掛けはもとは一般の人が日常生活の中で歌っていたものです。いろいろな地域で歌掛け大会をやって地域の人たちが歌掛けをする機会を作っていきたいと考えています。歌掛けから生まれた、素朴で美しい歌詞を後世に残していきたいと思っています。

曲 「朝花節」

男 オハーレイ 歌声なんにゃ
惚れやしらんど（女性の囃し）
加那がきむ心に 千惚れしゃんど 万惚れしゃんど
（歌声に惚れたんじゃないよ、あなたのきれいな心に、千回も万回も惚れたんだよ）

ナレーション
奄美の名もない人たちが作り出した、素朴で美しい表現の数々。歌掛けを後世に残すために、山田さんたちの活動は続きます。

曲 「一切朝花節」

ナレーション

　奄美の人たちは、興に乗ると指笛を吹き、立ち上がって踊りながら身体全体で歌を楽しみます。では、奄美の歌掛けをお楽しみ下さい。

曲（エンディング）（註一）

三節　東アジア歌垣サミット

　二〇〇七年十二月九日、國學院大學で開催された「東アジア歌垣サミット」二日目。昨日に続き本日も、渋谷キャンパス百二十周年記念二号館二一〇四教室を会場に開催された。昨日同様に多数の来場があり、約四百五十人を数えた。前日に引き続き来られた方も多く、会場は独特の熱気に包まれていた。本日の前半は、秋田・奄美・中国のトン族の歌掛けの解説が行われ、その後、討論会「東アジア歌垣サミット」が開かれた。後半は歌掛け公演で、秋田・奄美・トン族の歌掛けが披露された。

　「一番手には、「秋田金澤八幡宮伝統掛唄」で、後藤弘さんと中川原信一さんが、即興の歌掛けで自慢の声を聴かせて下さいました。後半には、会場から「お題」を出してもらい、即興の歌掛けも行い、会場から大きな拍手をもらっていました」（國學院大學広報より）

金澤八幡宮伝統掛唄（國學院大學広報より）

金澤八幡宮伝統掛唄の特色

　秋田県横手市には金澤八幡宮伝統掛唄があり、その起源は夜籠り（神仏に祈願するために夜通し参籠すること（広辞苑））にあるといわれる。

　この地域では古くからの習慣があって、嫁入前の娘が金澤の八幡様に徹夜で祈願すれば、必ず良縁を得るという言い伝えから、「娘さんたちは、ここに参拝しない内は嫁入りしないと言われる」と『金沢の八幡様の掛唄由来記』に記述がある。

運営方式

一、毎年、九月十四日の神社の宵祭りに徹夜で大会が行われる。

二、方式は二人ずつの組合せで、五回戦行い勝負をつけるのである。

三、節回しは「仙北荷方節」で、即興で歌詞を作って掛け合う。

四、金澤八幡宮伝統掛唄は神事歌で、荷方節は、祝い歌に分類される。

五、夜どうし翌朝まで行う。

六、優勝決定戦の後に審査に入る。

七、表彰式。

掛け合いに強くなるには、掛け合いの歌詞作りを条件としている。

一、即興性。

二、多くの名文句を覚え、それを使って言葉を少し変えて歌う方法。

三、歌う前に歌詞を作る。それを歌ってみる。荷方節にうまく合わない言葉を別の言い方になおすなど。

四、一の歌詞を拾って歌う方法。

五、その人の声の高さでうたう。

事例、一九八五年の男女の掛け合い。

中川原信一・藤峯ノコ

中　なんの因果であなたとかける　女嫌いのこの私

藤　女嫌いと良くまた言うた　家に居る子は誰の子だ

中　あれは確かに私の子だが　子孫繁栄で出てしまた

藤　子孫繁栄とあなたは言うが　女嫌いが気にかかる

中　女嫌いがそのせいなのか　今の子どもは一人だけ

—後略—

二〇〇六年の金澤八幡宮奉納伝統掛唄（秋田県無形民俗文化財指定）一五周年記念の記録から。参加者、一般十四名（内新人一名）、ジュニア部門十二名、合計二十六名。

運営記録

ジュニア部門・九時三十分～

一回戦・十時四十分～

二回戦・十一時四十分～

三回戦・十二時三十五分～

四回戦・一時三十五分～
五回戦・二時三十分～三時終了
閉会式四時二十分

内容は、艶物、スポーツ、稲作、猛暑とビール、ジュニアと親子対決、少年・親の犯罪などと多彩である。

事例・艶物　成人

男　寝ては夢見る　起きては思う　あなた忘れる暇はない
女　ご多忙のあなた少し体をいたわる気持ちも大事だよ
男　あなた好きでも口では言えぬ　握るこの手を忘れずに
女　日本人よいところ控えめですが　もっと強く言ってもいい
男　顔がきれいで　にがたも上手だ　こんな奥さん欲しかったよ
男　こんな奥さんもらっていたら　床の間に飾って拝んでおる

事例・ジュニア部門　中学一年生・初出場

男　参加初めて掛唄大会　緊張するけどがんあるぞ
男　僕も初めて掛唄大会　けれども僕も大丈夫
男　今日は祭りだ夜店がたくさん　けれども掛唄一番だ
男　掛唄いいが夜店もいいな　迷うがやっぱり掛唄

事例・親子対決　高校三年生

父　蝶や花よと育てた娘　今じゃ親父にそっぽ向く
娘　私　おばこよ一七　八の　娘の心を分かってよ
父　理屈じゃとっくに子離れできて　理想の父親演じてる
娘　理屈じゃなくてねお父さん　早く子離れして欲しい（註一）

ジュニア部門は、地元金沢中学校の要請に応えて指導している。

四節　奄美の歌遊び

歌掛けの二番手は、「奄美の歌遊び」であった。「奄美を代表するシマ唄の名手である坪山豊さんと、相方の潤さつきさんが、自慢の喉を利かして掛け歌を歌って下さいました。坪山さんの三線の音色と相俟って、たいへん素晴らしいものでした。

また、幾つかの歌では、奄美の小太鼓も使われ、本学大学院研究科に在学中の、三上絢子さんも加わって、場を盛り上げて下さいました」（國學院大學広報より）

奄美の歌遊び（國學院広報より）

最初に奄美の挨拶歌、あるいは「祝い歌」、座を清める歌などといわれている「あさばな節」を、坪山豊さんがで高く評価されている発声で丁寧に歌いあげた。

次に奄美の歴史的な史実が歌われている悲恋歌を歌い、次に雰囲気を一変してテンポの明るいリズムの「歌掛け」と歌曲を組み合わせて、奄美の特徴を歌い上げた。

歌詞も本来の挨拶歌から恋歌、教訓歌、神歌など多種多様である。

あさばな節

一　ハレー　まれまれ　汝《な》きゃ　拝《うが》で
　汝きゃ　今拝《なまうが》めば　にゃ　何時《いち》頃　拝むか
二　ハレー　拝まん人む　拝で　知りゅり
　神ぬ引き合わせに　拝まん人む　拝で　知りゅり
三　ハレー　昼夢《ひるいむ》がて　見りゅたんど　吾んな
　汝きゃ事思《くとうも》たが　昼夢がて　見りゅたんど
　吾んな
（囃子は省く）
（歌意）
一　久しぶりにあなたにお会いして、あなたに今お会いすると、次はいつまたお会いできるでしょうか。
二　お会いしたことがない人も、会ってこそ知ることができます。神様の引き合わせで、お会いしたことのない人も会って知ることができます。
三　昼の夢までも、みてしまいましたよ。わたしはあなたのことを思って、昼の夢までもみてしまいましたよ。わたしは。

次の「上がれ世《ゆ》ぬはる加那節」は、古風な歌曲で、ノロ神様の神歌としても歌われていて、はる加那は稲をもたらした女神との説がある。

　奄美では、古のノロ屋敷の跡地を中心に、稲作の豊穣感謝と翌年の豊作祈願を込めて、毎年八月、各地域において年中行事の「八月踊り」が行われている。

上がれ世《ゆ》ぬはる加那節

一　上がれ世《ゆ》ぬ　はる加那節や　ハレー
だーぬ村ぬ　稲がなし
ヨハレ　うま見ちゃめ　きくじょ加那
ハレー　てるこ　くまよし
二　てるこから　下《う》りて　ハレー　今日ど
三日《みきゃ》なりゅり
ヨハレー　三日戻り　四日《ゆは》戻り　ハレ
しゅん人《ちゅ》どぅ　見欲《みぶ》しゃ愛《かな》しゃ
（囃子は省いく）

（歌意）
一　上がる世のはる加那は、どこの村の稲神様か。彼女を見たか、きくじょ加那、てるこくまよし。
二　てるこから下りて、今日で三日になる。三日戻り四日戻りする人を見たいことだ。愛しいことだ。

　次のかんつめ節は、歴史的な事実が歌われている悲恋の歌として知られている歌曲である。

　かんつめ節は、不作で年貢を納めることができず、労働力として富豪に身売りされた彼女に、相思相愛の岩加那がいたが、二人の仲を主人夫婦は許さず、彼女は自ら命を絶った。後にかんつめを偲んで、歌詞をつけて歌われたとの説がある。

かんつめ節

一　ハレイー　夕《ゆ》べがで遊《あし》だる　かんてぃめ姉《あご》ぐわ
ヤーレー　なー明日《あちゃ》が　宵《よね》なれば

二　後生《ごしょ》が道に　御袖振《みそでふ》りゅり　ヤーレー
なー明日が　宵なれば
後生が道に　御袖振りゅり
習《な》ロワイ　知ロイー　哀レサ生レヤ
カンティメ姉グヮ

（歌意）
一　夕べまで遊んだ、かんつめ姉さん。明日の夜になると、後生への道に御袖を振って行ってしまった、哀れな生まれをした、かんつめ姉さん。

綾蝶《あやはぶら》節（作詞・曲　坪山豊）

一　綾蝶《あやはぶら》　蝶《はぶら》　ぬがなてぃど蝶《はぶら》　吾島　振り捨てぃてぃ
海越いてぃ　飛びゅり
待ちゅらば来よ　戻てぃ来よ
二　綾蝶《あやはぶら》　蝶《はぶら》　きもちゃげぬ蝶《はぶら》　大和他所島ぬ
仇花に　憧りてぃ
待ちゅらば来よ　戻てぃ来よ
三　綾蝶《あやはぶら》　蝶《はぶら》　ぬがなてぃど蝶《はぶら》　吾島美ら島
美ら花ば　忘れて
待ちゅらば来よ　戻てぃ来よ
待ちゅらば来よ　戻てぃ来よ

（歌意）
一　蝶よ、美しい蝶よ、どうして蝶よ。自分の故郷を捨てて海を越えて飛んで行ってしまうのか、待っているから帰って来いよ。
二　蝶よ、美しい蝶よ、可哀想な蝶よ。大和の他所島の仇花に憧れて行ってしまうのか。待っているから帰ってこいよ。
三　蝶よ、美しい蝶よ、故郷を離れた蝶よ。自分の美しい故郷を忘れて。待っているから帰ってこいよ。待っているから帰ってこいよ。

次は、賑やかで明るく、活力に満ちた曲目、奄美徳之島の名物である闘牛の歌で、軽やかなリズムで雰囲気が変わる。牛は家族同然に育てられ、闘牛の行われる当日、牛をとり巻いて頑張れ頑張れと声をかけ、手踊りして応援する。指笛や太鼓が鳴り響き、観客も交えて、闘う牛とともに熱気あふれる情景が繰り広げられる。

ワイド節

一　ワイド　ワイド　ワイド

わきゃ牛ワイド　全島一ワイド
愛しゃる　牛ぐゎに　草刈らじうかりゅめ
ウーレ　ウレウレ　手舞んけ
指笛吹け　塩まけ　ウーレ　ウレウレ
わきゃ牛ワイド　全島一ワイド
二　全島一なそちど　破れ着物な着ちゃる
雨風しゃんても　牛ぬ飯米忘れんな
三　わきゃ思め牛ぐゎぬ　技美らさ見ちゃめ
眉間突き　角掛け　手先技見事
四　子孫寄らとて　育しゃる牛ぐゎ
今日ぬ晴場所　でぃ　さぁさ頑張てんにょ

闘牛を飼う人は、歌詞に見られるように牛を中心とする生活である。強い牛を育てようと家族全員で愛情をそそぐ。ハレの日は真剣勝負の日で、自分の牛は見事だと褒め称えている。

五節　中国貴州省トン族の「大歌」と「行歌坐夜」

二〇〇七年十二月八、九日、歌垣サミットが國學院大學で「歌垣の研究は日本の精神的文化成立の基層の研究」として、中国貴州省トン族の「大歌」と「行歌坐夜」、奄美の歌遊び、秋田の掛唄が披露された。トン族の美しい声と歌詞で歌う「行歌坐夜」は、女性が夜なべしている所に男性が歌声で忍び寄り、恋に発展する過程が贈答・問答歌で行われる。

「トン族の歌掛けでは、トン族の若い男女の間で歌われる「行歌坐夜」が披露されました。夜、村の鼓楼に集まって、男女で交し合う歌掛けです。会場の照明を落として、夜の雰囲気の中で、琵琶（四弦の楽器）の音色にのせて感情豊かに歌ってもらいました。来場者は、一様に、うっとりと聴き入っていました（註三）」（國學院大學広報より）

トン族の「行歌坐夜」（國學院大學広報より）

トン族は、湖南、貴州、広西、およびその隣接する地

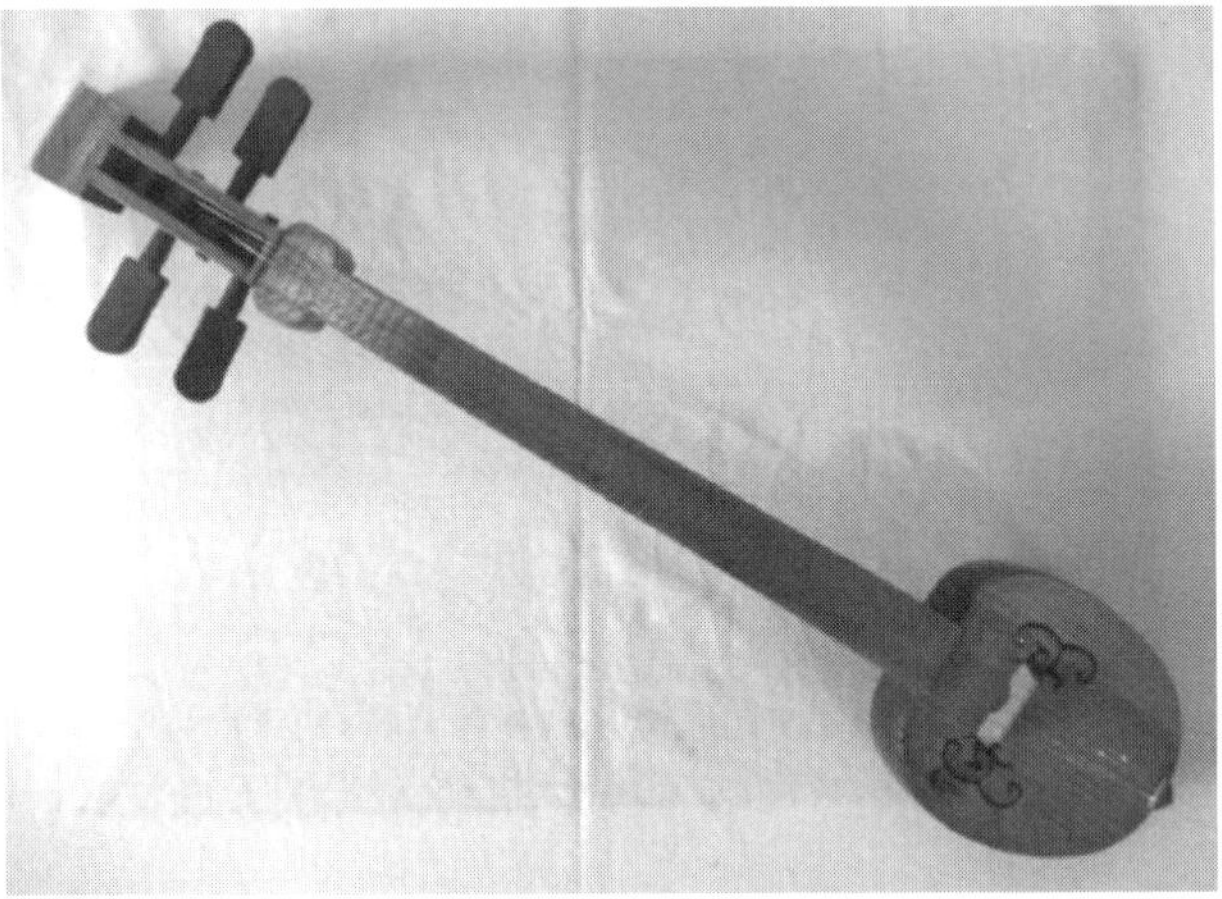

琵琶（四弦の楽器）著者所蔵

トン族の衣裳・著者所蔵

区と、湖北省の西南一帯に分布、人口約二百六十万人の内、貴州省に居住している人口が最も多い。

トン族の歌の種類は、「万物の起源」や「人類の繁殖」、先祖の移動内容を歌った「古歌」、二つの村同士が集団的な親睦活動に歌う「礼俗歌」、人物と物語の内容を歌う「叙事歌」、青年男女が集い歌う「情歌」に区別できる。

貴州トン族の歌唱文化は、「貴州のトン族は中原の漢族文化の影響を受けた時間と影響の違いによって、二つの方言地区、つまり南部方言と北部方言地区に分れている。北部トン族の歌曲は、ゆっくりしていて声が高くリズム感が強く、特に玩山歌は現地の漢族の民間歌謡と密接に関わっている。これは民族が互いに、交流した結果であるといえる。

南部トン族は、歌の種類によってその歌い方と歌う場所とを決める。「大歌」は主に新年や祭日の時にトン族村の鼓楼の中で歌い、「小琵琶歌」は主に青年男女が「行歌坐夜」の時に歌い、「踩堂歌」は主にお客を迎える時に歌う。「酒歌」は主に酒席や宴会で歌い、「踩堂歌」は主に集団で歌舞を行う時に歌う。「上山歌」「河歌」「木葉歌」は主に青年男女が山に行って労働をする時に歌うのである（註四）。

「大歌」には、男性だけで歌う「大歌」、女性だけで歌う「大歌」があり、また、男女が歌う「混声大歌」がある。九割以上は恋の歌で、内容は男性と女性の掛け合いによって生成されていている。

来客を迎える歌などがあり、迎える際には村々では最初に「大歌」を歌い熱烈に歓迎をする。

トン族は、歌によって愛情や友情を伝え、歴史や道徳的な教育も歌によってなされる。トン族社会は、歌で秩序が維持され、安定した社会が保たれているといえる。

トン族の歌の最も名高いのが「トン族大歌」である。「無字天歌」といい、歌詞がなく音を発する形式の曲で、声、息、命、再生、人と人の心と心のつながり、友情を捧げるなどの意味を含ませる。歌詞がなく音だけで歌うところに特質がある。それでもトン族の人は、歌の意味がわかり、それが歌の始まりであることを理解する（註五）。呉定国氏はこのように述べている。

大歌は、稲作文化と深いかかわりがある。稲作の農繁期や、春節の祭りに伝統の歌で交流し、季節に応じた生活リズムを作っている。

歌の伝承は、声がよくて記憶力があり、高音を指導でき、大歌の多くの曲目を把握していること、歌詞の創作能力があること、大歌の指導に報酬を求めない人、歌隊の指導経験があるなどの条件を備えた優秀な歌手が、トン族大歌伝承者として公認されている。

子供たちの大歌の学び方として、七、八年は歌を聞く訓練をして、歌詞を覚える。そして、七、八歳頃に歌師が正式に教え始める。一首を教える手順は、先ず歌詞をファ（四度）の音程によって詠唱で朗読、低音のメロディを覚える。高音を担当する者は、低音にいかに合せるかを覚えるが、歌師は、高音は他の声に従わないように、低音は音量をコントロールするように、高音を押えないように指導する。大歌は、風格、旋律、内容、演唱方式や民族的習慣によって、四種類に区分できる。

一、声音歌は、優雅な曲調と美しい歌声の表現として、蝉の鳴き声やせせらぎの音など、人と自然との調和の楽章を形成したもの。

二、柔声歌は、男女の恋愛感情を主に歌う大歌。「抒情大歌」とも言う。穏やかで優しく感化力がある。

三、論理歌は、人を戒め諭すことを歌う大歌の一種。旋律の起伏は大きくなく、歌詞の表現内容を重んじる。歌詞はあることを称えたり、あるいは風刺する内容。主な曲目は、「父母歌」「嫁と姑の歌」「単身歌」「怠け者の歌」などがある。

四、叙事歌は、主に物語の祖筋と登場人物の会話の内容を歌う。「元薫の歌」「美道の歌」「孔子の歌」などがある（註六）。

トン族社会では、「ご飯は体を養い、歌は心を養う」という諺があり、歌を軸に社会全体が維持されていると言える。

トン族の「父母の歌」

皆さんは親が産んで育ててくれました
誰一人として木から生まれた人はいません
一滴の牛乳も一粒のご飯も全て母が口で温かくしてくれました
父母の恩は語りきれません、父母を敬い孝行するのが子供の基本です

奄美の「父母を敬ううた」

アンマ（母）がおかげ、大島紬のオサ打ちならたっしゃ
じゅぅ（父）がおかげ、ソロバンてぃじみて読み書きならたっしゃ
てんぬ　むれぶしや　よむば　ゆみなりゅり
おやぬゆしぐとぅや　ゆみやならむ

この歌にみられる親に対する感謝の思いは、環境や生活様式が異なろうと、同じであることがわかる。

また、トン族の幼児期に歌を聞かせるという歌の教え方

は、奄美のシマ唄一人者である坪山豊氏が、従来から保育園で幼児達に三味線片手にシマ唄を歌って聞かせていることに通じる。

六節　奄美祭り

奄美祭りの起源は、旧名瀬市において戦前から毎年八月の同時期に催されていた「浜下り」と「港祭り」の二つを一九六四年に統合して大規模な夏祭りとしたことにある。

奄美祭りは、奄美諸島の中心である奄美市において、八月に開催される一大年中行事となっている。祭りは、船漕ぎ競争、花火大会、パレード、八月踊りと、様々に繰り広げられ、各集落や島外からの参観者で賑わう。

特に伝統文化の八月踊りは、元来五穀豊穣の感謝と翌年の豊作祈願の神祭りであった。かつてはどこの集落でも年中行事として行われていたが時代の波にのみ込まれ衰退した地域もある。

祭りでは、地域訛の方言がとびかい、各集落出身者ごと一堂に会して地域独自の発声で歌い踊り、太鼓、三味線、ハト笛が鳴り響き、団体名入りの大型提灯や団体名の昇り旗が林立して、夜の街は祭り一色となる。

この祭りでなければ出会うことの出来ない、各地域による男女の壮観な「歌掛け」が醍醐味である。

祭りが開催される場所は、奄美市の支庁通り交差点を起点に、郵便局交差点から旧ヤンゴ通り（旧花柳界通り）までのメインストリー約二キロの距離で行われ、踊りの連の場所割は参加団体代表によって、調整、決定される。

時間は午後八時から十時で、限られた時間の中で目指す地域の「歌掛け」の連と出会うには、旗や提灯を目標に人ごみの中をかき分けながら、たどり着くことになる。これも、楽しみの一つである。

一つの団体の参加人数は、約百人前後で構成されていて、各地域の奄美市在住者が軸となる。だが、各出身地域から支援者が駆けつけて、まるで集落が移動してきたような雰囲気が街中に満ち溢れる。踊りの連には自然発生的に研究者や観光者も参入して、祭りの踊り連は概算で三千人と推定されている（註七）。

戦前には、神社の三大祭りは、祈年祭、新嘗祭、例祭（神社大祭）であった。その中の「例祭」が、「浜下り」であり、明治末から大正、昭和の初期頃に至って、事業主、商店主、花柳界の経営者などが祭りを担っていたと伝えられている。

戦前の浜下り行事では、花柳界の花車の上に大勢の女性たちが妖艶な姿で並び、笛や太鼓に合わせて華やかな囃子

奄美祭り。撮影・著者

を発声した。これは、まさしく祭りに華を添える名物になっていた。この名物だしものは、一九六四年、旧名瀬市および商工会議所の主催する奄美祭りに合流するころには、姿を消している(註八)。

七節　奄美祭り参加団体は三十四団体

芦花部町内会、名瀬在住戸口郷友会、名瀬八月踊り保存会、浦上町内会、名瀬在住秋名郷友会、朝仁町内会、知名瀬町内会、大笠利郷友会、大棚郷友会、名瀬在住円郷友会、仲勝町内会、宇宿郷友会、小湊町内会、屋仁郷友会、奄美八・六会、名瀬在住喜瀬郷友会、根瀬部郷友会、大熊町内会、名瀬在住クニヤ会、名瀬在住佐仁郷友会、名瀬在住万屋・城間郷友会、有良町内会、社団法人奄美青年会議、里町内会、名瀬在住節田郷友会、小宿町内会、有屋町内会、名瀬在住住用・川内郷友会、名瀬在住今里会、名瀬在住赤木名郷友会、見里集落、名瀬在住与路郷友会、須野集落(註九)。

八節　奄美諸島の市町村名および集落(数)

奄美市(名瀬地区五十)(住用地区十二)(笠利地区十八)、龍郷町(十五)、大和村(十一)、宇検村(十三)、瀬戸内町(二十三)、請島(二)、加計呂麻(三十)、与路島(一)、喜界島(三十八)、徳之島町(十五)、天城町(十四)、伊仙町(十七)、和泊町(二十一)、知名町(二十一)、与論町(六)。

全集落数は、三百七である(註十)。

九節　むすび

奄美祭りの名物は、伝統文化の八月踊りの「歌掛け」に入れ替わっている。貴重な文化が継承されていることで、研究者や観光者、帰郷者が、この時期に奄美に行く目的とするようになっている。

「歌掛け」文化は、日本の貴重な文化遺産であり、世界に誇れる文化である。これを島の皆さんが再度認識して、永遠に継承して頂きたいと著者は願っている。

註

一　NHK・収録から引用(日本語訳：曹咏梅　國學院大學大学院)

二　東アジア歌垣サミット資料より引用。

三　歌垣サミット閉会にあたり、トン族の文化保護のための基金が、本学文学部の青木周平教授より、中国社会科学院少数民族文学研究所の鄧敏文研究員（代表）に贈呈されました。鄧先生は、「何とかして、貴重なトン族の文化の保護と伝承に努めていきたい」と、感謝の言葉を述べられました（國學院大學広報より引用）。

四　鄧敏文・中国社会科学院民族文学研究所教授、東アジア歌垣サミット資料を参考。

五　呉定国・貴州民族学院客員教授、東アジア歌垣サミット資料を参考。

六　前掲。

七　祭りに造詣の深い、花井恒三氏からの聞き取り調査による。

八　奄美の大規模事業主は、本土からの寄留商人が占めており、使用人は地元の人が大部分を占めていた。地元商店は、一部を除いて家族経営の極小規模の商店であった。

　寄留商人や奄美の産物を商う商人が、盛んに奄美に出入りするようになると、商談場所として利用するための料亭が並ぶ花街は活気に満ちていった。花街の女性達も大部分が日本本土から渡ってきたようであった。

　改訂『名瀬市誌・三巻・民俗編』第六章・信仰、第五節を参考にした。戦後間もなく軍政府によって、赤線廃止令が通達され「浜下り」の名物であった、妖艶な姿の女性達の花車も姿を消した。

九　奄美市役所観光課から資料提供。

十　前掲。

参考文献

『東アジア圏における対面歌唱システムに関する形成過程の研究』平成十七年度　國學院大學特別推進研究助成金研究成果報告書

『國學院大學広報』

『東アジア歌垣サミット資料』

『名瀬市誌・三巻・民俗編』改訂

三上絢子「研究ノート」

第二十四章　「歌掛け」にあいたい

一節　歌は生活文化の原点

奄美大島（南大島・北大島）と喜界島では、場の最初に歌われるのが「朝花節」で、その歌詞の一節に次のようにある。

朝花はやり節、
歌ぬはじまりや
朝花はやり節

この「朝花節」は座を清める歌、祝い歌、挨拶歌、歓迎の歌、声ならし（声の調子を整える）歌などといわれ、それらの席では基本的に、はな（最初）に歌われる。即ち、「はな」とは、物事のはじまりである。あらゆる物事には先端や突端があり、これも「はな」と称するが、始まりに通じるものである。

朝花の語源は、諸説ある。一日のはじまりの朝、とりわけ夜明け、つまり早朝を指す。

また、花をはなに重ねているとも考えられる。歌会などでは、雰囲気をはなやかに盛り上げる歌の見事な唄者には、ハナと呼ばれるご祝儀が出されなどの慣例もある。

さらに、「初め」という言葉や「一番」という言葉は、人々のあらゆる願望を託した言葉である。日常的に例えば、日本一、初め（最初）などは生活の中に頻繁に用いられ、歌にも夢と希望を託して歌われている。シマ唄の囃子にも「シ

マ一番よ　村一番よ」と席が盛り上った時に囃子で歌われる。

各地域によって、その席に相応しい朝花節が数曲あり、これらの歌は席の雰囲気に合わせて、次第に恋の掛け歌へと展開される大きな特徴をもっている。

あさばな節

まれまれ　なきゃ拝でぃ
神ぬひき合わせで　なきゃば拝でぃ
（歌意）ひさひさぶりに、あなたを拝顔できました、神様のひき合わせで、あなたを拝顔できたのです。

万葉集には、稲作文化を背景として、春に種をまき秋に収穫する季節区分によって、春耕秋収を表現して詠まれた歌が多い。四季の春は、ハナ、即ち先端である。

植物の花は、農耕民族の春耕秋収を軸とした自然と共生する神秘性を象徴するものとして受け止められてきた。祝い事や願望、教訓など人の思いを託して花は表現されてきた。

万葉集に登場する植物は、百五十種以上に及ぶが、万葉時代の人々は、特に春の花を代表するものとして桜を愛しんで詠んでいる。桜のサは田の神、稲の神を表現し、クラは神座を示す古語である。桜のハナの咲くようすによって、その年の稲穂の稔りを想定した。この桜のハナ、田の神を迎える行事が即ち花見で（註一）、稲作を中心とした神観念を表している。

二節　奄美文化研究会

朝花節考察

奄美諸島は、各地域によって方言が著しく異なり、この地域独自の訛りが歌の特徴である。

そこで、東京在住の奄美出身者で、シマ唄に造詣の深い方々に協力して頂き、各地域の地理的な関わりがシマ唄にどのような影響をもたらしているかを考察した。三味線と歌の実演で、國學院大學大学院「奄美文化研究会」において、六回にわたって儀礼的「あさばな節」あるいはそれに準じる歌、または、地域の代表的な歌を、実演者が自由に選択して取りあげる形式で進めた。

奄美諸島を大きく南大島、北大島、徳之島、喜界島、沖永良部島、与論島の六地区に区分し、マイクを使用しないシマ唄本来のぬくもりを持つ空間で特質を検証した（註二）。

研究活動（二〇〇五年）
第一回　四月十九日（火）南大島
第二回　五月十七日（火）徳之島
第三回　六月二十一日（火）北大島
第四回　十月十八日（火）喜界島
第五回　十一月十五日（火）沖永良部
第六回　十二月二十日（火）与論島
場　所　國學院大學大学院　文学研究科第一研究室
時　間　午後五時三〇分から七時三〇分
担　当　三上絢子
（協力者は在京の奄美出身者）

【第一回　奄美文化研究会（日本文学第一研究室）、四月十九日】
協力者　山下良光（シマ唄・三味線）、林延宏（シマ唄・三味線）
解　説　三上　絢子
テーマ「南大島の儀礼的朝花節」

南大島（瀬戸内）ひぎゃ歌の「長朝花節」、「朝花節」、「一切朝花節」の（三曲）紹介する。

「長朝花節」は、結婚式やおめでたい場で歌われ、祝歌の歌詞で曲は余韻をもたせて、ゆったりと荘厳な歌い方がされる。

長朝花節

ハレイー今日ぬよかろ日にハレ吾祝《わがいわ》て
（囃子）イチヌカランヨ　ナマヌカランヨ
吾祝《わがいわ》てぃ　ハレうかば　ウセイヤレー
（囃子）ヨイサ　ヨイサ
イヤハレ　祝が
（囃子）島一番よ村一番よ
吾祝《わがいわ》てぃ　ハレうかば
（囃子）吾祝てぃ　ハレうかば
ハレ　くれぃからぬ先やハレお祝《ゆ》わい
（囃子）ヨイサ　ヨイサ　ヨハレ　ヨイ　ヨイ
お祝《ゆ》わいまたハレばかり　ウセイヤレー
（囃子）ヨイサ　ヨイサ
ヨハレ　お祝《ゆ》わい
（囃子）西から参《も》ちな東《ひぎゃ》から参《も》ちな
お祝《ゆ》わいまたハレ　ばかり
（歌意）今日のめでたい日に、自分がお祝いをつけると、これからの先々は、西からも東からもお祝いばかりが寄ってきます。※囃子にも数十種類あり薬味の効果を持つ。

朝花節

朝花はやり節　唄ぬ始まりや朝花はやり節
突然《ちょっとん》出て　はばかりながら
ご免下さりませ　此の家《くや》の御主人様《うちすさま》
うもちゃん人《ちゅう》ど真実やらんな　石原踏《く》み切り
うもちゃん人どぅ真実やらんな
愛《かな》しゃん人《ちゅ》や　鶏《にわとうり》　卵　吾や親鶏なて
朝《しかま》な夕な抱《う》さとぅりぶしゃんじ
唄声なんにや惚《ふ》れぃらたんど　加那がきむ心に
千惚《せんぶれ》しゃんど満惚《まぶ》れぃしゃんど

一切朝花節

ハレーイ油断すんな　羽黒魚《はねぐろいゆ(カジキマグロ)》
（囃子）ヨイサヨイサヌヨイヨイ
哀れ女子《うなぐ(むすめ)》ぬくわや　島は無《ね》んど夫が島

節子《すっこ(地名)》ぬトミ《とみ(名前)》貫《むろ》てぃ呉れぃれ
正月にや芭蕉着物《ばしやぎん》着りやばむ
節子ぬトミ貫《むろ》てぃ呉れぃれぃ　呉れぃれ

【第二回　奄美文化研究会、五月十七日】
協力者　山下良光（シマ唄・三味線）林延宏（シマ唄・三味線）
解　説　三上絢子
テーマ「徳之島の朝花節」

徳之島の概要
徳之島は天城町、徳之島町、伊仙町の三町からなり、奄美大島から南へ六〇キロの諸島の中央に位置し、周囲八九キロ、面積二四八平方キロで奄美大島の次に大きな島で、島の中央に四〇〇～六〇〇メートルの山並があり、奄美のクロウサギの生息地として知られている。耕地面積は諸島では最大で、砂糖黍と畜産が盛んである。シマ唄の島、闘牛の島、長寿の島、遺跡の島などと呼ばれ、貴重な文化の宝庫といわれる地域である。
　特にシマ唄の原点といわれる奄美と沖縄の混合した歌と踊りが色濃く残っており、他の地域ではみられない独自性をもっている。

「歌掛け」の代表的な「徳之島一切節《とくぬしまちゅっきゃいぶし》」は、九十年程前に徳之島母間集落の「成ちよ」と言う若い女性が歌ったという説がある。夜なべ仕事の若い女性と三味線をもって通う男女が即興で掛け合ったとされ、エロチックな歌詞は奄美全島に広まっていった。徳之島町母間には「ちゅっきゃい節の碑」が建立されている。「ちゅっきゃい」とは、短い一節のことで歌の区切りは短く、即興で詩的に歌われる。

「口説（叙事歌謡）」と呼ばれる歌に、島の気質や島自慢を歌った「全島口説」や闘牛での名牛の激戦ぶりを讃えた「前原口説」がある。徳之島において、牛は豚やヤギと違い、霊界に通じているといわれている。

前原《めーばる》口説

手舞足舞　妹《うない》千代女がする事《くとぅ》ぬ
牛の三巡《めめ》り、巡《め》りたれば
さてむ牛、牛、気張れ牛ぐわ
此処《くま》なんてぃ負ければ　恥じど牛
（歌意）手舞足舞して、妹の千代女のすることといったら、牛の周りを三回巡り、「ささ、わたしの牛よ、がんばれよ。ここで負けたら恥だよ牛よ」といったよ。

※この「前原口節」の他に、十二の口説が徳之島にはある。

「ムチタボレ（餅もらい）歌」と踊りは、五穀豊穣を祈願する行事で集落の若者と子供達が主役である。化粧をして手ぬぐいやお面で顔を隠したり、男性も女装をし、また、手手地域では白装束をする場合もあり、「ムチタボレムチタボレ」と歌い踊り、各家々をまわる。

「ハマオリ（浜おり）」。旧七月のお盆の後の三日間は、島中が一晩中歌い踊り賑わう祭りである。また、旧八月十五日に全島的に盛んな豊年祭行事で、夏目踊りと呼ばれる情熱的な踊りが祭りの代表である。

「イッサンサン」。旧八月初戊《つちのえ》、福の神としてイッサンボと呼ばれる案山子を掲げて、子供たちが家々を祝福して回る。伊仙町の豊年祭である。

歴史的にこの島は、徳之島島主として弘長三年、琉球より来島した首里の高官が島の女性と結婚し、その首里之主の子孫が繁栄している。琉球との関わりが深く、その影響によって現在も伊仙町阿権地域では、国王の御前で演奏され舞われたとされる御前風といった琉球の祝歌と舞が用いられている（註三）。

「御前風」の舞。阿権公民館にて。撮影・著者

御前風

きょうのほこらしゃ　なをにぎやなたる
つぼでをる花の　露きやたごと
（歌意）今日の喜ばしさは何にたとえようか、花のつぼみが、朝露にあったようである。

伊仙町阿権地域の「御前風」は、曲、歌詞は琉球系であるが、踊り手は、紋付き袴の礼装で男性が一人で舞う。舞い方も阿権独自に展開され、荘厳な雰囲気を醸しだしている。

徳之島の「島花節」、「亀津朝花」と、「歌掛け」の代表的な「徳之島一切節《とくぬしまちゅっきゃい》」を紹介する。

徳之島の場合は、第一回の南大島のように、あさばな節をゆったりした情感を込めたリズムでは歌わない。明るく楽しげにおおらかである。

特に格式ある祝いの場では、初めに歌われる歌は、琉球の祝歌と舞「御前風（かぎやで節）」が用いられ、「のぼり口説」で締める場合がある。

島朝花

吾《わん》やこん島に　親親戚《うやはるじ》うらんど
吾《わん》かなしゃしゅん人《ちゅ》ど　親《うや》ちはれ拝《うが》もう
親《うや》が産《な》しお蔭《かげ》　吾《わ》かふんげがで育て
親ぬゆしぃぐと　そんなはれうめんな
遠方《あがてんげ》ぬ島なん　吾《わ》きゃ親《うや》や置《う》ちゅて
宵下《よねさが》いなれば　吾《わ》きゃ　親見《うやみ》り欲《ぶ》さんで
屋敷《やしき》 護《まもる》 神《かみ》や　皆護《みなまも》てたぼれ
物識《むぬし》らぬ私達《わきゃ》や手摺《ていしい》はれ拝《うが》もぅ

（歌意）私はこの島に、親や親戚はおりません、私を可愛がってくれる人こそ、親として敬おう。親が自分を産んだお陰で、ここまで丈夫に育った。親の教えを粗末にしてはいけない。遠い島に、自分の親をおいていても、夜になると自分の親に会いたい。屋敷を護る神様、皆を護って下さい。何もしらない私達は手をすり合わせて敬い拝みます。

島朝花は、他の地域に嫁いだ女性のおもいを歌ったという説や、遠方の旅先から故郷におもいを馳せた歌ともいわれている。

亀津朝花《かめいちあさはな》

エーヘーィ　朝花に惚《ふ》れて　吾《わ》きゃや振《ふ》い捨ててぃ
花ぬ萎《さお》れれや　吾きゃ事思《くとうめ》ぶしゃれ

エーヘーィ　島や何処《だー》ぬ島んま
変わるんどうや無《ね》しいが
水《めず》に分《わ》かされて　言葉《ことぅば》ぐぁぬ違《ち》ごて

エーヘーィ　旅や浜宿《はまやどい》　草や葉《ふぁ》どぅ枕
寝てん忘らぬ　吾家《わや》ぬ御側《うすは》

エーヘーィ　遠方《あがてんげ》ぬ島なん　吾《わ》きゃ親《うや》や置《う》ちゅて
宵下《よねさが》いなれば　吾《わ》きゃ　親見《うやみ》り欲《ぶ》さんで

（歌意）朝花に心をうばわれて、自分の家もみんな置きざりにして、朝花が年をとれば、私達の事を思い出して下さい。島は何処の島も変わらないけれど、川を境に言葉が違う。旅の野宿で寝ても忘れられない、自分の家のようすが。遠い島に自分の親をおいて夜になると、自分の親に会いたい。

ここでは、朝花は女性の名前である。朝花をおきざりにした夫が、若く美しい朝花に魅かれて、いつの日か自分のもとへ帰ってくるのを心待ちにする妻の心情を歌っている。

徳之島一切節《とくぬしまちゅきやりぶし》

徳之島一切節《とくぬしまちゅきやりぶし》　二切《たっきやり》なさらんかや
ハケー二切《たっきやり》なさらんかや
一切《ちゅきやり》加那《かな》がため　一切《ちゅきやり》や吾《わ》がため
吾二人《わったり》談合しゅうて《だんごしして》　名瀬《なせ》かちひんぎろや《へにげようよ》
名瀬は島近《しまちきや》さば　鹿児島ひんぎろや
今夜《よね》は拝《うがみ》んしょうら　ぬが夕《ゆ》ぶ　おもらんたんど
雨《あむ》ぬふて　風ぬふち　傘ぐぁぬ　ささらんだな
行きよ　かくれ丸　またこよ日高丸
今度の下《くだ》り船《せん》にや　吾《わ》きゃ加那《かな》ぬぅしてこよ

徳之島一切節《とくぬしまちゅっきゃいぶし》は、「歌掛け」の代表的な歌であり、即興による自由で大胆な男女の掛け合いがかわされる。

【第三回　奄美文化研究会、六月二十一日】

協力者　山下良光（シマ唄・三味線）、弓削ヒデ江（シマ唄）

解　説　三上絢子

テーマ　「北大島の朝花節」

北大島の概要

北大島は、なだらかな平野が広がり、東シナ海と太平洋が島の周囲を取り巻く。リーフと白浜（ビーチ）が美しい地域で、蘇鉄や芭蕉（芭蕉布の素材）の群生が見られる。

大島紬の古典的な図柄が、龍郷柄、秋名柄、西郷柄（西郷隆盛が謫居していた地域からその名がついた）などの地域名で呼ばれるほど、大島紬の生産が盛んな地域である。

北大島は歌と踊りの盛んな地域で、神に豊作を感謝し祈願する年中行事では、最初になされる儀礼的な歌と踊りに特徴がある。その後は自由な男女の情歌、恋歌が続き、夜明け頃までおこなわれる。

また、八月踊り歌の大部分は恋歌で、男女が輪になりリーダーのリードで男グループと女グループの歌掛けが行われる。歌のつなぎをスムーズに行うのが各リーダーの力量である。

「歌掛け」の「節田マンカイ」は、「正月マンカイ」とも呼ばれ、かつては若い男女によって、新年の出会いの場として楽しみに行われていた。マンカイは男女が二列に向き合って並び、歌の上の句に対して下の句で対応しながら、

招くしぐさの手舞をする

八月踊り（笠利町佐仁）

この地域の八月踊りは、活力に満ちてアラシャゲ（踊りのテンポが徐々に速くなっていく）は、はげしくエネルギッシュで、特に女性が熱情的である。男女の各リーダーは太鼓をたたき、歌い、踊り、掛け合いの相手に対応した歌詞を返す統率力が要求される。

ショチョガマ（竜郷町秋名集落の年中行事）

旧八月の初ひのえに田んぼを見下ろす山の中腹に、ショチョガマ（稲ワラやカヤで片屋根）を作り、夜明け前に稲魂を招く祭祀を行う。男性が屋根に登り太鼓に合わせて「ユラ・メラ」と掛け声を掛けながらショチョガマをゆすり倒す。その倒れ方で豊作の吉凶を占う。夕刻になると海岸で「平瀬マンカイ」の神事が行われる。

平瀬マンカイ（竜郷町秋名集落の年中行事）

稲作儀礼のアラセツ（新節）は、豊作を願う年中行事で四百年の歴史がある。秋名湾岸に潮が満ち始める頃、二つの岩礁、神平瀬に五人のノロとメラベ、平瀬に七人のグジ（男女）が並び、太鼓に合わせて神々しく平瀬マンカイの歌を歌い、海のかなたの神の国から稲魂（ニャーダマ）を招き豊作を祈願する。この稲作儀礼の後に海岸で八月踊りが行われる。

北大島の「あさがお節」「あさばな節」（歌掛け）「豊年節」の三曲を紹介する。「あさがお節」は、正月に歌われる目出たい歌詞で、祝の席の始めに歌う。特に結婚式などの目出たい時に歌われている。

あさがお節

若松ぬ　ハレ下に亀ぬ魚《いゆ》ね遊び
亀ぬ魚《いゆ》ね遊び　鶴や羽たれて
舞ひハレ美《きょら》さ　舞ひハレ美《きょら》さ
新たなる　ハレ年に炭と
ハレくぅぶ祝てぃ　炭とハレくぅぶ祝てぃ
親ぬ契り　子供《くゎ》ぬ契り
果報なハレ年祝を　果報なハレ年祝を

朝花節

あさばなはやりぶし　うたぬはじまりや

あさばなはやりぶし
うらぎりてはまうれ　かてでしやしなむたで
かたでしやなだばむだで
にしぬかぜはいぬかぜいて　かぜぬむんいゅんなれば
かんしにいやりたのも
あしゃんよねなしんそろや　やねやちるだめしゅうて
あしゃんよねなしんそろや

豊年節

イヨーハレーにしぬくちから　しらほやまきゃまきゃ
きゅーりヨイヨイ
(囃) スラヨイヨーイ
すてちぬどぅがきがいや　はんこぅぶせよ
ウトメーマシュ　ナロヤー　ハレにしぬくちから
(囃) スラヨイヨーイ
すてちぬどぅがきがいや　はんこぅぶせよ
ウトメーマシュ　ナロヤー
ヤーレヤラセバマタコイコイ
せんこぬねだな　まちぎぬはーばせんこちとぼち
やがまわくゎんのんまる　にばんこぎねがお

(歌意) 西の方向から、白い帆をゆらゆらさせて、船がくるよ。蘇鉄粥はひっくり返してすてよう。西の方向から、白い帆をゆらゆらさせて、船がくるよー。蘇鉄粥はひっくり返してすてよう。お線香がないから、松の葉をお線香の代わりに焚いて、山川観音丸が、二度航海できるようにお願いしよう。

この歌は、藩政時代に島民が生活苦に陥り、毒のある蘇鉄を加工して、粥にして凌いでいた。薩摩藩から米が年に一度支給されるが、島の沖に米を積んだ山川観音丸が見えたので、決して美味しいとは言えない蘇鉄粥は砂浜に捨て、米を積んで山川観音丸が二度航海できるように、お線香の代わりに松葉をたいて祈願しよう、と当時の状況をうかがい知れる歌である。

【第四回　奄美文化研究会、十月十八日】
協力者　山下良光（シマ唄・三味線）
解　説　三上絢子
テーマ　「喜界島の朝花節」

喜界島の概要

喜界島は周囲が約五〇キロ、面積五七平方キロの珊瑚礁が隆起してできた島である。奄美大島の東三〇キロの海上に横たわるような地形で浮かぶ。奄美大島から沖縄島までの航路上に縦に間隔を置いて並ぶ島々を形容して「道の島」というが、喜界島はこの航路から少しはずれた位置にあるために、古い風俗が多く残っている。

平家落人来島の伝説をもち、文治元年（一二〇二年）の源平壇ノ浦の戦いで落ち延びてきた平家の残党が喜界島に来島し、居城を構え七条と称して塩道村、佐手久村、志戸桶村、小野津村伊実久村の五カ村を領した。喜界島はその影響を大きく受けているといわれ、現在もその七条跡地が名所の一つになっている。

また、かつて喜界島は軍用馬の生産地として名高く、一島一町のこの地域では戦後間もない頃まで交通手段として、男女ともにはだか馬を駈けまわしていた。

喜界島のシマ唄には「塩道長浜節」「志戸桶まんこい節」「むちゃ加那節など」があり、奄美大島に距離的に近いために、大島でも歌われているシマ唄の「むちゃ加那節」が歌われる。美人親子の不遇な人生を偲んで、むちゃ加那と母親のウラトミの碑が建立されている。

「朝花節」は、新年のめでたい席、歳の祝、婚礼祝、誕生祝、新築祝、歓迎会等の場で最初にご祝儀として歌われ、それぞれの祝にふさわしい歌詞で歌い始められる。

「朝花」、「塩道長浜節」、「伊実久芭蕉山」、「志戸桶まんこい節」の四曲を紹介する。

朝花

元日の朝　床むかてみりば
(囃子・ヨイサ　ヨイサ　ヨイサヨイヨイ)
かみにうたすみて　つるがまゆり
きゅうぬ　ほこらしゃや　いつもよりもまさり
(囃子・島よ一番　村一番ヨイ)
いつも　きょうのごとに　あらちたぼうれ
ハーレかない　月のゆ　はまうりりばヨイ
(囃子・ヨイサ　ヨイサ　ヨイサヨイヨイ)
あわれ　はまちどりや　わぬばみちとでといちゅり
ハーレかな　十七・八・二十のころ
(囃子・花よ　花よ　みかんの花よ)
あすび　うもしろさや　ハレ　十七・八・二十のころ
ハーレかなよ　かなしゃんちゅや　にわとりたまご
わぬや　うやどりなて　ハレ　ちゅかまんよね

うさどりみぶさ

塩道長浜節

エーイしゅみち長浜　浜に　ヨーヤーハレー
わらび　泣きする　するヤレイヤレ
エンヤーレー　ヨーイトヨー
（囃子　なつかしゃや　コヨーイトヨイ）
エーイうりや　たがゆりかよ　ヤーハレーイ
（囃子　スラヨイヨイ）
あしはだのケサマツのヨーヨーハレ
エンヤーレーヨーイーヨー
エーイしゅみち長浜　浜に　ヨーヤレイ
（囃子　スラヨイヨイ）
馬つなじヨー　うかば
エーヨーハレエンヤーレーヨーイトヨー
エーイいきゃだるさあてむ　ヨーヤーハレ
うりやとうてヤヨのるな
エンヨーヤレーヨーイトヨー

（歌意）喜界島の伝説で、ケサマツという名の絶世の美人がいて、島中の若者がいいよるが断わられる。一人の若者が、塩道の浜で馬の手入れをしているケサマツに思いを打ち明けた。ケサマツは気持ちは分かったと、丘の方に馬を曳いてゆき横になり、馬が逃げないようにと手綱を男の足に繋いだ。男が手を掛けようとした時、ケサマツは手にした傘を急に開くと驚いた馬が走り出し、若者は長い砂浜を引きずられて無残な死をとげた。

その後、塩道長浜では夜な夜な赤子の泣き声がきこえ、ケサマツのあせ肌故に死んだ我が子の魂だと若者の父親が嘆いていたといわれ、塩道長浜につながれた馬には、どんなに疲れていても乗ってはいけないと言い伝えられている。

伊実久芭蕉山

伊実久ばしゃ山なんて（スラヨイヨイ）
あやてさぎうとち　ヨウハレうとち
アドッコイドッコイ
うりや拾たんちゅや　スラヨイヨイ
吾かなしむどち　ヨウハレ　むどちドッコイドッコイ
むどち　ヨウハレ　むどち

すたの長道なんて　(スラヨイヨイ)
金のキセルばうとちゃんち　ヨウハレうとちゃんち
(囃子　ドッコイドッコイ)
うとちゃんち　ヨウハレ　うとちゃんち
(囃子　うとちゃんち　ヨウハレ　うとちゃんち)
うりや拾たんちゅや　(スラヨイヨイ)
吾かなしむどち　ヨウハレ
むどち　(ドッコイドッコイ)
むどち　ヨウハレ　むどち

島やじゃぬ　島む　(スラヨイヨイ)
かわるがぎゃねらんど　ヨウハレ　ねらんど
(囃子　ドッコイドッコイ)
ねえらんと　ヨウハレ　ねえらんど
(囃子　ねえらんど　ヨウハレ　ねえらんど)
水にひかれて　(スラヨイヨイ)
ことばまたかわる　ヨウハレ　かわる
かわる　ヨウハレ　かわる

志戸桶まんこい節

高さはなのぼてヨーマンコイ　吾親島みればマンコイ
(囃子　マンキバカニカニ　サグリバマンコイ)
なだにうすわりて　みりがならぬ
(囃子　マンキバカニカニ　サグリバマンコイ)
うがみばとしゆり　ヨーマンコイ　うがまだぬしらぬ
マンコイ
(囃子　マンキバカニカニ　サグリバマンコイ)
うがんでうむかげぬ　ヨーマンコイ
ただばきゃあすり　マンコイ
(囃子　マンキバカニカニ　サグリバマンコイ)
島一つにおりば　ヨーマンコイ　道でもいきゃろ
マンコイ
旅と旅なりば　ヨーマンコイ　思たばかり　マンコイ
(歌意)高い所に登って自分の生まれた島をみれば、涙で目がうるんで見る事ができない。敬っていればわかりますよ、敬ってないとわからないでしょう。敬って面影がたてばどうでしょう。同じ島に住んでおれば、道でも行き会えるのに、他所に住んでいる人は、思うだけでしょう。

【第五回　奄美文化研究会、十一月二日】

協力者　山下良光（シマ唄・三味線）、末山本村（シマ唄）本田よしの（シマ唄）

解　説　三上絢子

テーマ「沖永良部島のシマ唄」

沖永良部島の概要

隆起珊瑚礁の平坦な地形で、周囲は五六キロ、面積九四平方キロ、美しいリーフが島の周りを囲んでいる。

花の島といわれ、エラブユリ（テッポユリ）の球根は、海外への輸出品として百年の歴史のある沖永良部島の重要産業であった。百合は純潔のイメージから、外国王家の紋章にも使用されている。ちなみに中国では薬草として用いられて、古事記には健康を願う花と記述がある。

琉球との関わりが深く、十五世紀頃、奄美諸島が琉球に服属していた時代に島を統治していた島主を世之主と呼称し、琉球国王（北山王）の次男が世之主であった。

奄美諸島の中でも沖永良部島は地理的にも沖縄に近く、歌や踊りや食文化、様々な習俗が琉球文化の影響を色濃く受けている。

また、芸能が盛んな地域で、琉球や中国の色彩が濃い芸能が継承されており、獅子舞は安政時代に伝承されたといわれ、上平川大蛇踊り（県指定無形民俗文化財）は野外芸能として大掛かりな演出をともなう行事で、このような異国情緒を持つ芸能は、他に奄美の島にはみられない。

ヤッコ踊りは、四百年前程に琉球から伝承され、若者達によって踊り継がれている伝統芸能である。また、西目踊《にしみ》りは、三味線と四竹を組み合わせる歌と踊りが琉球調であり、これらの芸能においても琉球を通した中国文化の影響がみられる。

沖永良部島は、例えば奄美大島の南大島《ひぎや》の歌と対比すると、言語や歌に大きな差異がみられる。

奄美のシマ唄は、日本本土の民謡と異なり、詞型は八八八六調で、伴奏に三味線《さんしん》と太鼓《ちじん》を用いる。この三味線は奄美と沖縄は異なる。奄美のバチは竹を細く削った板状にしたものを使用し、弦は高音をだすために細い弦を使用するのに対し、沖縄の三味線の場合は、バチは牛の角から作った「爪」を使用し、弦は奄美より太い。また、奏法においては、奄美が「返しバチ」と呼ばれる下から上への弾き上げを併用するのに対し、沖縄は上から下に弾き下ろす奏法である。三味線の皮は、双方とも蛇皮を使用している。

旋律は、徳之島以北では日本民謡音階と律音階が主であり、琉球音階とは異なり、また奄美のシマ唄の発声法は、琉球や日本民謡では使わない裏声を多く使う独自性をもっ

郵便はがき

料金受取人払郵便

鹿児島東局
承認
300

差出有効期間
2027年2月
4日まで

有効期限が
切れましたら
切手を貼って
お出し下さい

892-8790

168

鹿児島市下田町二九二―一

図書出版
南方新社 行

ふりがな 氏　　名		年齢　　　歳
住　　所	郵便番号　　　―	
Eメール		
職業又は学校名		電話（自宅・職場） （　　　）
購入書店名（所在地）		購入日　　月　　日

名　(　　　　　　　　　　　　　　　　　　　　)愛読者カード

書についてのご感想をおきかせください。また、今後の企画について
ご意見もおきかせください。

本書購入の動機（〇で囲んでください）

A　新聞・雑誌で　（紙・誌名　　　　　　　　　　　）
B　書店で　C　人にすすめられて　D　ダイレクトメールで
E　その他　（　　　　　　　　　　　　　　　　　　）

購読されている新聞，雑誌名

新聞　（　　　　　　　　）　雑誌　（　　　　　　　　）

直接購読申込欄

本状でご注文くださいますと、郵便振替用紙と注文書籍をお送りします。内容確認の後、代金を振り込んでください。（送料は無料）		
書名		冊
書名		冊
書名		冊
書名		冊

ている。
沖永良部島のシマ唄は、琉球音階のドミファソシドが主流で、奄美のように裏声や抑揚のある歌い方はせず、明るくおおらかで、開放的なリズムを持つ。三味線は琉球型や沖縄と奄美の中間型を用い、バチは牛の角を材質として沖縄よりは小さ目なものを使用し、言語の違いもあり独自性が強く現われるシマ唄が形成されている。
「サイサイ節」、そして「あんちゃめぐゎ」、「いちきゃ節」の三曲を紹介する。

サイサイ節

(さいさいさい　さいみちく　ぬでぃあしば)
きゅうぬふくらしゃや　すりー
むねにたてぃららむ
(さいさいさーい　さいむちく　ぬでぃあしば)
いちむひゅうぬぐとぅに　すりー
あらち　あらちたぼれ
(さいさいさい　さいみちく　ぬでぃあしば)
(歌意) きょうのうれしさは、ものに例えようがない。いつも今日のようにあってほしい。

かにうまさぬうさき　わちゅいぬまりゆみ
はなしゃあぬどぅしとぅ　よゆてぃぬまや
(歌意) こんな美味しい酒を、私一人では飲めない。親しい友と寄り集まって飲もう。

さきとぅむろはくや　みぬくすいでむぬ
いかなぎぐやてぃむ　みちてぃおいしら
(歌意) 酒と諸白は、体の薬といいます。如何な下戸であっても、満ちて差し上げましょう。

さきぬでぃむはちじゅう　ぬまだなむはちじゅう
さきぬてぃぬはちじゅう　ましやあらみ
(歌意)酒を飲んでいても八十歳、飲まない人も八十歳、酒を飲んでいても八十歳が、得ではないでしょうか

しらぎとぅしゆりや　とぅくぬめにかざてぃ
なしぐゎうたしみてぃ　ひまがうどぅい
(歌意) 白髪の年寄は、床の前に座らせて、産んだ子供に歌わせて、ひ孫に踊りをさせて、お祝いしよう。
この歌は、沖永良部島では代表的な宴席の歌と踊りの酒盛り歌である。

あんちゃめぐゎ

ヘイー　なまぬあんちゃめぐゎ
わぬしはじゅみらばヨ
(あ　すりー　すりー)
あとぅぬくいむどぅし
サー　なたししより
(あんちゃめぐゎ　なたししより)
(歌意) 今のあんちゃめぐゎを、私が始めるので後の声戻しは、あなたがして下さい。

あんちゃめぐゎくまに　さきさかなまんでぃ
くまにゆりゆりとぅ　いちょぃぶしゃぬ
(歌意)、あんちゃめぐゎはここに、酒と肴がたくさんあるよ。ここでゆっくりと御馳走してあげたいのだが。

あんちゃめぐゎだまり　がにあうしぐるしゃ
だんじゅなじるがいぬ
(歌意)、あんちゃめぐゎさえも、三味線はこんなに合せにくいものだ。だからなージルガイは、合わせにくいものだ。

しけやぬがやゆら　くむりたやてぃたや
わちゃがあぬくとぅむ　しけぬうなれ
(歌意)、世間とは何だろうか、曇ったり晴れたりして
いる。私達がこうあるのも世間の習いであろう。

しけやみじぐるま　かわすなよたげに
みぐてぃちゅぬしちむ　あいどぅしゅる
(歌意)、世間は水車のようなもの、互いに心変わりが
ないように、巡ってくるときもあるであろう。

この歌は、「歌掛け」で即興の歌詞を組み入れながら、楽しく掛け合われる代表的な琉球系の歌である。あんちゃめぐゎとは、女性の名前だと言われているが、明確な伝承は見当たらない。

いちきゃ節

にぞさいー
あわりしゅてなくな
かぜにわろらゆむよー
なかなしゅてぃきばり

はなぬまが　すりー
（歌意）貧しいからといって泣くなよ、風に笑われてしまうよ、泣かないで頑張りなさい、はなのような孫よ。

あぐましゃむだろさ　きむぬみどぅやゆるよ
わがだろさしりや　わやぬたちゅみ
（歌意）疲れや気だるさは、気持ち次第である。私が疲れてしまったら所帯は立たない。

沖永良部のシマ唄は、特に歌掛けが多い。またシマ唄の数も多い。代表的な「えらぶ百合の花」は、奄美全域において愛唱されており、ジャンル的に新民謡になるだろう。明るくテンポも軽やかである。

【第六回　奄美文化研究会、十二月二十日】
　協力者　竹内英健（舞い）、叶生二（シマ唄・三味線、与論出身）、時山秀次郎、山下良光
　解　説　三上絢子
　テーマ　「与論島の御前風」※「かぎや《かじゃ》で風節《ふうぶし》」を竹内英健氏（与論出身）が琉球の正装で、荘厳な雰囲気の中で琉舞を披露した。

与論島の概要
　奄美諸島の最南端に位置する与論島は、周囲二四キロ、面積二〇平方キロの島である。円形に近い形で白いリーフに囲まれた隆起珊瑚礁の平坦な島で、一番高い所でも標高一〇〇メートル弱である。
　沖縄島までの距離が二八キロと間近に望める位置にあり、言語やアクセント、行事や歌の分野に至るまで、琉球の影響を多大に受けながら、与論島の独自の文化を形成している。
　代表的な行事の「与論十五夜踊り」は、国指定重要無形民俗文化財になっていて、旧暦三月十五日、八月十五日、十月十五日の年三回行なわれる。地元では別名「ユガプウ（世が富）踊り」とも呼ばれ、島中安泰、五穀豊穣の感謝と祈りを込めて、地主神社で行われる。
　与論島の伝説によると、琉球の統治下に置かれていた一五六一年（永禄四年）に島の領主が三人の息子達に大和、島内、琉球の歌と踊りを調査させて始められ、世襲制で継がれてきたという。内容としては、一番組と二番組に分けられていて、一番組は大和の芸能を参考に、室町時代の能や狂言を取り入れた楽しい「末広がり」、二番組は与論島、奄美諸島、沖縄等の踊りを取り入れた荘厳な雰囲気の「里

主子踊り」で、島中の男女がユガプウ踊りに祈り踊る。
「シニグ祭り」は稲祭りともいわれ、氏族間で一年おきに行なわれる。祖先神を迎えて祀り、同時に稲霊をあがめて、氏族の幸運と豊穣とを祈願する。古代文化を継承していると考えられている。

与論島は、琉球に極めて近い位置にあり、歌や三味線は一五〇〇年頃に琉球から伝承されたと言われている。

こうした祭りとは別に、文字を持たなかった時代から八八八六調の四句三十音の歌掛けが、男女の夜の唯一の楽しみで、かつては出会いの場として正式な結婚へつながるケースが多々あったという。

与論島の代表的な歌「イキントウ」や「五尺へんよう」のように、江戸時代に全国に広がった本土系の歌に与論独自の歌詞を継いで展開した歌がある。またイキントウの歌は十五～十六世紀頃から歌われ、もと歌が亡霊封じの歌といわれる「上げイキントウ」、「下げイキントウ」と曲の調子を上下に編曲された歌や、「道イキントウ」のように神歌といわれる来世を歌った歌等、その時世によって変容した形成過程がある。

「かぎやで風節《かじゃでぃふうぶし》（御前風）」、「道為謹当《みちいきんとう》」（与論島の古謡）、「与論小唄（与論ラッパ節・十九の春の元歌）」、「さとがあでぃく」の四曲を紹介する。

かぎや《かじゃ》で風節《ふうぶし》

けふのほこらしゃ《きゆぬふくらしゃ》や　なをにきやなたてる《なうにじゃなたてぃる》
つぼて《つぃぶでぃ》をるはなの《ぬ》　つ《つぃ》ゆきや《ちゃ》たごと《ぐとぅ》
（囃子ヨーン　ナー）
（ハリ）つぼて《つぃぶでぃ》をるはなの《ぬ》　つぼて《つぃぶでぃ》をるはなの《ぬ》
つ《つぃ》ゆきや《ちゃ》たごと《ぐとぅ》　（囃子ヨーン　ナー）（註四）

与論においては、「かぎや《かじゃ》で風節《ふうぶし》」のこの歌詞の歌は、一生に一度の御祝に歌われる。例えば、結婚式、三十三年忌の法要などである。例えば、歳の祝の場合など普段に歌う時には、次の歌詞で歌う。

うしゅくがじまるや　いしだしゅりど　ぱしゅる
くわ　まがだち　ぱしゅる　このやぬ　うやがなし

道為謹当《みちいきんとう》（与論島の古謡）

道の辻辻に　願立てぃてぃ置《つ》かば
我《む》が思ゆる思人《さとう》に　出逢《いちょー》ちたぼり　ウシヨー
後生《ぐしょー》ぬ門《じゅう》や一門《いちじょう》　阿弥陀門《あみだじょう》や七門《ななじょう》

ウリ開《あ》きてぃ見りば　親《うや》ぬ居《い》めぃ　ウシヨー
後生《ぐしょー》に御在《いえー》る親《うや》や　何《ぬ》がよ欲物《ふしむぬ》や
水《みじ》ぬ初《はち》はちとぅ　花ぬ三枝《みえだ》　ウシヨー
たんでぃ浜千鳥《はまちじゅぃ》　朝間夕間《あさまゆーま》鳴くな
鳴きば面影《おむかぎ》ぬ　まさてぃ立ちゅい　ウシヨー

「道為謹当《みちいきんとう》」は、神歌といわれ、一般的には普段は歌わないものと伝承されてきた。歌詞の「道」は、墓場への道の意味をもち、古には葬儀の時に泣くことを専門の泣き女が存在していて、野辺送りの時に墓場への道のり、泣き女は、「道為謹当《みちいきんとう》」を歌いながら泣く役割を担っていた。

身内が悲しんで泣いていると、死者が心残りで成仏できないといわれ、身内の哀惜の念を込めた鎮魂の歌である。

また、この歌は、夜中十二時以降は亡霊を呼ぶので、決して歌ってはならない、といわれている（註五）。

イキントウとは、「生きる」の意味をもち、藩政時代に凶作で上納に苦しんだ島民がどうやって生きていくか、その苦難を歌に託したと伝承されている。他方、池の周りの草原を意味するという説もある。

奄美大島の「カンツメ節」は、身分制度の時代において若くして後生へ逝った女性の史実が歌われている悲恋歌で、この歌も夜には歌ってはいけないといわれている。

徳之島では、かつて死者がでると、専門的な泣き女が葬儀一切の間において、悲しみ泣く役割をする場合があったという。また徳之島では、「死人のある時は親族や知人の婦人が集まって泣く習慣が戦前頃まであった。「おもい」と言って一種の歌に類する悲哀憂愁な祈りの詞を、涙を拭き拭き声を揃えて唱える儀礼があった。その詞は次の通りである。これを何回も何回もと繰り返したのである。

おもい

三十歳以下の人の死す時、
生まれ顔や、あたしが育ち宝や、
ねだたしが百歳なてけたさ
あまちかさんご、こまちかさんご、かこんでたぼれ
三十歳以上の人の死す時、
生まれ顔も育ち宝もあたしが、百歳なてけたさ
あまちかさんご、こまちかさんご、
かこんでたぼれ（註六）

『南島雑話』には、「死するものあれば、身分に応じ、男女多く雇入、泣く事あり、富貴なるは夫《それ》だけ多く、貧家は又少なく、泣くに上手下手あり、上手は米二升を礼文に遣

す。下手は米壱升位遺す也。米の多少に依り泣き声も色々ありと云。故に壱升、二升泣くと云云。此俗稀也。上手は何知らん人も泪《なみだ》を流す様に泣くものありと云。泣の上手雇賃になる事なり」とある。

台湾の現在の葬儀は、しめやかに冥福を祈り、合掌、喪に服する日本の葬儀とは異なり、金管楽器や打楽器を演奏する専門のメンバーやミニスカートの女子楽隊などが営利的に組織されているとのこと。女子楽隊は棺の周りを練り歩き、懐メロが賑やかに流れ、死者を賑やかに送るという文化があるようである。

高木恵氏の談話。「台南市で、私が遭遇した葬儀は正午頃でした。街の中心地を色とりどりの花飾りを付けた車五から六台が列をなし、先頭の車はカラオケを流しながら、私服らしき若い女性たち、約十人ぐらいが車を囲み、二胡や打楽器をジャーン、ジャーンとひびき、一族らしき人々は白装束で後続車に乗り、市街地を行進する賑やかな雰囲気でした（註七）」と語っている。

葬儀の在り方を、台湾と日本を比較対象してみると、特に南西諸島が地理的には最も台湾に近い位置にありながら、民俗的には大きな異なりがあることが示されている。

与論小唄

木の葉みたいな我が与論　何の楽しみ無いところ
好きな貴方がおればこそ　私は与論が好きになる

産まれ与論に住めばこそ
めちゃくちゃ言われて腹が立つ
聞けば私のことばかり　思えば涙が先に立つ

私が貴方を思う数　山の木の数　星の数
三千世界の人の数　千里浜辺の砂の数

思えば去年の今頃は　与論赤崎海岸で
ともに手を取り語りしが　今は別れて西東

奥山住まいのウグイスは　庭の小枝で昼寝して
春が来るような夢を見て
あいたい、あいたいと鳴いている（註八）

与論島は、四方を海に囲まれた島で、地理的に台風の直撃は避けられず、一八九八年（明三十一年）に強烈な暴風雨に遭い、さらに干ばつ、悪疫と不運が続き、多くの餓死者が出た。

このような事情もあって、与論島の人々が九州の三井鉱山で、石炭荷積人夫として三井の労務者となって働き始めたのは明治後期に入ってからである。

口之津への移住では、賃金は未納年貢の名目で差し引かれ、無給扱いの極貧生活に追い込まれた時期もあった。団結して臨んだ交渉の結果、乗り切ることができたが、他より賃金は低かったといわれている。

故郷を離れた人々が、一九〇五年（明三十八年）本土で流行していた「ラッパ節」に、空き缶に紙を貼って作った三味線で、故郷を偲んで歌詞をつけて歌ったのが「与論小唄」である。

この曲は、明るく軽快なリズムではあるが、どこかもの悲しさが滲んでいる。近年まで「与論ラッパ節」と呼ばれていた。

沖縄の「十九の春」は、「与論小唄」が元歌で、全国的に愛唱されるようになっている。

さとがあでぃく
海《うん》ぬ頭石《つぶる》や　たふしがぬありく
めえちびやーぬ　とうぐちゃ　さとがあでぃく
とうまがま　うしゃげてぃ　さがてやみいみい
みんじゃみいみい　なでてやみいみ（註九）

（歌意）海《うん》ぬ頭石《つぶる》とは、珊瑚礁のことで、そこはタコの棲みかである。若い女性の家の戸口は青年が人目を避けて忍び寄る、戸口にかけてある目隠し（すだれ）を上げて、手探りで女性に触りだいてみる。夜這いの様子を歌っている。

三節　むすび

シマ唄は、同じ歌詞や曲名でも各地域によって、厳密には市町村ごとに方言の訛りに特徴があり、歌詞と特に曲（歌いまわし）が微妙に異なる。

地域の特質を明らかにすることを目的として、奄美諸島の奄美大島を①北大島、②南大島に分け、さらに島ごとに、③喜界島、④徳之島、⑤沖永良部、⑥与論島と六区間に分けて、儀礼的な場の最初に歌われる歌曲から、それぞれの地域で愛唱されている歌を扱ってきた。

代表的な「朝花節」が歌われる地域が①・②・③で、琉球系統の「御前風」と「朝花節」の両方を歌っているのが④で、「御前風」が歌われる地域が⑤・⑥、と南下する地域が徳之島を中心に二分されることが知見される。南下するに従って、祝いの席や歌あしびの席、酒宴の席等で最初に歌う歌に地域の独自性の変化が見える。

与論島の古謡、「道為謹当《みちいきんとう》」のように、歌う場のしきたりを余り認知されていなかったり、「さとがあでぃく」の歌掛けのように、夜這い歌の歌詞が露骨で、不謹慎とされて避けられる場合などがある。時代によって文化の受容のされ方が違っているのである。

奄美のシマ唄は、特に歌の背景に貴重な歴史がみえる歌が多く、またシマ唄に歌われる方言は、わが国の古典文献に活字として遺されている言語が多く垣間見えるのである。

註

一 『万葉の花』桜井満、三二頁に「田の神を迎える行事が「花見」なのである。近畿以西には、三月上巳の節供またはその翌日に「花見」を行うところが多く、東国では、卯月八日を「花見」の日とするところが多い。期日の開きは風土の違いによるが、花見の日が定められているということは、これが重要な年中行事であったことを物語る」と記述してある。

二 奄美諸島は、厳密には市町村ごとの方言によって、歌詞と曲が微妙に異なるのである。

三 伊仙町阿権地域では、「御前風」の舞ができる人は一人だけで、しかも高齢のため今後が案じられている。写真は、阿権公民館において著者が講演の際に撮影したもの。

四 与論の民謡に造詣の深い池田直峰氏から、「かぎや《かじゃ》で風節《ふうぶし》」の聞き取り調査による。

五 「道為謹当《みちいきんとう》」のしきたりなど、池田直峰氏から聞き取り調査による。

六 『奄美郷土史選集・第一巻 徳之島小史』二三九頁より引用。

七 高木恵氏が学会参加の際に、台湾の台南市滞在中に遭遇した葬儀について、聞き取りをした。

八 「与論小唄」歌詞の一部分を著者が編集している。

九 「さとがあでぃく」は、夜這いの歌掛けで露骨な歌詞であるとして、一般に歌われていないという。池田直峰氏からの聞き取り調査による。

参考文献

桜井満『万葉の花』雄山閣 一九八四年
『歌い継ぐ奄美の島唄 沖永良部島』奄美島唄保存伝承事業実行委員会 二〇一四年
坂井友直『奄美郷土史選集・第一巻 徳之島小史』復刻版 国書

刊行会　一九九二年
名越左源太、国分直一・恵良宏校注『南島雑話』（全二巻）平凡社　一九八四年
三上絢子「研究ノート」

第二十五章　「歌掛け」の秘抄

一節　即興による「歌掛け」の受容

奄美では、古から生活の中で歌が生み出され、先人達から口承によって、時代を超えて歌い継がれてきている。文字をもたない古に思いを馳せると、言語が重要であり、村落共同体の中での精神的な規範は、各々が自発的に心がけていたことであろうと考えられる。そのことは、社会性を帯びた諺に見出される。歌の原点は諺であり、年月を経てリズムが加わり、歌う形式に生成されて、人から人へと受容されてきたのではないか。それは、シマ唄に諺が多くの歌詞に含まれていることからも、うかがい知ることができる。

また、歌の始まりは、仲間で掛け合う楽しみとして行われ、絆も深まる効果があったと思われる。客人を迎える歓待の場にも、歌がおもてなしの主力であったであろう。「歌掛け」は対話であり、最初から文句を準備するものではなく、即興である。そのように受け止めると、何の難しい問題もあり得ないのである。「歌掛け」の醍醐味は、シマ口（方言）で掛け合う点にあり、イントネーションが味わい深さを醸し出すスパイスの役割を発揮している。

シマ口は、相手に敬意を表現するという豊かさがあり、発声する人の雰囲気にもにじみ出て笑顔を引き出す。

例えば、行きずりの人にも「うがみんしょら」と挨拶を交わす。「拝みます」と最高の敬いを意味している方言である。この挨拶を受けて不機嫌になる人は皆無である。

さらに、「みしょれ」は「召し上がれ」の意味である。日常生活の中において、これほどの、敬語が用いられているということに、方言を継承した先人達に深謝するばかりである。

奄美は、歌の宝庫である。世界に向けて誇れる歌文化を、衰退の危機におくことなく、シマ唄の原点である即興の「歌掛け」を継承していく使命感を、多くの人に抱いて欲しいと願望している。

特に次期世代を担う若者たちの参考資料になればと考えて、次の節においては、「奄美歌掛け文化保存会」の役員一同に、即興の「歌掛け」を提供して頂き、簡潔にそれぞれの「歌掛け」に関わる思いを記述する。

二節　「歌掛け」の事例

【楠田豊春】

奄美は、幾度かの時代の中にありながらも、島の宝である方言（シマ口）を捨てずに守ってきた。

だが、過去の方言禁止令や学校教育への英語導入とその強化などが、その世代の人々が方言を使わないという状態を生みだしてしまい、危機感を抱いている。伝統であるシマ唄は方言だからこそ、内外から評価が高いのであり、奄美独自の方言の訛りが、方言を知らない人達にも懐かしさが伝わり感動を与えている。

奄美の方言が如何に貴重な響きをもっているのか、島の人たちが改めて振り返って、感じ取って欲しいと思っている。

方言でつぎの「歌掛け」を作成してみた。

命どぅ宝

男　親に生されてど　くりまで育ち
　　吾　生ちゃる　親ぬ長寿ば願わう

女　朝と夕　天ぬ月と星に　願かけてぃ
　　二人親がなし　百歳願わう

男　六十なれば　百二十願おう
　　六十や　七十は若さ　有りょんど

女　八十は、百歳ば願て　子孫が揃て
　　祝いば　祝いばかり　有りょんど

男　親がなし　百歳ば願て　子孫が
　丸しゃ　石ぬ長さなる　願い掛けてぃ
女　子孫が　親がなしぬ　長寿ば願て
　命どぅ　命どぅ宝ば　願いば
男女　子孫ぬ　繁栄も願い　打揃て
　　親がなし　長生きしんしょりよ

【義永秀親】

渡連浜（朝花の曲にのせて）

一　歌掛けちば　何《ぬう》ばかけるかい
　島影　砂浜　汐流れ　かけぶしゃや
二　歌掛けちば　渡連浜　かける
　渡連浜ちば　島一番の　きょら浜ど
三　島一番ちば　いきゃしゃる　浜かや
　汐ぬ満ちやがり　テクラぐわぬ　浜ぬぶて
四　テクラぐわや　ぬが上がるかや
　海ぬきょらさて　汐口ば　みまち　げたんど
五　かけろま島ち　ぬがつけた　むんかや
　昔ばやりぬ　イギリスロマンぬ　まんどて　だろう
六　ロマンぬ　まんでちば　如何《いか》しゃる　ことかや
　島影　島唄　島情ぬ　くとぅだろよ

実久浜（朝花の曲にのせて）

一　かけろま　島々《しまちゃ》は　ぬが付けた物《むん》かや
　ハレイー　昔ばやりぬ　イギリスロマンぬ
　事《くとう》だろな
二　イギリスロマンちば　いきゃしゃるな　物《むん》かや
　ハレイー　島影　島唄　人影《ちゅんかげ》ロマンど
三　人影《ちゅんかげ》　ロマンちば　何処《たあべ》を　かけろかや

ハレイー　島や実久の　サンゴ海かけろ
四　サンゴ海ちば　如何様な《いきゃんしゃる》　海かや
ハレイー　天子様　行幸　御足《みあし》の跡
五　島唄　ロマンちば　ぬーば　かけろかや
ハレイー　芦花部一番　実久クバかけろ
六　実久クバちば　如何様《いきゃんしゃる》　くとぅかや
ハレイー　タツゴ浦から　名瀬まで　くじど

二〇一〇年十月二十日に、奄美大島に集中豪雨による過去に類を見ない雨量で、未曾有の多大な被害を発生させた状況下において、温もりを持つ人の心が偉大な支えになった事を痛感した。

歴史的な豪雨災害によって、のどかな集落は崖崩れ、道路の陥没、冠水、交通網の遮断、通信網の遮断、停電、断水、家屋の浸水、特に莫大な被害のあった龍郷、大和、住用地域の社会生活は破滅的な打撃に見舞われ、空の玄関口の空港も通信遮断で一時は不能になった。

きもぎょらさ（ヨイソラ節にのせて）

一　雨やドイドイと　雨や岳鳴《たけな》らち降ゆり
二　住用　龍郷　哀れ荒《あ》れ流《なが》ち
三　白げ年方《としかた》ば　後生《ごしょう》が旅《たび》　出《い》じゃち
四　陸上自衛隊　命がけ支援
五　警消　保安　赤十字　なつかしゃ
六　島中の青年《ねせ》んきゃ　汗涙《あせなだ》の支援
七　結いのきょら島　村中　兄弟　優り
八　我きゃや　歌掛けてぃ　暗島《くらしま》　明《は》がらそ
九　ありげてさまど　国県市町村
十　雨涙ぬ　落《う》てて　全国義援報

（歌意）
一　豪雨は山々に轟音を響かせて降り、
二　住用、竜郷は気の毒に流されて荒れてしまった。
三　尊い年配者の命が奪われ無念でたまらない。
四　陸上自衛隊は命がけで支援した。
五　警察　消防　保安　赤十字の活躍ありがたい。
六　島中の若者達が汗と涙を流しながら支援に関わり、
七　助け合いの美しい心をもつ島は、集落中が兄弟のように助け合った。

八　我々は歌掛けによって、不安で暗くなっている島の人々に活力と明るさを届けよう。
九　国県市町村　ありがとうございます。
十　全国からの義援報に胸があつくなり　涙がとまらない。

集中豪雨による山崩れで道路は遮断され、集落は泥水に覆われて無残な状態で、高齢者の尊い命をも奪った。集落中の若者達が無念さをこらえて懸命に支援に活躍した。前向きに復興へ向けて明るさを届けようと、作者の結いの想いが込められた豊かな表現の歌掛けの妙である（註一）。結いの想いを届けるために、遠路はるばる困難の中を踏み越えて参加した方々に相応しいシマ唄がある。

いしはらふみきち　いもちゃんちゅうど
しんじつあらめ
神のひきあわせ　いもちゃんちゅうど
しんじつあらめ

歌意は、山谷を踏み越えて、困難の中をおいでになられた人こそ、まごころがあるからで、これは神の導きでしょう。おいでになられた人こそ、まごころがあり神のようだと感謝のおもいが歌い込まれている。

【山田　薫】

私は奄美諸島の誇れるシマ口（方言）を常に大事にしている。シマとは集落のことであり、それぞれの地域によってシマ口には独自性がある。つまり、そのシマジマにとってシマ口は、標準語であることになる。

言語的にシマ口は、相手に対して敬語と親しみが含まれていて、さらに、それぞれの地域の訛りが、懐かしさと安らぎを醸し出し、豊かさが滲み出ている。それ故に伝統文化の歌は、シマ口によってこそ本領が発揮できるのである。

私は、シマ口が奄美諸島のかけがえのない宝だと誇りにしていて、後世に伝承する使命感を抱いている。

特にシマ唄の原点は「歌掛け」であり、「歌掛け」の醍醐味は囃子にある。そのことで掛け合いも一段と活力が、ふつふつと盛り上がるのである。次に囃子の事例を掲げておくことにする。

笠利と龍郷の自慢くらべ（クルダンド節の曲にのせて）

一　ながむぬ　きょらさよ
笠利《かさん》やあやまる
龍郷や長雲
ながむぬ　きょらさ

二　岬ぬ　きょらさよ
笠利や蒲生《がもう》崎
龍郷や今井崎
岬ぬ　きょらさ

三　浜ぬ　長さよ
笠利や　土浜《しちばま》
龍郷や　東浜《ひぎゃばま》
浜ぬ　長さ

四　村ぬ長さよ
笠利や　喜瀬《きし》村
龍郷や　戸口《とぐうち》村
村ぬ　長さ

「笠利と龍郷の自慢くらべ」は、笠利と龍郷は、それぞれの地域に特徴があり、自慢くらべは、負けず劣らず双方が見事な絶景地域であることが示されていて、歌詞からも美的感覚の素晴らしさが知れる。

シマ唄一般の囃子の例

・ヨイサ　ヨイサ　ヨイサ　ヨイヨイ
・シマイチバンヨ　ムライチバンヨ
・ハナジャ　ハナジャ　ミカンヌ　ハナジャ
・ガシド　ガシド　ナガイモン　ガナシ
・イチヤヌカラン　ナマ　ヌカランヨ
・カナシ　ムチロン　タヨリヤ　ネンド

男女の掛け合いの場合の例

女　シュン　ジャ　シュン　ジャ　村一番ヨ
（歌意）上手だ　上手だ　村一番だよ
男　ナツィカサ　ミクイヌ　チュナマ　イジィティ
（歌意）懐かしい美声が、今やっとでたよ
女　カナシャ　カナシャ　タルインマ　カナシャ
（歌意）愛おしい　愛おしい　誰よりも
愛おしい
男　カンユティ　イモレィ　クビダテ　シィユンヨ
（歌意）ここにおいで、くびだきしたいよ

女　スキヨ　スキヨ　タルインマ　スキヨ
（歌意）好きだ　好きだ　誰よりも　好きだ
男　ワッタリ　ナロ　ナロ　チユゥトゥ
ナラィリンヤ
（歌意）私たち二人　夫婦になろうよ
他人とはなれないよ

このように「歌掛け」の場合、囃子によって次に掛ける言葉も、双方がスムースに楽しく生成される。

【奥山恒満】

奄美には、先人達から伝えられた方言で歌ってこそ誇れるシマ唄があり、特に仲間で楽しみながら絆を強くしたのは、文字を使わない時代から、即興の「歌掛け」である。その日の出来事や自分の考えなど、歌に託して表現する。するとその事に対して、回答が返されてくる仕組みが、歌の掛け合いの見事なところで、生活の知恵で、悩み事や恋を伝えたい時などの解決もしていた。

先人たちは、歌によって、さり気なく、あらゆる事を解決し、「歌掛け」で交わされた内容は、後にしこり残さない、まるで約束ごとがあったかのようである。

これらを現代語で行われた場合は、あらたまり過ぎて、ぎこちなく、後々に尾を引く。シマ口で掛け合うからこそ、温もりと思いやりが伝わるのである。

ようかな節

雨ぬ始まりや　西田長嶺
遊郭ぬ始まりや　真名津笠利

浮世西田　華ぬ西中勝
素味噌　伊津部　声ぬ朝戸

太陽ぬ昇じぎょらさ　笠利あやまる岬
うれが沈てまぐれ　名瀬や大浜

八月踊出演ぎょらさ　奄美シマ唄
うれが速りゅん時や　にゃ耐ぎららぬ

八月踊時季なれば　にゃ吾きゃ真正や踏まぬ
踊り遊び狂い　明日や何喰も

俊造、みつ代、みずき　日本一の唄者
なぐるしゃ南部大島節　坪山節（豊加那志）
うれに次ぐ若者　律紀、ちとせ、やすお
孝介等ぬ民謡　にゃ聞き惚れて

にわとり卵

男　鶏《とぅり》ぬ卵　二十夜《はちかゆる》に孵化《しれぃ》る
二十日抱《お》せ　抜《す》けば
羽《はね》ぬ生めて　飛《とぅ》びゅり

女　鶏《とぅり》ぬ卵　二十夜《はちかゆる》に孵化《しれぃ》る
久久《まれまれ》　汝等《なきゃうが》拝で　私《わん》な孵化《しれぃ》る

男　鶏《とぅり》ぬ卵　愛《かな》しゃん　加奈心《かなごころ》
吾《わん》も親鶏《うやどぅり》なて　朝晩《あさゆぅ》覆《お》い欲《ぶぅ》しゃ

女　玉黄金《たまくがね》親《うや》や　産《な》しど産《な》さりゅる
姿魂《なりしがた》添えて　産《な》しゃぬ　ならぬ

さんやま胡弓《ごこ》

一　さんやまぬ　胡弓《ごこ》　大和がて　なりゅり
大和から　私《わ》ぬや　聞《き》ちど　来よーたる

二　来もしゃ　いーど　来もしゃ　日本一ぬ民謡じゃ
うれ聞ち　帰れば　にゃぬ　土産や要ぬ

三　踊れ　歌わんば　今ど遊ばりゅる
吾家ぬ　所帯持てば　遊しびならぬ

四　遊ばちも美《きょ》らさ　踊《うど》らちも美らさ
あれ産《な》ちゃる親《うや》や　神様《かご》ど有《あ》たろ

五　姿艶《なりいる》んに　ちゅ惚《ぶ》れ　踊り見ち二惚《ふたぼ》れ
二惚れから　三惚《みぼ》れ　にゃ　惚れちちゃむ

六　今日迄ぬ遊《あし》び　明日迄《あちゃ》の遊《あし》び
行き果てぬ遊び　来年《やね》ぬ遊び

【坪山　豊】

奄美の数ある歌の中でも、挨拶歌、祝い歌として親しまれている「朝花節」は、問答形式で掛け合う「歌掛け」の代表的歌である。

朝花節

ハレー　稀れ稀れ　汝きゃ　拝で
汝きゃ　今拝めば　にゃ　何時頃　拝むかや
ハレー　拝まん人む　拝で　知りゅり
神の引き逢わせに　拝で　知りゅり
ハレー　昼夢がて　見りゅたんど　吾んな
汝きゃ事思たが　見りょたんど　吾んな

「上がる日のはるかな節」は、メロディがゆったりしていて、歌詞が即興でも作りやすい歌です。

男　さよ姉さん　うとうもどいし　ハレー
やさねぬ　二、三月や　ヨハレー
ゆったり　やばたとうや
女　豊兄さん　とじもどし　やねぬ八月や　ヨハレー
やねぬ八月や　ヤレー　ゆったりやたとうや

彼女に「今付き合っている彼氏（または旦那さん）とは、この二月か三月には別れてくれ」と頼み、「来年の今頃は、二人で逃げましょうよ」と私が言いました。そこで女の人がですね、「自分は彼氏（旦那）と別れるので、来年の八月に一緒に所帯を持ちましょう」ということになったわけです。優しい愛情の歌掛けとか、生活を反映した歌掛けはよくありますが、こういう内容のきわどい歌掛けは、あまりない。我々のように歌に慣れた者には、きわどい歌詞でもどんどん出来るということですね。

「朝花節」で歌ってみたいと思います。二人はとても良い仲になって、最後別れてゆくという内容になります。

「朝花節」の曲にのせて
唄・坪山豊、相方・皆吉佐代子

男　レーイー　通ふたる　家後道ぐわー

女　ガシドガシドナンガ　イモガネンドー
げたぬ　さばなりがてぃ　かようたる
やんくしみちぐね
（歌意）晩通っていたあの人の家の後道。下駄の歯が薄くなるまで通っていたあの人の家の後道。

女　レーイー　通はむんぬ　わん取りなりゆめ
ウマドゥシラリン　ダガシラリンヨー
げたぬ　さばなりがでぃ　かよはむんぬ
わん取りなりゆめ
（歌意）通わない人は私を取ることは出来ない。下駄の歯が薄くなるまで通わない人は私を取ることは出来ない。

男　レーイー　昔やいきや　あていよ
ヨイサヨイサ　ヨイヨイ
なまどぅ　ぬくぃぬくぃしゅうる　昔やいきやー
あてぃよ
（歌意）昔はどうだったか。今でこそ離れ離れだが、昔はどうだったか。

女　レーイー　なんとぅや　てぃち　行ききりゃんど
ヌガヨナンナ　ウガシヤイモユン
なんぬかほ　はごさんにゃ　なんとぅ
てぃちいききりゃんど
（歌意）あなたについては行けない。あなたの顔が醜いから貴方についていては行けない。

解説（坪山豊）私が彼女の家に通うのです。高い下駄の歯が磨り減るまで通っていたというのが一番目。もっともっと通わんと自分を取ることは出来ない、というのが二番目です。二番目と三番目の繋ぎですが、昔はどうだったか、昔の仲のよさはどうだったと問いかけ、今離れ離れになるのだけれども、昔は本当に熱い恋だったと。ところがあんまり、私の顔がかっこ悪いものですから、女の方はあんたにはついて行けないと、いう歌で、みのらぬ恋の歌です。

【築地俊造】

奄美のシマ唄は、生活の歌と言われている。私達はあまりに伝統を重んじ過ぎて、現在の自分たちの生活を歌うことを忘れているように思う。基本的なシマ唄を全面的にないがしろにしては、伝統文化としてよくないが、部分的に大和言葉を取り込むのもいいのではと思う。

私は現在の生活環境における多様な思いを表現して歌うのが、生きたシマ唄であると考えている。

特に若者達にとっては、言葉が問題でシマ口（方言）が難しいのである。私個人としては、シマ唄は八八八六の三十文字形式なので、この形式をくずしたら唄にはならないので、歌える範囲ならば大和言葉を用いて生きたシマ唄として、若者達が聞いて理解できるようにしたいと考えている。

「朝花節」の曲にのせて

男　久しぶりに　なきゃ拝で
なげさ拝みょらんたが
元気しもんにゃ　きばていもんにゃ

女　寄ていもれ　あがていもれ
よねや　まれまれ　じゃんが
唄かけてしうて　遊びんしょろや

男　三味線ぐわぬ　ぐいん聞けば
昔　親ふじんきゃぬ　唄ぬ道
おめじゃしゅり

女　昔や昔　今や今ど
今ぬ生きざまいいば
うりがど　シマ唄さらめ

男　大和ち　もんちば　きばていもれ
おもかげ　たちゅん時や
シマむこて　唄おべれ

女　大和ちば　やん（家）後（クシ）どかな
飛行機　旅すれば　一、二時間し
行じゃり　しちゃり

男　時々やメールたぼれ
わぬが　けいたい　くわち
時々やメールたぼれ

女　便利なむんじゃ　近頃や
パソコンひとつで　買いものしやり
顔みしゃり

「朝花節」の曲にのせて

なっかしゃや　シマ唄ぐわ
昔　うやふじ　きゃぬ
曲（マ）げぎょらさ　うたぎょらさ
シマ唄ぐわぬ　おかげ　だりょど
なきゃと遊ばれんむんや
シマ唄ぐわぬ　うかげだりょっと

時々や　遊びんしょろや
遊びならよたん　むんぬ
時々や　遊びんしょろや

交通安全のうた（くるだんど節の曲にのせて）

上　ハレー　とばすなよ
ヤーレー　急ぎの時でも
時間がなくても　とばすなよー
ヨーハレー　急ぎの時でも
時間がなくても　とばすなよー

下　ハレー　なくなるよ
ヤーレー　なんぎしうて　取たる
免許証も　お金も　なくなるよ
ヨーハレー　なんぎしゅて取たる
免許証も　お金も　なくなるよ

【奥田佳江子】

「奄美歌掛け文化保存会」は、坪山豊さんと三上絢子さんから、伝統文化の保存を目指してと話があり、大事な文化でもあるので喜んで賛成したのが始まりでありました。東京から勉強会の会場をとの電話があると、文化センターの会議室を予約したのも度々でした。会長の推薦依頼を受けて、山田薫氏を引き合わせ承諾頂くなどもしました。

発足までに行われた東京から資料を準備されての勉強会は、まじめに万葉集と奄美の歌との比較などで、約一年ほど繰り返されて、いかに奄美の歌が素晴らしいか、奄美の即興の「歌掛け」が貴重な文化であるかを考えるよい機会となりました。島の宝を保存するために、自分に出来ることを、皆様と力を合わせて頑張ります。

即興で「歌掛け」を作成して欲しいとの依頼で、しり込みすると、自分の考えや思いを表現すればいいんですよと励まされて、僭越ながら作成を致しました。

きもぎゃらさ

誰にも　豊かな心を　持てば
わきゃ　心も穏やか　なりゅん

はなは　匂ひがいい　枝振り　はいりよらんど
ちゅうは　容姿《なりふり》や　あらんど　きもぎゃらさ
だりょん

ちゅうは　きもぎょらさが　宝だりょん
まわり　よろこべば　わんも　幸せだりょん

気位ば　高く持てば　周りが　ねたみゅん
みので　穂をたれる　稲穂ぬ　ごとあれよ（註二）

【日置幸男】

「歌掛け」について思うこと、昔の唄者は、即興でよくも掛け歌ができたものと感心させられます。上の句につなげる下の句が即興でできるようになるには、人物（親・恋人・友人・独自の生き方をしている人物）、自然（地平線・波・空・海・山・川・樹木・草花・凪・故郷・地域の特徴）、歴史（世の中の出来事で過去・現在の自分が印象に残る事）などの事象に、かねてから関心もつことが大事だと思う。

田中一村画伯

一　ハレイー　一村先生ちば　ヨーハーレィー
大和ぬ国から有屋ぬ村かち
移ちていもりょうたんち　ヨーハーレィー
大和ぬ国から有屋ぬ村かち
移ちていもりょうたんち
「スラヌーヨーイヨイー　うれや何《ぬが》でだりょうる」
ハレー一村先生ちば　ヨーハーレィー
絵描きぬ好きあてぃ　奄美ば好《この》で
移ちていもりょうたんち

二　一村先生ちば　奄美ぬ海山籠《こも》とぅて
魚や鳥きゃぬ絵描きば
しゅりょうたんち
「スラヌーヨーイヨイー
たいしたむーんだりょんや」
一村先生ちば　有屋ぬ自宅なん　籠《こも》とぅて
肖像画描き　しゅりょうたんち

三　一村先生ちば　有屋ぬ長道　大熊ぬ村がて
毎日《ひーいん》　通《かよ》ーてぃ
いもりょうたんち
「スラヌーヨーイヨイ　何《ぬが》なて通たんよー」
一村先生ちば　大熊ぬ村なんて
大島紬ぬ図案描き　すりょうたんち

四　照り美《きょ》らさ　一四日大月《じゅうよっかふづき》と一五日大月ぬ
照り美らさ
「スラヌーヨーイヨイ大月《ふづき》ぬ美《きょ》らさ」
うれゆんま美《きょ》らさや　一村先生ぬ描き絵ぬ美《きょ》らさ
うれゆんま

【指宿正樹】

奄美には、心に響くシマ唄の歌詞や諺が多々あるが、例えば、「天ぬむれ星は、かぞえることができるが、親の教えは数えることできぬほど多い」や「別れてや行きゅり何ば形見うきゅり」など、心に深く響く数々がある（註三）。

不慣れだが、故父親の教えを追憶から、初めて即興の「歌掛け」を作成してみた（註四）。

親がなし

他人を　尊うとべば　波風は　たたんばど
他人に　ため口言な　心和やであれ
他人が　引き立てて　感謝ば　肝にきざめ
吾ばよ　心して信じ　心変わりば　するな

別れて　行きゅりば　形見ば　うきゅりん
形見は　正真かけた　文化のさばくり

形見取てくれ　島のためなりゅん
うれが　後生がれぬ　形見さらめ

内には　常に厳しく　他人に温厚
親がなし　尊えば　心なごやか

最近、私が感動した事柄を一筆したためます（註五）。

大和村において、故浜川昇氏の四十九日の法要があり、私にも連絡があり、法要ということで故人を偲んで神妙な心持ちで参加させて頂いた。

「しのぶ会」という設定で、玉井勝郎自宅で行われ、盆と正月が一緒にきたような、御馳走がテーブル狭しとばかりに並べられ、お祝いの雰囲気である。

シマ唄教室の七十代の弟子や集落のフアンが三十人程集まり、まるで発表会のような明るく賑やかな場で、法要のしめやかな静けさとは、逆に参加者は全員が満面の笑顔である。

早速歌がはじまり、生元高男氏の三味線で、歌声も高らかに、「飯米取り歌」と「くんにやりよね姉節」を掛け合い楽しんでいる。

故浜川昇教室での、訓練された一糸乱れぬ歌声は、ゆったりした歌声がだんだんとテンポが速まり、全員が笑顔で活力に満ち溢れて、見事の一言につきる。

歌掛け・飯米取《はんめと》り歌

一　だーかちがいもゆる　飯米取《はんめと》りが
飯米ぃやぃ　吾取《わがと》て持《む》たさばぃ
吾二人《わったり》だんだん　昼山焼こやー
飯米ぃやぃ　吾取《わがと》て持《む》たさばぃ
吾二人《わったり》だんだん　昼山焼こやー

二　昼山ちば　いきゃしが焼きゅり
畑々《はるばる》ぃ畑宿りなんて
青がしゃ　敷《ひ》ちゅて　うがしど　焼きゅり
畑々《はるばる》ぃ　畑宿りなんて
青がしゃ　敷《ひ》ちゅて　うがしど　焼きゅり

（歌意）

一　何処へいくのですか。食べ物を取りに。食べ物は私が取ってあげますから。私達二人昼山を焼こうよ。

二　昼山はどうやって焼くのですか。畑で休み、草を敷いて、こうして焼くのです。

大島南部地域に継承されてきた「歌掛け」で、男女の逢引きから、交わりまでが、対話形式で生成されている。農耕の焼畑と、男女の燃える状態を重ねた意味を、昼山焼くという表現で、生成している「歌掛け」ならではの秘抄である。

歌掛け・国直《くんにょり》よね姉節

一　国直《くんにょり》よね姉《あご》や
（アラドッコイ　ドッコイ）
国直しま中《じゅ》ぬ美《きょ》ら者《むん》じゃ
国直しま中ぬ美ら者じゃ
（国直しま中ぬ美ら者じゃ）
国直よね姉や
（アラドッコイ　ドッコイ）
山下青年《ねせ》んきゃにゃ及《うゆ》ばんど
山下青年んきゃにゃ及ばんど
山下青年んきゃにゃ及ばんど

二　国直よね姉や
（アラドッコイ　ドッコイ）
頭《かまち》やうがしど　結わんにゃ
頭《かまち》やうがしど　結わんにゃ
頭《かまち》やうがしど　結わんにゃ
（頭《かまち》やうがしど　結わんにゃ）
にゃあにゃり引き付けて
（アラドッコイ）
頭《かまち》や真頂《まちじ》ち結えあらんな
頭や真頂ち結えあらんな
頭や真頂ち結えあらんな

三　国直よね姉や
（アラドッコイ　ドッコイ）
御《う》十五夜ぬ御月《うでぃき》
御十五夜ぬ御月
御十五夜ぬ御月
（御十五夜ぬ御月）
国直みね次郎や
（ハラドッコイ　ドッコイ）
二十日夜ぬ夜　夜闇
二十日夜ぬ夜　夜闇
二十日夜ぬ夜　夜闇（註六）

（歌意）
一　国直は、現在の大和村内の集落名である。よね姉さんは、集落中の一番の美人だ、山下の青年は彼女にはおよばないよ。

二　国直のよね姉さんは、何で頭をそのように結うのか、真ん中に引き付け結わないのか。

三　国直のよね姉さんは、十五夜のお月さんのように美しい。なのに、彼女に言い寄る国直のみね次郎は、二十日夜の暗闇のようだ。

奄美大島大和村生まれの、浜川信良氏と浜川昇氏兄弟が、賑やかで明るく 歌ってから、全域で歌われるようになったと言われている。

私は、ただただ感動した法要であっただけに、後日に大和村では、あのように賑やかな法事を行うのですかと尋ねたところ、故人の生前の生きざまに合うように、それなりに異なるのだと答えてくれた。

生前に歌三昧であった故人も、あの世で弟子たちの賑やかな「歌掛け」に、感激したことだろう。

【三上絢子】

とうとぅがなし

一　深山で　見る《みちゃ》美女《きょらむん》に　惚《ふ》りて　千日かよて
美女に　思いありて　雨ぬ日　風ぬ日かよて
加那が　おもかげや　朝ゆう　たちゅりば

二　加那縁　吾縁ぬため　今日も　サビツ川渡《ごう》り
数《かんじょ》えて　三年余たち　九九九《くくく》　日かよてぃ
渡りゅん　ちすればよ　中山ぬ　橋やねんば

三　哀れや　若者《わかむん》ちばよ　崖登て　み袖ぬらち
崖登て　破れ着物《ぎん》ぐわ　袖濡ち　橋やねんば
美女《きょらむん》は　遥か消えて　哀れや　若者《わかむん》ちばよ

四　哀れや　若者《わかむん》ちばよ　破れ着物《ぎん》に涙
うりから　シマじゃよ　女《うなぐ》ぬ生りて
年頃は　あん世《ゆ》に行《いき》ゅり　中山ではよ

五　此《くん》シマ　なんてやよ　怖《うとう》るしゃち
娘連れ　娘連れてよ　他所《よそ》いきゅり
まよな　むんよけて　たぼれ　拝《おがで》おしょろ
まよな　むんよけて　たぼれ　拝《おがで》おしょろ

サビツ川《ごう》。撮影・著者

　　まよな　むんよけて
たぼれ　拝《おがで》おしょろ
　　とうー　とうがなし
とうー　とうがなし。

　この歌は、徳之島伊仙町中山集落を調査の際に、集落関係者からの聞き取りから作成したものである。

　サビツ川《ごう》の橋で、稀にみる麗人に会った青年は一目惚れした。麗人は千日ここへ通えば意に叶うといい、青年は雨の日も風の日もいとわずに九九九日通い、千日目に渡ろうとしたが、橋は川に落ち、ずぶ濡れで崖を登ろうとしたが、麗人は消えてしまった。その後、中山集落では女の子が誕生して年頃になると、他界するようになり、恐ろしさに人々は集落を離れるようになった。そういう伝説がある。

　サビツ川《ごう》は、欝蒼として両岸から竹が、覆いかぶさるような景観で、伝説の面影が漂う雰囲気である。現在は人口減少が著しく、過疎化の状態である。

三節　徳之島伊仙町崎原の「歌掛け」の生成

　崎原では、歓迎の祝い歌「御前風」からはじまり、上野善良氏の歌と三味線徳山武一氏、相方と太鼓によって、崎原風の独自性のある歌い方でオープニングする。

「御前風」は、琉球のように荘厳で格調高い雰囲気を醸し出すスローテンポではなく、崎原風にアレンジされて高々と太鼓がたたかれ、三味線と歌と囃子の競演で、賑やかな明るいリズムである。

　隣接した阿権地域においては、「御前風」は荘厳で格調高い雰囲気を醸し出すのだが、太鼓のリズムに独自性があり、三味線と囃子は用いない。だが、歌に合わせて踊る舞に阿権地域の特徴がある。この地域は、歴史的にも琉球との関わりが深く、男性が紋付き袴の正装で一人で舞う。

　徳之島の各地域では、かつて集落の広場、丘や森、浜などで、若者達が夜になると集って、歌掛けが行われていた。崎原での若い男女の「歌掛け」がどの様に行われていたか、体験者の徳山武一との対談。

　当日の徳山武一（崎原）の聞き書きの一部を紹介する。

三上　この集落に皆が集まって「歌掛け」の行われた場所がありますか。

徳山　そんな面倒な事はしない。気に入る娘がいたら、複数の仲間で夜になるとその娘の家へ直撃ですよ。

三上　夜道はハブ（毒をもつ蛇）もいるし、危険じゃないですか。

徳山　現在の方がハブもでますよ。意気盛んな若者達にハブの方が驚いたらしい。

三上　どの様な直撃の形式をとられるのですか。

徳山　まず第一回目の夜は、暗闇にまぎれて目的の家の張り出している縁側を取り外して、茂みから戸口をめがけて石を投げるのです。すると父親が誰だと怒鳴って戸を開けて、縁側がないので転げ落ちるのです。同時に一目散に逃げ帰るのです。

　次の夜は、砂糖を造る時の黍を搾る役割をする牛につなぐ木のケタを取り外してしまう。

三上　その家では暮らし向きにも多大な被害をこうむる事になりますね。

徳山　それは、怒っていますよ。また、翌日の夜も出かけて敷地内の山羊小屋から勢いのよさそうな山羊の尻尾を括る。そうすると驚いた山羊は鳴かないで飛び跳ねるのです。

　その山羊を家の中に入れると暗い家中を走り回り、家人は何事か起ったか、わからず大騒ぎで、火種から明かりをつける頃には、引き上げるのです。

三上　人も動物も大変な目に会うのですね。

徳山　それぞれが命がけですよ。次の夜は根をあげた父親が、歓迎して家に招きいれてくれます。そこで即興の歌掛けがはじまるのです。

　以下、聞き書きは省略し、この様子を次の歌掛け「嫁取《ゆむとう》り」に纏めてみた。

「嫁取り」は、男同士で女性の家に夜ばいして、女性を取り合うという内容。三上絢子が徳之島伊仙町崎原地域で徳山武一から伝統的な「歌掛け」の形式と語りを調査・取材（二〇〇六年二月二十三日）し、それをもとに三上絢子が作詞、坪山豊が「豊年節」を元に編曲、セントラル楽器からCD「嫁取り」がでている。

歌掛け・嫁取《ゆむとう》り

一　弟分

ヘンヨハレー　あん女童《めらべ》ぬ　事《くと》おもてぃ
仕事《しぐとう》や　しゃんてぃん　なかなか

手《てぃ》つかでぃ　ヨイヨイ
(囃子)スラ　ヨイ　ヨイ
あん女《うなぐ》とぅ　あいちゃさぬ
夜《ゆ》ぬ暮りどぅ　待ちなげさ　ナーロヤ
ヤーレ　ヤラスバ　マタ　キユリ　キユリ
(口語訳)あの娘の事をおもって、仕事をしても手につかない。あの女性にあいたい。夜になるのが待ちどうしい。

二　兄貴分
ヘンヨハレー　夜《ゆ》るなりば　いゃがたむぃ
女童《めらべ》ぬ　家《やー》ち行《い》じ　語ろう
ヨイヨイ
(囃子)スラ　ヨイ　ヨイ
仲間し　合点なしゅり　たのしみに待ちゅれよ
ナロヤ
ヤーレ　ヤラスバ　マタコイコイ
(口語訳)夜になればお前のため、娘の家に行って語り合おう。仲間で気持ち合わせるから、楽しみに待って居ろよ。

三　弟分
夜《ゆ》るの道に　ハブぬ　いぢてぃん
うとぅるしゃ　ねんど
女童《めらべ》ぬ　家《やー》ち行《い》ぢ　外縁《えんぶち》
くずち　ヨイヨイ
(囃子)スラ　ヨイ　ヨイ
仲間し　戸口《やどぐち》に石投げてぃ　うどっかそや
ナーロヤ
ヤーレ　ヤラスバ　マタ　キユリ　キユリ
(口語訳)夜の道にハブがでても怖くはないよ、娘の家に行って縁側を取り払い、仲間で戸をめがけて、石を投げて脅かそう。

四　兄貴分
ヘンヨハレー　でぃんぬ者《むん》が　石投げたんが
親父が　外縁《えんぶち》くでぃ　まんげてぃー
ヨイヨイ
(囃子)スラ　ヨイ　ヨイ
うどぅるちゃん　山羊さまも　家《やー》ん中《なー》ち
ぬぶてぃ　あばれ　まわてぃ　ヨーハレー
ヤーレ　ヤラスバ　マタ　キユリ　キユリ
(口語訳)どんなやつが石を投げたんだ。親父は縁側がなくて転げ落ちて、驚いたヤギが小屋から、家の中に入って暴れまわり。

五、弟分
ヘンヨハレー　明日《あしゃ》なりば　砂糖《さた》車ぬ

ケタば　はずち　いたずらぬぅ　過ぎてぃ
ヨイヨイ
親父が　ねばあげてぃ　仲間ば家《やー》ち入りて
（囃子）スラ　ヨイ　ヨイ
ヤーレ　ヤラスバ　コイヨ　コイヨ
（口語訳）翌日には、砂糖製造くるまの桁を外されて、悪戯が過ぎて親父が、ねをあげて仲間を家に入れてくれた。

六、兄貴分
此《く》ん家《やー》ぬ　美《きよら》女童《めらべ》ば　一目《ちゅむぅ》
見ち　胸はどきどき　うん女《うなぐ》に惚《ふ》り
てぃ　ヨイヨ
（囃子）スラ　ヨイ　ヨイ
兄貴にゆずれよ　弟《うとぅ》やよ　がまんすぃり
ナーロヤ　ヤーレ　ヤラスバ　マタ　キユリ
キユリ
（口語訳）この家の美人の娘を一目見て、胸はドキドキ、その女性に惚れてしまい兄貴に譲れよ。弟よ我慢しなさい。

七、弟分
あん女《うなぐ》や　吾《わ》んどぅ先　惚《ふ》りたんが
兄貴が　ゆずれちばよー　仕方やねんねん
（囃子）スラ　ヨイ　ヨイ
来年《やにぇ》ぬ　今頃《なまごろ》や　吾《わ》んがため
嫁《ゆむ》ーむらてぃー　たぼれ
ヤーレー　ヤラスバ　コイヨ　コイヨ
（口語訳）あの女性は、自分が先に惚れたのに。兄貴が譲れといえば、仕方がないなー。来年の今頃に、自分のために嫁を貰てください。

八、兄貴分
ヘンヨハレー　来年《やにぇ》ちば　待ち長《なげ》さぬ
明日《あしゃ》ん夜《よね》　いやたむぃ　むらお
ヨイヨイ
（囃子）スラ　ヨイ　ヨイ
仲間し　焼酎飲《ぬ》で　太鼓ならち祝《ゆえ》
ばすろ　ナーロヤ
ヤーレー　三味線弾《ひ》ち　歌すぃり　すぃり
アッ　ドッコイ　ドッコイ
（口語訳）来年とは、待ちどうしい事だ。明日の夜お前のため貰おう。仲間で焼酎飲んで、太鼓たたいて、お祝いをしょう。三味線を弾いて歌おう歌おう。

男同士の歌掛けは平和的な形成が難しいという諸説があ

るが、以上の歌詞から知れるように、仲間おもいでお祝いをして共に喜び合い、うちとけている点に人間の本能的な純粋性がみられる。

崎原は新しい開拓地で亀津の文化をもとに、環境に適した崎原独自の文化を展開させている。崎原地域の歌掛けの生成にみられるように、新開地の伸び伸びとした暮らし向きの中に独自の文化が展開されているのである。

文化は全て地域で影響しあうものであり、特に隣国の文化は、またその隣へというふうに周辺に及ぼして、そのような中で独自の文化が展開されるものである。崎原地域の歌謡文化の展開が亀津地域のもと歌を新開地の環境にそぐわせて、独自性を生成していることが、それを示しているといえる（註七）。

四節　むすび

この章では、特に次期世代を担う若者たちの参考資料になればと考えて、「奄美歌掛け文化保存会」の役員一同によって、即興の「歌掛け」を掲載している。また、それぞれが「歌掛け」の推進と保存に関わる思いを添えている。

内容は、命の尊さ、豊かな心、地域の特徴、歌のスパイス的な囃子、教訓歌、歌あしびの楽しさ、恋情、男女の恋のかけひき、おもてなしの心、親への感謝、素朴な嫁取り、などの豊富な掛け合いの歌詞に、気負いのない自然な雰囲気が醸し出されている。

わが家、郷土、国の伝統さえも継承しようとしなければ、衰退して消えていく。新しく誕生してきた人たちは、新しい価値観に生き、伝統や歴史の貴重な重みを理解しようとしない。これでは伝統を次期世代に継ぐことは不可能である。伝統を継承させる積極的な努力が求められ、その根本は先人が大事にしてきた伝統の根底にある精神を伝えることにあるだろう（註八）。

伝統の重みを実感して、「歌掛け」の継承を目指す参考にして頂くことを目的として、「奄美歌掛け文化保存会」の役員一同によって、この章を設けることができた。

註

一　義永秀親氏の「きもぎょらさ」ヨイソラ節にのせての歌は、季刊誌（三州倶楽部）に掲載したものを、補訂している。

二　故奥田佳江子氏は、「奄美歌掛け文化保存会」の設立準備の頃から、勉強会会場の手配（毎回の文化センター会議室の予約）や、「歌掛けの夕べ」では、特別出演で踊ってくださり、多忙な中を多方面で運営に関わって頂いた。生

前に頂いていた原稿を用いた。合掌

三　『奄美諸島の諺集成』より参考

四　故指宿良彦氏は、「奄美歌掛け文化保存会」の創立総会において、「歌掛け」を保存すべき意義について、二百人程の出席者に懇切にマイク片手に説明をして下さり、異議なしを得て会は創設された。また、毎年、会開催の折に体調が芳しくない状態の時でも、車椅子で奥様に付き添われて、楽しそうに保存会を見守っていたものです。合掌

五　指宿正樹氏談話。

六　『奄美民謡総覧』より歌詞を引用。

七　二〇〇六年二月二十三日・実態調査・徳之島伊仙町崎原得岡誠二郎氏宅にて、うたあしびの集い。出席者：得岡誠二郎、徳山武一、上野善良、広島和代、坪山豊、指宿邦彦、三上絢子（敬称略・順不同）「歌掛け」は、聞き取りから、簡潔に歌に纏めるのも、流れ歌のようで楽しいのではと思う。この「嫁取り」の掛け合いは、坪山豊氏と弟子による豊年節の曲にのせて男同士の掛け合いが、講演などでは楽しいと高い評価を得ている。

八　エリオット（一八八八―一九六五）イギリス詩人（コラムニスト・秋葉道博）を参考にした。

参考文献

三上絢子『奄美諸島の諺集成』南方新社　二〇一二年

セントラル楽器奄美民謡企画部編『奄美民謡総覧』南方新社　二〇一一年

平成一九年度科学研究費補助金基盤（B）「東アジア圏の歌垣と歌掛けの基礎的研究」国際シンポジュウム資料・東アジア歌垣サミット　二〇〇七年

第二十六章　総括
―歴史の狭間の伝統文化―

一節　歴史の狭間のシマ唄の背景

本章は、歴史上の奄美諸島に、思いを馳せると、先史時代（約六千年前頃）、大和朝廷時代（六一六～八九四）、グスク時代、琉球王朝時代（一二六六～一六〇九）、薩摩藩政時代（一六一一～一八六七）と移り変わり、第二次大戦後（一九四五年）には、日本本土から施政権が米国軍政統治下に移管されるなど、それぞれの時代に応じた社会の諸相が、立ち現れるようになった。揺れ動く歴史の狭間で、したたかに歌い継がれてきたシマ唄文化を振り返ってみる。

奄美諸島の歴史は、豊かで穏やかな時代、絶望的な苦難の時代とあり、島民は幾度にもわたる時代の狭間に耐え忍びながら、乗り超えてきた。その原動力は、島民の故郷に対する誇りにほかならなかった。

だが、米国軍政統治は、それまでの時代における支配と異なり、異民族の統治という点で、島民は困惑の渦の中におかれたといえる。

特に伝統文化のシマ唄は、戦前までは生活の中にあり、人々の心の支えであったが、音を喪失した状態になり、島民は日々の生活に追われ精神的に不安定な状況が見られた。これは一九五三年、祖国日本に返還されるまでつづいている。

祖国日本に返還はされたが、社会は大きく様変わりしていく。放言禁止令が通達され、教育の現場においても、シマロ（方言）を用いないという現象が、この時期を皮切りに発生している。地域の特質のある言語の制限は、その後、伝統文化のシマ唄に多大な影響を及ぼすことにもなる。

そのような中において、年中行事の集団による「八月踊り」を、再興する地域も見られた。一方、戦前から華やかな地域だった花柳界の焼け跡に急遽建造された料亭地域は、日本本土から来島した商人の宿泊と取引の場として利用されていた。酒宴の席の余興には、名人クラスの唄者瀬戸内出身の福島幸義（註一）らに声がかかり、夕暮れ時になると唄者が三味線を抱え往来している光景が、復興の兆しを伺わせるような中心地名瀬にあった（註二）。

二節　シマ唄の変遷

戦後のエポックメーキングな出来事に、セントラル楽器店の創業がある。戦前には街のほうぼうから聞かれた三味線の音色や歌声が消えかけた時期に、米国軍政下の一九四七年に、市内中心地にセントラル楽器店が店を開店した。これは音楽関係者のみならず、島民全体に多大な希望をもたらしている。

この影響を受け、三味線歌が再興に向かい出し、唄者も各地域に誕生している（註三）。

一九七二年、名瀬において第一回「実況録音奄美民謡大会」が開催されると、各地域から大勢の唄者が集い、その中で故郷訛りの哀愁のこもった節回しで、天性の声と高い評価を得た唄者が現れる。宇検村出身で、後のシマ唄名人、坪山豊の誕生である。

この大会で、坪山豊の声に魅せられた人々の要望にこたえて、一九七三年、セントラル楽器店はレコードを発売した。

これを皮切りに、坪山豊は数々の受賞をすることとなる。唄者の人材育成にも力を入れ、奄美シマ唄界の主要メンバーを数多く育成し、シマ唄文化の発展に貢献する（註四）。

三節　シマ唄が翔たく

各地域では、歌、踊り、太鼓による三位一体の年中行事「八月踊り」が、盛んに行われるようになり、連帯感を増し、地域の再興につながっている。

「八月踊り歌」の特徴は、集団による男女の即興の「歌掛け」で、歌詞は八八八六音による律音階で、どの地域においても元歌と共通歌詞がある。

各地域の方言の訛りが、歌の醍醐味ともいえる感動的な響きを醸し出すが、それぞれ自分の「歌袋」にしっかり歌詞が収められていて、上の句にすかさず下の句で対応できる見事さが、それを支えている。即ち、「八月踊り歌」は、共通歌詞が存在していることで、幾通りもの踊り歌の掛け合いを可能にしているのである。

元歌および共通歌詞を分析して、歌唱システムを解明することができる。共通歌詞が多いほど、掛け合いの場合、上の句に対する下の句の選択肢が多く、自由に対応できることになる。また、元歌の多い分、共通歌詞の数が多いということである。

特に秋名地域の場合は、共通歌詞百二首があるが、それを多く取り入れて同じ曲が長くなった場合などに、絶妙なタイミングで男性側から「歌かわす歌かわす、節かわす節かわす、歌かわれば節も変わろう」と要求の歌が歌われる。恋の歌へと展開しようという合図でもある。

八月踊りは神祭りの延長でありながら、そこで恋の歌が盛んに歌われるところが、多くの人々に支持されて来たもう一つの要因であると言える。

さらに、先人から伝承された集団による「歌掛け」の伝統文化に対して、国指定無形民俗文化財に、「秋名のアラセツ行事」「ショチヨガマ」「平瀬マンカイ」が、県指定無形民俗文化財に、笠利の「佐仁の八月踊り」「節田マンカイ」、徳之島の「井之川夏目踊り」などが、指定されている。

「八月踊り」は、内外から注目されるようになり、祭りの時期には帰郷者や観光客で、集落は熱気に満ち溢れるようになっている。

四節　少数による「歌掛け」の再興を目指して

「八月踊り歌」は、基本的に共通歌詞が存在していることによって、歌唱システムが明らかになったが、他方、即興による少数の「歌掛け」には、元歌や共通歌詞は存在しない。ただし、極めて基本となるのは、掛け合う同士の心に宿っている思いである。

例えば、「朝花節」には客人を歓待する思いが、見事に歌われている。

稀れ稀れ汝きゃば拝でぃ　神の引き合わせに
稀れ稀れ　汝きゃば拝でぃ

少数の『歌掛け』は歌遊びとも呼ばれ、生活の中でコミュニケーションを豊かにする役割も果たしている。歌と人が一体になった即興による「歌掛け」は、年配者の間では集いの時などで見られるが、戦後生まれの若者たちの反応は希薄で、かけがえのない貴重な文化継承が曲がり角に来ている。

その要因は、シマ口（方言）を若者たちが日常生活の中で用いなくなっていることである。

若者たちに使われなくなったシマ口でシマ唄は歌われているわけで、そのことが即興で掛け合うということが難しいという先入観、苦手意識を抱かせていることは否めない。しかし、歌は聴くことが基本であり、既存の「歌掛け」をテクストとして、繰り返し聴くことも必要ではないだろうか。

そんなこともあり、即興による「歌掛け」を継承するために、「奄美歌掛け文化保存会」では、毎年「歌掛けの夕べ」を開催している。当初は、ベテランの年配者が勢揃いして活動していたが、ベテランの誘導で、若者が掛け合いを見事にこなすようになった。「あんずるより、うむがやすし」である。ベテランが健在の間に一層の修練することが望ましいだろう。

即興の「歌掛け」は、コミュニケーションの場であった。仲間うちで対話をする感覚で掛け合ってほしいものである。

五節　口承文化は生きもの

『古事記』、『万葉集』、『風土記』、『おもろそうし』などの編纂された古典は、時を超越して整然と活字として保存されている。

奄美のシマ唄文化は、時空を超えて人から人へと口承されてきている。しかも、奄美諸島全域にわたって、歌い方、踊り方に、それぞれの地域の独自性があり、方言の訛りが雰囲気を醸し出している。

方言だからこそ、先人達から継いだ歌の味わいが変わること無く存在して、地域の貴重なシマ唄文化として、歌い踊られて継がれている。生の音声を聞くことができる奄美のシマ唄は、生きた文化といえる。

先人達から継がれた島の宝、この生きた文化をさらに未来へと、使命感を持って伝承していきたいものです。

六節　まとめ

戦後を通してみると、米軍統治下の八年間は、これまでみてきたように、集団の「歌掛け」、少数の即興の「歌掛け」を中心としたシマ唄文化に及ぼしたマイナス側面を見逃すわけにはいかない。

日本に返還されると、年中行事の「八月踊り」は、国や県の無形民俗文化財に指定され、集団による「歌掛け」は高い評価を確立している。

他方、方言禁止令やその後の暮らしの移り変わりで、若者たちのシマ口に対する意識に変化が生じている。方言も古には、その地域の新しい言語であっただろう。現代の感性によって歌詞を生成し、言語を方言に変換して掛け合えば、シマ唄独自の「歌掛け」の醍醐味は、変わることはない。

少数による即興の「歌掛け」は、再興を目指して開催した「奄美歌掛け文化保存会」の様子が、NHKによって「奄美の歌掛けを守れ」のタイトルで、世界二十カ国に国際ラジオ放送され好評を得ている。

また、第二十五章「歌掛け」の秘抄においては、シマ唄に造詣の深い方々に即興の「歌掛け」を参考資料として提供頂いている。

奄美の「歌掛け」は貴重な文化で、再興して保存すれば無形民俗文化財となる可能性を内包している。現在シマ唄文化がかかえる問題を再認識し、過去・現在・未来と永続可能な地域社会システムが構築されれば、地域再生にもはずみがつく。「歌掛け」の再興は奄美の豊かさと魅力の構築に貢献するであろう。

註

一　福島幸義氏は、瀬戸内地域の出身者で当時のシマ唄名人の一人である。戦後間もなく名瀬に移住して、昼間はコロッケ店を営み、関西方面の郷友会や名瀬の料亭の多いヤンゴ街からの依頼に応じていた。
また、依頼のない時は、歌遊びに三味線を抱えて我が家によく訪れて、私の母を相方にしていた記憶が鮮明にある。

二　著者が小学校一年の頃で、戦後間もなくの頃の名瀬は一面が瓦礫で覆われ、変わり果てていた。人の姿も疎らで何とも悲惨な状態で、淋しい街になっていた。戦前の自分の家のあたりであろうか、瓦礫の中で探し物をしている人がいた。現在でも戦争を掲載した新聞に同様の悲哀に打ちひしがれた姿の画像が見られ、当時のことが目に浮かぶ時がある。

三　セントラル楽器店創業者で初代社長の指宿良彦氏は、米国軍政下の厳しい環境下で、市内の中心地にいち早く復興を目指して国境を超えて運んできた日本製の音響楽器やレコードなどを扱っていた（『米国軍政下の奄美・沖縄経済』三上絢子著の中に良彦氏の当時の談話が記述されている）。

初代社長良彦氏と仲間たちが、これからの奄美経済は我々が担うのだと先陣を切って復興へ向けて行動を開始した。周囲の人々に活力を与えた影響は多大だった。また、店内の一角には、米国製品のココア、コーヒー、チューインガムが、陳列されていた。この光景は、まさしく軍政下を物語っていた。楽器店開店は話題になり、市内の住民ばかりではなく離島からも見学者が押し寄せてきた。著者も、小学校一年の頃に店の外から覗いた楽器店の光景が、目に焼き付いている。戦後の混乱期に創業したセントラル楽器は、初代社長良彦氏から、長男正樹氏、次男邦彦氏、三代目社長の俊彦氏に世代交代している。

四

坪山豊氏は、船大工が本業で四十歳になってシマ唄に取り組み、その成果を第一回「実況録音奄美民謡大会」で発揮している。一九八〇年に奄美民謡大賞を受賞、一九八三年に九州交響楽団との共演などでシマ唄の可能性を拡大した。一九八六年には、アメリカ・ワシントンのスミソニアン博物館開催の日本の民謡紹介イベントに参加する。一九八八年鹿児島県芸術文化奨励賞音楽部門受賞、二〇〇〇年に第二十回伝統文化ポーラ賞を受賞、南日本文化賞、二〇〇〇年に九州・沖縄サミット記念芸能団欧州講演にて、世界に奄美のシマ唄を披露している。二〇〇一年に南海文化賞を受賞など。賞賛が多方面から寄せられている。

唄者育成で、民謡日本一の築地俊造や名人クラスの西和美、皆吉佐代子、竹島信一、貴島康男、中孝介など。また、六十名余の弟子の指導している。坪山豊は、「シマ唄の唄者はプロにならない」、「人の真似ではなく、自分の歌を歌え」とシマ唄への心情を伝えている。他方、本職の船大工の作業に追われながら、子供達に奄美シマ唄文化の感性を養ってほしいと、未来のために保育園訪問の活動をしている。

参考資料

三上絢子「研究ノート」
資料提供協力・セントラル楽器

あとがき

奄美諸島は、シマ唄の宝庫であり、その中でも「歌掛け」は、極めて貴重な文化遺産である。即興の見事さの中に情緒と知的感覚の高さがみられ、先人から継承された歌には、奄美の人々の豊かな精神文化の歴史が濃厚に息づいている。

「歌掛け」は、日本人の心の深層を揺り動かす魅力をもち、文化資源として価値を見出せるであろう。過去から伝承された伝統文化を現代の暮らしに融合させるように展開することによって、伝統文化の継承と地域社会への相乗効果を計りたい。「歌掛け」を継承・保存することは、「奄美の自律と自立」にとっても有益であろう。

「歌掛け」の代表的な八月踊り歌では、各地域によって言語や歌の形式が異なり独自性が見られるが、稲霊への豊穣感謝と祈願という稲作文化を基軸としている点は同じである。

神とよろこびを共有する祭りでは、儀礼的な歌詞から男女の恋の歌詞へと展開する特質がある。稲の結実をうながす豊作祈願、それは同時に子孫繁栄の祈りにもつながるものだが、稲霊に対する人々の思いが込められて歌い継がれている。

シマ唄は、先人から詠み人知らずの歌詞を「ぬんごしゃ（歌詞を知ってる人）」と「くぃしゃ（うたしゃ）」によって、「ぐぃうん（うたの心）」が歌い継がれてきた。古の人々は日常生活の中に唄があり、即興で唄を作り上げる詩人でもあった。現在では、生活形態の変化、情報社会の深まりとともに「シマ唄」も変容しているが、シマ唄の多様性と裾野拡大を図りながら、継承・保存することは重要であると考える。

奄美の労働や生活に力を与え、更に人々に生きる力を与えてきた「歌掛け」文化を再興し、現在・過去・未来と永続可能な社会システムが構築されたなら、地域再生にもはずみがつくだろう。

文化は全て地域で互いに影響しあうものであり、隣の地域の文化へ、またその隣の地域へというふうに周辺に影響を及ぼして循環する。その中で独自の文化が展開されるものである。世界的規模で影響しあってきたといっていい。

「歌掛け」は、日本の古典文献の『万葉集』『古事記』等にも見られている。この編纂された活字の上でのみ理解せざるを得ない現在において、奄美のシマ唄の原点である貴重な「歌掛け」文化を掘り起こし保存することは、古典文献の中の歌の形成過程を明らかにすることにもつながる。現在でも、中国の一部地域など東アジア各地に残る「歌掛け」と奄美の「歌掛け」との比較検討も重要な課題である。

本著は、奄美諸島の各地域の大勢の人々の多大なお力添えによって、まとめることが出来た。これまでに書き上げた論文に補訂を加え、さらに未発表のものを合わせて最終的に一冊にまとめた。

本著の骨子となる論文は次のとおりである。


第一部　「研究目的および奄美諸島の概要と伝統文化「歌掛け」の探究」として、奄美の歴史的な分野とシマ唄に関わる分野でまとめている。

第一章では、本著を理解しやすくするために、本研究の目的とそのための研究地域及び研究方法について述べた。

第二章では、奄美大島の特質や、歴史的背景など概要的分野を加えた。なお、南島史学会において、「奄美における伝統文化の位置づけ」として発表および学会誌に掲載（二〇〇五）、また、季刊誌「がじゅまる」に「奄美における伝統文化の位置づけ─継承と保存の意義」で掲載したものを大部分補訂した。

第三章では、新しく書き下ろした未発表のものに、奄美テレビや奄美FMラジオの対談番組（二〇一一）の内容を部分的に用いた。

第二部　「歌は自然との共生」として、書き下ろした未発表のもの。地域の多様な歌謡に触れた。

第四章では、奄美の客迎え歌、朝花節を中心に考察した。

第五章は、新たに書き下ろした未発表の「地域に見る歌の豊かさ」で、忍び逢いと恋の展開などを纏めてある。

第六章では、書き下ろしの未発表の奄美における「歌掛け」、「流れ歌」、「あそび歌」の事例を掲げた。


第三部　「古代歌垣の起源」では、日本の古典『古事記』『万葉集』『風土記』などの歌を事例に取りあげた。

第七章では、「古事記に見る歌垣」として、古代歌謡にみる初期和歌の形成過程について、『古事記』下巻「軽太子と衣通王」を取りあげた。國學院大學大学院博士課程後期の提出時のものを一部補訂した。

第八章では、「古代の歌」は新しく書き下ろした。『古事記』『万葉集』『風土記』の旋頭歌・歌垣を扱い、なお、季刊誌「三州倶楽部」に「万葉集の形成を奄美の「歌掛け」にみる」として掲載した一部を補訂して用いた。


第四部　「儀礼歌の意義」では、徳之島を中心として、正月歌の特徴と田植歌を中心にして形成過程と、その機能について述べた。

第九章では、稲作文化の田植歌の生成過程と民俗性について述べ、「奄美シマ唄の形成過程とその機能―徳之島の儀礼的歌詞の形成とその展開」として上代文学研究会発表資料および南島史学発表「文化遺産としての歌掛け―徳之島の田植歌を中心として―」（二〇〇六）をもとに大部分補訂した。

第十章は、新しく書き下ろした未発表のもので、儀礼歌の意義として、徳之島地域を中心に「正月歌」の事例を掲げ、特徴を対比した。

第五部　「八月踊り歌にみる意義」は、「地域に見る八月踊り歌の形式の相違」として、主に著者が実態調査で検証した地域を取り上げている。一部分は季刊誌「がじゅまる」（二〇〇七）に「八月踊りにみる意義と物語性―地域による形式の相違」として掲載したものを元に補訂している。

第十一章は、書き下ろし。八月踊り歌の歴史的背景について述べた。第十二章から第十七章は、実態調査をした地域ごとに取り上げた。

第十二章では、「笠利地域の年中行事」を扱い、八月踊りにおける組織的な地区割りや踊りの特徴などを扱っている。

第十三章では、「徳之島の年中行事」を扱い、八月踊りと浜下り、井之川の七月踊り歌の特色を取りあげた。なお「奄美の歌掛け―徳之島井之川の七月踊り―」は、文学研究科上代Ⅱ提出論文の大部分を補訂して用いている。

第十四章では、國學院大學特別推進研究助成金研究成果報告書「東アジア圏における対面的歌唱システムに関する形成過程の研究」（二〇〇五）の一部を補訂して用い、さらに著者が調査した分野を補足した。隈元保存会会長の協力によって、秋名八月踊り歌の曲と歌詞を分析して、幾通りもの踊り歌の歌唱システムを解明することができた。

第十五章は、新しく書き下ろした。大熊地域の八月踊り開催には、行事組織会が運営にあたり、年代層で仕分けられ、ヤー（家）回りも地区割りが決められる。

第十六章では、宇検村の歌袋といわれる湯湾集落の八月踊り歌をまとめた。

第十七章では、喜界島川嶺地域の実態調査にもとづいてまとめた。

第六部　「歌の起源」は、奄美における歴史的背景を汲み取ることのできる歌を中心に取り上げている。

第十八章では、國學院大學大学院上代文学研究会において発表した資料を用いて、悲恋歌の「かんつめ節」の物語性についての複数の文献の事例と対比した。

第十九章では、「歴史的背景が継承されている歌謡」として、「薩摩侵攻四百年の考察―奄美シマ唄にみえる歴史的背景―」（二〇〇九、南日本新聞）の執筆をもとに補訂した。奄美の黒糖生産に関わる歌を取り上げている。

第二十章、「南島の「うなり神」」は、國學院大學大学院「万葉集と東アジア・二」（二〇〇七）に掲載したものを元に加筆した。

第二十一章は、新しく書き下ろした。神観念に関わる歌を中心に扱っている。

第七部「「歌掛け」にあいたい」では、奄美歌掛け伝統文化の継承に関するテーマを掲げている。

第二十二章は、新しく書き下ろした。衰退の一途をたどっている即興の「歌掛け」の再興と保存を目的に「奄美歌掛け文化保存会」の創設と活動過程について纏めた。なお、九節では、國學院大學特別推進研究助成金研究成果報告書「東アジア圏における対面的歌唱システムに関する形成過程の研究」（二〇〇五）の一部を補訂して用い、更に著者が調査した分野を補足した。

第二十三章は、新しく書き下ろしたものである。第一回「奄美歌掛け文化保存会」をＮＨＫラジオ国際放送局が取材し、「奄美の歌掛けを守れ」（二〇〇五）のタイトルで、世界二十カ国に向けて放送した。その内の中国版を日本語にまとめた。さらに、國學院大學で開催された「東アジア歌垣サミット」（二〇〇七）や「奄美祭り（八月踊り）」などを扱っている。

第二十四章では、國學院大學研究室における「奄美文化研究会」（二〇〇五）上半期の活動を中心に、奄美諸島全域の主に「朝花節」あるいは、それに相当する歌で、集いの場で最初に歌われる歌曲の研究成果をまとめた。

第二十五章は、新しく書き下ろした未発表のものである。「「歌掛け」の秘抄」は、奄美のシマ唄に造詣の深い方々に、即興による「歌掛け」を歌って頂き、事例をまとめた。なお、第三節は徳之島郷土研究会報に掲載した「徳之島紀行─伊仙町崎原地域の開拓史─「嫁取り」」（二〇〇七）を補訂して用いた。

第二十六章では、総括として、主に「歴史の狭間の伝統文化」の変容について述べた。特に「八月踊り歌」は共通歌詞が存在して継承されているが、一方、生活環境の変化によって、生活の中で楽しみとして一日の仕事をおえた夜に仲間うちで掛け合う、少数による即興の「歌掛け」は衰退している。奄美の貴重な生きた文化をいかにして過去から、現在、未来へと継げるか、問題点を述べた。

本著が年月をかさねながら、上梓できるようになったのも多くの方々の支えのおかげである。研究にあたり実態調査では、地域の束ね役であり、歌に造詣の深い方々のお世話になった。時には集落中に声をかけて、祭りの本番と同じように再現してくださり、研究成果をまとめることができたのである。なお、いずれの地域においても、まさしく盆と正月が一緒になったような山海の御馳走を準備して下さいました。多方面において調査研究にあたり、温かい協力を惜しみなく頂いた各地域の大勢の方々に改めて深謝を申し上げたい。

本著発刊にあたり、多大な協力を頂いた南方新社の向原祥隆社長には、衷心より感謝している。

協力頂いた方々

三章　平哲二、坪山豊、山田望
四章　森チエ、茂木幸生、松島信子、平哲治、平悟、町田進、坪山豊、指宿良彦
五章　平哲二、徳田タツ子、坪山豊、指宿良彦、町田進、指宿正樹
六章　松山光秀、幸山忠蔵、町田進、平哲二、四本エイ子
八章　呉定国、坪山豊
九章　上野善良、徳山武一、平哲二、松山秀光、町田進
十章　上野善良、徳山武一、坪山豊、平哲治、松山秀光
十一章　松田清、松井輝美、坪山豊、築地俊造、奥山恒満、義永秀親、松山秀光
十二章　朝木一昭、指宿正樹、坪山豊、山元勝己、泊忠成
十三章　町田進、平哲治
十五章　久伸博、田中悦郎、重田茂之、花井恒三、安田謙志、久野豊久
十六章　湯湾集落八月踊り保存会、村野悦江、村野巳代治、坪山豊、皆吉佐代子
十七章　伊地知もと子、坪山豊、撰美香、村山祐嗣、満原嗣人、伊地知宅にて八月踊りを実演して下さった川嶺地域の皆さん、歌詞提供・喜界島川嶺八月踊り唄保存会、喜界島踊りの会（東京在住）・喜田カヨ子
十八章　坪山豊
二十章　坪山豊、皆吉佐代子、楠田豊春、町田進

二十一章　松井輝美、坪山豊、隈元吉宗、西田テル子、町田進
二十二章　山元勝己、坪山豊、西和美、皆吉佐代子、日置幸男、奥山恒三、中島清彦、築地俊造、当原ミツヨ、義永秀親、森チエ、渡哲一、里みか、里歩寿、中村瑞希、池元高男、浜川昇、前山真吾、中島清彦、徳山武一、山岡英世、野崎タツ、（以下団体）大笠利八月踊り、節田マンカイ保存会、笠利わらべシマ唄クラブ、有屋八月踊り、浦上八月踊り、あやまる会、奄美八・六会、奄美テレビ、徳之島井之川夏目踊り、龍郷町秋名八月踊り、節田マンカイ保存会、奄美歌掛け文化保存会、宇宿コーラルホテル
二十三章　NHK国際ラジオ放送、坪山豊、皆吉佐代子、山田薫、辰巳正明、池田耕一朗、奄美歌掛け文化保存会、中国貴州省トン族の皆さん、鄧敏文、呉定国、曹咏梅、秋田県横手市金澤八幡宮伝統掛、後藤弘、中川原信一、国学院大学広報、奄美市役所観光課、花井恒三、潤さつき
二十四章　呉定国、坪山豊、山下良光、末山本村、本田よしの、林延宏、弓削ヒデ江、佐藤持久、竹内英健、叶生二、時山秀次郎、町岡光弘、池田直峯
二十五章　義永秀親、楠田豊春、山田薫、奥山恒満、坪山豊、築地俊造、奥田佳江子、日置幸男、指宿正樹、四本延宏、山元勝己、徳山武一、上野善良、得岡誠二郎、広島和代、指宿邦彦
二十六章　坪山豊、指宿正樹、指宿邦彦

◆著者紹介

三上絢子（みかみ あやこ）（旧姓・坂井）

1937年、奄美市生まれ。大島高校卒業。國學院大學卒業。國學院大學大学院経済学研究科博士課程前期修了、國學院大學大学院日本文学研究科博士課程後期単位取得満期修了。現在、法政大学沖縄文化研究所研究員、沖縄国際大学南島文化研究所研究員。経済学博士。1992年、亡父坂井友直の遺した著書をまとめて『奄美郷土史選集』全2巻を発刊。「奄美歌掛け文化保存会」を奄美にて立ち上げ、現在同顧問も務める。著書『米国軍政下の奄美・沖縄経済』編著書『奄美諸島の諺集成』。論文「奄美の儀礼的シマ歌にみる地域性」他多数。

奄美の歌掛け集成

二〇一六年二月二十日　第一刷発行

著　者　三上絢子
発行者　向原祥隆
発行所　株式会社 南方新社
〒八九二―〇八七三
鹿児島市下田町二九二―一
電話〇九九―二四八―五四五五
振替口座〇二〇七〇―三―二七九二九
URL http://www.nanpou.com/
e-mail info@nanpou.com

印刷・製本　モリモト印刷株式会社
定価はカバーに表示しています
落丁・乱丁はお取り替えします
ISBN978-4-86124-332-5 C3039